两周编钟音列研究

孔义龙／著

文化艺术出版社
Culture and Art Publishing House

图书在版编目（CIP）数据

两周编钟音列研究 / 孔义龙著. —北京：文化艺术出版社，2018. 3

ISBN 978 - 7 - 5039 - 6472 - 5

Ⅰ. ①两… Ⅱ. ①孔… Ⅲ. ①编钟—音列—研究—中国—周代
Ⅳ. ①K875. 54

中国版本图书馆 CIP 数据核字（2018）第 047331 号

两周编钟音列研究

著　　者　孔义龙
责任编辑　王　红　苏　丹
装帧设计　赵　矗
出版发行　文化艺术出版社
地　　址　北京市东城区东四八条 52 号（100700）
网　　址　www. caaph. com
电子邮箱　s@ caaph. com
电　　话　（010）84057666（总编室）　84057667（办公室）
　　　　　（010）84057696—84057699（发行部）
传　　真　（010）84057660（总编室）　84057670（办公室）
　　　　　（010）84057690（发行部）
经　　销　新华书店
印　　刷　国英印务有限公司
版　　次　2018 年 9 月第 1 版
印　　次　2018 年 9 月第 1 次印刷
开　　本　710 毫米 × 1000 毫米　1/16
印　　张　19
字　　数　369 千字
书　　号　ISBN 978 - 7 - 5039 - 6472 - 5
定　　价　58. 00 元

目录

绪　言

——编钟音列研究综述

编钟的研究可上溯到北宋时期。宋人的金石学已经涉及一些出土的古乐器，其中主要是钟磬之属，其研究主要局限于乐器的形制、铭文和年代等方面。北宋后的青铜器著录和研究仍以铭文和文字训诂为重点。首先打破这一局面的是近代的王国维，其金文研究不再停留于单字训诂，而是注意把青铜铭文和历史结合起来，对商周历史做综合研究。之后郭沫若更是从历史学和古文字学的角度对编钟做了深入研究，其著作《两周金文辞大系图录考释》① 是先秦历史研究的重大成果，他的研究对史学产生了深远的影响。然而，这些研究的目的均不在音乐艺术本身。真正以音乐艺术为目的的编钟研究是从 20 世纪 30 年代开始的，而且自一开始就与音列的分析联系在一起。

一、 编钟音列研究的历时性描述

1. 20 世纪 30 年代的测量工作

“五四”以来，在文史界的启发和带动下，中国音乐史学家开始注意到音乐考古研究的重要性，这项研究工作的领路人就是 20 世纪 30 年代初的刘复（半农）。作为中国新文化运动的先锋人物，刘复介绍西洋科学技术并用之于国学研究，尤其是中国古代乐律方面，与王光祈一道做出了重大贡献。他于 1930—1931 年发起并主持了对故宫和天坛所藏清宫古乐器的测音研究，可称得上是对钟乐音列的律制、音阶等属性做针对性的、有方法的测试与分析。他在故宫的测音研究历时一年有余，所测乐器单是编钟、编磬就达 500 多件。之后，他又赴河南、南京、上海等地进行音乐考古研究，其对象涉及钟磬乐、

① 郭沫若：《两周金文辞大系图录考释》，影印本，1932 年；增订本，科学出版社 1957 年版。

乐舞造像等多个方面，尤以钟磬乐研究最为突出。在测音方法上，他以音叉为定律标准器，以 3 张“审音小准”为测音工具，测音时先取其各音音高的弦长，换算成频率；再算出三准数据的平均数，进而换算成音分数，并将这些数据列表与国际通行的十二平均律、中国传统的三分损益律做比较，得出音列的音程关系相对准确，为清宫钟磬乐音律混乱的事实提供了证据①。可见，刘复的编钟音律研究已摆脱了种种陋习，他引进了现代物理学的理论和计算方法，以及诸如英国比较音乐学家埃利斯所创的音分法，从律制角度来解释钟磬乐的音列现象，实属音乐形态学研究的先驱。

2. 20 世纪 40—60 年代的测音研究

20 世纪 40—60 年代，国内音乐学研究仍在十分艰苦的条件下进行，但有少数音乐史学家仍在传世乐器、出土乐器的测试和分析方面取得了成果，杨荫浏就是其中之一。1941 年前后，为测音研究的方便，他设计了一张带定音尺的音准，操作者可直接读到所测音高的音分数，对一些出土乐器特别是编钟、编磬进行实测。他还设计了“乐律比较表四种”，给研究者带来很大的方便。他在 20 世纪 50 年代初出版的巨著《中国音乐史纲》② 就引用了当时许多的考古发掘资料和研究成果，之后在其《中国古代音乐史稿》③中又做了考古材料的补充。

同时，李纯一从音乐史学角度，搜集了大量考古发掘出土的古乐器资料和音乐活动遗迹，并采用将考古成果与文献相互印证的研究方法，改变了“从文献到文献”的旧有传统，将科学发掘所得的材料提至首位，并做了大量的分析与整理，其研究成果为后来的编钟研究提供了丰富的、有价值的参考。

3. 1977 年调查之后的测音研究

1977 年 3—5 月，以吕骥为首的音乐学家一行四人，去甘肃、陕西、山西、河南四省进行了音乐考古调查，他们的工作得到了国家文物事业管理局和上述四省文博部门的支持和协助，取得了重大收获。他们的研究对于探索中国新石器和青铜时代的音阶发展，起到了重要的推进作用，此行还取得了如双音钟④等许多重大发现。此后他们完成的一系列成果均在音乐史学领域产生了深远的影响。黄翔鹏将调查中获得的测音资料与商周

---

① 王子初：《中国音乐考古学》，福建教育出版社 2003 年版，第 15 页。

② 杨荫浏：《中国音乐史纲》，油印，1947 年 1 月；万叶书店 1952 年版；修订再版，1953 年。

③ 杨荫浏：《中国古代音乐史稿》，人民音乐出版社 1981 年版。

④ “一钟双音”是中国古代音乐声学上的重大发明，以往学术界尚未认识到，经此次考察后黄翔鹏第一次提出。

历史文化有机地结合起来，对从原始社会父系时代到奴隶社会的战国早期有代表性的陶埙、编磬和编钟音列做了系统的分析，对先秦新旧音阶的运用、音阶与律制的关系、律制计算方法的产生、律制对音阶各级音程关系的规范作用以及十二律旋宫的应用等诸多问题均做出了大胆而又合理的分析与推理，其研究对后来的音列研究产生了深远的指导意义。

4. 曾侯乙墓发掘之后的深入研究

1978 年 4 月，举世闻名的曾侯乙编钟随着曾侯乙墓的发掘在沉埋了两千四百年后重见天日，是中国乃至世界音乐考古史上的一次空前大发现，一时被誉为世界第八大奇迹。曾侯乙编钟与同出的各式附件、编磬，各式打击乐器、吹奏乐器和弦乐器一起，构成了一个完整的先秦宫廷乐队。其 65 件的数量、2800 余字的错金乐律铭文、六国阶名的对应关系、可旋宫转调的齐备的十二律及其颧曾体系，吸引了国内外许多学者的注意。由于先秦乐律学典籍的失传，编钟铭文不仅导致了先秦音乐史的改写，还使人们深深地感到，数十年来逐步完善起来的整部中国音乐史，有了重新认识和估价的必要，它的出现甚至推翻了多少专家毕生研究得出的结论。由此，大批来自史学界、考古学界和音乐学界的学者投身到它的研究中来。1978 年至 1988 年十年的研究，既造就了许多优秀的学者，也在很多方面取得了丰硕的成果，其中涉及音列的研究成果更是不乏其例。

5.《音乐文物大系》的编纂与出版

1987 年，作为中国音乐考古学的一项浩大的基础工程——《中国音乐文物大系》（以下简称《大系》）被批准为国家“七五”哲学社会科学重点项目。1987 年开始，一直从事乐律学研究的音乐史学家王子初先生开始着手《大系》的实地调查工作。他先从湖北省入手，与他的工作小组历经 16 年，辗转十三个省、市、自治区的每一个市、县的博物馆或文物管理所，拍下珍贵的音乐实物图片资料，留下了每件音乐文物的数据资料以及测量、描述、分析、整理等文字资料。《大系》从 1996 年年底开始陆续出版，一期工程包括湖北、北京、陕西、天津、江苏、上海、四川、河南、甘肃、新疆、山西、山东等 12 省卷，收录文字及数据资料近 200 万字，照片、拓片及描图五千余幅。用戴念祖先生的话说：“它是一部在学术价值上可与《古今图书集成》相提并论的巨大工程。”在研究过程中，除了运用一般考古学的方法外，还大量运用了音乐考古学所特有的研究方法，涉及一般考古学所不能达到的领域，获得了文献中找不到的资料，解决了音乐史学中存疑及错误的问题。就编钟而言，各卷收录的先秦乐钟（仅计算铙、甬钟、镈和钮钟四种）就有 486 处，其中，有测音数据的成编乐钟 115 套，散见者在 370 件以上，这种丰富程度是以往任何资料都无法比拟的。像所有能测音的乐器一样，《大系》对能测音的编钟均由专业技术人员运用先进的设备与科学的方法，在相同的标准下进行了测试，留下了真实可靠的测音数据。所以，《大系》既是基础工程，又是音乐史学的问卷，为我们安排了研究的任务。

二、 既往成果及其研究方法

近年来，将编钟音列作为主要对象进行研究的成果较少，然而，这并不表示学术界对作为先秦礼乐器的编钟的音乐性能的忽略。传统上，音列研究属于形态学范畴，但作为编钟音列分析往往涉及乐律学、历史学、民族学、古代数学、物理声学及青铜铸造工艺学等多个领域。不同专业的学者从各自的研究领域对编钟进行探讨时，都或多或少地要考虑编钟的音列问题。所以，当我们回顾前人在编钟音列问题上的探索时不得不将视野拓展到更广的领域，这种横向的把握有助于我们对前人在先秦音乐文化领域研究的贡献做出客观的评价，更有助于目前研究的深入。从已有的成果来看，探讨编钟音列的研究主要有以下四种类型：1. 铭文中的音列问题；2. 测音数据中的音列问题；3. 文化中的音列问题；4. 设计特性中的音列问题。

1. 从铭文角度看音列

由于铭文的真实性、准确性，从该角度探讨音列成为编钟研究最主要、最权威的手段。黄翔鹏在其《曾侯乙钟磬铭文乐学体系初探》① 一文中称钟磬铭文“是曾国宫廷中为乐工们演奏各诸侯国之乐而准备的有关‘乐理’知识的一份‘备忘录’”。对铭文所载各国律名、阶名、变化音名做了解释；对甬钟标音字原设计音高、宫调、音区与各组音列设计的关系进行了分析；从生律法角度将正鼓音列设置与管子生律法相联系，阐述了曾钟音列设置的本质，堪称编钟音列研究的典范之作。之后，黄先生又在其《中国传统音调的数理逻辑关系问题》② 中将曾钟音列的数理规律纳入中国传统音调体系，阐述了它们一脉相承的发展过程。此外，他在《音乐考古学在民族音乐形态研究中的作用》③ 中再一次结合曾钟铭文系统而详尽地分析了它的音列特点。崔宪的《曾侯乙编钟钟铭校

① 黄翔鹏：《曾侯乙钟磬铭文乐学体系初探》，《音乐研究》1998 年第 1 期，第 22 页；另参阅论文集《溯流探源——中国传统音乐研究》，人民音乐出版社 1993 年版，第 128 页。

② 黄翔鹏：《中国传统音调的数理逻辑关系问题》，《中国音乐学》1986 年第 3 期，第 9 页。

③ 黄翔鹏：《音乐考古学在民族音乐形态研究中的作用》，《人民音乐》1983 年第 8 期；另参阅论文集《溯流探源——中国传统音乐研究》，人民音乐出版社 1993 年版，第 237 页。

释及其律学研究》① 对65件曾钟所载铭文做了内涵上的解释与音高上的对照，并将隐藏于它们背后的数理关系做了合理而开放性的推测和联系，论证了钟律与琴律及钟律与传统音乐的关系，体现出一种崭新的研究思路。李纯一的《曾侯乙编钟铭文考索》② 在对铭文做出解释的同时，又与文献结合对“四基”“四颠”“四曾”的颠曾乐律体系做了探讨，对曾钟音列进行了整理。童忠良的《曾侯乙编钟的三度关系——兼论中西乐律若干问题的比较》③ 以曾钟铭文为前提，对颠曾体系在实际音阶应用上的同位异律现象做了分析。

近年来，很多外学科的学者对编钟的研究也涉及音乐本体的探讨，比如陈双新的《两周青铜乐器铭辞研究》④ 第三章就依据铭文对两周时期部分成套编钟的编列进行了推断与诠释，他的探讨不仅对音列研究提供了参考，也对音乐史学在两周历史和古文字方面的薄弱之处做了弥补。此外，还有一些以铭文为依据且在探讨其他方面的特点时必然涉及音列的研究成果，如湖北省博物馆编著的《随县曾侯乙墓钟磬铭文释文》⑤、裘锡圭、李家浩合著的《曾侯乙墓钟磬铭文释文说明》⑥、谭维四与冯光生合著的《关于曾侯乙墓编钟钮钟音乐性能的浅见——兼与王湘同志商榷》⑦、冯光生的《曾侯乙编钟若干问题浅论》⑧、杨匡民的《曾侯乙编钟音列及其它》⑨、王庆沅的《曾侯乙编钟与兴山体系民歌的定律结构》⑩，它们均为编钟音列研究提供了有意义、有价值的参考。

2. 从测音数据看音列

从现已出土的编钟来看，并非都有铭文，且有铭乐钟中明确记载乐律内容的例子又极少。所以，现有成果中主要研究编钟音列的论文无法全以铭文为依据，而是以更具科学性的测音数据作为最有力的证据，这也是从测音数据角度探讨音列的成果较为丰富的

---

① 崔宪：《曾侯乙编钟钟铭校释及其律学研究》，人民音乐出版社1997年版。
② 李纯一：《曾侯乙编钟铭文考索》，《音乐研究》1998年第1期，第54页。
③ 童忠良：《曾侯乙编钟的三度关系——兼论中西乐律若干问题的比较》，《人民音乐》1984年第5期，第38页。
④ 陈双新：《两周青铜乐器铭辞研究》，河北大学出版社2002年版。
⑤ 湖北省博物馆：《随县曾侯乙墓钟磬铭文释文》，《音乐研究》1998年第1期，第3页。
⑥ 裘锡圭、李家浩：《曾侯乙墓钟磬铭文释文说明》，《音乐研究》1998年第1期，第17页。
⑦ 谭维四、冯光生：《关于曾侯乙墓编钟钮钟音乐性能的浅见——兼与王湘同志商榷》，《音乐研究》1998年第1期，第79页。
⑧ 冯光生：《曾侯乙编钟若干问题浅论》，中国古代科学文化国际交流·曾侯乙编钟专题活动论文，1988年。
⑨ 杨匡民：《曾侯乙编钟音列及其它》，《黄钟》1988年第4期，第39页。
⑩ 王庆沅：《曾侯乙编钟与兴山体系民歌的定律结构》，《黄钟》1988年第4期，第66页。

主要原因。早期刘复的《天坛所藏编钟编磬音律之鉴定》① 以及杨荫浏的《信阳出土春秋编钟的音律》② 两篇论文就是很好的例子，杨先生采用排出相对音高音列，再将各律与三分损益律、平均律相比较，得出整套编钟的音阶类型与准确性等，这样的分析方法为后来的编钟音列分析做了很好的示范。在此方面仍数黄翔鹏的成果值得注意，除《新石器和青铜时代的已知音响资料与我国音阶发展史问题》③ 之外，他在《"䣄篙"钟每钟两音音名与阶名的乐律学分析》④ 中将预计的阶名与测音数据作对照、检查，分析了各律的理论音高，对正、侧鼓部音高的偏离现象做了乐学分析。在其《用乐音系列记录下来的历史阶段——先秦编钟音阶结构的断代研究》⑤ 中，对殷铙，西周中晚期的兴钟、中义钟和柞钟，春秋中晚期的新郑钟、侯马 M13 钟、淅川下寺 M1 钟、"䣄篙"钟以及战国初期的"曾侯乙"编钟的音列依次做出乐学分析，提出了符合编钟自身性能的断代依据，而其《曾侯乙钟磬铭文乐学体系初探》实际上又是铭文考释与测音数据分析相结合阐述曾钟乐音规律的重要成果。

继黄先生之后，依据测音数据探讨编钟音列、音阶的成果越来越多。王湘的《曾侯乙墓编钟音律的探讨》⑥、李纯一的《曾侯乙墓编钟的编次和乐悬》⑦ 以及崔宪的《曾侯乙编钟宫调关系浅析》⑧ 均从历史学角度尽力追索先秦乐学的本来面目，是曾侯乙编钟音乐学研究中产生重要影响的成果。童忠良在《百钟探寻——擂鼓墩一、二号墓出土编钟的比较》⑨ 一文中探讨了百钟互补的理论与实践，并置于琴律范畴推断了百钟的宫调体系与同均三宫的特点。虽然从考古学和历史学的角度看，这种做法还有待论证，但就音乐形态学的分析方法而言，其严密的逻辑性乃一种新思维的体现，很有其学术价值。他的《论宁乡商铙一脉相承的乐学内涵》⑩ 与方建军的《河南出土殷商编铙初论》⑪ 以

---

① 刘复：《天坛所藏编钟编磬音律之鉴定》，北京：国立北京大学国学季刊三卷二号，1932 年（音乐研究所藏油印本）。

② 杨荫浏：《信阳出土春秋编钟的音律》，《音乐研究》1959 年第 1 期；另参阅《杨荫浏音乐论文选集》，上海文艺出版社 1986 年版，第 298 页。

③ 黄翔鹏：《新石器和青铜时代的已知音响资料与我国音阶发展史问题》（上、下），《音乐论丛》1978 年第 1 辑，第 184 页；《音乐论丛》1980 年第 3 辑，第 126 页。

④ 黄翔鹏：《溯流探源——中国传统音乐研究》，人民音乐出版社 1993 年版，第 92 页。

⑤ 黄翔鹏：《用乐音系列记录下来的历史阶段——先秦编钟音阶结构的断代研究》（1980 年 4 月应文物局出国文展之邀而作），刊于论文集《溯流探源——中国传统音乐研究》，人民音乐出版社 1993 年版，第 98 页。

⑥ 王湘：《曾侯乙墓编钟音律的探讨》，《音乐研究》1998 年第 1 期，第 68 页。

⑦ 李纯一：《曾侯乙墓编钟的编次和乐悬》，《音乐研究》1985 年第 2 期，第 62 页。

⑧ 崔宪：《曾侯乙编钟宫调关系浅析》，《黄钟》1988 年第 4 期，第 47 页。

⑨ 童忠良：《百钟探寻——擂鼓墩一、二号墓出土编钟的比较》，《音乐研究》1988 年第 4 期，第 1 页。

⑩ 童忠良：《论宁乡商铙一脉相承的乐学内涵》，《音乐研究》2001 年第 1 期，第 37 页。

⑪ 方建军：《河南出土殷商编铙初论》，《中国音乐学》1990 年第 3 期，第 67 页。

商晚期编铙为主体阐述先秦音阶发展轨迹及作为青铜乐器音列的特点，弥补了编钟渊源期音列研究的不足。现有研究成果中，做历时性分析的例子并不多，近来，陈荃有的《西周乐钟的编列探讨》[①] 和《繁盛期青铜乐钟的编列研究》（上、下）[②] 利用《大系》的测音资料对两周时期编钟音列做了乐学分析和设置规律方面的推测。

就个例研究而言，王子初的《太原晋国赵卿墓铜编镈和石编磬研究》[③] 和《晋侯稣钟的音乐学研究》[④] 两篇论文是值得注意的。二者均将测音数据与考古资料、调音特征、文献资料和历史事例相结合，在研究方法上走“多维度、重史实”的道路。所以，得出的结论更全面、更准确，对历时性研究起到很好的定位作用。

此外，在探讨编钟的其他问题时借助测音资料涉及音列特点的成果也不乏其例，如戴念祖的《中国、希腊和巴比伦：古代东西方的乐律传播问题》[⑤] 即属于此类。

3. 从文化角度看音列

从现有研究成果看，多数谈文化无涉音列，谈文化兼论音列的论文很少，原因可能涉及学科研究方法的特点问题。对编钟文化的探讨属文化（人类）学的研究范畴，而对音列的探讨属于形态学的范畴，要在此两个学科之间实现研究方法的衔接与结合一直是学术界的难点。不过以下四例应算是这方面的范例。前两例是黄翔鹏的《先秦音乐文化的光辉创造——曾侯乙墓的古乐器》[⑥] 和《释“楚商”》[⑦]。二者将音列现象放到先秦历史文化中考察，一方面将先秦历史文化的研究具体到对律名、阶名的实质含义的论证，另一方面又将音列的设置扩大到对周代各诸侯国的文化异质与音阶的审美差异的分析上，从而较好地实现了文化研究与形态研究的统一。第三例是《晋侯稣钟的音乐学研究》[⑧]，

---

① 陈荃有：《西周乐钟的编列探讨》，《中国音乐学》2001 年第 3 期，第 29 页。

② 陈荃有：《繁盛期青铜乐钟的编列研究》（上、下），《音乐艺术》2001 年第 2 期，第 27 页；2001 年第 3 期，第 15 页。

③ 王子初：《太原晋国赵卿墓铜编镈和石编磬研究》，见山西省考古研究所编《太原晋国赵卿墓》，文物出版社 1996 年第 1 版，第 326 页。

④ 王子初：《晋侯稣钟的音乐学研究》，《文物》1998 年第 5 期，第 23 页；另参阅《中国音乐考古学》（第十章第二节），福建教育出版社 2003 年版，第 576 页。

⑤ 戴念祖：《中国、希腊和巴比伦：古代东西方的乐律传播问题》，《中国音乐学》1993 年第 3 期，第 5 页。

⑥ 黄翔鹏：《先秦音乐文化的光辉创造——曾侯乙墓的古乐器》，原载《文物》1979 年第 7 期；另参阅论文集《溯流探源——中国传统音乐研究》，人民音乐出版社 1993 年版，第 59 页。

⑦ 黄翔鹏：《释“楚商”》，原载《文艺研究》1979 年第 2 期；另参阅论文集《溯流探源——中国传统音乐研究》，人民音乐出版社 1993 年版，第 73 页。

⑧ 王子初：《晋侯稣钟的音乐学研究》，《文物》1998 年第 5 期，第 23 页；另参阅《中国音乐考古学》（第十章第二节），福建教育出版社 2003 年版，第 576 页。

除从测音角度分析外，该文又从编钟的文化特征入手，从对形制、纹饰及铸调技术等特征之异同的分析，到由铭文展开的历史事件描述与各形制的断代分析，最后再对音列设置做出合理的解释，即采用“先外后内”的分析方法，使音列孕育于多方面文化特征的讨论之中。第四例是洛地的《对于曾侯乙编钟文化属性的疑议——“曾音乐文化”可能系“商—宋文化”说》①。与第三例相反，它采用“先内后外”的分析方法，从曾钟律名的阐释，到各国音位关系的排列，最后得出文化归属的推断性结论。所以，从方法论的角度看，以上四例均属编钟文化与音列研究中很有价值的学术成果。

4. 从编钟设计特性看音列

编钟设计特性与音列的设置问题本来是密切相关的，编钟音列按预定的模式得以成功设置有赖于设计的特点与科技含量。但由于有关编钟的设计特性问题除考虑乐律学的基础外，往往需要如物理声学、数学等其他学科的知识，所以无论音乐学科还是其他学科的研究工作者均因难于逾越学科间的鸿沟而较少涉猎于此。不过，笔者以为以下四例是在此领域中的大胆尝试。第一例是郑荣达的《试探先秦双音编钟的设计构想》②。它从先秦编钟钟体的制式上阐明其声学特性的差异，结合双基效应的发声原理，合理地分析了双音编钟音位的设计逻辑，堪称20世纪80年代后期曾钟研究的典范。第二例是秦序的《先秦编钟“双音”规律的发现与研究》③。该文采用“先叙述后解释”的方法对编钟音列的设置特点及其预计性做了详尽而准确的声学分析。第三例是于书吉的《古编钟的音频特性》④。该文虽然仅借用了“仿曾钟”音位排列的实用音高作为音频特性论证的手段，但它从物理声学角度对影响编钟音响性能的要素所做的分析，很有说服力。第四例是冯光生的《周代编钟的双音技术及应用》⑤。该文亦从钟体制式对编钟双音的发展历史做了合理的分析与推断，并就音列范畴中音程、音域及其相互结合的应用程度与难点做出诠释。以上四例尽管均不以音列为主要分析对象，但它们所选择的研究视角正好构成了编钟音列多元化研究的发展现状。

---

① 洛地：《对于曾侯乙编钟文化属性的疑议——“曾音乐文化”可能系“商—宋文化”说》，《中国音乐学》1998年第3期，第26页。

② 郑荣达：《试探先秦双音编钟的设计构想》，《黄钟》1988年第4期，第13页。

③ 秦序：《先秦编钟“双音”规律的发现与研究》，《中国音乐学》1990年第3期，第55页。

④ 于书吉：《古编钟的音频特性》，《黄钟》1988年第4期，第31页。

⑤ 冯光生：《周代编钟的双音技术及应用》，《中国音乐学》2002年第1期，第40页。

三、 既往成果的价值及整体研究的意义

1. 既往成果的价值

追索编钟音列的研究历史，从无到有、或断或续、由浅入深，走过了一段曲折的路程，至今已涌现出一批优秀的学者，积累了一定数量的成果，摸索出一些行之有效的音乐学研究方法，这些是编钟音列整体研究的宝贵财富。

事实上，大量出土编钟的两周墓葬并不都像曾侯乙墓那样，非但钟上刻有错金的乐律学铭文，还同出有磬、瑟、琴、箫、鼓、均钟等一系列乐器、准器及器具。相反，往往一墓葬只有一套完整或不完整的编钟，有时同出一套编磬或一两件其他乐器，钟体刻有少许乐律铭文的编钟都是极少见的，至于为编钟音列各音的设置提供理论依据的准器更是唯曾墓所仅见。正当学术界对各时期编钟音列的取音规范无从捕捉时，黄翔鹏的《均钟考》① 以其充实的材料依据和严密的逻辑论证了准器的存在，使大量的乐学分析有了揭示本质的机会。随着个例研究即对单套编钟音乐性能的研究逐渐增多，为历时性的整体研究创造了条件。因为个例研究时的定位越准确，做整体脉络的梳理时也就越容易清晰。譬如晋侯稣钟、曾侯乙钟，由于它们出土资料的丰富性与精确性，算是个例研究中的特例，对它们的研究成果就像是两周编钟整体音列研究的灯塔，起着重要的导航作用。所以，编钟个性认识越多，共性认识也越明晰。整体把握可以个例研究为参照，使研究成果的价值得以彰显。

前人在他们所处的时代对当时已有的材料做了力所能及的分析。现在的出土材料增多了，将它们与以往材料进行比较，有利于做出正确的判断，分析结果自然更为真实、可靠。

2. 编钟音列整体研究的意义

从成编的青铜乐钟的发展史来看，至少有 1000 年的时间。对于这一漫长发展时期而言，仅靠对一两套青铜乐钟的考察、研究是难以梳理其发展脉络的，更是难以解释其音列、音阶及数理逻辑的发展规律的。从 20 世纪 70 年代末开始，随着出土实物对文献的印证与纠错作用愈来愈大，又随着学术界对出土编钟音响性能的了解愈来愈深，对编钟的测音工作也愈来愈重视，于是以测音数据为基础的研究工作就此逐渐展开，这些研究

---

① 黄翔鹏：《均钟考——曾侯乙五弦器研究》，原载《黄钟》1989 年第 1、2 期；另参阅论文集《中国人的音乐和音乐学》，山东文艺出版社 1997 年版，第 175 页。

解决了某些疑难，也提出了有待解决的问题。如黄翔鹏在《新石器和青铜时代的已知音响资料与我国音阶发展史问题》一文的第六部分中，就提出了三大问题①。李纯一的《中国上古出土乐器综论》② 对各时期代表性编钟音列做了推测，它作为全面探讨汉代以前古乐器的专著，仍留有尚待解决的问题，而且此类问题在很多学者的研究中也被提出。

第一，之所以将整个青铜时代的编钟作为对象来考察其音列规律的成果还不多，均因以前对青铜乐钟实物资料，特别是测音资料的收集整理不足所致。目前，大量《大系》收录、整理的材料和大量个例研究成果摆在我们面前，我们有对编钟音乐做深层探讨的必要，而首要的目的就在于力求解决以往研究中一些沉积的问题。

第二，作为先秦宫廷礼乐最重要的乐器，编钟的音列所遵循的自然规律是隐藏在乐音背后的客观存在。只有透过编钟音列带给我们的信息才能揭示周代礼乐这一特殊文化发展所遵循的自然规律，对这种自然规律及其运用程度的认识恰恰能让我们从侧面看到周代乃至青铜时代人们对音乐的认知水平，这正是古代音乐史学研究的需要。

第三，东周是我国历史上一个特殊时期。其中春秋五霸与战国七雄，不但政权相对独立，而且经济文化水平也发展迅速。可以想象，对于站在周王朝立场上来撰写的正史而言，失载与略载的历史实在太多，更不要说站在某一诸侯国立场上撰写的历史了。所以，研究时遵循传统做法，找到能与文献印证的依据固然重要，但恐怕挖掘出文献中失载与略载的历史更为重要。通过对编钟音列的清理，能在很大程度上弥补先秦文献中的失载与略载，以及澄清一些由于文献略载仅从古籍中难以解释清楚的史料。

第四，我国的传统音乐源远流长，但很多门类在其渊源期、成长期的具体发展状况还难有定论。那么，它们的流变原因及影响深度也难以回答。通过对编钟音列的清理，就能为我国传统音乐的发展提供一个有说服力的依据。

第五，曾侯乙编钟出土已二十多年，对其研究的成果颇丰。然而，要拿出充分的证据说明它作为青铜乐器音乐成就的顶峰，仅从其本身进行解释还远远不够，必须认识青

---

① 一是“音阶与律制的一般关系问题”；二是“十二律与旋宫问题”；三是“五度相生律的不同计算程序可能和新、旧音阶问题有关联”，其中第一大问题做出了四方面的提问：第一，音阶的起源似应早于律制。第二，律制的计算方法的产生，是不是音乐实践中对于音阶用音的音程关系已有认识之后，进行整理的结果？第三，律制对音阶各级的音程关系有一定的规范作用，但音乐实践的发展却不一定完全遵循数理的规律，而只是在一定程度上受它的约制。第四，恐怕事实上不存在一种统治一切的“中国民族音乐的律制”。第二大问题也做出了四方面的提问：第一，当时只能有部分的旋宫；第二，各套西周编钟只可在最低的一个八度音域中构成十二律关系，各律中只有^{b}b、b、c^{1}、$^{b}d^{1}$ 四律各自在本套编钟中占有宫音地位；第三，现有测音资料还不足以证明文献材料之所述；第四，文献中的四种宫调：“黄钟为宫、大吕为角、太簇为徵、应钟为羽”与后世民间音乐中常用的“上、尺、六、五”四调关系全同，原因何在？

② 李纯一：《中国上古出土乐器综论》，文物出版社 1996 年版。

铜乐器的历史，包括制作工艺、调音技术，特别是音列设置、音阶结构及其背后隐藏的数理逻辑。这就要求对至少从晚商至战国末期1000年内所出编钟的系统整理与分析，这样方是对曾钟的诸多问题的最佳解答。

第六，我国有着精于数理的悠久历史与科学传统。古代的中国、古巴比伦、古希腊均有早期律数规律的发现，是因为古人有着相同的生理机制，对自然属性有着平等的适应能力和发现机缘[①]。在同时或相近的时期拥有同样的东西，或了解同一种自然规律，就如同我们相信茫茫宇宙中还另有星球也存在生灵一样。古中国与古巴比伦、古希腊、古埃及，虽然彼此难以了解和沟通，但它们很可能实实在在地、客观地存在着自身特有的文化。从这一意义上讲，对先秦青铜乐钟音列的清理，也就是对先秦数理传统脉络的清理，具有深远的意义。由此才能从历史学的角度证明先秦钟乐音体系在世界的地位，它是有着悠久传统的本民族产物，而不是受西方文化影响的结果。

---

① 戴念祖：《中国、希腊和巴比伦：古代东西方的乐律传播问题》，《中国音乐学》1993年第3期，第5页。

第一章
西周编钟音列分析

第一节　甬钟音列的探索期与周人的数理意识

第二节　甬钟音列的定型期及其设置规范

第三节　早期编镈的音乐性能与音列设置的象征性

周代的礼乐制度从西周初期（公元前 1046 年）即已着手建立，虽然最初的“乐”适应甚至服从于“礼”，但终究还是形成了自成体系的用乐规范，即“乐悬”制度。所谓乐悬，其本意是指必须悬挂起来才能进行演奏的钟磬类大型编悬乐器①。《周礼・春官・小胥》中“正乐悬之位，王宫悬，诸侯轩悬，卿大夫判悬，士特悬，辨其声”的记载，正是这种重礼制的表现。从现有资料来看，用于西周宫廷音乐演奏的钟类乐器主要有甬钟和镈钟两种，测音资料整理与分析的结果表明，甬钟的音乐性能更好，镈钟与甬钟的搭配在西周中期以后才出现，而且更多的是注重礼乐形式，不是音乐性能。所以，甬钟是这一时期音列分析的主要对象，从甬钟的音列结构能看到处于探索期的周人的数理意识，从音列的多样性到统一性的发展过程则可以较客观、全面地了解西周甬钟音列的设置规范。

第一节　甬钟音列的探索期与周人的数理意识

早期出土的实物资料呈现两个特点：一是出土成套甬钟的墓葬较少，宝鸡南郊竹园沟𢐗伯各墓出土的𢐗伯各编钟和宝鸡南郊茹家庄𢐗伯𣄰墓出土的𢐗伯𣄰编钟算是较有代表的二例；二是成编甬钟的件数较少，与晚商编铙相似，多为 3 件套结构。至西周中期，出土编钟的墓葬开始增加，且成编甬钟的件数也增加为 5 至 8 件不等。从测音数据上分析，这些件数不等的甬钟在音列上表现出不同的音高关系与音程关系特点，将这种音高关系与音程关系做进一步分析，可发现它们与弦长等分制取音法的各等份节点所获得的音高关系与音程关系有密切联系。进而，从各组甬钟音列中底部音程出现的分歧可发现，这种不同的音高关系与音程关系是以等分框架内作不同等份的选择为前提的。

一、 成编甬钟音列的音高与音程关系

从保存情况与音乐性能来看，眉县马家镇杨家村编钟和扶风县庄白一号窖藏所出的㾓钟算是西周中期的杰作，所以，考察西周编钟的音列特点先从此两套钟开始。

1. 眉县杨家村编钟的分组及各组的音高系列

1985 年 8 月 26 日出土于陕西眉县马家镇杨家村西周青铜器窖藏，现藏于眉县图书博

---

① 王子初：《中国音乐考古学》，福建教育出版社 2003 年版，第 563 页。

图 1—1 眉县杨家村甬钟乙组 1 号

物馆的眉县杨家村编钟①为西周中期（稍偏晚）多型多套的编甬钟。共出土甬钟 15 件，其中 5 件已丢失，同出土的乐器还有编镈 3 件，其测音数据②如下。

图表 1—1 眉县杨家村编钟（甲组 2 件）测音数据

单位：音分

标本号	甲组 1 号	甲组 2 号
侧鼓音	模糊	f^1 +40
正鼓音	$^\#a$ +56	$^\#c^1$ +58

图表 1—2 眉县杨家村编钟（乙组 4 件）测音数据

单位：音分

标本号	乙组 1 号	乙组 2 号	乙组 3 号	乙组 4 号
侧鼓音	f^1 +37	d^1 −14	$^\#a^1$ +35	b^3 +33
正鼓音	d^1 −3	$^\#a$ +34	g^1 −13	$^\#g^3$ −4

图表 1—3 眉县杨家村编钟（丙组 4 件）测音数据

单位：音分

标本号	丙组 1 号	丙组 2 号	丙组 3 号	丙组 4 号
正鼓音	$^ba^1$ +53	$^bd^2$ +45	$^ba^3$ +62	d^4 −22
侧鼓音	f^1 −20	$^bb^1$ +50	f^3 +30	b^3 +8

先将以上三组钟从音高、线图、通高数据、音列四方面做一个比较：

第一，音高上，乙组徕钟第 2 号低于第 1 号约大三度，做音列分析前应交换位置，即乙组徕钟中最低音钟的正鼓音在小字组的升 A（$^\#a$）上，它与甲组第 1 号甬钟的正鼓音在同一音位上。

第二，通高上，甲、乙、丙三组甬钟的通高数据③为：

---

① 刘怀君：《眉县出土一批西周窖藏青铜乐器》，《文博》1987 年第 2 期，第 17 页。

② 方建军、黄崇文主编：《中国音乐文物大系·陕西、天津卷》，大象出版社 1996 年版，第 60、64—65 页。

③ 方建军、黄崇文主编：《中国音乐文物大系·陕西、天津卷》，表 16、表 17 与表 18，大象出版社 1996 年版，第 179—180 页。

图表 1—4　眉县杨家村编钟通高数据

单位：音分

组类	甲组		丙组				乙组			
编号	1	2	1	2	3	4	2	1	3	4
通高	57.0	50.0	44.3	44.0	27.0	24.5	65.0	65.0	61.0	23.2

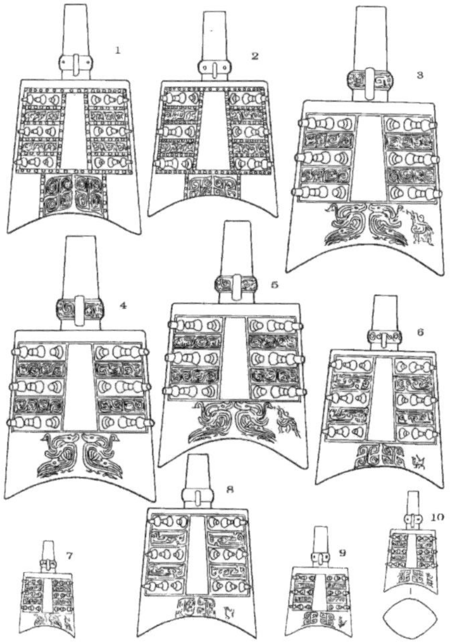

图 1—2　眉县杨家村甬钟线图

很明显，甲组与丙组的通高数据能形成一个由高到低、依次递减的序列，作为与甲组 1 号正鼓同音位的乙组 2 号钟，虽然它与其他三件在通高数据上也能同甲、丙两组构成递减序列，但眉县杨家村出土的编甬钟并非仅此 10 件，而是 15 件，有 5 件已经丢失。考虑到音列分析时需对缺失音做出判断和补充的事实，将甲、丙两组这一同音位的两音作为两组钟上正鼓音列的始发音位来考虑更为合理。

第三，线图中数字“1、2”依次代表甲组第 1、2 号；数字“3、4、5、7”依次代表乙组第 1、2、3、4 号；数字“6、8、9、10”依次代表丙组第 1、2、3、4 号。从甬钟的线图可看出，乙组第 3 号与第 4 号以及丙组第 2 号与第 3 号体形差异很大，乙组第 4 号与第 3 号相比突然变小，说明其中可能存在缺失音；丙组第 3 号与第 2 号相比突然变小，也说明其中可能存在缺失音。

第四，音高上，乙组第 3 号与第 4 号两钟正鼓音高相距达两个八度，若正鼓音列按照“宫—角—羽—角—羽—角—羽”规律进行设置，则第 3、4 号钟之间正好缺“角—羽—角”三音。丙组第 2 号与第 3 号两钟正鼓音高相距正好一个八度又纯五度，若正鼓音列按照“羽—宫—角—羽—角—羽—角—羽”规律进行设置，则第 2、3 号钟之间正好缺“角—羽”两音。这样，将原来甲、乙、丙三组的测音数据进行重排之后，缺失的五件甬钟才得以找回来。

通过以上分析可知，出土的所谓甲、乙、丙三组数据实际上是一套编钟的两组音列，一组为 8 件组合，另一组为 7 件组合。本文将甲、丙两组合并并补充了两件缺失钟后产生的 8 件组合命名为重排一组，将乙组补充了三件缺失钟后产生的 7 件组合命名为重排两组，两组测音数据如下：

图表 1—5 眉县杨家村编钟重排一组测音数据

单位：音分

标本号	甲组 1	甲组 2	丙组 1	丙组 2	无	无	丙组 3	丙组 4
侧鼓音	模糊	f^1 +40	$^ba^1$ +53	$^bd^2$ +45	/	/	$^ba^3$ +62	d^4 −22 [$^\#c^4$ +78]①
正鼓音	^bb +56	$^bd^1$ +58	f^1 −20	$^bb^1$ +50	(f^2)	($^bb^2$)	f^3 +30	b^3 +8 [$^bb^3$ +108]

图表 1—6 眉县杨家村编钟重排二组测音数据

单位：音分

标本号	乙组 2	乙组 1	乙组 3	无	无	无	乙组 4
侧鼓音	d^1 −14	f^1 +37	$^bb^1$ +35	/	/	/	b^3 +33 [$^bb^3$ +133]
正鼓音	^bb +34	d^1 −3	g^1 −13	(d^2)	(g^2)	(d^3)	$^\#g^3$ −4 [g^3 +96]

将重排一组各音分别减去 58 音分，转换为以 ^bD（$^bd^1$）为宫，音分数为 0，呈相对音高关系的音列：

---

① 测音数据表中方括号内的数据在音高上与实测数据相同，即两音同音高，将音名加以转换是为了使音列中各音更符合音位设置的规律或整个音列可能偏差的趋势，也会让音列结构更直观，即音名转换，如 $^\#g^3$ −4 [g^3 +96]，以下同。

单位：音分

侧鼓音音位：	—	角	徵	宫	（徵①）	（宫）	徵	宫
实测相对音高音分数②：		382	694	1187			704**	20**
正、侧鼓实测音分差③：		382	372	295			332	270
正鼓音音位④：	羽	宫	↓角	羽	（角）	（羽）	角	↑羽
实测相对音高音分数：	*898⑤	0	322	892			372**	950**
正鼓音间实测音分差⑥：		302	322	570				578

重排一组编甬钟的正鼓音列与西周晚期陕西扶风齐家村的中义钟、柞钟（后文将做分析）一样，均为8件套组合，除第3件钟的正鼓音由于挫磨过度偏低以外，正、侧鼓各音较为准确。应该引起注意的是，眉县杨家村编甬钟重排一组的这种设置在典型8件套编钟音列设置的发展历程中处于领先地位。

再将重排第二组各音分别减去34音分，转换为以^{b}B（^{b}b）为宫，音分数为0，呈相对音高关系的音列：

单位：音分

侧鼓音音位：	角	徵	宫	（徵）	（宫）	（徵）	宫
实测相对音高音分数：	352	703	1*				99**
正、侧鼓实测音分差：	352	340	348				437
正鼓音音位：	宫	角	↓羽	（角）	（羽）	（角）	羽
实测相对音高音分数：	0	363	853				862**
正鼓音间实测音分差：		363	490				

---

① 在进行编钟音列分析时，有些钟由于出土后流失或破裂未能测音，其音位、音名只能按某一时期编钟音列的设置规范推测出来，这样的音称为缺失音。表述时包括缺失音位和缺失音名两部分，用圆括号加缺失音表示，如（羽）、（d^{1}）等，以下同。

② 实测相对音高音分数是指将一组编钟的测音数据转换为以一定音高（如虢太子墓钮钟以b^{1}为宫，音分数为0*音分；游钟以f^{2}为商，音分数为204*音分等）为标准、呈相对音高关系的音列后，按测音数据推算出来的音分数，本文将它们标在各钟正、侧鼓音位下方。

③ 正侧鼓实测音分差是指将一组编钟的测音数据转换为以一定音高为标准、呈相对音高关系的音列后，用测音数据推算出来的各钟侧鼓音分数减去正鼓音分数所得的差额。

④ “音位”属于乐学概念，是对音列中各音相对位置的一种表述，仅以宫、商、角、徵、羽等名表示一个八度中的十二个音各自的相对音高，并不表示某一律制的确定律高，形式上与律学概念“律位”相同（参阅黄翔鹏《“琴律”研究》，《中央音乐学院学报》1983年第1期，或参阅论文集《溯流探源——中国传统音乐研究》，人民音乐出版社1993年2月第1版，第265页；另参阅崔宪《曾侯乙编钟钟铭校释及其律学研究》，人民音乐出版社1997年9月第1版，第23页）。为了在编钟音列整理和分析过程中避免音位名称的混乱，本文统一借用曾侯乙钟铭所规范的乐学名称来作为各组编钟正、侧鼓音位的标记。

⑤ 八度音分数标记：用“*”代表相距一个纯八度的音分数（1200cent），写在音分数左边表示低一个1200音分，写在音分数右边表示高一个1200音分，依此类推，以下同。

⑥ 正鼓音间实测音分差：将一组编钟的测音数据转换为以一定音高为标准、呈相对音高关系的音列后，用测音数据推算出来的相邻各钟的正鼓音分数之差。

通过重排一、二组甬钟的测音数据整理可发现如下特点：第一，与重排一组各钟正鼓音实测相对音高音分数对应的音位由低到高做“羽—宫—角—羽—角—羽—角—羽”排列，与重排二组各钟正鼓音实测相对音高音分数对应的音位由低到高做“宫—角—羽—角—羽—角—羽”排列。两组在不同的音高中演奏出“羽、宫、角、徵”四音。第二，“羽”音的侧鼓部总是小三度的“宫”音，“宫”音的侧鼓部总是大三度的“角”音，而“角”音的侧鼓部又总是小三度的“徵”音。第三，重排一、二组均以同一音高（^{b}b）为低音，两个“^{b}b”的音分数仅相差 22 音分（56—34 音分）。这充分说明两组甬钟的定音标准是相同的。

2. 瘐钟的分组及各组的音高系列

1976 年 12 月 15 日出土于陕西扶风庄白一号西周青铜器窖藏，现藏于周原博物馆的瘐钟①为西周中期（偏晚）的编甬钟。同出土的有铭甬钟和无铭甬钟 21 件，铜铃 7 件。器物放置有序，四角各置一大铜壶，内装觚、爵、斗、铃、鬲等小件铜器。中间分三层放置器物。上层中间置大型编钟 3 件，中间的钟套有铜尊 1 件，周围空隙置其他铜器。中层中间仍置大型编钟 3 件，每件体内套小钟 1 件，四周空隙放置其他铜器。下层的中间，东西置编钟一排，是 3 钟相套，其余空隙放其他铜器。

按照《简报》的描述，我们就能方便地对瘐钟出土时按上、中、下三层摆放的数量做出统计，即：

上层：大钟 3 件；

中层：大钟 3 件，内各套小钟 1 件，共 6 件；

下层：大钟 4 件（东西向成排放置），内各套中型钟 1 件，每件中型钟内再各套小钟 1 件，共 12 件。

三层共藏甬钟 21 件。

显然，入窖时瘐钟的大小次序均被打乱，考古学家在出土后按形制纹饰和铭文将 21 件钟分为七式，而音乐考古学家们在对瘐钟做资料收集与整理时也保留了这种分法，并按七式分别进行了测音。所以，现先将七式瘐钟的测音数据②陈列、整理如下：

① 1. 陕西周原考古队：《陕西扶风庄白一号西周青铜器窖藏发掘简报》，《文物》1978 年第 3 期，第 1 页。2. 陕西省博物馆等：《陕西出土商周青铜器》（二），文物出版社 1980 年版，第 77—107 页。

② 方建军、黄崇文主编：《中国音乐文物大系 · 陕西、天津卷》，大象出版社 1996 年第 1 版，第 37、39、42、45、47、49—50 页。

图表 1—7　一式疾钟测音数据

单位：音分

标本号	76FZHI:64
侧鼓音	d^1+19
正鼓音	$b+23$

图表 1—8　二式疾钟测音数据

单位：音分

标本号	76FZH1:29	76FZH1:10	76FZH1:9	76FZH1:32
侧鼓音	$b+33$	d^1-27	f^1-8	$^{\#}a^1+20$ [$^{b}b^1+20$]
正鼓音	$g-9$	$^{\#}a-12$ [$^{b}b-12$]	d^1-24	g^1-20

图表 1—9　三式疾钟测音数据

单位：音分

标本号	76FZH1:8	76FZH1:30	76FZH1:16	76FZH1:33	76FZH1:62	76FZH1:65
侧鼓音	c^1-15	$^{\#}c^1+43$ [d^1-57]	f^2+38	$^{\#}a^2+44$ [$^{b}b^2+44$]	$^{\#}f^3+11$ [f^3+111]	b^3-8 [$^{b}b^3+92$]
正鼓音	a^1-49 [g^1+151]	$^{\#}a\pm0$ [$^{b}b\pm0$]	d^2+42	g^2+17	d^3+60	$^{\#}g^3-22$ [g^3+78]

图表 1—10　四式疾钟测音数据

单位：音分

标本号	76FZH1:28	76FZH1:31	76FZH1:57
侧鼓音	f^2+35	$^{\#}a^2+54$ [$^{b}b^2+54$]	f^3+61
正鼓音	d^2+9	g^2+22	d^3+57

图表 1—11　五式疾钟测音数据

单位：音分

标本号	76FZH1:61	76FZH1:66	76FZH1:63
侧鼓音	c^1-20	f^1-17	a^1-11
正鼓音	$^{b}a+51$ [$a-49$]	d^1+48	f^1+28

图表 1—12 六式疾钟测音数据

单位：音分

标本号	76FZH1:60	76FZH1:58
侧鼓音	$^{\#}c^{2}$ −4 ［c^{2} +96］	f^{2} +73
正鼓音	a^{1} +49	d^{2} +24

图表 1—13　七式疾钟测音数据

单位：音分

标本号	76FZH1:59	76FZH1:67
侧鼓音	$^{\#}f^{1}$ +17	c^{2} −43 ［b^{1} +57］
正鼓音	$^{\#}d^{1}$ +14	$^{\#}g^{1}$ +9

从七式疾钟测音数据中的音名和音高来看，一式与七式接合可构成“宫—角—羽”结构的正鼓音列，加上侧鼓“徵音”构成“宫—角—徵—羽—宫”的四声音阶；二式与四式接合可构成“羽—宫—角—羽—角—羽—角”结构的正鼓音列，加上侧鼓“徵音”构成四声；三式 6 件甬钟无须与他式接合，可独立构成“羽—宫—角—羽—角—羽”结构的正鼓音列，加上侧鼓“徵音”构成四声；五式与六式接合可产生“角—羽—宫—角—羽”结构的正鼓音列，加上侧鼓“徵音”亦构成四声。

纯粹从测音数据上得出两式接合的四组音列未免过于主观、随意。所以，下面对七式疾钟的纹饰与铭文①再做细致的分析和比较。

图 1—3　一式疾钟

图 1—4　七式疾钟

① 方建军、黄崇文主编：《中国音乐文物大系・陕西、天津卷》，大象出版社 1996 年版，第 37、39、41、45、47、49、50 页。

图表 1—14 一式与七式纹饰与铭文特点（1 件 +2 件）

型式	斡	舞	钲边、篆边	篆、鼓	铭文	凤鸟纹
一式	绹纹	粗阴线云纹	细阳线夹联珠纹	细阳线云纹	钲间、两铣有 103 字	无
七式	绹纹	阴线云纹	连缀小乳钉	细阳线云纹	钲间有可能为族徽符号	两件右侧鼓均饰凤鸟纹

图 1—5 二式瘐钟

图 1—6 四式瘐钟

图表 1—15 二式与四式纹饰与铭文特点（4 件 +3 件）

型式	斡、旋	舞、篆	鼓	铭文	凤鸟纹
二式	鳞纹、四乳钉	阴线云纹	顾夔纹	钲间、两铣有 104 字	除二式前两钟外，其他钟侧鼓增饰凤鸟纹
四式	鳞纹、窃曲纹夹乳钉	阴线云纹	顾夔纹	钲间有铭文 8 字	

图表 1—16 三式纹饰与铭文特点（6 件）

型式	旋	舞	鼓	钲边篆边	篆	铭文	凤鸟纹
三式	窃曲纹夹乳钉	阴云纹	顾夔纹	粗阳线弦纹	对角双头兽纹	钲间均有铭文，8—35 字不等	从第 2 件钟开始侧鼓增饰凤鸟纹

图表 1—17 五式与六式纹饰与铭文特点（3 件 +2 件）

型式	斡	舞	钲边、篆边	篆、鼓	铭文	凤鸟纹
五式	绹纹	阴线云纹	双细阳线夹联珠纹	细阳线云纹	无	从第 4 件钟开始侧鼓增饰凤鸟纹
六式	绹纹	阴线云纹	阴线	阴线云纹	无	

图 1—7 三式𤼈钟

图 1—8 五式𤼈钟

图 1—9 七式𤼈钟

从七式𤼈钟的纹饰和铭文的比较中不难发现，一式与七式之间、二式与四式之间、五式与六式之间均呈大同小异的特点，而且这种“小异”是有原因的。一式与七式的不同仅在于凤鸟纹上，按照两者音位的排列，第一件甬钟的侧鼓音“徵曾”不在四声之内，推测西周中期是不用的。那么，从第 2 件钟的侧鼓部开始增饰凤鸟纹正好说明一、七两式本为一组的事实。同样，二式与四式的不同也在凤鸟纹上，按照两者音位的排列，第 1 件甬钟的侧鼓部产生了一个高出正鼓音 442 音分的带中立性质的宽纯四度，第 2 件甬钟的侧鼓“角音”在第 3 件甬钟的正鼓部得到仅差 3 音分的重复设置。所以，此两钟的侧鼓音并不在预设的四声之内，即不用于实际演奏，从第 3 钟的侧鼓部开始增饰凤鸟纹正好构成“羽—宫—角—徵—羽—宫”的典型设置。三式甬钟的纹饰和铭文是富有个性的，即钲、篆四边的粗阳线弦纹及篆部的对角双头兽纹均为其他各式所未有，加上其正、侧鼓音列设置的完整性，它无须与他式接合。五式与六式在斡与舞部的纹饰相同，且斡饰绹为该两组甬钟所特有。在纹钲、篆边及篆、鼓部的纹饰上出现了差异，但均无铭文或全将铭文磨尽的特点又形成了区别于其他各式的一致性。

以上分析表明，七式𤼈钟做三种接合组成四组甬钟的认识理由是比较充分的，它更能反映七式瘐钟的本来面目，下面即可以分别对四组甬钟的测音数据做音列分析了，姑且将一式与七式的接合称为一—七组，将二式与四式的接合称为二—四组，将三式各音由低到高的排列成为三式组，五式与六式的接合成为五—六组。

将一—七组各音分别减去23音分，转换为以B（b）为宫，音分数为0，呈相对音高关系的音列：

单位：音分

侧鼓音音位：	“徵曾”①		徵		宫
实测相对音高音分数：	296		694		34*
正、侧鼓实测音分差：	296		303		348
正鼓音音位：	宫		角		羽
实测相对音高音分数：	0		391		886
正鼓音间实测音分差：	ǀ	391	ǀ	495	ǀ

将二—四组各音分别加上12音分，转换为以^{b}B（^{b}b）为宫，音分数为0，呈相对音高关系的音列：

单位：音分

侧鼓音音位：	“羽颠”		角		徵		宫		↑徵		↑宫		↑徵
实测相对音高音分数：	145		385		704		32*		747*		66**		773**
正、侧鼓实测音分差：	442		385		316		340		326		332		304
正鼓音音位：	羽		宫		角		羽		↑角		↑羽		↑角
实测相对音高音分数：	*903		0		388		892		421		934		469**
正鼓音间实测音分差：	ǀ	297	ǀ	388	ǀ	504	ǀ	729	ǀ	513	ǀ	735	ǀ

将三式组转换为以^{b}B（$^{b}b^{1}$）为宫，音分数为0，呈相对音高关系的音列：

单位：音分

侧鼓音音位：	“羽颠/商”		↓角		徵		↑宫		↑徵		↑宫
实测相对音高音分数：	185*		343*		738*		44**		811**		92***
正、侧鼓实测音分差：	334		343		296		327		345		314
正鼓音音位：	↑羽		宫		角		羽		↑角		↑羽
实测相对音高音分数：	1051		0*		442*		917*		460**		978**
正鼓音间实测音分差：	ǀ	149	ǀ	442	ǀ	475	ǀ	749	ǀ	512	ǀ

① 西周编甬钟第1、2件侧鼓音不用于演奏，本文做音列分析时为避免侧鼓音位的空缺拟借用曾侯乙钟律铭代之。

将五—六组各音分别减去28音分，转换为以F（f^1）为宫，音分数为0，呈相对音高关系的音列：

单位：音分

侧鼓音音位：	↓徵		宫		角		↑徵		↑宫	
实测相对音高音分数：	652		1155		361		768*		45**	
正、侧鼓实测音分差：	329		235		361		347		349	
正鼓音音位：	↓角		↑羽		宫		角		羽	
实测相对音高音分数：	323		920		0		421		896	
正鼓音间实测音分差：	|	597	|	280	|	421	|	475	|	

可见，扶风庄白一号西周青铜器窖藏出土的痶钟实际上是由4组甬钟组成的多型多套编钟。其音高特点为：

第一，与一—七组各钟正鼓音实测相对音高音分数对应的音位由低到高做“宫—角—羽”排列，这与眉县杨家村甬钟中重排二组前3件的排列结构相同；与二—四组各钟正鼓音实测相对音高音分数对应的音位由低到高做“羽—宫—角—羽—角—羽—角”排列，与三式组各钟正鼓音实测相对音高音分数对应的音位由低到高做“羽—宫—角—羽—角—羽”排列，这两组与眉县杨家村甬钟中重排一组的排列结构相同；与五—六组各钟正鼓音实测相对音高音分数对应的音位由低到高做“角—羽—宫—角—羽”排列。四组在不同的音高中演奏出“羽、宫、角、徵”四音。

第二，除前三组各低音钟的侧鼓音未形成统一的规范以外，“羽”音的侧鼓部总是小三度的“宫”音，“宫”音的侧鼓部总是大三度的“角”音，而“角”音的侧鼓部又总是小三度的“徵”音。

第三，四组甬钟虽然并未出现像眉县杨家村甬钟重排一、二组那样几乎完全相同的定音标准，但如果再将这种纹饰和铭文比较后的结论与接合后每一组甬钟的第一件钟所在的音高联系起来考察，一—七组的低音钟音高为b+23（音分），二—四组的低音为g-9（音分），五—六组的低音为a-49（音分），此三音均在g-b之间的三度内徘徊。可以设想，此三种接合组成的三组音列并非一次铸成，或者即便为一次铸成但作为取音标准的弦上散声音高并非完全一致，是完全可能的，而且基本上控制在g-b之间，这就在更高层面体现了周人对固定音高认识的一致性。三式钟的低音在g^1+151（音分）上，听觉上仍在g-b之间，只是音区上出现差异，这或许是周人为拓展音域在音区处理上的常用手法。此外，三式钟第2件“宫”音钟脱范时比预设音高低了八度，致使整组钟的音高关系受到影响，第1件钟的音高未加调试可能也出于此影响的结果。

3. 甬钟的音程系列与弦长等差关系

从眉县马家镇杨家村甬钟重排一、二组的正鼓音列音高关系以及扶风白庄痶钟整理出的四组甬钟的正鼓音列音高关系来看，它们有一个共同的特点，那就是音越低，相邻两钟正鼓音间的音程越小；音越高，相邻两钟正鼓音间的音程越大，呈现出一种底小上大的趋势。

眉县杨家村甬钟重排一组以及痶钟二—四组、三式组的正鼓音列相邻各音间音程结构为：

小三度（羽—宫）→大三度（宫—角）→纯四度（角—羽）→纯五度（羽—角）→纯八度（角—角）

眉县杨家村甬钟重排二组与痶钟一—七组的正鼓音列相邻各音间音程结构为：

大三度（宫—角）→纯四度（角—羽）→纯五度（羽—角）→纯八度（角—角）

而痶钟五—六组甬钟的正鼓音列相邻各音间音程结构则为：

纯四度（角—羽）→纯五度（羽—角）→纯八度（角—角）

显然，正鼓音列相邻各音间产生的这种音程特点与现代意义上的自然谐音列的音程特点正好相反，谐音列的音程特点是音越低，相邻两音间的音程越大；音越高，相邻两音间的音程越小，呈现出一种底大上小的趋势。

图表 1—18　谐音列前六音的音程关系

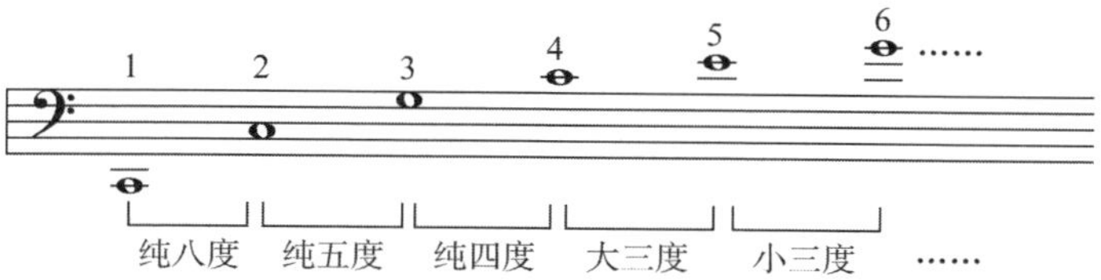

为了能与眉县杨家村甬钟与扶风白庄痶钟的正鼓音列音程关系相适应，此处应该考虑弦长的等差关系，等差数列就是在一组数据中任何相邻的两数之差均相等的数列。这一规律正好符合等份弦长的节点比例特点。以六等份弦长为例，六个节点的弦长比例由大到小依次为$\frac{6}{6}$、$\frac{5}{6}$、$\frac{4}{6}$、$\frac{3}{6}$、$\frac{2}{6}$、$\frac{1}{6}$，其中相邻的弦长比例之差均为$\frac{1}{6}$。实验早已证明，如果依据这一组等份数据所在的节点位置作弦上取音，则会产生一组音程关系由小到大的音列。在这里，掐弦段与振动段正好形成互补关系。当左边掐死$\frac{1}{6}$段时，右边产生$\frac{5}{6}$段的弦振动，得到距空弦散声小三度的音；当左边掐死$\frac{2}{6}$段时，右边产生$\frac{4}{6}$段的弦振动，得到距前一音大三度的音；当左边掐死$\frac{3}{6}$段时，右边也产生$\frac{3}{6}$段的弦振动，得到距前一音纯四度的音；当左边掐死$\frac{4}{6}$段时，右边产生$\frac{2}{6}$段的弦振动，得到距前一音纯五度的音；当左边掐死$\frac{5}{6}$段的弦振动，得到距前一音纯八度的音。由此可见，甬钟正鼓音列的设置特点是弦长作等份取音的结果。

二、 底部音程的分歧与等分框架内的不同等份前提

就甬钟正鼓音列的音高和音程两方面的特点而言，虽然“羽、宫、角”三音位是构成正鼓音列的基础，且正鼓音列始终呈现底小上大的音程特点，但每组甬钟中正鼓音列的底部音程不尽相同。从眉县杨家村编钟和扶风白庄瘐钟的特点来看，各组甬钟中底部两正鼓音间出现了三种音程：第一种是小三度；第二种是大三度；第三种是纯四度。既然各组甬钟的音高和音程特点取决于弦长的等差数列，那么，三种底部音程的存在理应有三种等差数列与之对应。所以，底部音程的分歧迫使我们在弦长的等分框架中还应考虑三种不同的等份前提，即在不同的等份前提下可以产生不同的音程系列。其中，弦长六等分制产生的是“小三度”的底部音程，弦长五等分制产生的是“大三度”的底部音程，弦长四等分制产生的是“纯四度”的底部音程。

1. 弦长六等分制与甬钟音列结构

当弦长作六等份节点进行取音时，各等份以$\frac{1}{6}$为等差单位，正、侧鼓音与弦上节点的对应关系如下：第一，6 个节点的弦长比例$\frac{6}{6}$、$\frac{5}{6}$、$\frac{4}{6}$、$\frac{3}{6}$、$\frac{2}{6}$、$\frac{1}{6}$依次与音位名“羽—宫—角—羽—角—角”相对应，而这些音位名又与一组甬钟中第 1、2、3、4、5、7 件钟的正鼓音位相对应。第 6 件和第 8 件的两个正鼓“羽”音位分别对应着弦长比例$\frac{1}{4}$与$\frac{1}{8}$。第二，如果再将弦长的每$\frac{1}{6}$等份作为考察对象，则第 1、2、3、4、5、7 件钟的正鼓音位在$\frac{1}{6}$等份内的比例均为 1。而第 6 件和第 8 件的两个正鼓“羽”音位在$\frac{1}{6}$等份内的比例正好是$\frac{1}{2}$与$\frac{3}{4}$。第三，第 1、2、3、4、5、6、7、8 件甬钟的侧鼓音①依次与

① 就出土的实物资料而言，西周（8 件组）甬钟的第 1 件侧鼓音多含糊，学术界普遍认为此音不用于实际演奏。

弦上的音位名“宫、角、徵、宫、徵、宫、徵、宫”相对应，它们的弦长比例依次为 $\frac{5}{6}$、$\frac{4}{6}$、$\frac{5}{9}$、$\frac{5}{12}$、$\frac{5}{18}$、$\frac{5}{24}$、$\frac{5}{36}$、$\frac{5}{48}$，在 $\frac{1}{6}$ 等份内的比例依次为 1、1、$\frac{1}{3}$、$\frac{1}{2}$、$\frac{2}{3}$、$\frac{1}{4}$、$\frac{5}{6}$、$\frac{5}{8}$，如图表 1—19 所示。

图表 1—19 弦长六等分制取音图示

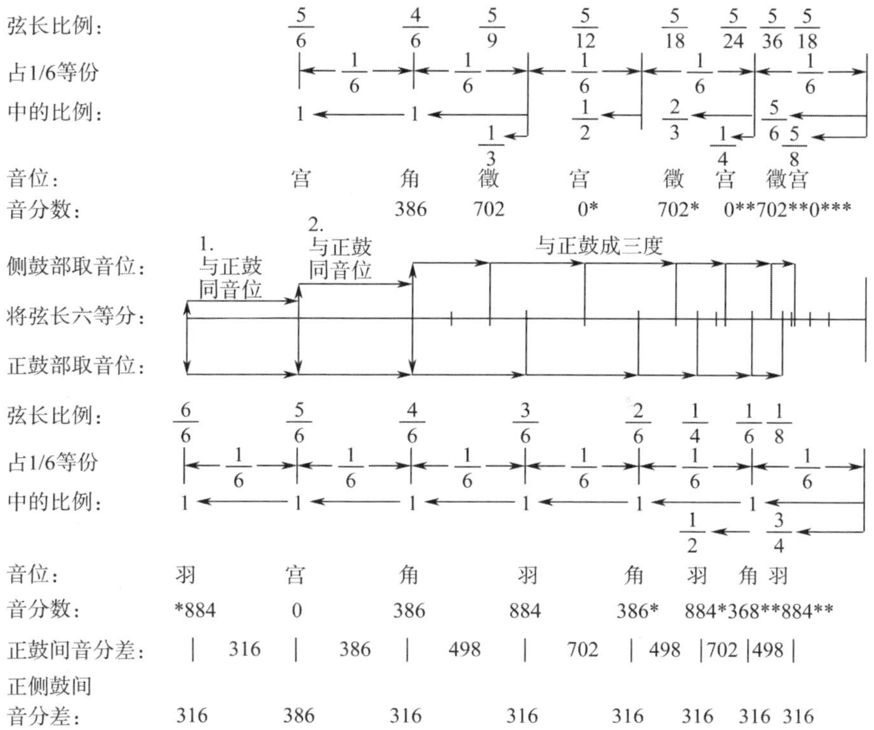

说明：本文仅对周代编钟取音方法提出一种标准，并且由于此标准可以用来解释音乐史学研究中许多尚待解决的实际问题，但毕竟它只是一种有待论证的思路，接下来的另两种标准亦如此。

这就是我们对西周甬钟作音列分析时采用的理论标准之一，这里将编钟在一弦上取音的节点、弦长比例①、占 $\frac{1}{6}$ 等份中的比例、音位、音分数等各项指标按正鼓和侧鼓分开列出，可以看出无论是正鼓音之间还是正鼓音与侧鼓音之间均取得纯律音程。这样，就可以对诸多问题做出解释，以下就一些解释做扼要归纳：

第一，按照一弦六等份取音法的节点规律，所产生的正鼓音列“羽—宫—角—羽—

① 赵宋光：《赵宋光论文集》之“音乐理论领域”系列论文，花城出版社 2001 年版，第 291—359 页。

角—羽—角—羽”正鼓音列各音之间依次构成“纯律小三度、纯律大三度、纯四度、纯五度、纯八度”音程。西周编钟正鼓音的这种设置，来源于他们对“弦长六等分制”的认识。

第二，按这一规律取音并设置为音列，并没有商音出现，因为要取得商音的难度相对更大一些，直至春秋早期8件套编甬钟的侧鼓音上才出现商音，如河南三门峡上岭村出土的两套虢国编甬钟即是如此。何况从钟形结构的物理属性讲合瓦形钟最便于得到三度音程。所以，到西周中、晚期这种一弦取音的方法趋于统一的时候，仍然将西周钟缺商的原因完全归结于对商的仇恨的结论尚待讨论。

第三，取音与调音是编钟铸造过程中既各自独立又相互联系的两个重要环节——取音在弦，调音在钟，在后文将对它们进行分别论述。

第四，这种一弦六等份取音法获取的正鼓音不能超过8个音，多一个便取不到音，所构成的“羽—宫—角—羽—角—羽—角—羽”正鼓音列正好达三个八度，需要正、侧鼓音相结合才体现出旋律性。在后文将论述到的按五弦六等份取音法获取并设置成“徵—羽—宫—商—角—羽—商—角—羽”9件套编钟的正鼓音列中，最低与最高两个正鼓音之间只有两个八度加大二度。即便前面再加上“商—角”构成11或12（音列中间还插入“商颟”或“徵颟”钟）件套的正鼓音列，音域上也只有两个八度加纯五度。然而，这种设置仅在正鼓音列上就已体现出鲜明的旋律性，这恰恰反过来证明了至西周晚期编钟按一弦等份取音法取音的实际存在与运用。

第五，在一弦六等份取音法图式中，第一件“羽音”钟与第二件“宫音”钟的侧鼓音设置存在两种模式，即与正鼓音作同音位设置以及与正鼓音作三度设置，其中前者出现在西周晚期，后者在西周中期就已出现。按照合瓦形钟最便于得到三度音程的特点来推断，可能西周中期正、侧鼓音作三度设置仅出于自然，晚期正、侧鼓作同音位设置才出于人为。

从眉县杨家村甬钟和扶风白庄㾓钟的音高及音程关系表明，前者的重排一组与后者的二—四组、三式组均是按照弦长六等分制取音法作为依据来设置音列的。㾓钟二—四组与三式组甬钟的第一件侧鼓音均不用于实际演奏，所以不必增饰凤鸟纹。除二—四组第4件甬钟正、侧鼓“羽—宫”音间出现24音分（340—316音分）的偏宽以及三式组第5件甬钟正、侧鼓“角—徵”音间出现29音分（345—316音分）的偏宽之外，两组钟的正、侧鼓音间的音准较好，但正鼓音之间出现音愈高愈偏高的现象，这是编钟音列中反映出来的一个普遍特点。按照弦上等分制取音的规律，这种现象是与弦的张力、跃迁值以及调音锉磨的细腻程度均密切相关的，本文将在对多套编钟作出分析后再解释其原因。此外，梁其钟的音列也同样遵循着这一思路。1940年出土于陕西省扶风县法门寺任村，现藏于上海博物馆的梁其钟①，为西周中期至少六件套的编甬钟。现上海博物馆收集的三件为其中的一部分，此三件钟的测音数据②如下。

图表 1—20　陕西扶风法门寺梁其钟测音数据

单位：音分

编　号	44043	27222	27591
侧鼓音	d^1-1	$^{\#}f^1+13$	$^{\#}f^2+49$
正鼓音	$b+21$	$^{\#}d^1+1$	$^{\#}d^2+24$

图 1—10　梁其钟

此三件钟的正鼓音明显形成“宫—角—角”的关系，加上后两件的侧鼓音形成较准确的“宫—角—徵—角—徵”音列结构。然而，此套钟现存六件，除上海博物馆所藏三件外，另三件藏于巴黎基美博物馆。如果将上海博物馆收藏的三件钟的测音数据与各钟铭文结合起来分析，整套钟的音列结构是可以推测出来的。此套钟铭文较长，共有 147 字，刻在上海博物馆三件钟的钲部与左侧鼓部铭文③如下：

27222 号钟：

梁其曰：不（丕）显皇且（祖）考穆穆異異（翼翼），克悊（哲）氒（厥）德，農（農）臣先王，得屯（纯）亡敃，梁其肇帅井（型）皇且（祖）考，秉明德，虔夙夕，辟天子，天子肩事（使）梁其身，邦君大正，用天子宠，蔑梁其历，梁其敢对天子不（丕）显休扬，用乍（作）朕皇

——这是全篇铭文的上半篇

27591 号钟：

天子，天子肩事（使）梁其身，邦君大正，用天子宠，蔑梁其历，

---

① 1. 陈佩芬：《繁卣、趞鼎及梁其钟铭文诠释》，《上海博物馆集刊》第 2 期，上海书画出版社 1991 年版。2. 马承源：《商周青铜器铭文选》（四），文物出版社 1988 年版，第 397 页。

② 马承源、王子初主编：《中国音乐文物大系·上海、江苏卷》，大象出版社 1996 年版，第 26 页。

③ 马承源：《商周青铜器铭文选》（四），文物出版社 1988 年版，第 397 页。

梁其敢对天子不（丕）显休扬，用乍（作）朕皇且（祖）考龢钟，梁其

44043 号钟：

且（祖）考龢钟，鎗鎗鎴鎴鍅鍅（黴黴）鏞鏞，用邵（昭）各（格）喜侃（侃）前文人，用蘄（祈）匄康龢（娱）屯右（祐），綽（绰）龢（绾）通录（禄）。皇且（祖）考其严（俨）才（在）上，數數（数）龢龢，降余大鲁福亡旲（斁），用寵光（广）梁其身，勵（乐）于永令（命），梁其万年无疆，龕（堪）臣皇王，眉寿永宝。

——这是全篇铭文的下半篇

铭文内容记载了梁其祖父的美好品德及自己为天子事职之功绩。按照钟铭，此套钟的前四件的钲部与左侧鼓部两次完整地记录了全篇铭文，即第一、二钟分上、下两篇记完，第三、四钟亦分上、下两篇记完。换言之，在所测三件钟的正鼓音列“宫—角—角”结构中，前面的“宫音”（44043 号）与“角音”（27222 号）应属于整套钟的第二、第三件，前面缺第一件“羽音”钟，后面缺第四件“羽音”钟。这样，第一、二、三、四件依次构成“羽—宫—角—羽”的正鼓音结构，这显然是按一弦六等份各节点取音的结果。这一节点规律产生的正鼓音列可构成四个或六个，至多不超过八个（重复“角—羽”）音位，那么，所测三件钟的正鼓音列的最后一个“角音”（27591 号）正好处在整套钟的第五件位置。然而，按 27591 号钟上的铭文仅记录了全篇铭文上半篇的后面一部分，如果单从铭文入手，亦可由此推测其上下应各有一钟铭与之相连。对此，陈佩芬在其《繁卣、趞鼎及梁其钟铭文诠释》已作有结论；陈双新在其有关钟铭“2+2+4 式”的论述中对此套钟亦进一步阐述了相同的看法，他以为“此套编钟形制上的二分现象十分明显，前四钟相互差别不大，各有铭六七十字，五、六钟形体稍小，分别有 41 字、40 字，其后当缺二钟，各有铭三十来字，其全套钟数和铭文组合情况可以推定”①。这里，根据铭文得出的结论与根据音列设置规范得出的结论出现了矛盾，不过有三点应该指出：第一，此套钟现存六件的铭文字数到底是亲眼所见，还是有一部分靠推测？第二，如果“前”与后两钟铭文并非亲眼所见，而是推测出来的，则“……且考龢钟，梁其”也可以理解为 27591 号钟及其后面一钟分别摘取了上、下半篇铭文结尾处的几个关键句，即 27591 号后面一钟记录的铭文为“（梁其）万年无疆，龕臣皇王，眉寿永宝”。

---

① 陈双新：《两周青铜乐器铭辞研究》第三章第二节将编钟铭文的组合关系总结为“1×4+4 式”“1×8 式”“8 合式”“2+2+4 式”四种形式，河北大学出版社 2002 年版，第 93 页。

第三，如果铭文字数非亲眼所见，那么，尽管铸文应以铭文内容记载完整为目的，但偶尔会打破一些规律，因为按一弦六等份各节点取音来设置的正鼓音列结构中，加入“徵音”的现象乃所有出土的西周甬钟所未见。如果除去在 27591 号钟前设置“徵音”的可能，又要考虑该钟所刻铭文的上下连接关系，只有一种可能，就是在 27591 号钟前设置另一个音位重复钟（即“角音”钟）。但这只体现了一种偶然性，并非一种规律所产生的必然结果，自然也就不是本文所要探讨的了。正因如此，这里仅将此套钟当正鼓音列为“羽—宫—角—羽—角—羽”结构的六件套来分析。

将各音减去 21 音分，转换为以 B（b）为宫①，音分数为 0，呈相对音高关系的音列：

单位：音分

侧鼓音音位：	—		“徵曾”		徵		（宫）		↑徵		（宫）
实测相对音高音分数：			278		692				728*		
理论音高音分数②：			316		702		0*		702*		0**
正、侧鼓实测音分差：			278		312				325		
正、侧鼓理论音分差③：			316		316		316		316		316
正鼓音音位：	（羽）		宫		角		（羽）		角		（羽）
实测相对音高音分数：			0		380				403*		
理论音高音分数：	*884		0		386		884		386*		884*
正鼓音间实测音分差：				380							
正鼓音间理论音分差④：		316		386		498		702		498	

2. 弦长五等分制与甬钟音列结构

当弦长作五等份节点进行取音时，各等份以$\frac{1}{5}$为等差单位，正、侧鼓音与弦上节点的对应关系如下：第一，5 个节点的弦长比例$\frac{5}{5}$、$\frac{4}{5}$、$\frac{3}{5}$、$\frac{2}{5}$、$\frac{1}{5}$，依次与音位名

① 由于一弦上的散声作为始发律，是按弦取音的标准音，同时它又是音列中的第一音。以一弦六等份取音法为例，将羽音的音分数设为 884 或 906 音分都可以，因为考察的并非单件钟的音高，而是编钟正鼓音之间以及一钟上正、侧鼓音之间的关系，不管始发律定在哪一个高度，其相对标准值是不变的。但为了分析的方便和习惯，则选择“宫”为标准，即将音分数统一从宫音开始，全部确定其音分数为 0（音分），即宫音音分数，以下同。

② 理论音高音分数是指按弦取音时在各节点必然产生相应的音高，当各节点用各种音位名称来替代时，也就在各音位下方得到了相应的音分数。

③ 正侧鼓理论音分差是指按弦取音获取的各钟侧鼓音分数与正鼓音分数之差。

④ 正鼓音间理论音分差是指按弦取音获取的相邻各钟正鼓音高理论音分数之差。

“宫—角—羽—角—角”相对应，而这些音位名又与一组甬钟中第 1、2、3、4、6 件钟的正鼓音位相对应。第 5 和第 7 件的两个正鼓“羽”音位分别对应着弦长比例$\frac{1}{10}$与$\frac{3}{20}$。第二，如果再将弦长的每$\frac{1}{5}$等份作为考察对象，则第 1、2、3、4、6 件钟的正鼓音位在$\frac{1}{5}$等份内的比例均为 1。而第 5 和第 7 件的两个正鼓“羽”音位在$\frac{1}{5}$等份内的比例正好是$\frac{1}{2}$与$\frac{3}{4}$。第三，第 1、2、3、4、5、6、7 件甬钟的侧鼓音依次与弦上的音位名“角、徵、宫、徵、宫、徵、宫”相对应，它们的弦长比例依次为$\frac{4}{5}$、$\frac{2}{3}$、$\frac{1}{2}$、$\frac{1}{3}$、$\frac{1}{4}$、$\frac{1}{6}$、$\frac{1}{8}$，在$\frac{1}{5}$等份内的比例依次为 1、$\frac{1}{3}$、$\frac{1}{2}$、$\frac{2}{3}$、$\frac{1}{4}$、$\frac{5}{6}$、$\frac{5}{8}$，如图表 1—21 所示。

图表 1—21 弦长五等分制取音图示

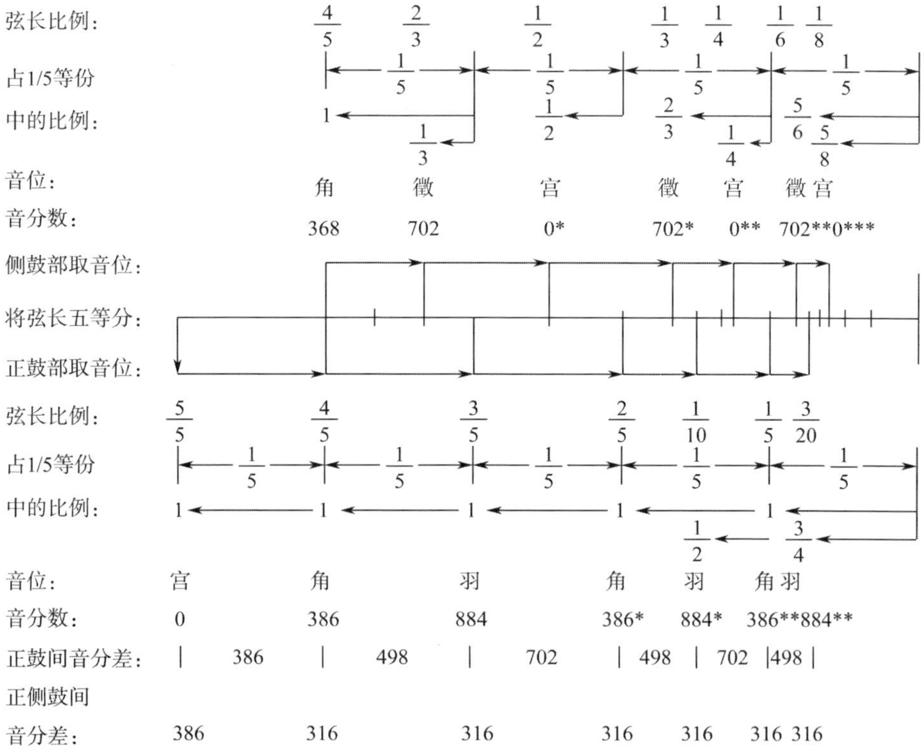

这就是对西周甬钟做音列分析时采用的理论标准之二，上图将编钟在一弦上取音的节点、弦长比例、占$\frac{1}{5}$等份中的比例、音位、音分数等各项指标按正鼓和侧鼓分开列出，可以看出无论是正鼓音之间还是正鼓音与侧鼓音之间均取得纯律音程。这里也将要点归纳如下：

第一，依据一弦五等份取音法，所产生的“宫—角—羽—角—羽—角—羽”正鼓音列各音之间依次产生了“纯律大三度、纯四度、纯五度、纯八度”音程。

第二，与一弦六等份取音法相似，按这一规律取音并设置为音列，也没有商音出现，因为要取得商音的难度相对更大一些。

第三，这种一弦五等份取音法获取的正鼓音不能超过 7 个音，多一个便取不到音，所构成的“宫—角—羽—角—羽—角—羽”正鼓音列刚好达两个八度又一个纯律小六度，需要正、侧鼓音相结合才体现出旋律性。

从眉县杨家村甬钟和扶风白庄㾜钟的音高及音程关系表明，前者的重排二组与后者的一—七组均是按照弦长五等分制取音法作为依据来设置音列的。眉县杨家村编甬钟共出 15 件，8 件套组合按一弦六等份取音，7 件套组合按一弦五等份取音，正好说明了这一点。遗憾的是，眉县杨家村窖藏出土的包括 3 件镈钟在内的 18 件乐钟上没有留下铭文，我们不知其主，只知道在他的宫廷乐队中供养着音乐素养极高、数理意识极强的乐师。它和㾜钟是西周中期所有出土的甬钟中数量最多、音列设置最有规律的两套，其音列结构所反映出的周人的数理意识对于早、中期所有编钟音列研究的价值是不言而喻的。虽然㾜钟一七组仅有 3 件甬钟，比眉县杨家村重排第二组少了 4 件，但眉县杨家村重排第二组所出现的音位在㾜钟一七组中均已出现。由于取音时仅用了弦长的一半（$1-\frac{1}{2}$），所以省略了$\frac{1}{2}$弦长以上的高八度重复音，如图表 1—22：

图表 1—22　㾜钟一—七式取音图示

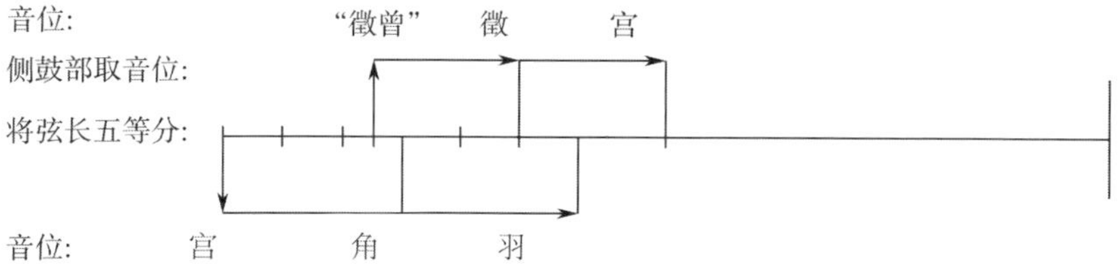

按一弦五等份取音法，第 1 件钟的侧鼓“徵曾”音正好处在总弦长的第五等份内，并占该等份弦长的$\frac{1}{6}$，在五等份取音法中要获取此音是相当有难度的。所以，凤鸟纹并

没有出现在第 1 件钟的侧鼓部，而是从第 2 钟开始增饰，或许主要原因就在于此。

此外，曲沃曲村 9 号墓晋侯编钟、强伯各编钟、强伯指编钟、长由编钟和扶风吊庄编钟的音列似乎同样遵循着这一思路。与眉县杨家村编钟和㾓钟相比，由于此 5 套编钟的年代相对更早，件数更少，所以在对其测音及形制数据进行整理分析时带有更多的推测性，但矩阵的必要性在于它们与前面分析过的眉县杨家村编钟和㾓钟有着数理上的联系。

图 1—11 曲沃曲村北赵 M9 号墓晋侯编钟

1992 年 10 月至 1993 年元月，由北京大学考古系与山西省考古研究所联合在山西曲沃县曲村镇北赵村发掘了编号为 92QI12M9 的晋侯 9 号墓。该墓为土圹竖穴墓，随墓出土了四件甬钟①，时代为西周早中期之际穆王前后。该套钟形制相同，大小相次。无唇，无音槽、音梁，测音数据②如下：

图表 1—23 山西曲沃曲村北赵 M9 号墓晋侯编钟测音数据

单位：音分

编　号	285	286	287	312
侧鼓音	f^3-1	a^3-16	$^be^4-44$ [d^4+56]	g^4+26 [$^\#f^4+126$]
正鼓音	d^3+8	$^\#f^3-27$	c^4-47 [b^3+53]	e^4-21 [d^4+179]

① 1. 北京大学考古学系、山西省考古研究所：《天马—曲村遗址北赵晋侯墓地第二次发掘》，《文物》1994 年第 1 期，第 4 页。2. 北京大学考古系刘绪、罗新：《天马—曲村遗址晋侯墓地及相关问题》，《三晋考古》第一辑，山西人民出版社 1994 年版，第 18 页。

② 项阳、陶正刚主编：《中国音乐文物大系 · 山西卷》，大象出版社 2000 年版，第 47 页。

将各音分别减去 8 音分，转换为以 D（d^3）为宫，音分数为 0，呈相对音高关系的音列：

单位：音分

侧鼓音音位：	“徵曾”		徵		↑宫		↑角
实测相对音高音分数：	299**		676**		48***		518***
理论音高音分数：	316**		702**		0***		386***
正、侧鼓实测音分差：	299		311		303		347
正、侧鼓理论音分差：	386		316		316		386
正鼓音音位：	宫		角		↑羽		↑宫
实测相对音高音分数：	0**		365**		945**		171***
理论音高音分数：	0**		386**		884**		0***
正鼓音间实测音分差：	ǀ	363	ǀ	580	ǀ	426	ǀ
正鼓音间理论音分差：	ǀ	386	ǀ	498	ǀ	316	ǀ

它与眉县杨家村重排二组甬钟、㾓钟一—七组甬钟、𢐗伯各甬钟、𢐗伯𩛥甬钟、扶风吊庄甬钟等一样，为一弦五等份取音的结果。由于此套钟取音时一方面可能定弦较高，在小字一组的 d 上；另一方面采用以高代低的方法来处理音列的音区，第一钟从小字三组的 d^3 开始，超出空弦音两个八度。所以整套钟的件数由于音区太高而受到限制，同时准确性也受到影响。

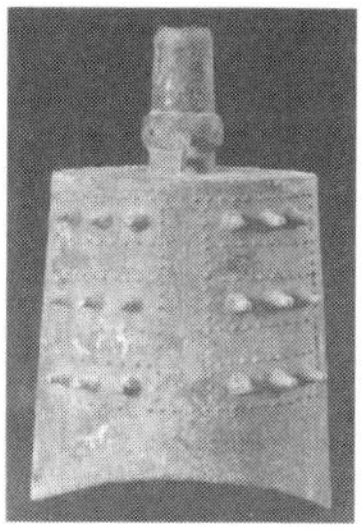

图 1—12　𢐗伯各钟

1980 年 5 月出土于宝鸡市南郊竹园沟的𢐗伯各墓，现藏于宝鸡市博物馆的𢐗伯各钟①，为西周早期甬钟，出土时共 3 件。该墓共出土铜、玉等器 400 余件（组）。从墓主𢐗伯各所作礼器和同出土的丰公鼎、目父癸鼎等器看，其时代约当西周康、昭之世，编钟的时代应与此相当，是目前出土年代最早的一组西周编钟。3 件甬钟的测音数据②如下。

图表 1—24　宝鸡竹园沟𢐗伯各钟测音数据

单位：音分

标本号	BZM7:12	BZM7:11	BZM7:10
侧鼓音	d^2 +16	g^2 +13	e^3 −47［$^{\#}d^3$ +53］
正鼓音	b^1 −35	$^{\#}d^2$ +28	b^2 +35

① 卢连成等：《宝鸡𢐗国墓地》，文物出版社 1988 年 10 月第 1 版，上册：7 号墓，第 96—97 页；下册：图版四三（XLIII）。

② 方建军、黄崇文主编：《中国音乐文物大系·陕西、天津卷》，大象出版社 1996 年版，第 29 页。

3件钟虽然形制上有所区别，但从测音数据上看，3件钟并非互不联系，且有些规律可循。将各音分别加上35音分，转换为以B（b^1）为宫，音分数为0，呈相对音高关系的音列：

单位：音分

侧鼓音音位：	↑"徵曾"		↑"宫曾"		↑角
实测相对音高音分数：	351		848		488*
理论音高音分数：	316		814		386*
正、侧鼓实测音分差：	351		385		418
正、侧鼓理论音分差：	316		428		386
正鼓音音位：	宫		↑角		↑宫
实测相对音高音分数：	0		463		70*
理论音高音分数：	0		386		0*
正鼓音间实测音分差：	丨	463	丨	807	丨
正鼓音间理论音分差：	丨	386	丨	814	丨

1974年12月出土于宝鸡市南郊茹家庄西周弜伯䧹墓，现藏于宝鸡市博物馆的弜伯䧹编钟①，为西周早期3件套编甬钟。同出有铜钲1件。根据对该墓伴出土礼器的分析，墓葬时代可以定在昭、穆之世，编钟的时代亦应与此相当。3件形制纹饰大体相同，其测音数据②如下。

图1—13 弜伯䧹钟

图表1—25 宝鸡茹家庄弜伯䧹钟测音数据

单位：音分

标本号	BRM1 乙:28	BRM1 乙:29	BRM1 乙:30
侧鼓音	——	f^2 +32	d^3 −6 [$^{\#}c^3$ +94]
正鼓音	a^1 +43	$^{\#}c^2$ +17	b^2 +41 [a^2 +241]

将各音分别减去43音分，转换为以A（a^1）为宫，音分数为0，呈相对音高关系的音列：

① 卢连成等：《宝鸡弜国墓地》，文物出版社1988年版，上册，第281—282页；下册：图版一五五（CLV）。

② 方建军、黄崇文主编：《中国音乐文物大系·陕西、天津卷》，大象出版社1996年版，第31页。

单位：音分

侧鼓音音位：	“徵曾”		“宫曾”		↑角
实测相对音高音分数：	—		789		451*
理论音高音分数：	316		814		386*
正、侧鼓实测音分差：	351		415		451
正、侧鼓理论音分差：	316		428		386
正鼓音音位：	宫		角		↑宫
实测相对音高音分数：	0		374		198*
理论音高音分数：	0		386		0*
正鼓音间实测音分差：	|	374	|	1024	|
正鼓音间理论音分差：	|	386	|	814	|

从強伯各墓编甬钟和強伯𥂴墓编甬钟的正鼓部来看，3 件甬钟由低到高基本上呈“宫—角—宫”的音列形态。虽然其中两套钟的高音“宫”以及強伯各钟“角”音偏高，但并未影响这种音列设置形态的整体认识与把握。再看強伯各钟第 1 件甬钟的音高在偏低 35 音分的 b^1 上，強伯各钟第 1 件甬钟的音高在偏高 43 音分的 a^1 上，它们与小字组的 b 和 a 仅是音区的移动，听觉上完全可以高代低。其实，它们与陕西眉县杨家村重排的两组编甬钟、㾓钟的四组编甬钟的低音钟所处的音高均在小字组的 g 与 b 之间，如果将这一特点与“宫—角—宫”正鼓音列形态相结合，很容易让我们将它们与一弦五等份取音法联系起来。

再从两套钟的侧鼓部来看，它们的第 1、2 件甬钟分别在 351 音分和 848 音分、789 音分的高度上，姑且借用曾侯乙钟的“徵曾”“宫曾”两音位名来称呼，但严格地讲它们是不准确的，加上侧鼓音无调试痕迹，可知这些钟的侧鼓部也如同㾓钟一—七式一样还并未用于实际演奏。

图 1—14　长甶编钟

1954 年出土于陕西长安普渡村长甶墓，现藏于国家博物馆的长甶编钟①，为 3 件套编甬钟。根据同墓出土的其他青铜器所载铭文，可推知该墓葬当在穆王时期，亦即西周中期前段。3 件甬钟形制相同，大小相次，纹饰略有差异，其测音数据②如下：

① 陕西省文物管理委员会：《长安普渡村西周墓的发掘》，《考古学报》1957 年第 1 期，第 75 页。
② 袁荃猷主编：《中国音乐文物大系・北京卷》，大象出版社 1996 年版，第 281 页。

图表 1—26　长安普渡长甶编钟测音数据

单位：音分

编　号	4	3	2
侧鼓音	b^1 −5	e^2 −44 [$^{\#}d^2$ +56]	a^1 ±0 [$^{b}b^1$ −100]
正鼓音	g^1 +37	c^2 −27 [b^1 +73]	$^{\#}f^1$ +29 [g^1 −71]

需要说明的是，此套编钟出土时锈蚀较严重，在测音之前已做修复。前两钟纹饰完全一致，甬上有旋有斡，旋上饰卷曲纹，间以小乳钉 5 枚。钟体横断面呈椭圆形，两侧起棱，于弧、铣侈。舞平，舞面饰变形兽面纹。钲侧各组枚间及篆间均以等距排列的小乳钉为界，两面共有 36 长枚，篆间及鼓部饰卷曲纹。然而最小一钟旋及舞上无纹饰，篆间纹饰也略有不同，其枚亦较前二者稍长。再看 3 件钟的重量分别为 19. 8、18. 0、6. 7 千克，最小一件 2 号钟虽然与前两件差距悬殊，但音却是最低的。基于此，自然也不排除其他存在的可能。

如果将第 4、3 两件钟的测音数据分别减去 37 音分，则可转换为以 G（g^1）为宫，音分数为 0，呈相对音高关系的音列：

单位：音分

侧鼓音音位：	“徵曾”		“徵曾”		↓“徵曾”
实测相对音高音分数：	358		819		163
理论音高音分数：	316		814		316
正、侧鼓实测音分差：	358		383		271
正、侧鼓理论音分差：	316		386		316
正鼓音音位：	宫		角		↓宫
实测相对音高音分数：	0		436		*1092
理论音高音分数：	0		386		0
正鼓音间实测音分差：	|	436	|	656	|
正鼓音间理论音分差：	|	386	|	814	|

这里，侧鼓音位借用曾侯乙钟的名称，但如同前面论述的一样，前两钟的音高在弦上难以获得，而且其右鼓部并未出现凤鸟纹的装饰，所以，这里暂不考虑侧鼓音的设置问题。其中 2 号钟在音区上采用了以低代高的办法，这样设置的正鼓音列类似于钟一—七组的结构，即“宫—角—宫”。

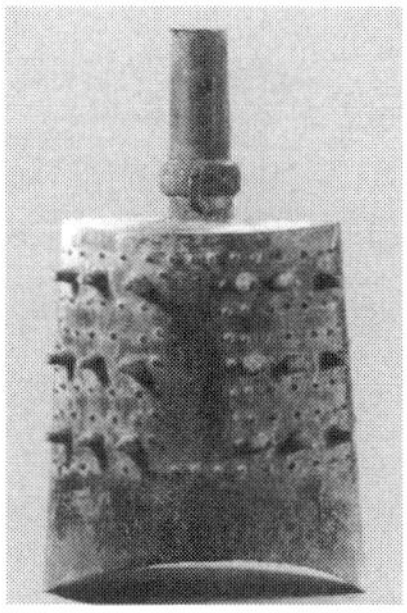

图 1—15　扶风吊庄钟

1982年9月出土于陕西扶风县吊庄村西周窖藏，现藏于扶风县博物馆的扶风吊庄编钟①，为5件套编甬钟。整套钟纹饰一致，大小相次，除0122号钟内壁有4条浅隧外，0123—0126号钟内壁光平。其中0122号右侧鼓饰一罕见的阳线图形符号，0126号右侧鼓饰有凤鸟纹。其测音数据②如下。

图表1—27 陕西扶风吊庄编钟测音数据

单位：音分

标本号	总0122、官吊02	总0123、官吊03	总0124、官吊04	总0125、官吊05	总0126、官吊06
侧鼓音	a^1 −31 [$^\#g^1$ +69]	$^\#a^1$ −25 [a^1 +75]	$^\#g^1$ +50	c^2 +50	b^2 −38 [$^\#a^2$ +62]
正鼓音	$^\#f^1$ +41	g^1 −36 [$^\#f^1$ +64]	$^\#f^1$ +38	$^\#a^1$ +40	g^2 −10 [$^\#f^2$ +90]

将测音数据中的一些音名进行调整（括号内为调整后的数据），使它们更符合音列设置的固有逻辑。调整后可发现，五件甬钟的正鼓部实际上仅设置了两个音位。将各音分别减去41音分，转换为以$^\#$F（$^\#$f）为宫，因分数为0，呈相对音高关系的音列：

单位：音分

侧鼓音音位：	“商”	“徵曾”	“商”	“商”	角
实测相对音高音分数：	228	334*	209*	609*	421**
理论音高音分数：	204	316*	204*	590*	386**
正、侧鼓实测音分差：	228	311	212	210	372
正、侧鼓理论音分差：	204	316	204	204	386
正鼓音音位：	宫	宫	宫	角	↑宫
实测相对音高音分数：	0	23*	1197	399*	49**
理论音高音分数：	0	0*	0*	386*	0**
正鼓音间实测音分差：	| 1223 |	−26 |	402 |	850 |	
正鼓音间理论音分差：	| 1200 |	0 |	386 |	814 |	

由于前四件钟右鼓部均未有明确的演奏标志，故此处的商音也用上引号。吊庄03、04号两钟为相差26音分的同音位设置，02、06号两钟与03、04号分别构成相差一个八度的同音位设置，其中一个高八度，一个低八度。再将此套钟的部分形制数据结合起来

① 高西省、侯若斌：《扶风发现一铜器窖藏》，《文博》1985年第1期，第93页。
② 方建军、黄崇文主编：《中国音乐文物大系·陕西、天津卷》，大象出版社1996年版，第79页。

考察，正鼓音的本来面目就更清晰了。形制数据①如下表。

图表 1—28 陕西扶风吊庄编钟形制数据

单位：厘米 千克

标本号	通高	铣长	铣间	鼓间	重量
总 0122、官吊 02	46.5	30.6	27.3	19.2	24.2
总 0123、官吊 03	39.4	25.7	21.0	15.5	6.9
总 0124、官吊 04	32.6	21.1	16.6	12.2	3.2
总 0125、官吊 05	30.1	20.0	15.5	11.5	2.9
总 0126、官吊 06	26.9	17.4	13.5	9.2	2.4

上表数据中，后 3 件钟的各项数据递减幅度小，趋于接近，而前两钟与后三钟差距很大（从曲线处分开）。所以，虽然此套钟数量上是 5 件，若除开 1 件音位“重复音”钟与 1 件八度“重复音”钟，实际上为 3 件套编甬钟，与出土于宝鸡市南郊竹园沟的㢭伯各甬钟的结构相同，各音位本质上仍是由一弦五等份各节点来获取的。这样，凤鸟纹设在最后一钟即 06 号钟的侧鼓部也就不难理解了。

3. 弦长四等分制与甬钟音列结构

当弦长作四等份节点进行取音时，各等份以$\frac{1}{4}$为等差单位，正、侧鼓音与弦上节点的对应关系如下：第一，4 个节点的弦长比例$\frac{4}{4}$、$\frac{3}{4}$、$\frac{2}{4}$、$\frac{1}{4}$依次与音位名“角—羽—角—角”相对应，而这些音位名又与一组甬钟中第 1、2、4、6 件钟的正鼓音位相对应。第 3 和第 5 件的两个正鼓“羽”音位分别对应着弦长比例$\frac{5}{8}$与$\frac{3}{8}$。第二，如果再将弦长的每$\frac{1}{4}$等份作为考察对象，则第 1、2、4、6 件钟的正鼓音位在$\frac{1}{4}$等份内的比例均为 1。而第 3 件的正鼓“宫”音和第 5 件的正鼓“羽”音位在$\frac{1}{4}$等份内的比例均为$\frac{1}{2}$。第三，第 1、2、3、4、5 件甬钟的侧鼓音依次与弦上的音位名“徵、宫、徵、宫、徵”相对应，

① 方建军、黄崇文主编：《中国音乐文物大系·陕西、天津卷》，大象出版社 1996 年版，表 19，第 180 页。

它们的弦长比例依次为$\frac{5}{6}$、$\frac{5}{8}$、$\frac{5}{12}$、$\frac{5}{16}$、$\frac{5}{24}$，在$\frac{1}{4}$等份内的比例依次为$\frac{1}{3}$、$\frac{1}{2}$、$\frac{2}{3}$、$\frac{1}{4}$，如图表 1—29 所示。

图表 1—29　弦长四等分制取音

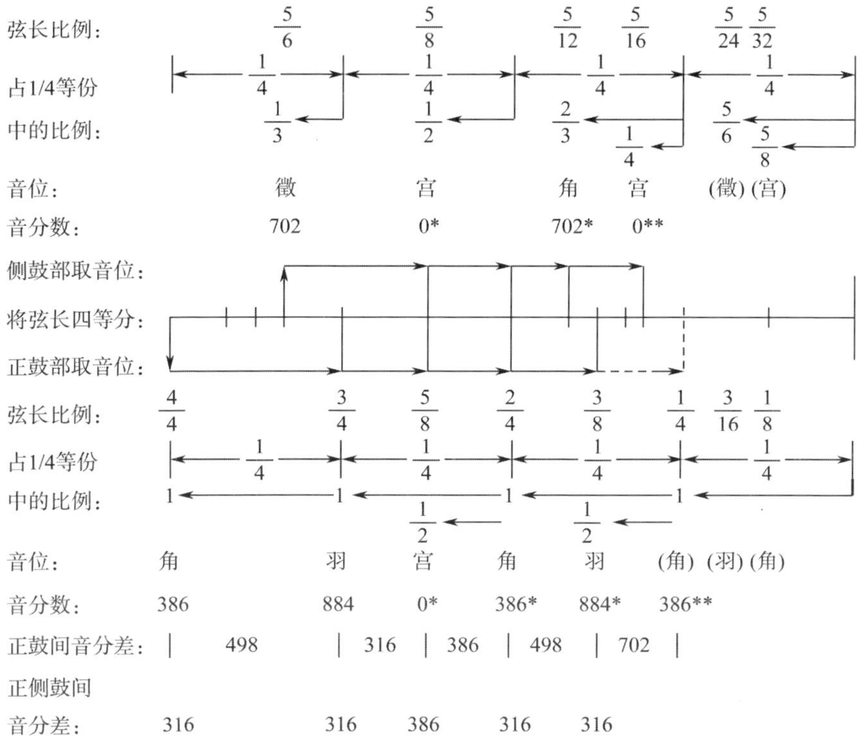

按照一弦四等份取音方法，在弦的$\frac{4}{4}$、$\frac{3}{4}$、$\frac{2}{4}$和$\frac{1}{4}$节点处可以依次取得编钟正鼓部上的“角—羽—角—角”4 个音位，其中，“角”音重复出现三次，“羽”音出现一次，但没有产生“宫”音。所以还需在利用$\frac{4}{4}$、$\frac{3}{4}$与$\frac{2}{4}$三个节点的同时分别选择第三、第二等份的$\frac{1}{2}$处的两个节点来获取“宫”和“羽”两音。这样，正鼓音便构成了“角—羽—宫—角—羽”的结构，加上第 1 或 4 件“角”音钟侧鼓部的“徵”音在一个八度之内构成了四声音阶。前面已经整理的瘐钟五—六组甬钟的音列即为弦长四等份取音的结果。此外，如将五—六组与一—七组及二—四组相比，3 组甬钟虽然宫位不同，但各组第一件钟的正鼓音高均在一个偏宽的大三度范围内，而且这 3 个音高在排列上并未体现出某种规律，这正好符合三组甬钟取音时三个散声音高的实际，即当时的乐师在为编钟进行弦上取音时起始音基本控制在小字组的 g 与 b 之间，这也反映了人类对绝对音高认识的一致性，但具体的、准确的音高由于受张力及气候等因素影响又是不能确定的。

从以上图式还可看到，与五等份取音法和六等份取音法一样，按一弦四等份各节点来取音是非常便捷的，既依赖于数理理论的指导，又不乏实际操作的灵活性。通过对七式㾓钟的纹饰和铭文的比较以及音列整理、分析，可以认定，㾓钟的每一组音列的正鼓部音位设置都是一弦等分制取音的结果，它分别选择了四等份、五等份与六等份三种取音方法。考证㾓钟所处年代与眉县杨家村编甬钟相仿，为西周中期（偏晚），眉县杨家村编甬钟重排一、二组音列的正鼓部音位设置也做了五等份与六等份两种取音选择，这足以说明两个问题：其一，在西周中期，编钟正鼓音列的设置是有数理依据的，而且这种数理依据是在一根弦上建立的。其中，涉及总弦长各节点和各等份内各节点的运算以及准确获取这些节点的操作手段等问题，当时的乐师们为解决这些问题积累了丰富的经验，为后来的编钟音列设置提供的理论指导。其二，西周中期编钟音列的正鼓部音位设置尚未形成定式，从出土的几套有代表性的编钟如眉县杨家村编甬钟、㾓钟、扶风吊庄村编甬钟等来看，均在一弦上作四等份、五等份及六等份取音的选择，直至西周晚期才按一弦六等份取音法将编钟的正鼓音列设置稳定下来。因而，本文将西周早、中期称为编甬钟音列设置的探索期。从已有的出土资料来看，早在西周早期就已出现了等份数理及节点取音等观念的萌芽了。

年代更早的魏庄编钟在音列设置上也表现出同样的特点。1986 年出土于平顶山市郊北渡乡魏庄一窖藏，现藏于平顶山文物管理委员会的魏庄编钟①，为西周早中之际（穆王时）的三件套编甬钟。三件钟大小相次，纹饰相同。第 1、2 号钟大小接近，第 3 号钟则较小。此三件钟于陕西长安普渡村西周墓出土的第 3、4 号甬钟极为相似，普渡村甬钟为西周穆王时期器，此套钟年代亦应相当。三件钟音梁皆不明显，钟口内唇不突出，无调音痕迹。测音数据②如下。

① 孙清远、廖佳行：《河南平顶山发现西周甬钟》，《考古》1988 年第 5 期，第 466 页。
② 赵世纲主编：《中国音乐文物大系 · 河南卷》，大象出版社 1996 年版，第 79 页。

图 1—16　平顶山魏庄钟

图表 1—30　平顶山北渡魏庄编钟测音数据

单位：音分

序　号	1	2	3
编　号	0771	0770	0769
侧鼓音	g^1 +5	e^2 +35	b^2 +23
正鼓音	e^1 +4	c^2 −26	a^2 +45

将各音分别加上 26 音分，转换为以 C（c^2）为宫，音分数为 0，呈相对音高关系的音列：

单位：音分

侧鼓音音位：	徵		↑角		↓宫
实测相对音高音分数：	731		461		1149*
理论音高音分数：	702		386		0**
正、侧鼓实测音分差：	301		461		178
正、侧鼓理论音分差：	316		428		316
正鼓音音位：	角		宫		↑羽
实测相对音高音分数：	430		0*		971*
理论音高音分数：	386		0*		884*
正鼓音间实测音分差：	|	770	|	971	|
正鼓音间理论音分差：	|	814	|	884	|

魏庄编钟的正鼓音列设置成“角—宫—羽”结构，这种结构表面上似乎在前面的分析中并未出现，但“角—羽—宫”结构在瘐钟五—六组的前三件正鼓部上存在，它们是一弦四等份取音的结果。如果将“角—羽—宫”与“角—宫—羽”进行比较，前者的弦

长比例依次为：$\frac{4}{4}$ — $\frac{3}{4}$ — $\frac{5}{8}$，后者的弦长比例依次为：$\frac{4}{4}$ — $\frac{5}{8}$ — $\frac{3}{8}$。其中魏庄编钟第三件正鼓音的弦长比例$\frac{3}{8}$恰为$\frac{3}{4}$的二分之一，音高一个八度，即从中音区的“羽”移至了高音区的“羽反”。这一结果可能出于两种原因：第一种原因是，原本即按$\frac{4}{3}$ — $\frac{3}{4}$ — $\frac{5}{8}$取音，但在铸调时采用了“以高代低”的音区处理办法选取了高音“羽”而铸成了小钟（第一钟正鼓音也用小字一组的 e^1 代替小字组的 e 来作为空弦散声音高）；第二种原因是，原本即按$\frac{4}{4}$ — $\frac{5}{8}$ — $\frac{3}{8}$取音，铸钟时完全依据弦长比例所决定的音高来调试。然而，不管是哪一种情况，它都与一弦四等份取音法关系最为密切，而与其他取音法相去甚远，这又一次为四等份取音法增加了一个例证。

倘若将陕西长安普渡村长由墓编钟的第 2、3 两件钟的测音数据分别减去 43 音分，则能转换为以$^{\#}$F（$^{\#}f^1$）为角，音分数为 386，呈相对音高关系的音列：

单位：音分

侧鼓音音位：	“徵”		“羽颧”	—
实测相对音高音分数：	657		113	
理论音高音分数：	702		70	
正、侧鼓实测音分差：	271		383	
正、侧鼓理论音分差：	316		386	
正鼓音音位：	角		羽	—
实测相对音高音分数：	386		822	
理论音高音分数：	386		884	
正鼓音间实测音分差：	|	436	|	
正鼓音间理论音分差：	|	498	|	

按“角—羽—/”结构来设置正鼓部音列，第三钟的宫音或角音也没有出现。在 2 号与 4 号两钟中，2 号钟可能作为另铸的一件以替代 4 号钟过于偏高的角音。当然，这些推测由于证据不足未免过于牵强，难以成立，但有一点是明确的，即不管此套钟采用哪一种结构来设置正鼓部音列，它们均未越出前面已经讨论过的西周编甬钟的正鼓音设置范围，那就是在一根弦上按取五等份或者四等份节点来作为正鼓部音列设置的理论依据。

通过对西周早中期甬钟的测音数据整理与音列分析可知，西周甬钟音列结构的理论依据来自弦律的等分节点规律。已有测音资料表明，甬钟音位（特别是正鼓音列各音位）所依赖的一弦等分制取音法主要有三种：弦长四等份取音法、弦长五等份取音法和弦长六等份取音法。其中，由于高、低音区作节点取音时存在难易差异，四等份取音法决定了甬钟正鼓音列呈“角—羽—宫—角—羽—角—羽”系列的、不超过7个音位的四声结构，五等份取音法决定了甬钟正鼓音列呈“宫—角—羽—角—羽—角—羽”系列的、不超过7个音位的四声结构，而六等份取音法决定了甬钟正鼓音列呈“羽—宫—角—羽—角—羽—角—羽”系列的、不超过8个音位的四声结构。三者的相同之处在于，“徵”音位和一个正鼓“宫”以外的其他“宫”音位全靠等份内比例来获取，且它们总在侧鼓部，“羽”“角”总在正鼓部。虽然由于节点位置不同使得其律高各异，但各音位的相对音高关系完全一致，即均属于纯律体系。这三种取音法一直贯穿着西周早、中期，而尤以五、六等份取音法为甚。特别值得一提的是眉县杨家村甬钟和瘐钟，前者在同一低音标准下运用五、六等份两种取音法而生成了两组音列，后者运用四、五、六等份三种取音法生成了四组音列，其低音标准也在不出三度的范围内。毫无疑问，它们将西周甬钟的音乐水平推上了第一个高潮。

第二节　甬钟音列的定型期及其设置规范

由于有三种弦长等分制取音法作为甬钟音列设置的理论依据，西周早中期的编钟音列显得形式多样而又件量不等，这是探索期的表现。至西周晚期，很大可能是出于对件数的追求，甬钟的音列结构逐步统一到按一弦六等分制取音法决定的8件组设置中。如果前面的分析还有一定的说服力，那么，有关铭文与件数、调音与取音等一些与甬钟音列密不可分的话题也必然让我们产生新的认识。

一、弦长六等分制取音法的确定

从出土资料来看，中义钟、柞钟、逆钟、晋侯稣编钟即为这一时期的范例，它们的出现将甬钟的音乐成就推上了又一个高峰。或许正由于音列背后数理的潜在性与隐秘性，以至人们已在习惯上将整个西周的成编甬钟均为8件视为一种定理，来指导整个西周编钟的分析。现在看来这是一定历史时期内一定角度的看法。

图1—17　中义钟

1. 中义钟音列分析

1960 年出土于陕西扶风齐家村西周铜器窖藏，现藏于陕西历史博物馆的中义钟①，为西周晚期典型的八件套编甬钟，其测音数据②如下。

图表 1—31 陕西扶风齐家村中义钟测音数据

单位：音分

标本号	60 – 0 – 187	60 – 0 – 182	60 – 0 – 188	60 – 0 – 189	60 – 0 – 183	60 – 0 – 184	60 – 0 – 185	60 – 0 – 186
侧鼓音	$^{\#}g-23$	$b\pm0$	$^{\#}f^{1}-15$	$b^{1}+14$	$^{\#}f^{2}+16$	$b^{2}+31$	$^{\#}f^{3}+6$	$b^{3}-20$
正鼓音	$^{\#}g-23$	$b\pm0$	$^{\#}d^{1}-48$	$^{\#}g^{1}-41$	$^{\#}d^{2}-1$	$^{\#}g^{2}-4$	$^{\#}d^{3}-2$	$^{\#}g^{3}-45$

将各音由低至高加以排列，转换为以 B（b）为宫，音分数为 0，呈相对音高关系的音列：

单位：音分

侧鼓音音位：	羽	宫	徵	宫	徵	宫	徵	宫
实测相对音高音分数：	877	0	685	14	716*	31**	706**	1180**
理论音高音分数：	884	0	702	0	702*	0**	702**	0***
正、侧鼓实测音分差：	0	0	333	355	317	335	308	325
正、侧鼓理论音分差：	0	0	316	316	316	316	316	316
正鼓音音位：	羽	宫	↓角	↓羽	角	羽	角	↓羽
实测相对音高音分数：	877	0	352	859	399	896*	398**	855**
理论音高音分数：	884	0	386	884	386	884*	386**	884**

正鼓音间实测音分差：	323	352	507	744	497	702	457
正鼓音间理论音分差：	316	386	498	702	498	702	498

2. 柞钟音列分析

1960 年出土于陕西扶风齐家村西周铜器窖藏，现藏于陕西历史博物馆的柞钟③，为西周晚期典型的八件套编甬钟，其测音数据④如下。

① 1. 陕西省博物馆等：《扶风齐家村青铜器群》，文物出版社 1963 年版。2. 陕西省考古研究所等编：《陕西出土商周青铜器》（二），文物出版社 1980 年版，第 174—182 页。

② 方建军、黄崇文主编：《中国音乐文物大系·陕西、天津卷》，大象出版社 1996 年版，第 53 页。

③ 1. 陕西省博物馆等：《扶风齐家村青铜器群》，文物出版社 1963 年版。2. 陕西省考古研究所、陕西省博物馆等编：《陕西出土商周青铜器》（二），文物出版社 1980 年版，第 174—182 页。

④ 方建军、黄崇文主编：《中国音乐文物大系·陕西、天津卷》，大象出版社 1996 年版，第 56 页。

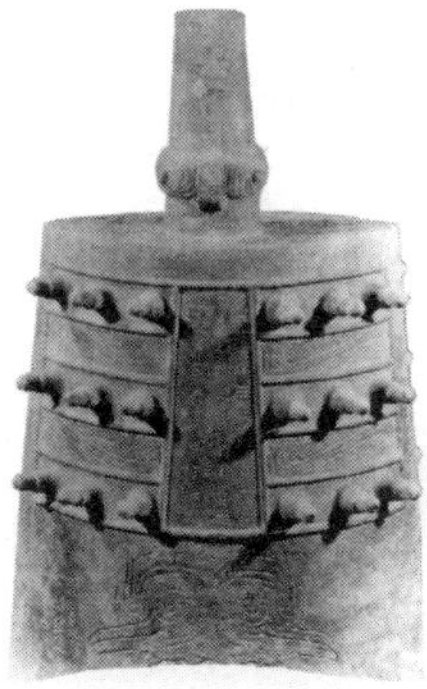

图 1—18　柞钟

图表 1—32　陕西扶风齐家村柞钟测音数据

单位：音分

标本号	60－0－175	60－0－176	60－0－177	60－0－178	60－0－179	60－0－180	60－0－190	60－0－181
侧鼓音	$a-26$	c^1-30	c^2-15	g^1+2	g^2+24	c^3+22	g^3-16	$^{\#}c^4-6$ [c^4+94]
正鼓音	$a-26$	c^1-30	a^1-23	e^1-25	e^2-21	a^2+34	e^3+64	$^{\#}a^3-26$ [a^3+74]

从测音数据可看出，177 号钟的音高高于 178 号，做音列分析前应调换位置。将各音分别加上 30 音分，转换为以 C（c^1）为宫，音分数分别为 0，呈相对音高关系的音列：

单位：音分

侧鼓音音位：	羽	宫	徵	宫	徵	宫	徵	↑宫
实测相对音高音分数：	904	0	732	15	754*	52**	714**	124**
理论音高音分数：	884	0	702	0	702*	0**	702**	0***
正、侧鼓实测音分差：	0	0	327	308	345	288	220	320
正、侧鼓理论音分差：	0	0	316	316	316	316	316	316
正鼓音音位：	羽	宫	角	羽	角	↑羽	↑角	↑羽
实测相对音高音分数：	904	0	405	907	411	964*	494**	1004**
理论音高音分数：	884	0	386	884	386	884*	386**	884**

正鼓音间实测音分差：	296	405	502	702	555	730	510
正鼓音间理论音分差：	316	386	498	702	498	702	498

作为同时代同地点铸造的两套编钟，柞钟的音列特点与中义钟完全一致，只是在音高的偏离方向上后者普遍偏低，而前者普遍偏高，以至第七件钟的正鼓音偏高达100音分，最后一件钟的正、侧鼓音偏高100音分以上。这是因为按弦取音时产生的跃迁现象所为，在本文后面会做专门论述。但无论某些音偏高或是偏低，一弦六等分制取音方法在西周晚期已成为定式，它们的探索历程可以从陕西眉县杨家村编甬钟、陕西扶风庄白
编钟及陕西吊庄钟等西周中期编甬钟的音列特点与一弦等分制取音方法找到依据。其中，有一弦四等份、一弦五等份或一弦六等份多种取音方法，但恰恰是西周中期这种在一弦上采用多等分制取音方法的选择和运用，证明了当时一弦等分制取音方法的客观存在，到西周晚期才完全规范到一弦六等份的制度上，并且一直影响到春秋早期，河南三门峡上岭村虢国墓地出土的虢季编甬钟与虢仲编甬钟便是最好的物证。

3. 逆钟音列推测

出土于陕西省咸阳地区永寿县西南店头乡好畤（zhì）河，原藏于咸阳地区文管会的逆钟①，为成套的编甬钟，1990年价拨于天津市历史博物馆。逆钟共4件，保存完整，3号钟甬部略残。这4件钟的形制和纹饰相同，钟体正视近于直桶状，1、2、3号钟体内腔壁都铸有调音槽，3、4号钟右鼓增饰鸟纹，这足以说明此套钟的音乐性能在铸造前早已预设好。

图1—19 逆钟1、2、3、4号

① 咸阳地区文管会曹发展、陕西省考古研究所陈国英：《咸阳地区出土青铜器》，《考古与文物》1981年第1期，第8页。

从铭文①看，4 件钟的钟钲间有铭文共 85 字，铭文可连读，释文如下：

> 隹（唯）王元年三月既生霸庚申，弔（叔）氏才（在）大庙，弔（叔）氏令史嗌
>
> ——1 号钟铭文
>
> 召逆，弔氏若曰："逆"乃且（祖）考许政于公室。今余易（锡）女（汝）甲五
>
> ——2 号钟铭文
>
> 锡、戈彤尾、用䩁于公室、仆庸（佣）、臣妾、小子室家，母（毋）又（有）不䵣（昏）智（知）
>
> ——3 号钟铭文
>
> 敬乃夙衣用甹（屏）朕身，勿瀳（废）朕命，母（毋）彖（墜）乃政。逆敢摔（拜）手䭫（稽）
>
> ——4 号钟铭文

铭文未完，4 号钟铭文结尾处有"拜手稽（首）"的表述。根据另外出土的几套编钟的长篇全铭来看，有"拜手稽首"和"对扬"或"休扬"等表述的句子多居于上半篇结束的位置，例如虢叔旅钟为全铭 86 字，下半篇尚有 40 字；梁其钟全铭 137 字，1、2 号两钟记录了上、下半篇，3、4 号两钟再记了上、下半篇。考虑到当时编钟铭文上的二分现象，后 4 钟铭文往往从简，字数少于前 4 钟，但不管采用哪一种形式记录铭文，铭文（下半篇）的结尾处多用到"永宝……"等表述。因此，这 4 件钟应是一套编钟的前 4 件，全铭文应为 6 件，或者 8 件，连读以成全铭。其中有明确的纪年、月、日及干支，与西周晚期牧簋和颂鼎铭文中的纪年方式相同，而其形制与纹饰也与西周晚期钟相仿，可推测此套钟当属西周晚期之器，这种推测可从前 4 件钟的音列分析中得到证实。现存 4 件的测音数据②如下。

---

① 王世民：《西周暨战国时代编钟铭文的排列形式》，《中国考古学研究》（二集）（夏鼐先生考古五十年纪念论文集），科学出版社 1986 年版，第 106 页。

② 方建军、黄崇文主编：《中国音乐文物大系·陕西、天津卷》，大象出版社 1996 年版，第 202 页。

图表 1—33　陕西省咸阳永寿县西南店头逆钟的测音数据

单位：音分

编　号	1	2	3	4
侧鼓音	c^1+50	$^{\#}d^1-30$	$^{\#}g^1-13$	$^{\#}c^2-2$
正鼓音	$a+24$	c^1+44	e^1+33	a^1-41

将各音分别减去 44 音分，转换为以 C（c^1）为宫，音分数为 0，呈相对音高关系的音列：

单位：音分

侧鼓音音位：	宫	↑商	↑徵	↑宫	（徵）	（宫）	（徵）	（宫）
实测相对音高音分数：	6	226	753	54*	—	—	—	—
理论音高音分数：	0	204	702	0	702*	0**	702**	0***
正、侧鼓实测音分差：	326	226	364	439				
正、侧鼓理论音分差：	316	204	316	316	316	316	316	316
正鼓音音位：	羽	宫	角	↓羽	（角）	（羽）	（角）	（羽）
实测相对音高音分数：	880	0	389	815	—	—	—	—
理论音高音分数：	884	0	386	884	386*	884*	386**	884**
正鼓音间实测音分差：	320	389	426					
正鼓音间理论音分差：	316	386	498	702	498	702	498	

二、 晋侯稣钟音列的释读

晋侯稣编钟①全套共 16 件，现其中 14 件藏于上海博物馆，编号依次为 73627—73640；两件藏于山西省考古研究所侯马工作站，编号依次为 I11M8:33—I11M8:32。前 14 件于 1992 年 8 月 31 日被盗掘出土于山西曲沃县曲村镇北赵村西南天马—曲村遗址 8 号墓，随同墓中数十件青铜器被走私至香港，同年 12 月 22 日由上海博物馆购回入藏。1992 年 10 月起，北京大学考古系及山西省考古研究所联合进行了抢救性发掘，确认这里是西周早中期之际的穆王前后至春秋初年的晋侯墓地。8 号墓（I11M8）是这次发掘的

① 1. 王恩田：《晋侯稣钟与周宣王东征伐鲁——兼说周、晋纪年》，《中国文物报》1996 年 9 月 8 日第 35 期（总第 500 期）第三版。2. 北京大学考古系、山西省考古研究所：《天马—曲村遗址北赵晋侯墓地第二次发掘》，《文物》1994 年第 1 期，第 4 页。3. 王占奎：《周宣王纪年与晋献侯墓考辨》，《中国文物报》1996 年 7 月 7 日第三版。4. 王占奎：《晋侯稣编钟年代初探》，《中国文物报》1996 年 12 月 22 日第三版。5. 马承源：《晋侯稣编钟》，《上海博物馆集刊》第七辑，上海书画出版社 1996 年版。

5 座大墓中规模最大的一座。此墓平面为规整的甲字形，积石积炭，一棺一椁；虽经盗扰，仍然出土了金、铜、玉、牙、陶器等 239 件。两件编钟（I11M8:33—I11M8:32）呈灰褐泛黄绿色，基本无锈蚀，形制与上海博物馆收藏的 73631—73640 号编钟完全一致。其一通高 25. 9 厘米，有铭文 7 字“年无疆，子子孙孙”；其二 I11M8:32 通高 22. 3 厘米，有铭文 4 字“永宝兹钟”。铭文与钟 76340 相连，为这套编钟的最后两钟；但如果从两钟的测音结果看，确切地说应为这套编钟的第二组的最后两钟。晋侯稣即晋献侯苏。晋侯稣钟的铭文具体记载了周厉王亲征东夷的功烈，是对西周史料的重要修正和补充，也是西周青铜器铭文中半个多世纪以来最为重要的发现。它纠正了以前所谓的厉王在位二十三年的谬传，使厉王在位三十七年的记载得到了确证。

在对晋侯稣钟做音列分析之前，有必要将其形制纹饰、铭文等特征与测音数据做一比照。

第一，从形制纹饰上看，16 件钟可分三式：

Ⅰ式两件，即 73627 号与 73628 号。椭圆柱形甬，甬体中空与腔体相通，锥度极微，不封衡，有旋无斡。从此两种无斡空甬的结构看，其用法当接近于铙，亦即演奏时将钟口朝上，以甬套植于木柱上，用槌击奏。于口内有三棱状内唇，枚端呈圆球形。枚、篆、钲间以圆圈纹带分隔，鼓部、篆间、旋上有纤细阳线构成的云纹，舞素面，正面有铭文数十字。

Ⅱ式两件，即 73629 号与 73630 号。甬、内唇、铭文部位、钟体纹饰均同Ⅰ式。区别在于，a. 旋上有斡；b. 舞面有纹饰；c. 枚端为平面。此两钟在与 73627 号与 73628 号两钟结构完全一致的基础上，又增设了斡，故可植奏，又可悬奏。

图 1—20　晋侯稣钟

73628 号

图 1—21　晋侯稣钟

73630 号

图 1—22　晋侯稣钟

73632 号

Ⅲ式 12 件，钟 73631—73640 及 I 11M8:33— I 11M8:32。钟形、纹饰一致；甬体中空与腔体相通，锥度较明显，不封衡；甬与腔相通之处口有大小，个别钟几乎铸没；甬呈椭圆柱形或圆角方柱形，锥度较大，斡旋具备，从大多数甬内留有泥芯看，不可植奏，应为悬奏。

鉴于整套钟所存的三式之别，李学勤“猜想编钟的一部分（一、二式 4 件）原是晋献侯稣随厉王作战的胜利品，因此得之配成全套，作为纪念”①。另外，16 件钟均无音梁，却都在内壁留有不同程度的挫磨痕迹。其中 73631—73640 号以及 I 11M8∶33— I 11M8:32号共 12 件钟调音较为复杂，各钟内壁挫磨凹槽 5—9 条不等，手法较前 4 钟成熟。据此，王子初认为：“16 件钟的形制特征、调音手法、音乐音响性能，均反映出此套编钟的形成经历了一个很长的历史过程；I 式钟的年代最早，应在西周初年；III 式钟的年代稍晚，但不会晚于厉王三十三年；II 式钟则介于两者之间。晋侯稣编钟典型地展示了西周甬钟脱胎于商铙、逐步走向成熟的全过程，为研究先秦乐钟的极为难得的物证，弥足珍贵。”②

第二，从铭文上看，晋侯稣钟全篇铭文长达 355 字，全篇铭文如下：

> 隹（惟）王卅又三年，王寴（親）省乐或（国）、南或（或）。正月既生霸，戊午，王步自宗周。二月既望，癸卯，王入各（格）成周。二月
>
> ——73629 号钟钲间、右铣铭文
>
> 既死霸，壬寅，王□往东。月三方死霸，王至于茀，分行。王寴（親）令晋侯稣：達（率）乃𠂤（师）左涄亹北涄□，伐夙（宿）夷。晋
>
> ——73630 号钟钲间、右铣铭文
>
> 侯稣折首百又廿，执□（讯）廿又三夫。王至于□□（城），王寴（親）远省𠂤（师），王至晋侯稣𠂤（师），王降自车，立（位）南卿（向）。
>
> ——73632 号钟钲间、右铣铭文
>
> 寴（親）令（命）晋侯稣：自西北遇（隅）□（敦）伐□□（城）。晋侯達（率）氒（厥）亚旅、小子、戜人先敨（陷）
>
> ——73634 号钟钲间铭文

① 李学勤：《晋侯稣编钟的时、地、人》，《中国文物报》1996 年 12 月 1 日第三版。

② 王子初：《晋侯稣钟的音乐学研究》，《文物》1998 年第 5 期，第 23 页。

入，折首百，执□（讯）十又一夫。王至。

——73636 号钟钲间铭文

淖淖列列（烈烈）夷出奔。

王令（命）晋侯稣

——73638 号钟钲间铭文

逹（率）大室小臣

——73639 号钟钲间铭文

车仆从，

——73640 号钟钲间铭文

逋逐之，晋侯折首百又一十，执□（讯）廿夫。大室小臣车仆折首百又五十，执□（讯）六十夫。王隹（唯）反（返），归在成周。公族整𠂤师，

——73628 号钟钲间、右铣铭文

宫。六月初吉，戊寅，旦。王各（格大室），即立（位），王乎（呼）善（膳）夫曰：召晋侯稣，入门，立（位）中廷，王窺（親）易（锡）驹四匹，稣拜韻（稽）首，受驹以

——73627 号钟钲间、右铣铭文

出，反（返）入，拜韻（稽）首。丁亥，旦，王鄉（御）于邑伐宫。庚寅，旦，王各（格）大室，嗣工（空）扬父入右（佑）晋侯稣，王窺（親）儕（齎）晋侯稣鬱鬯一卣，

——73631 号钟钲间、右铣铭文

弓、矢百，马四匹。稣敢扬天子不（丕）显鲁休，用乍（作）元和揚（錫）钟，用邵（昭）各（格）前前

——73633 号钟钲间铭文

文文人人其严在上，廙（翼）在下，□□

——73635 号钟钲间铭文

㚔㚔，降余多福。稣其迈（万）

——73637 号钟钲间铭文

年无疆，子子孙孙

——I11M8:33 号钟钲间铭文

永宝兹钟。

——I11M8:32 号钟钲间铭文

16件钟的钟铭没有重复，合起来才将全篇铭文记录完整，按陈双新关于钟铭组合分式为“合八式”①。由于各组钟体形由大到小排列，铭文字数自然地由多到少。内容上完整地记载了周厉王三十三年正月八日开始晋侯稣受命讨伐夙夷的全过程。根据这些铭文语义的相承关系，16钟应分为两组，它们的编号顺序如下：

第一组：73629　73630　73632　73634　73636　73638　73639　73640

第二组：73628　73627　73631　73633　73635　73637　Ⅰ11M8:33　Ⅰ11M8:32

第三，从测音数据上看，16件钟中，除了73629一钟已哑之外，其余15钟均能很好发音。尤其以后12件（Ⅲ式）音质较佳，12件钟正面右鼓部均铸有一凤鸟纹，为侧鼓音的敲击点标志，击鸟纹处，可得较清楚的正鼓音上方的小三度音，较击其周围其他部位时的音质更纯，不易被正鼓音所干扰。可见铸造此12钟的工匠已完全掌握了编钟正、侧鼓音的设计和铸造方法。Ⅰ、Ⅱ式钟音质较差，正、侧鼓音的均衡性也不如后12件。与其形制特征相应，此两式钟的音乐、音响性能也尚处于过渡时期。16件钟的测音数据②如下。

图表1—34　山西曲沃曲村镇北赵8号墓晋侯稣钟的测音数据（第一组）

单位：音分　赫兹

编　号	73629	73630	73632	73634	73636	73638	73639	73640
侧鼓音	破裂	$^{\#}d^{1}\pm0$ 311.04	$g^{2}-38$ [$^{\#}f^{1}+62$] 383.30	$c^{2}-2$ [$b^{1}+98$] 552.46 [522.46]	$g^{2}+22$ [$^{\#}f^{2}+122$] 793.95	$c^{3}+39$ [$b^{2}+139$] 1070.31	$g^{3}+41$ [$^{\#}f^{3}+141$] 1605.47	$^{\#}c^{4}-47$ [$b^{3}+153$] 2156.98
正鼓音	破裂	$b-33$ 242.19	$^{\#}d^{1}+5$ 312.01	$^{\#}g^{1}+35$ 423.33	$e^{2}-20$ [$^{\#}d^{2}+80$] 651.37	$a^{2}+11$ [$^{\#}g^{2}+111$] 885.74	$e^{3}-1$ [$^{\#}d^{3}+99$] 1317.38	$a^{3}+36$ [$^{\#}g^{3}+136$] 1796.88

① 陈双新：《两周青铜乐器铭辞研究》，河北大学出版社2002年版，第91页。

② 马承源、王子初主编：《中国音乐文物大系·上海、江苏卷》，大象出版社1996年版，第32页；项阳、陶正刚主编：《中国音乐文物大系·山西卷》，大象出版社2000年版，第46页。

图表 1—35　山西曲沃曲村镇北赵 8 号墓晋侯稣钟的测音数据（第二组）

单位：音分　赫兹

编　号	73628	73627	73631	73633	73635	73637	I11M8:33	I11M8:32
侧鼓音	$b+45$ 253.42	$^{\#}d^1+37$ 317.87	$^{\#}f^1+23$ 375.00	$\underline{g^2+9}$ $[c^2+9]$ $[b^1+109]$ 525.88	g^2-29 $[^{\#}f^2+71]$ 770.51	c^3-10 $[b^2+90]$ 1040.04	$^{\#}f^3+24$ 1500.66	b^3+46 2028.76
正鼓音	$^{\#}g+3$ 208.01	c^1-24 $[b+76]$ 257.81	$^{\#}d^1-19$ 307.62	$^{\#}g^1+45$ 426.27	$^{\#}d^2+34$ 634.77	$\underline{e^2-20}$ $[a^2-20]$ $[^{\#}g^2+80]$ 868.16	$^{\#}d^3-28$ 1224.56	$^{\#}g^3+32$ 1692.24

说明：1. 按《中国音乐文物大系·上海卷》关于此套钟测音数据的记载，第一组 73634 号钟侧鼓音的频率为 552.46 赫兹，它对应的音分数为 1294.01 音分，但《大系》所记音名为 c^2，高度为 c^2-2（音分）。如按 552.46 赫兹计算，音分数偏差太远，所以可能是 522.46 赫兹（对应的音名、音分数刚好为 $c^2-2.6$）的误记，表中加下划线的数据代表算错的数据，在它们下方的方括号中的数据代表纠正后的数据。

2. 将频率数与音分数做对照比较，发现第二组测音数有两处笔误：73633 号侧鼓音频率为 525.88 赫兹，音名及音分数应由原来的 g^2+9（音分）改为 c^2+9；73637 号正鼓音的频率为 868.16 赫兹，音名及音分数应由原来的 e^2-20（音分）改为 a^2-20，表中加下划线的数据代表算错的数据，在它们下方的方括号中的数据代表纠正后的数据。

将第一组各音分别加 33 音分，转换为以 B（b）为宫，音分数为 0，呈相对音高关系的音列：

单位：音分

侧鼓音音位：	（宫）	角	↑徵	↑宫	↑徵	↑宫	↑徵	↑宫
实测相对音高音分数：	—	400	795	98*	822*	139**	841**	124***
理论音高音分数：	0	386	702	0*	702*	0**	702**	0***
正、侧鼓实测音分差：	—	400	357	330	342	328	341	317
正、侧鼓理论音分差：	316	386	316	316	316	316	316	316
正鼓音音位：	（羽）	宫	角	↑羽	↑角	↑羽	↑角	↑羽
实测相对音高音分数：	—	0	438	968	480*	1011*	500**	1036**
理论音高音分数：	*884	0	386	884	386*	884*	386**	884**

正鼓音间实测音分差：	—	438	530	712	531	689	536
正鼓音间理论音分差：	316	386	498	702	498	702	498

将第二组各音分别减去76音分，转换为以B（b）为宫，音分数为0，呈相对音高关系的音列：

单位：音分

侧鼓音音位：	↓宫	↓角	↓徵	↑宫	↓徵	宫	↓徵	↓宫
实测相对音高音分数：	*1143	361	647	33*	695*	14**	648**	1170**
理论音高音分数：	0	386	702	0*	702*	0**	702**	0***
正、侧鼓实测音分差：	342	361	342	364	337	310	352	314
正、侧鼓理论音分差：	316	386	316	316	316	316	316	316
正鼓音音位：	↓羽	宫	↓角	↓羽	↓角	羽	↓角	↓羽
实测相对音高音分数：	*827	0	305	869	358*	904*	296**	856**
理论音高音分数：	*884	0	386	884	386*	884*	386**	884**

正鼓音间实测音分差：	373	305	564	689	546	592	560
正鼓音间理论音分差：	316	386	498	702	498	702	498

从呈相对音高关系的音列中止鼓音间及正、侧鼓间的实测音分差可看出，两组钟的准确性都较差，各音随着音区的移高逐步偏高，尤以第一组为甚。然而，只要稍做横向比较就会发现，这种情况与西周中晚之交的实际水平是相符的。如果说Ⅰ、Ⅱ式反映了对音列设置的摸索，那么Ⅲ式的出现才标志着晋侯稣编钟的完成，时间已到了西周晚期。它的意义在于在典型8件钟的甬钟音列设置历程中与西周中期陕西眉县杨家村重排一组、㾼钟二—四组与三式组等许多编甬钟一样，处于领先水平，所不同的是眉县杨家村编钟和㾼钟出现了按一弦六等份取音和一弦五等份取音所产生的两组音列，而晋侯稣编钟则铸造出按一弦六等份取音的两组编钟，说明前者还在做一弦等分制取音选择的时候，后者已做出了明确的选择，这种意义在本节的另外三套甬钟中也同样表现了出来。

三、 调音在钟与取音在弦

对于编钟的件数而言，铭文一度被作为关系甚密的因素加以看待。然而，当我们在考察编钟音列的件数时，铭文究竟应当作为决定因素还是参考因素来处理，是首先应该考虑的问题，可能由于这一选择会导致两种截然不同思路的出现。对于编钟音列的音位设置而言，“取”与“调”始终是两个不可或缺的环节，但明确二者的先后关系又是成功把握音位设置的关键。

1. 铭文与件数

铭文与纹饰是钟上的两个重要的组成部分，在编钟的铸造过程中，纹饰与铭文的设计、处理和目的均有所不同。在设计、处理方面，纹饰的大小、长短要求与钟体各部位的比例、轻重保持协调一致，而且图纹形态、阴阳纹的类型等特征均比铭文的刻线更粗，这可从侯马铸铜遗址出土的陶钟甬范上找到最好的根据①，它体现的是一种铸钟的“预计性”。从出土的实物来看，铭文有铸文与刻文两种方式，铸文就是同纹饰的刻划一样在钟范上即已设计好的铭文，它可处理成阴线，也可处理成阳线。由于要经过浇铸工序，所以其铭文线条总不如刻文那么细致、清晰，这种做法较少，只在早期的一些钟上能被发现。用刻文方式刻出的铭文线条除了可做到比铸文更细之外，还可按钟体钲部与铣部的长短大小来确定字数，即由多到少、由完整到简略，当然，刻文的线条只能是阴线。这种刻铭方式体现的是一种对钟体的“适应性”。

从铭文的内容上看，有涉及“追孝祈福”② 者，如前述瘐钟三组、梁其钟、秦公钟就属于此类，一般总包含三层含义，即先叙述其祖考辅佐先王之贤德，而后记述自己效法先祖效忠天子之功业，最后指明铸钟以庆先祖，祈降福寿；有涉及“征伐纪功”者，如前述的晋侯稣编钟铭文即属于此类，它完整地记载了周厉王三十三年正月八日开始晋侯稣受命讨伐夙夷的全过程。此外，也有涉及赏赐、宴乐之类内容者。总之，编钟铭文多以歌功颂德为主，涉及音律、音阶含义的甚少。

所以，铭文是乐钟上不同于纹饰的外观装饰，是一种比普通纹饰更富于礼乐内涵的文化记载。西周乐钟的铭文多数本质上无涉于音乐性能，即它与乐钟的音列结构和设置规律并无必然联系，我们在对编钟进行音列整理与分析时，可以它们作比照，但决不能全然以它们为据来推断编钟的音列与件数的设置。这样做难以符合西周编甬钟编列的真实面目。

2. 先取后调与先弦后钟

西周编钟在每组件数的安排上经历了一个由少到多的探索过程。在这一探索过程中对各组编钟的数量起了决定作用的是什么呢？如前所述是弦上节点。弦上等份节点决定着编钟三方面的指标，即音列音位、理论音高和乐钟件数。更具体地说，与每组编甬钟的音乐性能有着必然联系的是两个操作步骤，一是通过弦上等份节点获取理论音高，可谓“取音在弦”；二是通过调音获取实际音高，可谓“调音在钟”。当然，在具体的操作过程中，两步骤所要求的技术水平也会或多或少地影响实际音高对理论音高的偏差。西

① 1. 山西省考古研究所：《侯马铸铜遗址》（*Bronze Foundry Sites at Hou Ma*）（上），文物出版社 1993 年版，第 132—150 页；2. 项阳、陶正刚主编：《中国音乐文物大系・山西卷》之“侯马铸铜遗址陶钟甬范”，大象出版社 2000 年版，第 78 页。

② 此处的“追孝祈福”“征伐纪功”乃借用陈双新先生的表述，参阅陈双新《两周青铜乐器铭辞研究》第四章第二、三节，河北大学出版社 2002 年版，第 93 页。

周早中之际的编甬钟件数与商编铙相似（关于编铙的特征将会在下一节“四声定式及其渊源”做详细论述），多为3件套，如㢑伯各编钟、㢑伯𦚢编钟、魏庄编钟、长由编钟等即如此。早、中之交甚至中期的编钟也未必都是8件，呈3、4、5、6、7或8件不等的状态，这在𤼈钟和眉县杨家村甬钟各组以及扶风吊庄编钟、曲沃县曲村北赵九号墓晋侯编钟中均体现出来了。表面上看是一种紊乱的局面，然而，从数理上讲无论多少件，其内部的乐音关系都是一致的，都统一在三种等分制取音法的逻辑体系之中。早期乃至中期的一些编钟弦上取音时习惯在弦的上一半进行，一般不超过弦长的$\frac{1}{2}$节点，这是商编铙留下来的传统。即便如此，四声结构仅需三件钟便能展现完整。中期多5件以上、8件以内的设置，它是做全弦长取音的结果。这种件数的增加只是为了音域的扩展，音位并无增加，晚期编钟统一设置为8件，音位仍然保持四声不变。以𤼈钟一——七组为例。

图表1—36 弦长等份节点示意图（以$\frac{1}{2}$弦长五等份节点为例）

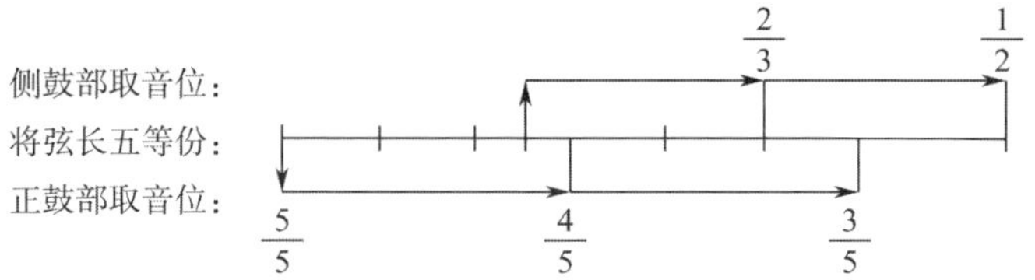

该组甬钟3件，取音时仅用了整条弦长的上一半，采用3个五等份节点依次代表“宫”“角”“羽”3个音位，并在第四等份内的$\frac{1}{3}$节点处获得了“徵”音，在第三等份内的$\frac{1}{2}$节点处获得了“宫”，这个宫音已是空弦音的高八度重复。至此，四声均已出现，如各音再从弦长的下一半按相同的比例基数继续往下取音，所获得的只是重复音位，这种现象在晚商的编铙中尤为突出。早期的编钟尽管件数少，但音列中设置的音位并未少，数理原则也没变，少的仅是音列中的重复音位。中、晚期的编钟虽然件数增加了，但音列中设置的音位并未多，多的也仅是音列中的重复音位，这就是西周甬钟音列设置上自成体系的数理规范。

可见，弦上取音为编钟音列的设置提供了理论依据，而钟上调音又为理论数据的成功实现提供了技术保障。无论是前者还是后者，均要经历一个由浅入深的认识过程。

《国语·周语下》记载道：

> 王将铸无射，问律于伶州鸠。对曰："律所以立均出度也。古之神瞽，考中声而量之以制，度律均钟，百官轨仪。纪之以三，平之以六，成于十二，天之道也。"

本文以为可做如下理解。第一，伶州鸠所处的时代在春秋中晚期，他称"古之神瞽"应指的是西周或更久远的宫廷乐师①；第二，"考中声而量之以制，度律均钟"，制成一弦取音器，量出适中的长度以发出最适合人耳辨别的标准音高，目的在于为编钟取音；第三，将弦一分为三，并做出标记，而后再将每一个三等份一分为二，即"纪之以三，平之以六"。按一弦六等份取音时还须按取等份内节点以确定"徵""宫"等音位，从理论上讲完全可以根据等份内弦长比例取得"十二律"，只是西周甬钟继承了商代的传统（见第二章）仍只取"八律"。所以，从客观上讲，此则文献已指明了一弦六等份取音法的实质。伶州鸠所说的"成于十二，天之道也"以及由此而在后文引出的"十二律"名称，可能正说明了西周音乐的实际水平。

朱载堉在其《律学新说》中论述道：

> 用纸一条，作为四折，以定四徽、七徽、十徽；作为五折，以定三徽、六徽、八徽、十一徽；作为六折，以定二徽、五徽、七徽、九徽、十二徽。首末两徽，乃四徽折半也。②

此处涉及古琴定徽采用的纸折法，即将相同长度的"纸片"（这应是他所在时代的道具，实际上泛指一种能折叠且可留下标记的器具）分别作四、五、六等份折叠，这实际上是与上述三种弦长等分制取音法同出一辙的，说明在西周甚至晚商时期，宫廷乐师们早已将这种数理运用于钟乐实践了。

---

① 黄翔鹏曾指出"此段话表示出周代定律用的尺度并非周制，而是'古之神瞽'传下来的前代尺度"。（参阅黄翔鹏《均钟考——曾侯乙五弦器研究》，《黄钟》1989 年第 1、2 期；另参阅其论文集《中国人的音乐和音乐学》，山东文艺出版社 1997 年 3 月第 1 版，第 176 页）本文通过大量出土的有测音数据的编钟的音列分析表明，编钟的音列设置在两周之际发生了根本性的变化，这种变化主要因为取音器具的改进以及取音方法的转变（在第三、四、五章将详细论述）。如前所述，西周甬钟与晚商编铙在数理观念和取音方法上倒是有着一脉相承的关系。所以，本文以为"古之神瞽"所处的时代应该在晚商和西周那一段，而应与其作者所处的东周区分开来。

② （明）朱载堉撰、冯文慈点注：《律学新说》"论准徽与琴徽不同第十"，人民音乐出版社 1986 年版，第 71 页。

第三节 早期编镈的音乐性能与音列设置的象征性

镈钟是一种自殷商以来即已使用的青铜乐器，沿用于西周。从现有出土实物的分布来看，南方镈钟的出土地区较为集中，主要在湘水流域，如宁乡、湘潭等地，北方镈钟的出现起初仅限于陕西，至春秋以来便蔓延至整个中原地区。现藏的西周镈钟多为收购品（如上海博物馆收藏的西周四虎镈）或传世品（如故宫博物院收藏的西周虎饰镈和四虎镈两件，考古鉴定出自湖南一带少数民族地区），且均为特镈。目前有具体出土地点的有三处镈钟，即1890年出土于陕西省扶风县法门寺任村，现藏于天津市艺术博物馆的西周末期克镈①、1995年出土于随州市三里岗镇毛家冲村，现藏于随州市博物馆的西周中期毛家冲镈②、1985年8月26日出土于眉县马家镇杨家村西周青铜器窖藏，现藏于眉县图书博物馆的西周中期杨家村镈③。其中，成编的仅有眉县杨家村镈，共3件，且与15件甬钟同出，既可以比较其3件镈钟相互间的音高关系，又可以将此3件镈钟纳入整套共18件乐钟的完整体系中来考察。所以，从音乐学的角度讲，它的研究价值弥足珍贵。

一、 眉县杨家村编镈测音数据的三问题

眉县马家镇杨家村西周青铜器窖藏出土的15件甬钟在第一节中已做过整理和分析，15件甬钟实际上由两组构成，即重排一组与重排二组。重排一组有8件，其音列是一弦六等份取音的结果，形成^{b}D宫系统的“羽—宫—角—羽—角—羽—角—羽”8音位正鼓音列；重排二组有7件，其音列是一弦五等份取音的结果，形成^{b}B宫系统的“宫—角—羽—角—羽—角—羽”7音位正鼓音列。而且两组甬钟取音时均以^{b}B（前者+56音分，后者为+34音分）作为出发音（即空弦散声），前者以此音位为“羽”，后者以此音位为“宫”。同出土的3件镈钟形制纹饰均相同，因而是成套的编镈。其测音数据④如下。

图1—23 眉县杨家村编镈1·6·2a号

① 陈邦怀：《克镈简介》，《文物》1972年第6期，第14页；方建军、黄崇文主编：《中国音乐文物大系·陕西、天津卷》，大象出版社1996年版，第203页。

② 王子初、王世民、周常林主编：《中国音乐文物大系·湖北卷》，大象出版社1996年版，第41页。

③ 刘怀君：《眉县出土一批西周窖藏青铜乐器》，《文博》1987年第2期，第17页。

④ 方建军、黄崇文主编：《中国音乐文物大系·陕西、天津卷》，大象出版社1996年版，第101页。

图表 1—37　眉县马家镇杨家村编镈测音数据

单位：音分

标本号	1306	1307	1308
正鼓音	a^1+36	c^2+34	$^\#d^2+10$

说明：3 件镈钟的侧鼓音与正鼓音相同。

首先，从低音音高上看，3 件镈钟最低的 1306 号为 a^1+36，高出两组甬钟的低音——小字组的 ^bb 正好一个大七度，说明它既不能充当甬钟的低声部乐器，也难以与甬钟的低音构成协和的音响效果。

其次，从 3 件镈钟的音高关系看，1306 号与 1307 号构成一个平均律小三度（－2 音分），1307 号与 1308 号也勉强构成小三度（－24 音分），这显然不符合西周弦上等份取音法的规律，即便在晚商编铙的音列结构中也找不到这样的音位设置。所以，答案可能源自两方面，一方面是调试不准而使音高偏离；另一方面是受形制的限制。

最后，若将此 3 件镈钟的音高与两组甬钟的音高相比较，第 2、3 件镈的音高 c^2 和 $^\#d^2$ 均没有出现在两组甬钟各音上。况且，两组甬钟虽然低音相同，但由于采用的取音法不同，获得的音位互不重复，如果此 3 件套编镈原本被设计成与甬钟相配套的更完整、更具规模、有镈钟有甬钟的钟乐体系的话，到底它与哪一组去配合呢？

实际上，正如前面论述的那样，通过对晚商北方编铙测音数据的整理和音列分析，我们完全有理由断定一弦等分制取音法在晚商编铙的音列设置上已经运用，西周只是承袭并规范了这种方法。所以对于时代在西周中期的眉县乐钟而言，音列的设置是有数理理论做指导的，两组编甬钟的音列设置已经证明了这一事实。为什么出于同窖且自成体系的乐钟，其中编甬钟与编镈音列的音位安排有如此大的差异并互不相干呢？光从音高上考察就难以做出回答。

二、 形制限制与音列设置

由于迄今为止出土成套的西周编镈仅此一例，所以光凭其测音数据还不足以了解它们与他类乐钟在音列设置上的联系，还必须结合编镈的其他特征，特别是形制设计及其发展特点、镈钟音脊在调音时所起作用的大小、乳枚的设置及其形态等问题来做综合分析。然而，纵观整个青铜镈钟的发展历程，镈钟的形制总体上可分为两大类，第一类是有脊镈，第二类是无脊镈。现将有脊镈在形制上的基本特征整理如下表①。

① 表中资料均出自《中国音乐文物大系》。

图表 1—38 椭圆体有脊镈形制特征简表

镈 名	时 代	件数	特征上的三项指标	藏地、出土地
眉县杨家编镈	西周中期	3	椭方形，有脊无枚，无调音	眉县图书博物馆 陕西眉县马家镇杨家村
克镈	西周	1	椭方形，有脊无枚，无调音	天津市艺术博物馆 山西扶风县法门寺任村
随州毛家冲镈	西周中期	1	合瓦形，有脊无枚，无调音	随州市博物馆随州市三里岗镇毛家冲村
虎饰镈	西周	1	椭圆形，有脊无枚，无调音	故宫博物院 湖南一带少数民族地区
四虎镈	西周	1	椭圆形，有脊无枚，无调音	故宫博物院 湖南一带少数民族地区
四虎镈	西周晚期	1	椭方形，有脊无枚，无调音	上海博物馆 南方长江中游一带
秦公编镈	春秋早期	3	椭方形，有脊无枚，无调音	宝鸡市博物馆 宝鸡县杨家沟太公庙窖藏
叶县旧县有脊编镈	春秋早中之交	4	椭方形，有脊无枚，无调音	河南叶县县衙博物馆 叶县旧县村

说明：上表“特征”栏中保留了《中国音乐文物大系》各卷对有脊镈的不同名称（除随州毛家冲镈为合瓦形外），椭方形或椭圆形实为同一钟腔形态，以下统一称椭圆形。

从上表所列举的15件镈钟可以看到，它们虽然南北分布不一，但在特征上三项指标均相同，且时间上从西周一直影响到春秋早中之际。叶县旧县村有脊编镈①是目前发现的椭圆形腔体编镈中件数最多的一组，它又是同出的一套编钟中的一组，从件数上看似乎有大规模发展的趋势。然而，从春秋早期合瓦形编镈和钮钟出现，直至春秋中晚期，正当合瓦形编镈和他类编钟的工艺制作与音列设置迅猛发展之时，椭圆形编镈却难见其

① 叶县旧县村有脊编镈于2002年4月12日出土于河南省叶县旧县村4号墓，是掘出的一批乐器中的一套编钟中的一组。整套编钟总数达37件，由两组甬钟（各10件）、一组钮钟（9件）和两组不同风格的编镈（各4件）组成一个庞大的青铜乐钟群。2002年9月25日，应河南省平顶山市叶县文化旅游局的邀请，王子初先生赴叶县县衙博物馆对这批乐器进行了鉴定，笔者曾有幸参加了这次实地考察。

踪影了。与甬钟相比，镈钟的钟腔更高，腔体更大，倘若我们从乐悬编制方面分析，可以设想它们被纳入钟乐体系中来与甬钟配合的意图是：悬于甬钟之下起低音或说低声部的作用，在乐悬结构中自下而上产生一种体形由大而小的视觉效果和音高由低至高、由低沉浑厚至悠扬明亮的听觉效果。换言之，镈钟在外形上符合了乐悬结构的需要。但是，倘若我们从音响性能方面来考虑，椭圆形镈钟的形制结构与音响性能自一开始就产生了矛盾。

第一，椭圆形钟腔发出的音响无明确的音调感。早在20世纪80年代，中国科学院声学研究所的蔡秀兰、郑敏华和陈通三位先生曾以北京大钟寺的大圆钟（铸于明代弘治年间，即公元1488—1505年）所发之音做过一次声学实验①，通过测算分析，结果发现击钟发音0.4秒时，基音上方相差一个或两个八度的五度谐音最强；1秒时它们开始衰减；2秒时基音开始加强，其他谐音继续衰减；4秒时基音方明确。此外，美国的寇蒂斯（Curtiss）和秦尼尼（Giannini）、日本的青木一郎（Aoki Ichirō）均做过类似的测试，得到的结果非常近似②。椭圆形钟腔接近圆钟，侧鼓音的基频稳定性差。受振以后，基音不是出现于谐音之前，而是谐音之后，其音响必然混浊且有错觉感。

第二，椭圆形钟腔与合瓦形钟腔发音时的振动规律是有本质区别的。钟体的外形尺寸对振动传递有较大影响，特别是钟体的厚度、节线分布、节点部位的厚度，直接影响音质。关于这些部位的结构特点要求设计时的精确度，湖北省歌舞团在仿制曾侯乙编钟时对曾钟所做的结构研究与声频分析已经有了充分的证明。然而，这些准备工作都是针对合瓦形钟腔进行的。合瓦形钟腔与椭圆形钟腔在发音振动时最大的区别在于前者有明显的节线分布，而后者没有。敲击正鼓部时，节线从两侧鼓部中产生，第一基频加强，第二基频被抑制，此谓前者；敲击侧鼓部时，节线在正鼓部中线与铣棱同时形成两对节线，第二基频加强，第一基频被抑制，此谓后者。合瓦形钟的这一声学特性早已被中国科学院声学研究所的测试与分析所发现③。除了节线分布之外，还有钟体厚度和节点厚度两项指标，钟体厚度需与同组各钟各部位（如铣间、鼓间、于间、钲高等）的外形尺寸相关联以决定它们的大致音高。节线产生两个相对稳定音高，它们或呈二度关系，或呈三度、四度关系，总之难以得到预计的音程。这时节线厚度成为至关重要的指标。节线厚度则依靠设于节线位置、钟腔内壁的音塬或音脊（春秋中期以后发展成规范的音梁）及对节线所在的钟腔内壁进行锉磨（即音高调试，规范的手法一般在4至8个部位进行）来调整，也就是说节线厚度决定了正、侧鼓部所发两音的音程关系。相比之下，

---

① 蔡秀兰、郑敏华、陈通：《古钟形状和特性》，《声学学报》1987年3月第12卷第2期，第13页。
② 缪天瑞：《律学》，人民音乐出版社1996年版，第14页；郑荣达：《试探先秦双音编钟的设计构想》，《黄钟》1988年第4期，第14页。
③ 陈通、郑大瑞：《古编钟的声学特征》，《声学学报》1980年8月第3期，第161页。

椭圆形钟腔不但无明显节线分布，更无法体现节线厚度的差异。因为从现有的镈钟看，于口均匀且瘦薄无肉。因此，它不但难以形成有规律的正鼓音和侧鼓音，还会因难于形成明显节线而使音频振动相互干扰，致使发音难以达到预期的高度。

第三，钟腔表面的乳钉或枚区是对音质产生较大影响的又一指标。钟的音频振动虽亦属于板振动，但不同于平面板振动，当其击音部位受到外力作用时，整个钟体即发生弯曲振动。于书吉在对湖北歌舞团仿制曾侯乙编钟的结构特点及声频进行研究分析时，做了一个很有说服力的实验，即取钟体上一个极小局部为测验单元体，分析在这个单元体上三个方向的振动位移，测试单元体振动位移的三个方向示意图①如下：

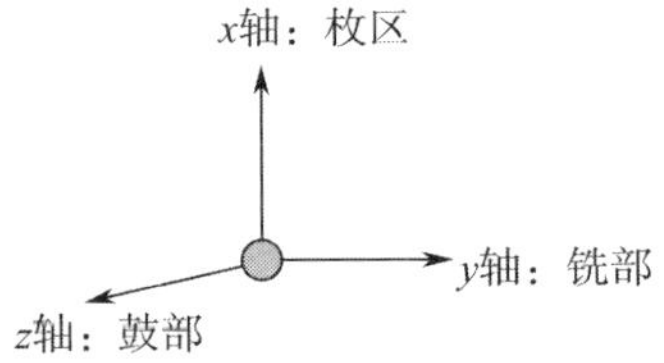

图 1—24　钟腔振动位移三方向示意图

测试表明，z 轴指向鼓部方向，由于厚度较薄，振动位移较大，三个方向应力较一致；y 轴指向铣部，由于铣棱上的强大节线产生抑振作用，使其能量基本不影响对称面；x 轴指向枚区，振动位移传递长度较大，其抑振作用依靠乳钉或枚来完成。可见，枚区对腔体振动的阻尼作用是乐钟铸造工艺的又一创举。然而，上表中 15 件镈钟的钟腔表面均无枚区，通体饰以大兽面纹或夔龙纹，并不能改善镈钟音色和旋律性能。

看来，早期镈钟在结构设计上确实存在与音乐性能相矛盾的地方，这种现象的产生或许是无意的，即在当时还尚未找到解决其音乐性能的途径；也可能是有意的，即早期镈钟被纳入乐悬体制中悬挂于甬钟之下，构成形制有别、大小相递的钟乐层次。其意不在音乐性能，而在体现礼乐的象征性。本文以为这两种可能性可以结合起来考虑，因为不管镈钟的音乐性能起初是怎样的水平，钟磬乐所担负的礼乐作用自周制之初甚至晚商即已开始，以钟磬乐为载体的礼乐制度成为两周时期所倡导的永恒主题。还须注意的是，虽然有脊镈的形制在春秋中期衰退了，但镈钟并未因之而消失，而是由椭圆形转变为合瓦形。见下表②。

---

① 于书吉：《古编钟的音频特性》，《黄钟》1988 年第 4 期，第 33 页。

② 表中资料来自《中国音乐文物大系》。

图表 1—39　合瓦体无脊镈形制特征简表

<table>
<tr><th>镈　名</th><th>时代</th><th>件数</th><th>特征上的三项指标</th><th>藏地、出土地</th><th>备注</th></tr>
<tr><td>新郑金城路编镈</td><td>春秋中期</td><td>4</td><td>合瓦形，无脊有枚，无音梁，有调音</td><td>河南省文物考古研究所
新郑金城路第 2 号窖藏</td><td rowspan="8">6 或 8 件以上编镈的音列设置已有旋律演奏的能力，当与甬钟和钮钟一起讨论</td></tr>
<tr><td>新郑城市信用社编镈</td><td>春秋中期</td><td>4</td><td>合瓦形，无脊有枚，无音梁，有调音</td><td>河南省文物考古研究所
新郑城市信用社第 8 号窖藏</td></tr>
<tr><td>新郑李家楼虺螭纹特镈</td><td>春秋中晚期</td><td>4</td><td>合瓦形，无脊有枚，无音梁，有调音</td><td>河南省博物馆
新郑县城李家楼</td></tr>
<tr><td>辉县琉璃阁特镈</td><td>春秋晚期</td><td>4</td><td>合瓦形，无脊有枚，无音梁，有调音</td><td>河南省博物馆
辉县琉璃阁甲墓</td></tr>
<tr><td>长治分水岭 25 号墓编镈</td><td>春秋晚期</td><td>4</td><td>合瓦形，无脊有枚，有音梁，有调音</td><td>长治市博物馆
长治分水岭 25 号墓</td></tr>
<tr><td>滕州庄里西村编镈</td><td>春秋晚期</td><td>4</td><td>合瓦形，无脊有枚，有音梁，有调音</td><td>滕州市博物馆
滕州姜屯镇庄里西村古墓</td></tr>
<tr><td>洛阳解放路编镈</td><td>战国</td><td>4</td><td>合瓦形，无脊有枚</td><td>洛阳市文物工作队
洛阳西工解放路一战国墓</td></tr>
<tr><td>新郑无枚编镈</td><td>战国</td><td>4</td><td>合瓦形，无脊有枚</td><td>新郑市文物管理委员会
旧藏</td></tr>
</table>

上表摘选了已出土的春秋至战国时期的镈钟，它们均为一套编钟中体形最大的一组，且都是 4 件，表明早期乐悬体制下的乐钟层次观念仍被保留了下来。所不同的是钟腔全改为合瓦形；弃用了钟腔表面的中脊和两侧，使有脊变成无脊；圆形乳钉或枚区被有规律地设置于镈腔表面；钟腔内还设置了便于调音的音梁。换言之，镈钟上真正有规律且富有成效的音列设置在春秋时期方才开始，客观上，其音乐性能已经向钮钟发展了。所以，早期镈钟虽音乐性能尚待发展，但它已充分地表现了周代礼乐的等级性，它的音列设置不失其强烈的乐悬象征意义。至于将音乐性与象征性完美结合则是由春秋早期即已运用的合瓦形镈钟来完成的。

第二章

西周甬钟的数理渊源

甬钟的历史由来已久，很多学者如郭沫若、唐兰、容庚、陈梦家、高至喜、马承源等在此方面均进行过探索。这些学者们多从文化历史角度，或从形制纹饰特点来立论，很少涉及各自的音乐性能，致使论证纵然有再充分的文字资料而因无涉其作为乐器的本质特征而感觉不足。目前，《中国音乐文物大系》（以下简称《大系》）已出10卷，其中全面收集了有关晚商编铙的各种资料。尤为珍贵的是，《大系》对所收集的晚商编铙不管件数多少均附有测音资料，编铙的测音资料与编甬钟、编钮钟以及笛、埙、磬等乐器的测音资料一样，均由《大系》编委会组织下的中国艺术研究院音乐研究所测音小组来系统完成。相对地说，它比以往很多测音工作更规范、更专业，所得到的测音结果保证了以往因缺乏科学的仪器、技术甚至仅凭耳测来获取的资料所难以达到的准确性。这样就为将西周编钟与晚商编铙音列的设置规律联系起来考察提供了方便，而它们之间是否在音列结构上存在有机的联系，将成为西周甬钟的数理关系来源于商编铙的最有力的依据。正由于此，对晚商编铙以及新石器时代的埙、笛等乐器的测音资料整理及音列分析才显得如此必要。

第一节　四声定式及其渊源

将西周甬钟的音列与晚商编铙的音列进行比较时，有三方面的问题是必须思考的。第一，现有资料表明，中原地区的晚商编铙是出土的青铜乐器最早的成编乐器，与单件青铜乐器相比已是一个飞跃。但多数编铙音列的音高关系与音程关系尚不够明确，这是铸造技术尚处于初级阶段，调音技术尚未被开发运用的结果。所以做音列分析时估计个别铜铙音准的游移性十分必要。第二，出土资料表明，甬钟与中原编铙在形制上有明显区别，在这样的前提下去考察它们之间音列的相承关系理应找到这种外异而内一的缘由。第三，以陕西为中心的中原甬钟与湖南、江西地区等南方甬钟在形制纹饰方面的一致性暗示着南北文化交融的历史事实。

一、四声定式

通过对西周时期13套共18组编甬钟音列的分析，我们能发现这一时段编钟音列存在三种音位排列方式。这三种音位排列是周人对一弦做等分时运用三种取点模式的结果。然而，由于周人对弦上数理认识的一致性，不管采取哪一种节点模式，也不管产生哪一种音位排列，如果还是觉得传统五声“宫、商、角、徵、羽”作为音位名称理由最充分而须从中选择的话，编钟音列的音位名称始终是相同的，即总是“羽、宫、角、徵”，这也是早已被前人所认识了的①。这四个音位的运用贯穿了西周编钟音列发展的全过程，这一现象在以上分析的西周时期13套18组编甬钟的音列中无一例外，如下表所示。

图表2—1 西周编钟音列音位排列一览表

编钟名称	正、侧鼓部由低到高的音位次序
強伯各编钟	侧鼓音："徵曾"—"宫曾"—角 正鼓音：宫—角—宫
強伯指编钟	侧鼓音："徵曾"—"宫曾"—角 正鼓音：宫—角—宫
魏庄编钟	侧鼓音：徵—角—宫 正鼓音：角—宫—羽
长甶编钟	侧鼓音："徵曾"—"徵曾"—"徵曾" 正鼓音：宫—角—宫
扶风吊庄编钟	侧鼓音："商"—"徵曾"—"商"—"商顚"—角 正鼓音：宫—宫—宫—角—宫
曲沃县曲村北赵九号墓晋侯编钟	侧鼓音："徵曾"—徵—宫—角 正鼓音：宫—角—羽—宫
梁其钟	侧鼓音：/—"徵曾"—徵—（宫）—徵—（宫） 正鼓音：（羽）—宫—角—（羽）—角—（羽）
𤼈钟一—七组	侧鼓音："徵曾"—徵—宫 正鼓音：宫—角—羽
𤼈钟二—四组	侧鼓音："商?"—角—徵—宫—徵—宫—徵 正鼓音：羽—宫—角—羽—角—羽—角
𤼈钟三式组	侧鼓音："商?"—角—徵—宫—徵—宫 正鼓音：羽—宫—角—羽—角—羽
𤼈钟五—六组	侧鼓音：徵—宫—角—徵—宫 正鼓音：角—羽—宫—角—羽
眉县杨家村编钟重排一组	侧鼓音：/—角—徵—宫—（徵）—（宫）—徵—宫 正鼓音：羽—宫—角—羽—（角）—（羽）—角—羽

① 黄翔鹏：《用乐音系列记录下来的历史阶段——先秦编钟音阶结构的断代研究》（1980年4月应文物局出国文展之邀而作），《溯流探源——中国传统音乐研究》，人民音乐出版社1993年版，第98页。

（续表）

编钟名称	正、侧鼓部由低到高的音位次序
眉县杨家村编钟重排二组	侧鼓音：角—徵—宫—（徵）—（宫）—（徵）—宫 正鼓音：宫—角—羽—（角）—（羽）—（角）—羽
中义钟	侧鼓音：羽—宫—徵—宫—徵—宫—徵—宫 正鼓音：羽—宫—角—羽—角—羽—角—羽
柞钟	侧鼓音：羽—宫—徵—宫—徵—宫—徵—宫 正鼓音：羽—宫—角—羽—角—羽—角—羽
逆钟	侧鼓音：宫—“商”—徵—宫—（徵）—（宫）—（徵）—（宫） 正鼓音：羽 — 宫 — 角—羽—（角）—（羽）—（角）—（羽）
晋侯稣钟第一组	侧鼓音：（宫）—角—徵—宫—徵—宫—徵—宫 正鼓音：（羽）—宫—角—羽—角—羽—角—羽
晋侯稣钟第二组	侧鼓音：宫—角—徵—宫—徵—宫—徵—宫 正鼓音：羽—宫—角—羽—角—羽—角—羽

无论是西周早期的弜伯各钟、弜伯𬪩钟或魏庄钟，还是西周中期的曲沃曲村九号墓晋侯钟、𤼈钟或眉县杨家村钟，尽管数理认识不断深入以及编钟件数不断增加，音位始终保持在“羽、宫、角、徵”四者上，没有增加，即便在晚期的中义钟、柞钟或晋侯稣钟上情况也同样如此。可见，纵观整个西周时期还并不能看出编钟音列中音位选择的发展过程，这一时期所能看到的是四声音列在编钟正、侧鼓部设置的定式，体现的是青铜乐器历史发展过程中一种量变的后期积累①。

那么，这里有理由提出三个问题：

第一，编钟正、侧鼓部四声定式的萌芽期在哪里呢？

第二，至西周中期已常用的一弦等分制取音法在商代就已萌芽并付诸实践了吗？

---

① 本文以为，郭沫若在其《两周金文辞大系图录》之四“图说——彝器形象学试探”第 2 页中将青铜器就形制上的发展所做的分期是具有创建性的，所分四期为：（1）滥觞期——殷商前期；（2）勃古期——殷商后期及周初成、康、昭、穆；（3）开放期——恭懿以后至春秋中叶；（4）新式期——春秋中叶至战国末年（中国科学院考古研究所编辑，科学出版社 1958 年 1 月第 1 版，其中乐器图说在第 25—30 页）。马承源主编的《上海博物馆藏青铜器》（二册）按照青铜器的铸造工艺发展历史，将商周时代青铜器划分为五个时期也很有说服力，所分五期为：（1）育成期，即商代早期；（2）鼎盛期，包括商代晚期到西周穆、恭到春秋早期；（3）转变期，包括西周穆、恭到春秋早期；（4）更新期，包括春秋中晚期到战国；（5）衰退期，即汉以后（上海博物馆 1964 年版）。但本文同时还认为，如果从乐器的音乐属性来考虑，将先秦青铜钟的发展分为五期更为合理，它们是：（1）萌芽期——商中晚期及西周初期；（2）探索期——西周早中之交及西周中期；（3）定型期——西周中晚之交及西周晚期；（4）转变期——两周之际及春秋早期；（5）繁盛期——春秋中期至战国中期。

第三，侧鼓音的运用难道非要与演奏标记如凤鸟纹、圆涡纹①、龙纹②的增饰同时出现吗？

要回答这些问题，就有必要认真考察西周以前的乐器特别是青铜乐器的设置规律与音乐性能了。

二、 晚商编铙测音资料的整理

编铙是晚商时期北方重要的青铜乐器。从已有资料来看，主要出于河南殷墟墓地及山东沂源、青州等地，以下即对这些地区所出有代表性编铙做简单分析。

1953年出土于河南安阳大司空村312号殷墓，现藏于国家博物馆的亚讯姗铙③，为商代晚期的3件套编铙。形制、纹饰相同，大小相次，应为同套。器身上大下小，两侧有棱，横剖面呈椭圆形，前后两面各饰一兽面。口曲向内凹呈弧形，口内缘铸相同铭文“亚讯姗”三字。柄呈管状，上细下粗，中空与体相通。其测音数据④如下。

图2—1 亚讯姗编铙

图表2—2 河南安阳大司空312号殷墓亚讯姗编铙测音数据

单位：音分

编号	M312:10	M312:9	M312:8
侧鼓音	$^{\#}f^2+45$ [g^2-55]	$^{\#}a^2+36$ [b^2-64]	f^2+30 [e^2-70]
正鼓音	e^2-23	$^{\#}g^2-38$	$^{\#}c^2-21$

从测音数据上分析，M312:10、M312:9、M312:8三件铙的正鼓部可构成以E（e^2）

① 袁荃猷主编：《中国音乐文物大系·北京卷》，大象出版社1996年版，第39页。

② 袁荃猷主编：《中国音乐文物大系·北京卷》，大象出版社1996年版，第42页。

③ 1. 马得志、周永珍、张云鹏：《一九五三年安阳大司空村发掘报告》，《考古学报》1955年9月第9册，第25页。2. 中国社会科学院考古研究所：《殷周金文集成》二，中华书局1988年版，图版405—407。

④ 袁荃猷主编：《中国音乐文物大系·北京卷》表19，大象出版社1996年版，第280页。

为宫的“羽—宫—角”或“宫—角—羽”三声音列，其中宫角间相差 415 音分，羽宫间相差 302 音分，相当准确。另有两点更值得注意，一是正、侧鼓部均已构成了小三度音程；二是如将 M312:9 号侧鼓音考虑进来则可构成“羽—宫—角—徵”四声音列。

图 2—2　兽面纹铙

现藏于故宫博物院兽面纹铙，为 3 件套商编铙。各件保存完好，形制、纹饰相同，大小相次。器身断面呈椭圆形，口曲向内凹呈弧形。鼓部上方有一凸长方形饰，腹部饰凸雕兽面纹。柄呈管状，上细下粗，中空与体相通。其测音数据①如下。

图表 2—3　故宫博物院兽面纹编铙测音数据

单位：音分

编　号	1	2	3
侧鼓音	e^2+36	$^{\#}g^2+16$	$^{\#}a^3+43$
正鼓音	$^{\#}c^2+33$	f^2-16	$^{\#}a^2-22$

三件铙的正鼓部可构成以 $^{\#}$C（$^{\#}c^2$）为宫的“宫—角—羽”三声音列，其中“宫—角”间音分差偏大（449 音分），角、羽之间相差 494 音分，接近纯律纯四度。如将 2 号铙的侧鼓音结合起来考察，则可构成“宫—角—徵—羽”四声音列。3 件铙正、侧鼓间的音程关系由低到高依次构成：小三度、宽小三度、窄小二度。

图 2—3　亚矣铙

由国家文物局拨交，藏于故宫博物院的亚矣商铙②，现存两件。铙体均椭圆，腹部饰弦纹边框，在口内壁均有“亚矣”二字铭文。由于其形制纹饰色泽及铭文均相同，大小相次，疑为一组编铙中之两件。其测音数据③如下。

① 袁荃猷主编：《中国音乐文物大系·北京卷》表 21，大象出版社 1996 年版，第 281 页。
② 中国社会科学院考古研究所：《殷周金文集成》二，图版 380—381，中华书局 1988 年版。
③ 袁荃猷主编：《中国音乐文物大系·北京卷》表 25，大象出版社 1996 年版，第 281 页。

图表 2—4 故宫博物院的亚㠱商编铙测音数据

单位：音分

编 号	1·4·9a	1·4·9c
侧鼓音	b^1+2	e^2+35
正鼓音	a^1-2	$^{\#}c^2+47$

图 2—4 古铙

两正鼓音间构成偏宽的大三度关系。按此两铙所形成的三度关系结合商铙常用音列来看，可推测三件中的另外一件应位于此两铙的两端，音位为“羽”。所以可能形成“羽—宫—角”三声音列。若将第 2 号铙侧鼓音考虑进来，正好构成“羽—宫—角—徵”四声音列。两件铙正、侧鼓间的音程关系由低到高构成：大二度、窄小三度。

1983 年出土于安阳大司空村东南 663 号墓，现藏于中国社会科学院考古研究所安阳工作站的古铙①，为商代殷墟二期的 3 件套编铙。该墓为大型竖式长方形墓穴。随葬品有铜鼎、铜方彝、铜簋、铜觚、铜爵等礼器 9 件，铜钺、铜戈、铜镞等武器 26 件，还有陶器 10 件以及石器等。3 件铙除较大的一件（M633:4）有裂纹外，余 2 件保存完好，形制和花纹相同，大小相次。因鼓内壁铸有铭文“古”字而取名。测音数据②如下。

图表 2—5 安阳大司空 663 号墓编铙测音数据

单位：音分

编 号	83ASM6334:4	83ASM6334:1	83ASM6334:2
侧鼓音	破裂	g^2-49	c^3+23
正鼓音	破裂	e^2+47	a^3+3

6334:1、6334:2 号两铙正鼓音构成“角—羽”的四度关系。再按此两铙所形成的四度关系结合商铙常用音列来看，可推测第 1 件铙正鼓部音位应为“宫”，从而构成“宫—角—羽”三声音列。此外，从 6334:1、6334:2 号两铙的正、侧鼓音高看，也构成

① 中国社会科学院考古研究所安阳工作队：《安阳大司空村东南的一座殷墓》，《考古》1988 年第 10 期，第 865 页。

② 赵世纲主编：《中国音乐文物大系·河南卷》，大象出版社 1996 年版，第 69 页。

了“宫—角—↓徵—羽—宫”的四声音列。1、2号两件铙正、侧鼓间的音程关系构成：（窄）小三度、纯律小三度。

图2—5　温县小南张铙

1968年8月出土于温县城关小南张村，现藏于河南省博物馆的温县小南张铙①，是商代殷墟晚期3件套编铙。同坑出土的有铜鼎、簋、爵、觚、戈、镞、削等器皿，且鼎、爵、簋均有“征”字铭文。3件形制纹饰相同，大小依次递减。测音数据②如下。

图表2—6　温县小南张编铙测音数据

单位：音分

编　号	大	中	小
侧鼓音	d^2+39	哑	a^2
正鼓音	c^2+49	哑	g^2+5

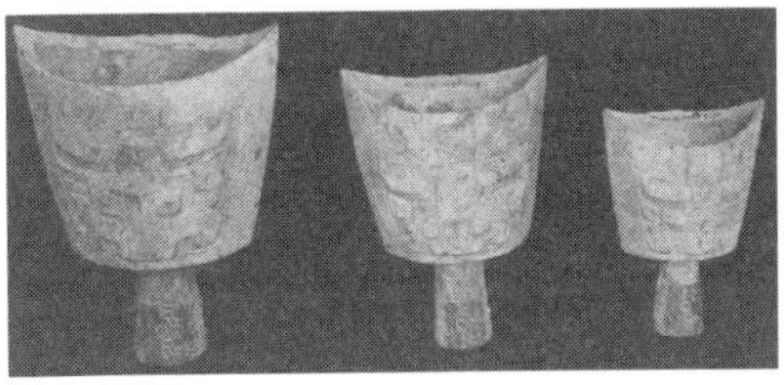
图2—6　中铙

从大铙与小铙间构成的五度关系来看，中铙音位可作宫或角甚至其他音等多种选择，从而形成“羽—宫—角”或“宫—角—徵”等音列。然而综合现已出土并有测音数据的商代编铙音列来看，将徵音设置为正鼓音的情况较为少见，这也体现了与西周甬钟音列设置一脉相承的特点。所以，此套编铙正鼓音列作“羽—宫—角”推测的可靠性更大。大、小两件铙正、侧鼓间的音程关系构成：大二度、大二度。

1974年出土于安阳殷墟西区699号墓，现藏于中国社会科学院考古研究所的中铙③，为商代殷墟四期的3件套编铙。同出有铜戈、陶器、骨器、玉器及贝等器物。3件铙均保存完好，形制纹饰相同，大小相次。甬呈中空管状，下粗上细。舞顶平，于内凹呈弧形，铣间径大于舞修。正鼓部有方形台面，钲部两面饰凸起饕餮纹，鼓内壁皆铭有

① 1. 杨宝顺：《温县出土的商代铜器》，《文物》1975年第2期，第88页；2. 马承源：《商周青铜双音钟》，《考古学报》1981年第1期，第137页。

② 赵世纲主编：《中国音乐文物大系·河南卷》，大象出版社1996年版，第72页。

③ 1. 中国社会科学院考古研究所安阳工作队：《1969—1977年殷墟西区墓葬发掘报告》，《考古学报》1979年1月第1期，第98页。2. 方建军：《河南出土殷商编铙初论》，《中国音乐学》1990年第3期，第67页。

“中”字。测音数据①如下。

图表 2—7 安阳殷墟西区 699 号墓编铙测音数据

单位：音分

编　号	74AGM699:4（大）	74AGM699:4（中）	74AGM699:4（小）
侧鼓音	d^2	$^{\#}f$	b^2
正鼓音	b^1+52	$^{\#}f+13$	b^2+50

图 2—7 大司空村 M51 铜铙

大铙与中铙的正鼓音间构成偏窄的纯五度，中铙与小铙的正鼓音间构成偏宽的纯四度。这样，3 件铙的正鼓部可产生“羽—角—羽”或“宫—徵—宫”两种音列结构，与温县小南张编铙相同的原因，做前一种音列结构推测更为合理。3 件铙正、侧鼓间的音程关系由低到高依次构成：（窄）小三度、一度、一度。

1958 年 2 月出土于安阳，现藏于安阳市博物馆的大司空村 51 号墓铜铙②，为商代殷墟四期的 3 件套编铙。该墓同出有铜觚、铜爵、铜弓状器各一件。铙体两铣平直，铣间大于舞修，于部平直，无突出的内唇。舞上有圆柱状甬，甬较高，中空与铙体相通，其衡径与根径接近，器身两侧有对称的双线方框，另在鼓部的内侧各有“”族徽。其测音数据③如下。

图表 2—8 安阳大司空 51 号墓编铙测音数据

单位：音分

编　号	1	2	3
侧鼓音	f^2-49	$^{\#}g^2+49$	c^3-32
正鼓音	d^2-36	$^{\#}g^2-28$ [g^2+72]	$^{\#}a^2+47$ [$^{\flat}b^2+47$]

① 赵世纲主编：《中国音乐文物大系 · 河南卷》，大象出版社 1996 年版，第 71 页。

② 赵青云、赵世纲：《1958 年春河南安阳大司空村殷代墓葬发掘简报》，《考古通讯》1958 年第 10 期。

③ 赵世纲主编：《中国音乐文物大系 · 河南卷》，大象出版社 1996 年版，第 73 页。

图 2—8　殷墟西区 M765 铙

1、2、3 号铙的正鼓部依次可构成以^{b}B（$^{b}b^{2}$）为宫的“↓角—羽—宫”三声音列。其中，1、2 号间形成偏宽的纯四度，2、3 号间形成稍窄的小三度。3 件铙正、侧鼓间的音程关系由低到高依次构成：窄小三度、（窄）半音、（宽）半音。

1982 年出土于安阳，现藏于中国社会科学院考古研究所安阳工作站的殷墟西区 765 号墓铜铙①，为商代殷墟晚期的 3 件套编铙。同出土的有铜戈、陶器以及骨器、蚌器等器物。3 件铙均保存完好，形制纹饰相同，大小相次。甬呈中空管状，上细下粗，舞平，于内凹呈弧形，铣间大于舞修。正鼓均有不太明显的方形台面，铙体两面饰凸起的饕餮纹。其测音数据②如下。

图表 2—9　安阳殷墟西区 765 号墓编铙测音数据

单位：音分

编　号	82AGM765:6	82AGM765:5	82AGM765:4
侧鼓音	$^{\#}f^{2}+8$	$^{\#}g^{2}+44$ [$a^{2}-56$]	$b^{2}+27$ [$c^{3}-73$]
正鼓音	$^{\#}d^{2}-5$	$^{\#}f^{2}-23$	$a^{2}-33$

图 2—9　爰铙

3 件铙的正鼓部依次构成以$^{\#}$F（$^{\#}f^{2}$）为宫的“羽—宫—↓角”三声音列。其中 5 号与 4 号间大三度偏窄。3 件铙正、侧鼓间的音程关系由低到高依次构成：宽小三度、窄小三度、窄小三度。

1984 年出土于安阳市殷墟小屯村西南戚家庄第 269 号墓，现藏于安阳市文物工作队的爰铙③，为商代殷墟三期的 3 件套编铙。第 269 号墓为一大型殷代墓，同出土的有铜器、陶器、玉器、骨器等 73 件器物。其中青铜器 58 件，且多有铭文。3 件铙的形制纹饰及铭文相同，大小相次。正鼓部外面有一凸起的方块，其一侧铸有“爰”字铭文。其测音数据④如下。

① 方建军：《河南出土殷商编铙初论》，《中国音乐学》1990 年第 3 期，第 67 页。

② 赵世纲主编：《中国音乐文物大系·河南卷》，大象出版社 1996 年版，第 74 页。

③ 1. 安阳市文物工作队：《安阳市戚家庄东 269 号墓》，《考古学报》1991 年第 3 期，第 340—342 页。
2. 方建军：《河南出土殷商编铙初论》，《中国音乐学》1990 年第 3 期，第 67 页。

④ 赵世纲主编：《中国音乐文物大系·河南卷》，大象出版社 1996 年版，第 75 页。

图表 2—10 安阳殷墟小屯戚家庄第 269 号墓编铙测音数据

单位：音分

编 号	M269:45	M269:46	M269:47
侧鼓音	a^2+31	$^{\#}c^3$	$^{\#}f^3+22$
正鼓音	f^2+5	a^2-45	d^3-19

图 2—10 青州苏埠屯 M8 铙

3 件铙的正鼓部依次构成以 F 为宫的“宫—↓角—羽”三声音列。其中 45、46 号间大三度偏窄，46、47 号间四度偏宽，而低音铙与高音铙之间为更接近纯律的大六度。3 件铙正、侧鼓间的音程关系由低到高依次构成：宽大三度、宽大三度、宽大三度。

1976 年出土于青州苏埠屯 8 号商墓，现藏于山东省文物考古研究所的编铙①，系商晚期的 3 件套组合。3 件铙保存完好，青铜质，制作较精。造型、纹饰相同，大小递减。铙体作合瓦形，于口弧曲，两铣角上叉。管状甬与内腔相通，正鼓部作方块状凸出鼓面，两面纹饰相同，均饰简练饕餮纹。于口内无调音槽。其测音数据②如下。

图表 2—11 山东青州苏埠屯 8 号商墓编铙测音数据

单位：音分 赫兹

编 号	86－青苏－M8:26	86－青苏－M8:27	86－青苏－M8:28
侧鼓音	g^2-2 782.47	$^{\#}g^2-44$ 809.33	$^{\#}d^3+24$ [e3－76] 1262.21
正鼓音	e^2+28 [f^2-72] 670.17	$^{\#}g^2-47$ 808.11	$^{\#}c^3-13$ 1099.85

3 件铙的正鼓部依次构成以$^{\#}$C [$^{\#}c^3$] 为宫的“角—徵—宫”三声音列。其中 26、27 号间倾向于纯律小三度，27、28 号间四度偏宽。3 件铙正、侧鼓间的音程关系由低到高依次构成：小三度、纯一度、宽大二度。

① 山东省文物考古研究所、青州市博物馆：《青州市苏埠屯商代墓地发掘报告》，《海岱考古》（张学海主编）第一辑，山东大学出版社 1989 年版，第 254 页。

② 周昌富、温增源主编：《中国音乐文物大系·山东卷》，大象出版社 2001 年版，第 21 页。

1984 年出土于山东沂源县东安村商代石墓，现藏于沂源县文物管理所的沂源东安编铙①，为商代后期的 3 件套组合。此套铙制作较精。造型、纹饰相同，大小相次。铙体作合瓦形，平舞、侈铣、凹口。管状甬与内腔相通，正鼓部作方块状凸出鼓面，两面纹饰相同，均饰简练饕餮纹。于口内无调音槽，发音良好，音质纯正，其测音数据②如下。

图 2—11　沂源东安编铙

图表 2—12　山东沂源县东安商代石墓编铙测音数据

单位：音分　赫兹

编　号	1	2	3
侧鼓音	$^{\#}d^{2}-2$ 621.34	$g^{2}+36$ 812.99	$b^{2}+44$ 1013.18
正鼓音	$^{\#}c^{2}+18$ 560.30	$f^{2}+21$ 706.79	$a^{2}+10$ [$^{\#}a2-90$] 885.01

3 件铙的正鼓部依次构成以$^{\#}$C 为宫的“宫—角—↓羽”三声音列。其中 2、3 号间四度偏窄。3 件铙正、侧鼓间的音程关系由低到高依次构成三个大二度。

1976 年出土于河南安阳小屯妇好墓，现藏于国家博物馆的亚弜铙③，为 5 件套商代编铙。安阳出土的编铙均为 3 件一组，妇好墓出土的这 5 件一组尚属仅见。5 件铙形制、纹饰均相同，大小相次。器身上大下小，口内凹呈弧形，横截面呈椭圆形。舞平，舞中部向下有管状柄，中空与体相通。器身两面饰回字形弦纹。各铙通体布满绿锈，其中最大 2 件内壁均有铭文“亚弜”二字。其测音数据④如下。

① 周昌富、温增源主编：《中国音乐文物大系·山东卷》，大象出版社 2001 年版，第 23 页。
② 周昌富、温增源主编：《中国音乐文物大系·山东卷》，大象出版社 2001 年版，第 23 页。
③ 中国社会科学院考古研究所：《殷墟妇好墓》，文物出版社 1980 年版，第 100—101 页。
④ 袁荃猷主编：《中国音乐文物大系·北京卷》表 17，大象出版社 1996 年版，第 280 页。

图表 2—13 安阳小屯妇好墓亚弜编铙测音数据

单位：音分

编　号	839/1	839/3	839/2	839/4	839/5
侧鼓音	a^2+50	-	d^3-50	-	(a^3)
正鼓音	g^2+34	a^2+6	c^3-34 [b^2+66]	(e^3)	g^3

说明：839/3 铙因曾修补过，侧鼓音失音。839/4 铙因裂，未能测。839/5 铙因锈重，仅测出正鼓音。

图 2—12 安阳小屯妇好墓亚弜编铙

图 2—13 亚寞止铙

虽然 839/4 号铙未能测音，但可从 839/3、839/2 和 839/5 号 4 件铙正鼓部测出的音高推断出 839/4 号铙正鼓音可能在 e^3 上，839/1、839/2、839/4 号 3 件铙的正鼓音结构“宫—角—羽”为商铙的常见设置之一；839/2、839/4 和 839/5 号 3 件铙的正鼓音亦可构成“角—羽—宫”结构。另外，从 5 件铙排列不一致的特点来看，不排除两套缺一件的可能，但不管属于哪一种情形，正鼓音列超出三种常用结构的可能性极小。

1990 年出土于安阳郭家庄 160 号墓，现藏于中国社会科学院考古研究所安阳工作站的亚寞止铙①，为商代殷墟三期的 3 件套编铙。3 件铙保存完好，形制纹饰相同，大小相次。甬呈中空管状，上粗下细，舞顶平，于内凹呈弧形，铣间径大于舞修。钲鼓部呈方形凸起，两面均饰饕餮纹。各铙均有铭文，甬上为“中”字，鼓内壁有“亚寞止”三字。其测音数据②如下：

① 中国社会科学院考古研究所安阳工作队：《安阳郭家庄 160 号墓》，《考古》1991 年第 5 期，第 390 页。

② 赵世纲主编：《中国音乐文物大系·河南卷》，大象出版社 1996 年版，第 76 页。

图表 2—14　安阳郭家庄 160 号墓编铙测音数据

单位：音分

编　号	M160:41	M160:23	M160:22
侧鼓音	$^{\#}f^2$ －20	$^{\#}g^2$ ＋42	$^{\#}d^3$ －38
正鼓音	$^{\#}d^2$ ＋31	$^{\#}f^2$ ＋2	c^3 ＋29［b^2 ＋129］

此 3 件铙的正鼓部形成了“角—徵—↑宫”的三声音列结构。其中“徵—宫”四度偏宽。3 件铙正、侧鼓部依次构成：窄小三度、宽大二度和窄小三度。如果将 M160:23 号的侧鼓音考虑进来，正好补上“羽”音，整套编铙可形成“角—徵—（羽）—宫”的四声音列。此套编铙的正鼓音列与青州苏埠屯 8 号墓 3 件商铙的设置相同。

三、 晚商编铙的音列分析及推测

以上是对出土、收藏并由中国艺术研究院音乐研究所《中国音乐文物大系》总编辑部公布的商编铙系列测音数据所做的整理分析。从前述 11 套编铙的音乐性能中可看到，商代 3 件套编铙正鼓部运用“羽、宫、角”三音进行音列设置是一种普遍现象，西周甬钟的正鼓音结构显然是这种设置的延续。当然，商人无论在铸造工艺上还是在音乐性能的掌握上都远不能跟周人相比，正鼓部音列设置的一致性表明当时已经具有取音的初步数理意识，但由于在编铙于口内还未出现调音的痕迹，所以只铸无调而导致一部分音在律高上的偏差，由此使我们产生一种商铙音不准的感觉。

当然，商铙正鼓部的音列也并非所有设置都呈现“羽—宫—角”“宫—角—羽”或“角—羽—宫”三音结构，也有部分例外的情况，像安阳小屯妇好墓的亚弜铙和安阳郭家庄 160 号墓的亚寠止铙即是如此。这里，由三声到四声的发展过程已经非常清晰，即商人在自然的乐音中先选择了“羽、宫、角”或“宫、角、徵”三声，再将二者结合构成“羽—宫—角—徵”四声，如下表所示。

图表 2—15　商铙三声—四声音列发展过程一览表

名称	断代	正鼓音列	正鼓音间的音程关系		正、侧鼓音程关系		
			低、中音间	中、高音间	低音铙	中音铙	高音铙
亚讯姗铙	商后期	羽—宫—角—（徵）	小三度	稍宽大三度	小三度	小三度	小三度

（续表）

名称	断代	正鼓音列	正鼓音间的音程关系		正、侧鼓音程关系		
			低、中音间	中、高音间	低音铙	中音铙	高音铙
兽面纹铙	商	宫—角—（徵）—羽	宽大三度	纯四度	小三度	宽小三度	窄小二度
亚吴铙	商	羽—宫—角—（徵）	—	宽大三度	—	大二度、	窄小三度
古铙	殷墟二期	（宫）—角—（徵）—羽—宫	—	窄纯四度	—	窄小三度	纯律小三度
温县小南张铙	殷墟晚期	羽—宫—角	—	—	大二度	—	大二度
中铙	殷墟四期	羽—角—羽	窄纯五度	宽纯四度	小三度	一度	一度
大司空 M51 铙	殷墟四期	角—羽—宫	宽纯四度	窄小三度	窄小三度	小二度	小二度
殷墟 M765 铙	殷墟晚期	羽—宫—角	纯律小三度	窄大三度	宽小三度	窄小三度	窄小三度
爰铙	殷墟三期	宫—角—羽	窄大三度	宽纯四度	宽大三度	宽大三度	宽大三度
沂源东安编铙	商后期	宫—角—羽	大三度	窄纯四度	大二度	大二度	大二度
亚弜铙	商	宫—商—角—羽—宫	172 音分的大二度		大二度 +/ + 大二度 +/ +/		
青州苏埠屯 M8 铙	商晚期	角—徵—宫	纯律小三度	宽纯四度	小三度	纯一度	宽大二度
亚寞止铙	殷墟三期	角—（徵）—羽—宫	窄小三度	窄纯四度	窄小三度	宽大二度	窄小三度

说明：用加括号的方式表示无实测数据而凭推测所得的音位。

从上表中所统计的结果来看，至少有以下几点是值得注意的。

第一，所整理的如大司空村 312 号墓商铙等 13 套编铙均为商代后期的器物。一方面它们的音乐特征（主要是音列设置与数理意识方面）明显反映出对商、周两个时代音乐发展的承接作用；另一方面由于至今还未有商代早期的成套编铙出土，这或许可以说明编铙及其三音列的出现是晚商的事物了。

第二，四声尚属由几套编铙正侧鼓间实测音高呈小三度的客观情况而将其加入正鼓音列中来的一种主观做法，可以不从音阶结构单方面进行讨论。不过，这种主观推测是有意义的。一方面，从现已出土的实物资料来看，如果以右侧鼓有无纹饰标记作为侧鼓音使用与否的标准，那么，无论是商代编铙还是西周早期的 3 件套编钟，右侧鼓均未有凤鸟纹装饰①的现象使人难以将编铙和西周早期编钟的侧鼓音纳入当时实际使用的音列范畴；另一方面，出土于平顶山市郊北渡乡的魏庄编钟（前已述及），为西周早期器物，其侧鼓部没有演奏标记，却清晰、准确地构成了“角—徵—羽—宫”四声音列。这又说明，虽然至西周早中之际编钟右侧鼓才铸有演奏标记，但运用侧鼓音未必只在演奏标记出现之时，演奏标记可能是编钟件数多于 3 件以后为区别每组编钟中最大、最低的一件或两件钟的侧鼓部才不得已而出现的做法，而实际运用侧鼓音的时间从晚商编铙即已开始。像安阳大司空村 312 号殷墓的亚讯姗铙、故宫博物院的兽面纹铙和亚㚖铙、安阳大司空村东南 663 号墓的古铙以及安阳郭家庄 160 号墓的亚寠止铙，它们的侧鼓“徵”音都是如此。

第三，商人和周初人仅掌握了铸钟技术，但从晚商编铙与西周早期编钟的内腔与唇口特征来看，至今还未有迹象表明他们已经掌握了调音技术。所以，预设音高与铸成后的实际音高产生一定的差异是完全可能的。换言之，殷人对编铙的铸调技术滞后于当时的数理认识。这或许就是我们从上表中见到的各铙正鼓音间音程产生较大偏差的原因。

第四，如果将上表中各套编铙的正鼓音列与西周中期以来按弦上等分制取音法获得的各组编钟前 3 件的正鼓音列相对照，“羽—宫—角”结构正好符合一弦六等份取音的结果，“宫—角—羽”结构正好是按一弦五等份取音的结果，而“角—羽—宫”则正好是一弦四等份取音的结果。况且，至西周中期仍存在编钟各组件数从 3 件到 8 件不等的现象。这除了说明青铜乐器各组件数出现的由少到多的趋势之外，更重要的是，西周钟的正鼓音列采用哪一种设置结构，都是在“羽”“宫”“角”构成的 3 种三音列基础上增设“（角）—羽—角—羽（—角—羽）”等音位，件数增加了，但其音位并无明显变化。从这个意义上讲，3 件与 8 件的作用是相等的。这又一次说明西周编钟弦上等份取音法发端于殷人的数理意识，西周人只是将这种方法加以推广而已。

总之，尽管商编铙与西周甬钟在器形、件数、纹饰及音乐性能等诸多方面均有各自的特点，但以上编铙测音数据的分析完全可以得出这样的结论，那就是：西周编钟正、侧鼓部四声定式的数理意识承袭于商代后期的编铙音列。

---

① 较早在右侧鼓饰凤鸟纹的有出土于陕西蓝田红星村，年代在恭王时期的应侯钟（参阅韧松等《“记陕西蓝田县新出土的应侯钟”一文补正》，《文物》1977 年第 8 期，第 27 页）及出土于扶风县吊庄村，年代在穆王时期的吊庄钟（参阅高西省、侯若斌《扶风发现一铜器窖藏》，《文博》1985 年第 1 期，第 93 页）。

四、 三套编铙的特性及产生原因

有三套编铙的取音方法值得详细说明，它们分别是安阳小屯妇好墓亚弜编铙、安阳郭家庄160号墓亚寠止编铙和青州苏埠屯8号墓编铙。

先看安阳小屯妇好墓亚弜编铙，根据测音数据与推测的结果，其正鼓音列形成“宫—商—角—（羽）—宫”结构。如前所述，或许其裂痕改变了个别铙的音高，或许本为3件组的两套编铙，但出土时却是5件，这是一个事实。这种现象在已出商铙中尚属首例。然而，只要仔细分析一下产生这一结构的弦长比例，再结合测音数据中各音位间音分数的大小，这种结构的出现就显得非常合理，且非常自然了。与“宫—角—羽”相比，妇好墓亚弜编铙正鼓音结构的关键在于多出了一个“商”音，这里提出两个问题。

问题一：这个“商”音是怎么产生的呢？答：它是按一弦五等分制取音时按第五等份的二分之一节点处产生的，如下图所示。

图表2—16　弦长第五等份的$\frac{1}{2}$节点音高示意图

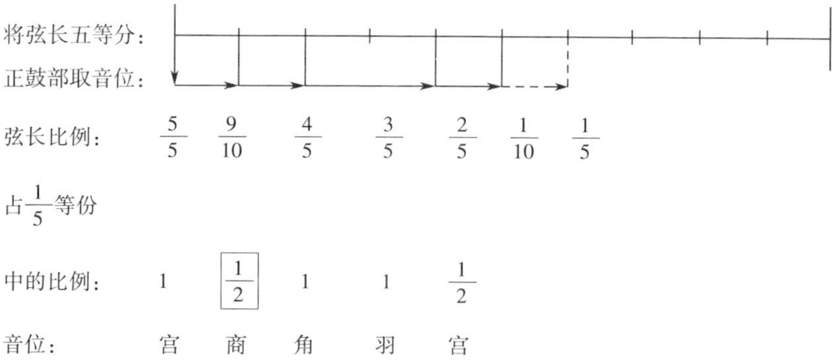

按一弦五等分制取音法，每一等份中的$\frac{1}{2}$节点是最容易按取的，这是无须实验仅凭常识就可以证实的。按取第五等份中的$\frac{1}{2}$节点获取的音位正是“商”音。也许有人要问，为什么西周编钟的正鼓音列中都没有出现这个“商”音，在商铙音列中却反而出现了呢？就现已出现的实物来看，还没有充分的理由证实商铙的侧鼓音是被运用了的（将侧鼓音加入正鼓音列中来是一种有意义的主观推测）。所以，正鼓音列音位的多少即是整套编铙音位数量的多少。与其他3件套的编铙相比，妇好墓亚弜编铙的件数由3件增加至5件，已表明它在铸造前预计在音列设置上要有所突破，但由于当时还没有运用双音的意识（或已有双音意识但不如西周强烈），所以突破口必须选在正鼓音列上，而对于商代先民早已广泛运用的五声、六声或七声而言①，在原来五等份取音所获得的正鼓三声音列中加一个“商”音及重复一个“宫”音是最合适的做法。

问题二：它处在哪一律高上呢？答：是弦长比例为$\frac{9}{10}$，音分数为182音分的“素商”②。不妨用下面的公式计算一下。

第一步：已知“商”音在第五等份中位于二分之一节点处，求出该节点与五分之四节点的弦长在总弦长中的比例α（设总弦长为1）。

$$\frac{\alpha}{\text{等分弦长比例}}=\text{某节点占各等份弦长的比例}$$

$$\text{即}\frac{\alpha}{\frac{1}{5}}=\frac{1}{2}\quad \alpha=\frac{1}{10}$$

第二步：将该节点和五分之四节点的弦长在总弦长中的比例与第四节点的弦长相加，求得“商”音的弦长比例β。

$$\beta=\alpha+\text{该等份起始节点的弦长比例}$$

$$\text{即}\ \beta=\frac{1}{10}+\frac{4}{5}\qquad \beta=\frac{9}{10}$$

$\frac{9}{10}$的弦长比例所对应的音分数是182音分。

再观察此套编铙的测音数据，839/1号与839/3号铙的正鼓音音高分别为g^2+34和a^2+6，相差172音分，如果纳入G为宫，音分数为0的音列中做比较，839/3号铙的正鼓音与182音分的“商”更近，离204音分的“商”则有32音分之远。这一方面又一次说明晚商的编铙是建立在商人的数理逻辑基础之上的青铜文化产物；另一方面也说明，由于等分制的不同，同一个“商”音音位，六等分与五等分所获取的律高是不一样的。妇好墓亚弜编铙正鼓音列各音位原来预设的音高即理论音高应该是：

音位：	宫	商	角	（羽）	宫
音分数：	0	182	386	884	0*

还需指出的是，妇好墓亚弜编铙正鼓音列中的这个“商”音与两周之际出现的9件

① 见后文“从单音到多声的音乐实践”。

② 素商是曾侯乙编钟音位名称，这里借用它以区别204音分的基列“商”。

套编钟正鼓音列中的“商”音是不同的，律高不同，取音的方法亦相异，这在后面将会论述到。

再看看安阳郭家庄160号墓亚寞止编铙和青州苏埠屯8号墓编铙，二者正鼓音列均呈“角—徵—宫”结构，虽然与“角—羽—宫”结构仅一音之差，但取音难度便大多了。

图表2—17 弦长第四等份的$\frac{1}{3}$节点音高示意图

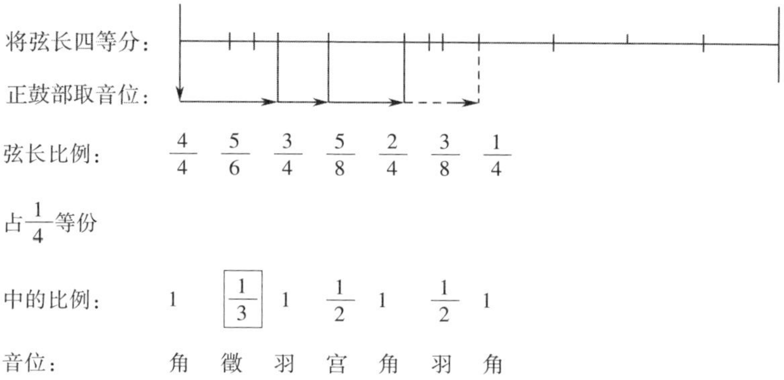

不管是“羽—宫—角”“宫—角—羽”结构，还是“角—羽—宫”结构，它们在弦上取音时要么在等分节点上，要么在各等份的二分之一节点上。这是相对简单的一种数理意识。可是要获取“徵”音，就必须超越此两种节点，与所有西周甬钟的“徵”音设置一样，按一弦取音法，“徵”音总是与三分联系在一起的。如此两套编铙“角—徵—宫”结构中的“徵”音必须在第四等份的三分之一节点上才能取得。

为什么要出现这个“徵”音呢？不妨做出这样的思考：其一，在有意识地运用正鼓音列的商代编铙中，由于件数有限，“徵”音的加入与“商”的作用一样，目的旨在将当时的多声音乐实践尽可能地运用到宫廷乐器中来；其二，安阳郭家庄160号墓亚寞止编铙M160:23号的正鼓音和侧鼓音的测音数据分别为$^{\#}f^{2}+2$、$^{\#}g^{2}+42$，构成偏宽的大二度。如前所述，若将侧鼓音考虑进来，正好补上“羽”音，整套编铙可形成“角—徵—（羽）—宫”的四声音列，这一情形进一步说明了“角—徵—宫”结构是对四等份取音的开拓性尝试。

此外，在晚商编铙三声甚至四声结构中，可能是“羽—宫—角”“宫—角—羽”“角—羽—宫”，也可能是“角—徵—宫”或“宫—商—角—羽—宫”，不管采用哪一种形式，其中都包含小三度，或“羽—宫”或“角—徵”，它与西周编钟四声音列“羽—宫—角—徵”的结构相同，似乎是晚商编铙及西周编钟音列的“因子”部分，是古代音乐传统中不可或缺的组成部分。为此童忠良曾将它们称为“初始小三度”①，黄翔鹏曾提出“从‘最早的’小三度到七声音阶的出现”之命题，还指出：（虽然我们尚不能判断）我们民族音阶的形成，就是以这个小三度作为起点。如果联系起陶埙和钟磬音阶的发展过程看，这个小三度确实在我们民族音阶的发展过程中占有重要地位②。如果结合上文的分析，由于商代编铙的正鼓音列中“徵”“商”两音的加入，足以说明晚商人已有意识地从民族音乐的多声结构中选择了“羽、宫、商、角、徵”五个骨干音了，换言之，“五声”骨干在商代的音阶发展中已具有突出的地位。

那么，现在的问题是，商代与商以前音乐实践中的音阶发展状况如何呢？它们对晚商的宫廷乐器青铜编铙到底产生了多少影响等。要对这些问题有一个比较清晰的认识，我们还有必要对新石器时代其他出土的且有测音数据的乐器做一番梳理。

五、 南方制式与商铙数理的二重性

青铜乐器的形制纹饰与音列赖以生成的数理逻辑是乐钟的两个性质截然不同的要素。正如前文所论述的那样，数理逻辑揭示的是乐音背后的自然规律，是青铜乐器音列设置的本质所在，而形制纹饰反映的则是某地域、某民族有别于他地域、他民族的审美习性。形制纹饰一方面可以在同一地域的民族或部落群体中做历时性的传递与发展，南方早期甬钟与晚商大铙在形制纹饰上的相承关系即是如此；另一方面它也可随时空的转移发生鲜明的变化，即既可能在同一时期不同地域内产生明显的差异，也可能因民族迁徙、商业营运、优劣程度等原因而发生异向传播，北方西周早期的甬钟即是如此，它与南方同时期出土的甬钟在形制纹饰特征上呈现出惊人的一致性。

1. 南方早期甬钟与晚商大铙在形制纹饰上的相承关系

在甬钟的起源问题上历来说法不尽相同，其一主张西周甬钟由北方编铙经南方大铙演变而来③；其二认为西周甬钟由北方编铙发展而来④；其三认为“西周编甬钟是在继承

---

① 童忠良：《论宁乡商铙一脉相承的乐学内涵》，《音乐研究》2001 年第 1 期，第 37 页。

② 黄翔鹏：《新石器和青铜时代的已知音响资料与我国音阶发展史问题》（上），《音乐论丛》1978 年第一辑，第 184 页。

③ 1. 马承源：《中国古代青铜器》，上海人民出版社 1982 年版，第 153 页；2. 高至喜：《中国南方出土商周铜铙概论》（原载《湖南考古辑刊》1959 年第 2 辑），《商周青铜器与楚文化研究》，岳麓书社 1999 年版，第 15 页；3. 高至喜：《湖南出土的西周乐器》，《江汉考古》1984 年第 3 期，第 59 页。

④ 陈梦家最早提出此观点，参阅《西周铜器断代》（五），《考古学报》1956 年第 3 期，第 124—127 页。

晚商编铙传统的基础上，吸收南方大铙的长处，一方面扩大钟体，以增加音量；另一方面将乳状短枚改进为二叠圆台状长枚，再辅以钲篆边框上的小乳钉以增强负载作用和提高音乐性能发展而来的”①。三说均有一定的学术性，结论不尽相同的原因也许各自或多或少地受制于手中的资料。从南方晚商的大铙到西周早期甬钟，其形制纹饰方面有着较为复杂的演变过程。从出土实物来看，早期大铙两面多饰兽面纹，如1959年出土于湖南宁乡老粮仓师古寨山顶，现藏于中国人民革命军事博物馆的晚商兽面纹大铙②和现藏于故宫博物院的商代兽面纹大铙③即属此类。此类铙通常器形高大，通高多在65厘米以上，重量多在60—65千克以上，器体纹饰精美，鼓部及舞部多饰云雷纹，腹部饰以深凸雕云纹构成的大兽面纹。随着商铙的发展，纹饰从最初铙上的兽面纹逐渐简化，仅剩两只眼睛，继而以云纹布满全身；过渡到云纹消失，乳钉出现；再过渡到乳钉周围云纹不断减少而形成“篆间”，进而钲周围、钲中部两侧用圈点纹或乳钉纹框边，“钲间”出现，乳钉不断升高成尖锥状，或作双叠圆台状，再作平头柱状，“篆间”也用圈点或乳钉框边，这样便形成了除甬部旋上纹饰外，其余均与甬钟没有任何区别的最后式样④。其中，篆部、钲部以及平头柱状“乳钉”的出现构成了甬钟的标志性特征。可见，从商代兽面大铙发展到西周早、中期甬钟的整个过程有着严密的相承关系。南方铜铙的出土范围分布广阔，除见于湘水流域之外，在江西、湖北东南部、安徽南部、江苏、浙江及福建、广东、广西等地都有发现，且形制、纹饰基本相同，可见这是同一民族的乐器。这些地区在商周时期都是“百越”聚居之地，故大铙是越族人的乐器。由此可以证明，南方甬钟即是由商代越族人的大铙发展演变而来。

2. 南北方早期甬钟形制纹饰的一致性

横向上，西周早期南北甬钟在形制纹饰方面呈现出一致性。大铙演变为甬钟，应在西周早期的康昭之际。从目前已发现的考古资料看，年代可靠而较早的甬钟有晋侯苏I

---

① 1. 郭沫若：《两周金文辞大系图录》之四“图说——彝器形象学试探”（中国科学院考古研究所编辑），科学出版社1958年版，第2页；2. 容庚：《商周彝器通考》（上册），哈佛燕京学社1941年版，第485—510页；3. 唐兰：《中国青铜器的起源与发展》，《故宫博物院院刊》1979年5月第1期，第4—10页。

② 高至喜：《中国南方出土商周铜铙概况》（原载《湖南考古辑刊》1959年第2期），参阅《商周青铜器与楚文化研究》，岳麓书社1999年版，第15页。

③ 中央音乐学院民族音乐研究所编：《中国音乐史参考图片》第一辑图2，新音乐出版社1954年第1版。

④ 高至喜：《商周青铜器与楚文化研究》，长沙：岳麓书社1999年版，第15页，另参阅《湖南新出越族铜器的年代和特点》（第82页）、《关于晋侯稣编钟的来源问题》（第92页，原载《文物》1997年第3期）和《论湖南出土的西周铜器》（第69页，原载《江汉考古》1984年第3期）。

式钟，还有前文论及的陕西宝鸡竹园沟弜伯各墓出土的3件钟，年代在“康王晚期至昭王前期”，可将其定在康昭之际。稍后有穆王时期长安普渡村长由墓中的3件甬钟。英国大英博物馆东方部藏有1件用圈点纹框边的细线云纹甬钟，与铜铙中最晚的型式十分接近，应是康昭时期之器。湖南所出的早期甬钟，钟体较为瘦长，枚已成平头柱状，正鼓部有细小的乳钉框边，正鼓、篆间饰细线云雷纹，与弜伯各墓、长由墓中的甬钟风格一致，应大体同时，即西周早期后段之物。陕西宝鸡、长安等地出土的西周早期和中期之初的甬钟，其形制和纹饰风格与湖南宁乡、湘潭等地区所出同类甬钟完全相同；而南方所出的这些早期甬钟，是从本地的铜铙直接发展演变而来的。由此看来，陕西宝鸡、长安所出西周早期后段和中期之初的甬钟，形制上应是传自南方。它们北传的路线可能有两条，一条是经湖北东南部的扬越之地传入北方，另一条可能是经楚地再传入周人地区①。从陕西等地出土的西周早期和西周中期前段的甬钟，如扶风白家庄1号青铜窖藏出土的西周中期偏早的无铭甬钟来看，其形制和纹饰，均与湖南等南方出土的甬钟相同，说明这些甬钟也是从南方流传过去的。

纵向上，北方晚商的小型编铙与西周早、中期出现的甬钟在形制纹饰方面较少存在相同或相似之处。从目前的资料看，年代可靠的、最早的甬钟出自陕西，但并不能因此得出甬钟起源于周人所居地区的结论，因为在北方地区无法找到甬钟的起源。虽然在河南的安阳、温县等地的商代墓葬中出土有3或5件一组用手执而击鸣的小编铙，但在整个北方地区的西周墓中，却几乎看不到这种小铙，特别是这种小铙与甬钟之间根本看不出有直接演变关系。如云纹变为主纹，36个乳钉的出现，篆间、钲间的形成，以及乳钉向枚的发展变化，这些铙的诸发展阶段，在北方地区根本找不到。因此，北方的小编铙发展演变为甬钟的论点难以成立，甬钟应该起源于南方的青铜铙。但是到了西周孝夷时期，北方的甬钟发生了变化，如钟，大都有长篇铭文，纹饰流行“双头兽纹”，正鼓有变形鸟纹，钲部、篆间用凸起的粗线条界开，这些在南方甬钟中均未发现，已明显反映出南北甬钟的区别。春秋时期，湖南大部分地区的土著居民仍是越人，约在春秋早中期，湘中、湘南大部分仍然是越人的天下。早在商代晚期至西周时期，湖南境内的越人，创造了铙、镈和甬钟等先进的青铜乐器，到春秋时期，越人铸制的甬钟越来越小，铸造工艺也日趋草率，呈现明显的衰落迹象②。这一方面说明春秋时期南北文化差异的扩大，另一方面则说明自西周早期以来南方钟铙的制式特点传播到中原甬钟后又

---

① 1. 高至喜：《商周青铜器与楚文化研究》，岳麓书社1999年版，第15页，参阅《湖南新出越族铜器的年代和特点》（第82页）、《关于晋侯稣编钟的来源问题》（第92页，原载《文物》1997年第3期）和《论湖南出土的西周铜器》（第69页，原载《江汉考古》1984年第3期）；2. 曹玮：《西周前期南北方钟的比较与北传路线》，《长江流域青铜文化研究》，科学出版社2002年版，第33页。

② 王子初：《中国音乐考古学》，福建教育出版社2003年版，第147页。

继续发展了。

这样，就变成了横向上“南北相同”，纵向上“北北相异”的局面。在此，审美习性的时空转变成为钟铙制式上“南北相同”的主要条件，而审美习性与数理逻辑的“二重性”特征则是甬钟在西周中期以来长足发展的内在动力。

第二节　早期的感性选择对数理提炼的意义

无论是晚商编铙还是周代编钟，对它们的音乐性能的考察都应从两个截然不同的角度加以辩证地理解，一方面，它们是青铜时代宫廷音乐发展的标志，作为青铜乐器的音列设置以及对音位的选择要求以理性为依托，而它们的规范性体现出政治制度的权威性；另一方面，编铙或编钟的音乐性能所反映的仅仅是一种从公元前 13 世纪至公元前 3 世纪一千多年的青铜文化特征，这种特征并不能概括当时社会各层面的音乐面貌，特别是当时的民间音乐的发展面貌。由于理性的思考总是来源于早期的实践，这种实践活动发生在社会的各个层次、各个领域，其发展的动力往往依赖于某种对自然属性的感性认识与选择。然而，距今四千年前的音乐风貌实在难以捕捉，只能依靠当时使用的乐器做出一些判断，从现已出土的音乐实物来看，这种实践活动与感性认识仅能在新石器时代的骨质笛管与陶埙上找到一些踪迹。

一、 早期的乐音选择与多声形态

1954 年西安半坡遗址出土的两件一音孔陶埙①是仰韶文化特征的反映，现仅有其中 1 件被收在原藏地半坡博物馆。此埙器形完整，表面呈灰黑色，细泥捏制，形似橄榄，两端尖细，表面光滑，但不平整，顶端有一吹孔，一按孔位于底端，其测音数据②如下。

---

① 中国科学院考古研究所等：《西安半坡》，文物出版社 1963 年版，第 190 页。
② 方建军、黄崇文主编：《中国音乐文物大系・陕西、天津卷》，大象出版社 1996 年版，第 7 页。

图表 2—18　西安半坡一音孔埙测音数据

单位：音分

指　法	●	○
音　高	g^3-40	$^{\#}a^3-40$

说明：表中“●”和“○”分别代表闭孔音和开孔音，以下各埙亦相同。

此一音孔埙的闭孔音和开孔音呈标准的平均律小三度，它印证了黄翔鹏曾指出的先民重视小三度的事实，也符合了童忠良提到的“初始小三度”。至于怎样来命名其音位暂可以不做讨论，如：

音　位：羽—宫　或　角—徵　或　其他结构

音分差：300（音分）

图 2—14　临潼姜寨二音孔埙

1976 年临潼姜寨新石器时代遗址出土，现藏于陕西历史博物馆的二音孔陶埙①同样呈现出仰韶文化的特征。从地层上看，有大量姜寨二期的多人二次合葬墓，这类合葬墓叠压或打破姜寨一期的半坡类型墓葬，随葬器物多见浅腹钵、葫芦瓶、带盖矮罐等典型的仰韶文化陶器。此埙器形较完整，仅吹口略残缺。呈蒜头形，由细泥捏成，红色中带灰斑，中空，表面饰不规则绳纹。上端尖，圆鼓腹，底部略平。埙的顶端有一吹孔，二音孔置于中腹以上，且左右两个高低不等。按全闭指孔、开左指孔、开右指孔及全开指孔四种指法，其测音数据②如下。

图表 2—19　陕西临潼姜寨二音孔埙测音数据

单位：音分

指　法	●●	●○	○●	○○
音　高	a^2+15	b^2+40	b^2+40	d^3+40

开二音孔中的任一孔都得到相同的音高，闭二孔与开一孔构成大二度，开一孔与开二孔也构成标准的平均律小三度。此埙可吹出的音列可以是 D 宫系统的“徵—羽—宫”，也可以是 G 宫系统的“商—角—徵”。音分差为 225 + 300 音分。

1982 年陕西淳化县夕阳村黑豆嘴新石器时代遗址出土，现藏于淳化县文化馆的二音孔陶埙，亦为仰韶文化类型。此埙系细泥红陶捏制，形如杏核，扁腹，二音孔并列于腹

① 半坡博物馆等：《姜寨——新石器时代遗址发掘报告》，文物出版社 1988 年版。

② 方建军、黄崇文主编：《中国音乐文物大系·陕西、天津卷》，大象出版社 1996 年版，第 9 页。

部。按全闭指孔、开左指孔、开右指孔及全开指孔四种指法，其测音数据①如下。

图表 2—20 陕西淳化夕阳村黑豆嘴二音孔埙测音数据

指 法	●●	●○	○●	○○
音 高	g^3	c^4	c^4	d^4

此埙吹出的音列由纯四度加大二度构成，可表示为：

C 宫系统的“徵—宫—商”或 ^bB 宫系统的“羽—商—角”或 F 宫系统的“商—徵—羽”等音列形态。

山西万荣县荆村新石器遗址出土，现藏于运城河东博物馆的素面陶埙，除顶部吹孔外，在靠近腹部的旁侧本有两个音孔，其中一孔未透，所以仅一个音孔可发音，其测音数据②如下。

图表 2—21 山西万荣县荆村素面陶埙测音数据

单位：音分

指 法	●	○
音 高	d^3 +44	e^3 +25

闭、开此音孔得到一个相距 181 音分的大二度，至于音位上它们属哪一种结构是无法判断的。

1931 年万荣县荆村新石器遗址出土，现藏于山西省博物馆的 3 件陶埙，分别为无音孔埙、一音孔埙与二音孔埙，测音数据③如下。

图表 2—22 山西万荣县荆村无音孔埙、一音孔埙与二音孔埙测音数据

单位：音分

编 号	543418（二音孔）			543417（一音孔）		543416（无音孔）
指 法	●●	●○	○●	●	○	吹孔音
音 高	$^\#d^2$ +26 [e^2 −74]	b^2 −23	d^3 −45	$^\#c^3$ −28	$^\#d^3$ −19	f^2 −46

① 方建军、黄崇文主编：《中国音乐文物大系·陕西、天津卷》（没有标出音分偏差数），大象出版社 1996 年版，第 9 页。

② 项阳、陶正刚主编：《中国音乐文物大系·山西卷》，大象出版社 2000 年版，第 116 页。

③ 项阳、陶正刚主编：《中国音乐文物大系·山西卷》，大象出版社 2000 年版，第 114 页。

由于绝对音高是不同于音列设置规律的另一个话题，所以无音孔埙所产生的单音（偏低的 f^2）可不做讨论。一音孔埙得到相距 209 音分的大二度。二音孔埙产生的三音结构为：

音　位：G 宫系统的“羽—角—徵”或 D 宫系统的“商—羽—宫”

音分差：751 ＋ 178（音分）

1956 年山西太原义井村新石器遗址出土，现藏于山西省博物馆的二音孔陶埙，音孔位于两侧，其测音数据①如下。

图表 2—23　山西太原义井村二音孔埙测音数据

单位：音分

指　法	●●	●○	○●
音　高	e^2-45	$^{\#}f^2+43$ [g^2-57]	a^2-43

此埙产生的三音结构为：

音　位：G 宫系统的“羽—宫—商”或 C 宫系统的“角—徵—羽”

音分差：288 ＋ 214（音分）

20 世纪 80 年代出土于河南尉氏县桐刘龙山文化遗址，现藏于尉氏县文物管理委员会的二音孔陶埙，上平底弧，两音孔位于上端正中吹孔的两侧肩部，前后两面外鼓，腹部呈圆袋状，其测音数据②如下。

图表 2—24　河南尉氏县桐刘二音孔埙测音数据

单位：音分

指　法	●●	○●	●○	○○
音　高	$^{\#}a^2-13$ [$^{b}b^2-13$]	a^2-47	$^{\#}a^2+10$ [b^2-90]	$^{\#}c^3+49$ [d^3-51]

此埙虽可得到四音，但难以形成音列，陶埙孔音的一般规律是全闭孔音为最低音，全开孔音为最高音，处于高、低音之间的音是按一定次序开一定的按孔获得的。此埙开左孔音低于全闭孔音，开右孔音与全闭孔音也形成相差 23 音分的同度关系，说明它的音列设置还不在这一规律之内，这也许与其两音孔不太合理地开在吹孔两侧有关。所以，出现两种音列的构成方式：

---

① 项阳、陶正刚主编：《中国音乐文物大系·山西卷》，大象出版社 2000 年版，第 114 页。

② 赵世纲主编：《中国音乐文物大系·河南卷》，大象出版社 1996 年版，第 18 页。

第一种是全闭孔音与全开孔音产生 362 音分的窄大三度。

第二种是开左孔音、开右孔音及全开孔音构成三音列结构：

音　位：D 宫系统的“徵—羽—宫”或 G 宫系统的“商—角—徵”

音分差：157 + 339（音分）

1954 年由河南省文物工作队移交至河南省博物馆的二音孔红陶刻花埙，为商代遗物。测音结果①如下。

图表 2—25　河南省博物馆的二音孔红陶刻花埙测音数据

单位：音分

指　法	●●	●○	○●	○○
音　高	$^{\#}d^2-29$ [d^2+71]	$^{\#}f^2+16$	$^{\#}f^2+16$	$a^2\pm0$

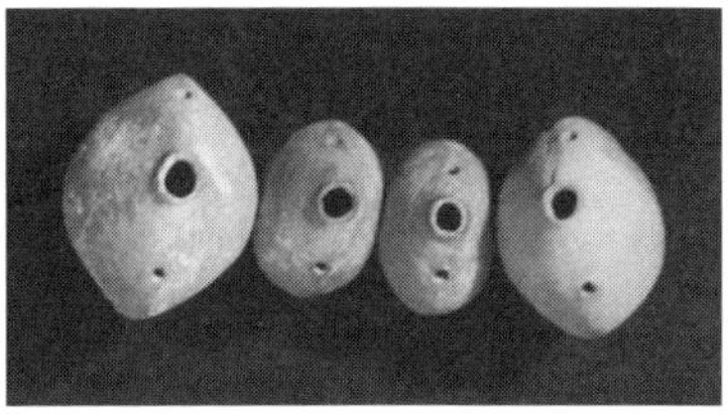

图 2—15　三音孔陶埙

开左音孔与开右音孔音高相同，所以仅可得 3 个音，全闭音与开一孔音形成中立三度，开一孔音与全开音为窄小三度，三音勉强形成：

D 宫系统的“↓宫—角—徵”

音分差：345 + 284（音分）

1976 年发掘于甘肃玉门清泉乡火烧沟遗址，现藏于甘肃省文物考古研究所的 20 余件三音孔陶埙②，经 ^{14}C 测定及树轮校正，该遗址的年代，最晚为公元前 1600 多年，距今约 3500 年。属青铜文化时期，大致与夏代相当。泥质红陶，质地坚硬。表面光洁，分彩陶与素陶两种，均扁圆鱼形，鼓腹、中空、两肩内收。鱼口部为吹孔，3 个音孔分别在两肩及腰下偏左侧部位。其中 8 件可测音，其测音数据③如下。

① 赵世纲主编：《中国音乐文物大系·河南卷》，大象出版社 1996 年版，第 24 页。

② 1. 黄翔鹏：《新石器和青铜时代的已知音响资料与我国音阶发展史问题》，《音乐论丛》1978 年第一辑，第 1 页。2. 吕骥：《从原始氏族社会到殷代的几种陶埙探索我国五声音阶的形成年代》，《文物》1978 年 10 月第 10 期，第 54 页，又见《音乐论丛》1979 年第二辑，第 23 页。3. 尹德生：《原始社会末期的旋律乐器——甘肃玉门火烧沟陶埙初探》，《西北师院学报》1984 年第 3 期。4. 方建军：《先商和商代埙的类型与音列》，《中国音乐学》1988 年 10 月第 4 期，第 120 页。

③ 郑汝中、玉祥主编：《中国音乐文物大系·甘肃卷》，大象出版社 1998 年版，第 41 页。

图表 2—26　甘肃玉门清泉乡火烧沟三音孔埙测音数据

单位：音分

从左至右		编　号	○○○	●●●	开一孔音			开二孔音		
					●●○	●○●	○●●	●○○	○●○	○○●
第一排	1	76. Y. H. M153	$e^{3}+6$	$b+31$	$b+38$	$b-12$	$b+1$	$b-12$	$b-12$	$b+38$
	2	76. Y. H. M225	$b+31$	d^{2}	$b+41$	$c-18$	$c+33$	$b+20$	$b+35$	$b+25$
	3	76. Y. H. M72:9	$^{\#}g^{1}-19$	$b^{1}+35$	$b+20$	$b-36$	$g+24$	$c^{1}+29$	$c^{1}+37$	$c^{1}-24$
第二排	1	76. Y. H. 录 M20:1	$^{\#}f^{2}+49$	$^{\#}g^{1}-19$	$d^{2}+10$	$b^{1}+30$	$c^{2}-3$	$e^{2}+37$	$e^{2}+37$	$d^{2}-24$
	2	无	$b^{2}+37$	$d^{2}+36$	$f^{2}+35$	$g^{2}-36$	$g^{2}-5$	$^{\#}g^{2}-6$	$^{\#}g^{2}+13$	$^{\#}a^{2}-31$
	3	M269:9	$^{\#}d^{2}-9$	$^{\#}g^{1}-27$	$b^{1}-7$	$^{\#}a^{1}+11$	$b^{1}-41$	$^{\#}c^{2}-18$	$^{\#}c^{2}+33$	$^{\#}c^{2}-21$
	4	M216	$g^{2}-13$	$c^{2}-38$	$^{\#}d^{2}-2$	$^{\#}d^{2}-44$	$^{\#}d^{2}-24$	$f^{2}+38$	$f^{2}+45$	f^{2}
	5	M193	$g^{2}+30$	$b^{1}+33$	$e^{2}-41$	$^{\#}d^{2}-30$	$d^{2}+33$	$^{\#}f^{2}-13$	$^{\#}f^{2}-35$	$f^{2}+37$

第一排 153 号埙按八种指法仅能吹出两音，且相距甚远（b—e^{3}）；225 号埙可吹出三音，即大七度与偏窄的小三度；72:9 号埙虽可在四个音位上构成各有偏差的音高，但因偏差太大，如同前两件一样难以形成音列。以下为根据余下 5 件埙的测音数据所产生的最小偏差值推测出来的五种可能构成的音列：

图表 2—27　玉门火烧沟 M20:1 号埙

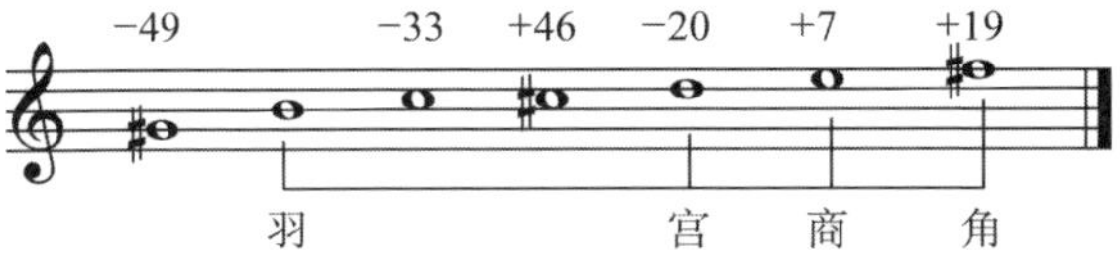

图表 2—28　玉门火烧沟无号埙

图表 2—29　玉门火烧沟 M269:9 号埙

图表 2—30　玉门火烧沟 M216 号埙

图表 2—31　玉门火烧沟 M193 号埙

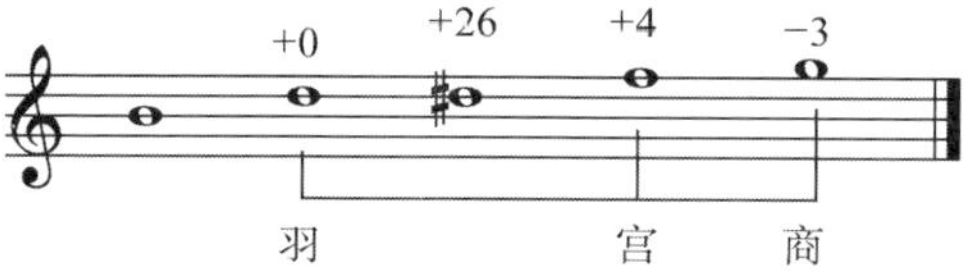

这里先要对以上谱例以及接下来要用的谱例做两点解释：一、各谱例上的音均以全闭孔音为标准（除 M20:1 号埙外），即将全闭孔音的音分数设为 0，转换成呈相对音高关系的音列；二、各谱例上的音是从测音数据中排除了重复音名上与大多数均有较大偏差的音之后挑选出来的、离标准音最近的音，以尽可能地使推测出来的音列忠实于测音数据①，线谱上方的数字即为与标准音的音分差。

1988 年出土于安阳刘家庄北 121 号墓，现藏于中国社会科学院考古研究所安阳工作站的五音孔陶埙，考古鉴定为商代殷墟二期器物。共出 4 件，均为泥质灰陶，直口平底，素面磨光，鹅卵状。顶端有一吹口，三音孔置于腰下部，呈倒品字形排列，且左上一孔较小，余两孔稍大。另二音孔位于背面，呈一字形横列。从 4 件埙的体形上看两大两小，测音数据②如下。

① 黄翔鹏和方建军所用的测音资料与《大系》有所不同。
② 赵世纲主编：《中国音乐文物大系 · 河南卷》，大象出版社 1996 年版，第 20 页。

图表 2—32　河南安阳刘家庄北 121 号墓五音孔埙测音数据

单位：音分

指　法	●●●●●	●●●●○	●●●○●	●●○●●	●○●●●	○●●●●	●●●●●
M121:10A	$^{\#}g-26$	$^{\#}d^{1}-26$	$b-26$	$^{\#}f^{1}\pm0$	$g^{1}-30$	$f^{2}+4$	-
M121:10B	$g+35$	$^{\#}d^{1}-30$	$a+35$	$^{\#}f^{1}-30$	$g^{1}-5$	$^{\#}f^{1}-5$	-
M121:10C	$b^{1}\pm0$	$^{\#}f^{2}-45$	$^{\#}c^{2}+10$	$^{\#}g^{2}+9$	$f^{2}-4$	$^{\#}g^{2}-32$	-
M121:10D	$b^{1}-26$	$f^{2}+30$	$^{\#}c^{2}-30$	$^{\#}g^{2}-10$	$f^{2}-39$	$g^{2}+30$	$c^{3}+6$

注：音孔自左而右，自上而下排序，正面 3 个音孔序号为 1、2、3，背面 2 个音孔为 4、5。

图表 2—33　安阳刘家庄北 121 号墓 121:10A 号埙

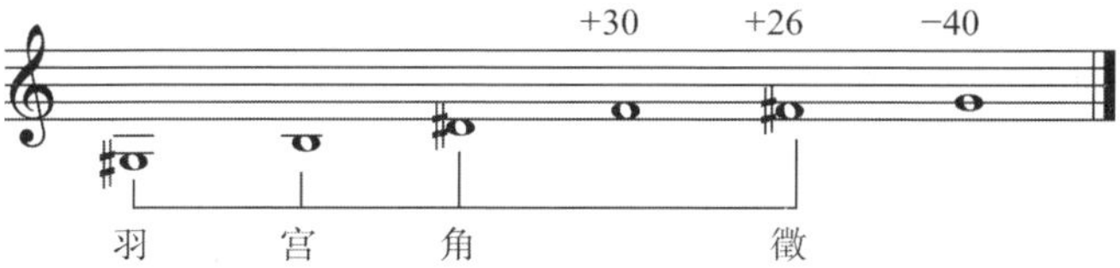

图表 2—34　安阳刘家庄北 121 号墓 121:10B 号埙

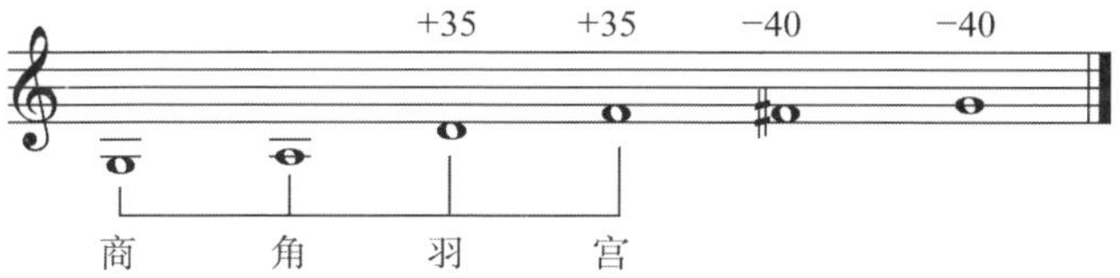

图表 2—35　安阳刘家庄北 121 号墓 121:10C 号埙

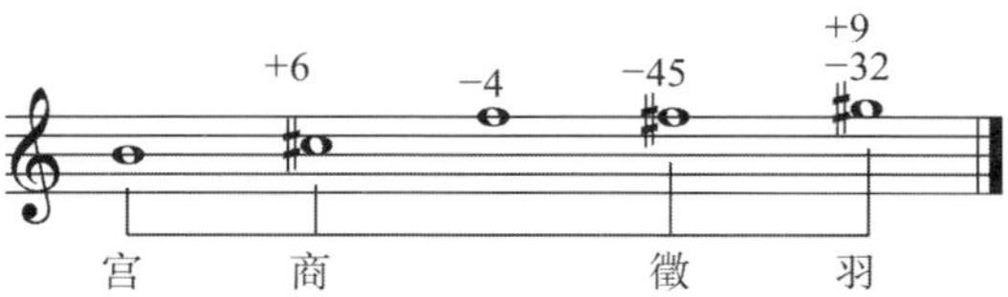

图表 2—36　安阳刘家庄北 121 号墓 121:10D 号埙

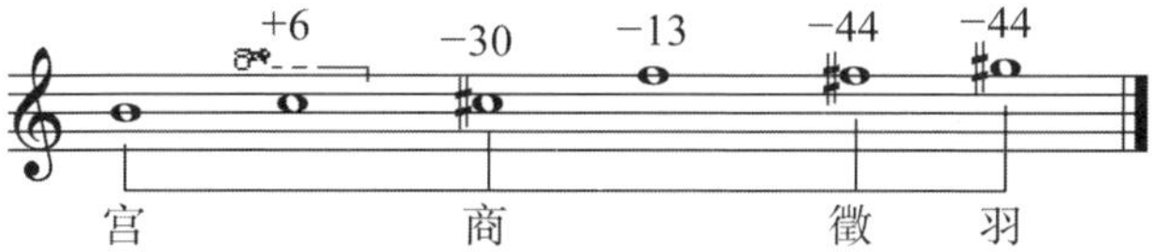

应该考虑的是，此埙现在的测音数据是仅按“开一孔闭四孔”的吹奏方式，即按全闭孔音、开前右上孔音、开前左上孔音、开前下孔音、开后左孔音、开后右孔音获得的。如果按次序或错开等方法开二音孔、三音孔或四音孔来吹奏测音，可获取更多的乐音。所以，这里的测音数据不足以反映安阳刘家庄北 121 号墓五音孔陶埙所能吹出的实际乐音。

1991 年出土于安阳后岗 12 号墓，现藏于中国社会科学院考古研究所安阳工作站的五音孔陶埙，考古鉴定为商代殷墟二期器物。黑陶泥质，通体素面磨光，鹅卵形，直口平底。吹口置于顶端，三音孔呈倒品字形排列于腰下部正面，另二音孔呈一字置于背面。测音结果①如下。

图表 2—37　河南安阳后岗 12 号墓五音孔埙测音数据

单位：音分

指　法	●●●●●	●●●●○	●●●○●	●●○●●	●○●●●	○●●●●
音　高	c^1 −30 [b +70]	$^{\#}b^1$ +25	$^{\#}g^1$ +25	b^1 +22	$^{\#}f^1$ +40	$^{\#}a^1$ −20 [a^1 +80]

依据测音数据亦能形成如下音列：

图表 2—38　安阳后岗 12 号墓五音孔埙

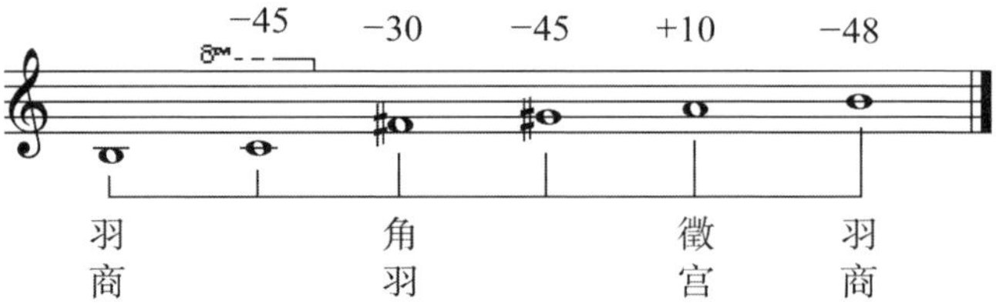

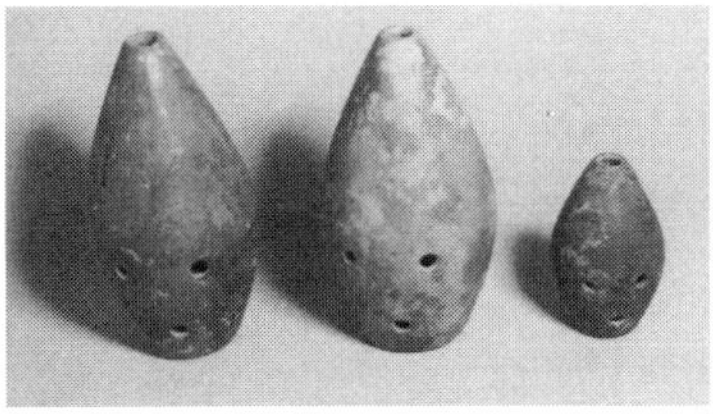
图 2—16　妇好墓五音孔埙

该埙构成的音列可以是 D 宫系统的“羽—角—变徵—徵—羽—清羽”，或是 A 宫系统的“商—羽—变宫—宫—商—清商”或其他音列结构。它与安阳刘家庄北 121 号墓五音孔埙一样，现在的测音数据是仅按“开一孔闭四孔”的吹奏方式获得的。如果按次序或错开等方法开二音孔、三音孔或四音孔来吹奏测音，可获取更多的乐音。测音数据不足以反映安阳后岗 12 号墓五音孔陶埙所能吹出的实际乐音。

① 赵世纲主编：《中国音乐文物大系·河南卷》，大象出版社 1996 年版，第 21 页。

1976年春出土于安阳殷墟小屯村北妇好墓，现藏于中国社会科学院考古研究所的五音孔陶埙①，为商代殷墟二期器物。共出3件，皆泥质灰陶，器表磨光。其中2件较大，1件较小。埙体呈倒置的陀螺形，尖顶，小平底，中空。圆形吹口置于顶端正中，正面近底部三音孔呈倒品字形排列，背面二音孔左右对称分布。它们的测音数据②如下。

图表2—39　河南安阳殷墟小屯村北妇好墓五音孔埙测音数据

单位：音分　赫兹

音　序	指　法	30号埙	29号埙	303号埙
1	●●●●●	g^1 +37　400	g^1 −49　381	g^2 +15　791
2	○●●●●	b^1 +10　497	b^1 −10　491	b^2 −43　963
3	●○●●●	d^2 −7　585	d^2 −25　579	$^{\#}c^3$ +9　1115
4	●●○●●	d^2 −36　575	$^{\#}c^2$ +41　568	$^{\#}c^3$ +39　1134
5	●●●○●	d^2 +39　601	d^2 −25　579	c^3 +33　1067
6	●●●●○	d^2 +35　599	d^2 −18　581	c^3 +49　1077
7	○○●●●	$^{\#}d^2$ +48　640	e^2 −35　646	$^{\#}d^3$ −10　1237
8	○○○●●	$^{\#}f^2$ +28　752	$^{\#}f^2$ +22　750	/
9	○○○○●	a^2 −6　876	$^{\#}g^2$ +49　854	/
10	○○○○○	$^{\#}a^2$ −47　907	/	/
11	○●○●●	g^2 −30　770	e^2 −45　642	$^{\#}d^3$ −15　1233
12	●○○●●	g^2 −38　767	f^2 +24　708	f^3 −30　1372
13	●●○○●	a^2 −8　875	f^2 +32　712	f^3 +16　1410
14	●●●○○	$^{\#}f^2$ −20　731	f^2 +26　709	f^3 +28　1420
15	●●○○○	$^{\#}g^2$ −15　823	$^{\#}g^2$ −36　813	/
16	●○○○○	$^{\#}a^2$ +12　939	/	/
17	○●●○●	f^2 +2　699	f^2 +15　704	$^{\#}d^3$ +23　1261
18	○●●●○	e^2 +32　671	e^2 −38　645	$^{\#}d^3$ +19　1259
19	●○●●○	$^{\#}f^2$ −2　739	f^2 +41　715	/
20	●○●○○	$^{\#}g^2$ +32　846	$^{\#}g^2$ −23　819	/
21	●●○●○	$^{\#}f^2$ −37　724	f^2 +9　702	f^3 +31　1422

① 中国社会科学院考古研究所：《殷墟妇好墓》，文物出版社1980年版，第219页。

② 赵世纲主编：《中国音乐文物大系·河南卷》表3，大象出版社1996年版，第304页。

（续表）

音序	指法	30号埙	29号埙	303号埙
22	○●○●○	g^2 －24　773	/	/
23	●○●○●	g^2 －13　778	f^2 ＋9　702	/
24	○●●○○	g^2 －10　779	g^2 －16　776	/
25	●○○○●	$^{\#}g^2$ ＋12　836	$^{\#}g^2$ －15　823	/

注：音孔自左而右，自上而下排序，正面三音孔序号为1、2、3，背面二音孔为4、5。

妇好墓30号埙所测得的25音分别处在11个不同的音位上。如以 g^1 为标准（音分数为0），除去10个偏差较大的音，剩下15音可排列成以下呈相对音高关系的音列：

图表 2—40　妇好墓30号埙

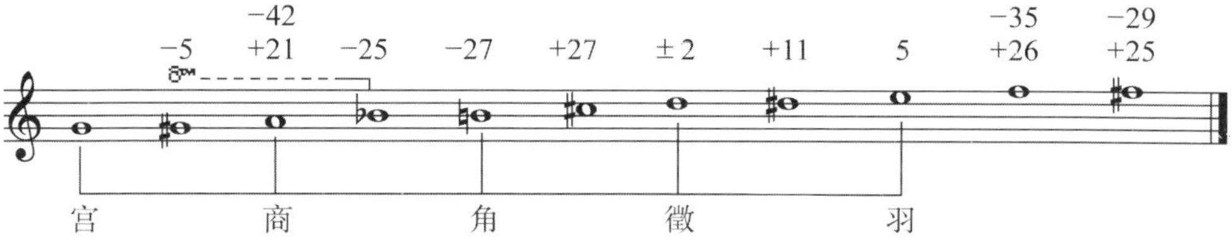

12音中除C未出现外，其余音位全部出齐了，而且从音列中可清晰地看出G宫系统的五声骨架。

妇好墓29号埙所测的25音分别处于7个不同的音位，如该墓30号埙一样，可构成以 g^1 为标准的呈相对音高关系的音列：

图表 2—41　妇好墓29号埙

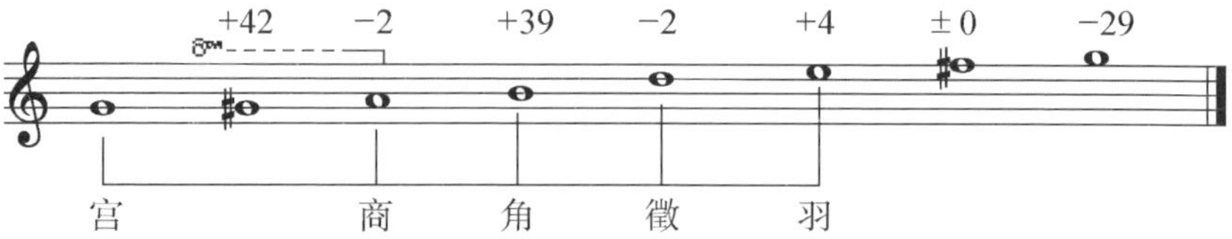

妇好墓303号埙相对30号埙来说能吹出的音更少，仅在6个不同的音位上，它所构成的呈相对音高关系的音列为：

图表 2—42 妇好墓 303 号埙

针对以上谱例中引出的问题，这里拟从以下三方面做些讨论。

首先，必须考虑到，对新石器时代陶埙的音阶判断难以达到古人主观意识及其陶埙工艺制作能力所控制的结果，因为现代人吹奏时其指法与吹出的音未必就是当时人们所演奏的音，或许更多，或许更少。而且，由于现代人与古人在听觉习惯上可能存在的差异，所推测出来的音列也未必就是当时所惯用的音列。然而，本文的目的并不在弄清楚古人演奏时运用了哪种指法以及惯用的是哪些音，这是一个难以找到依据的题目，本文的目的只想通过埙上所用之音及构成的音列与商编铙甚至西周编钟相比较确实说明，时间上早于青铜钟铙的吹奏乐器在乐音的运用与音列的形态上远比钟铙丰富、自由。从西安半坡村的一音孔埙生成的小三度开始，发展到二音孔埙便出现五种三音音列形态，分别由大二度/小三度与大三度/纯四度/纯五度连接而成。三音孔埙就出现了五音、六音或七音音列，到五音孔埙甚至出现了十一音。不管古人对乐音选择有多大的差异，他们的选择余地随着埙乐器按音孔的增多而不断扩大已是一个客观存在的事实。

其次，从甘肃玉门火烧沟的三音孔埙开始，音列中骨干音的地位显得愈来愈重要。虽然在这些三音孔埙音列中“宫—商—角—徵—羽”五正声并未完全出现，还只出现四声骨干，但这种四声结构形态是多样化的。如：

甲、“羽—宫—商—角”（火烧沟三音孔埙）

乙、“宫—角—徵—羽”（火烧沟三音孔埙）

丙、“羽—宫—角—徵”（安阳刘家庄 121 墓五音孔埙）

丁、“徵—羽—宫—商”（安阳刘家庄 121 墓五音孔埙）

如果将此四种四声结构与商编铙、西周编钟的四声相比较就会发现，只有乙、丙两种形态多见于钟、铙之上，钟、铙音列中未曾见过甲种形态，丁种形态也仅在妇好墓出土的依靠推测产生的编铙音列中才见到。可见，钟、铙的四声结构并非其自身独创、独有，而是来源于比它们更早的人们的音乐实践中。特别是妇好墓五音孔埙，五正声在 3 件埙的三种音列中均有着稳定的地位，如图表 2—40、图表 2—41 和图表 2—42 所示，无论是重复音的干扰还是音偏差的影响，音列中五正声的轮廓最终总是水落石出、清晰可见，这是这种乐器达到成熟期后的规范形制所出现的特征。然而，这似乎也与晚出于它的钟、铙音列产生了矛盾。

最后，从谱例还可看到，绝大多数埙的音列中除了四声或五声骨干音外，还出现了大量的“变声”，如变徵、变宫、清角、清羽甚至清商、变商等音，这就足以形成六声或七声音阶。纵然古人对乐音的选择或许与我们有差异，但测音数据是较为客观的，对于同样数量的乐音而言，不管采用何种选择，正声之外自有变声出现。早期的这种多声现象似乎与钟、铙音列产生了更大的差异。

那么，产生这种的差异的原因究竟在哪里呢？本文认为这种原因应从制作工艺、律数概念与乐音规范三方面来找。

二、 早期多声与钟铙四声的差异及原因

对于新石器时期乐音的选择，今天仅凭埙的发音还难以观其全貌，加上埙是一种音乐性能较难掌握的乐器，由于吹奏的角度、口风等的变化，其音高有可能发生较大的变化，这在测音过程中已反映出来①。相比之下，笛的音乐性能就稳定多了，以下以现藏于河南省文物研究所的舞阳县贾湖村新石器时代遗址出土的一批远古竖吹骨笛中的M282:20 号骨笛的测音数据②为例。

图表 2—43　河南舞阳贾湖骨笛 M282:20 号测音数据

单位：音分

编号 1	1 孔	2 孔	3 孔	4 孔	5 孔	6 孔	7 孔	筒音
上行	$^{\#}a^3-42$	g^3-40	e^3+16	d^3+16	c^3+24	b^2-25	a^2+8	$^{\#}f^2+44$
下行	$^{\#}a^3-42$	g^3-40	e^3+21	d^3+14	c^3+22	b^2-39	a^2+13	$^{\#}f^2+55$
编号 2	1 孔	2 孔	3 孔	4 孔	5 孔	6 孔	7 孔	筒音
上行	$^{\#}a^3-15$	g^3-36	e^3+22	d^3-1	c^3+15	$^{\#}a^2+49$	a^2-20	$^{\#}f^2-30$
下行	$^{\#}a^3-63$	g^3-63	e^3+0	d^3-1	c^3+0	$^{\#}a^2+43$	a^2-10	$^{\#}f^2+29$
编号 3	1 孔	2 孔	3 孔	4 孔	5 孔	6 孔	7 孔	筒音
上行	a^3+36	g^3-45	e^3-4	c^3+1	c^3-12	b^2-49	a^2+9	g^2+28

① 黄翔鹏、方建军二人所用测音数据与《大系》中的数据有些出入，如玉门火烧沟三音孔陶埙中M20:1号黄先生按测音推出其骨干音为“宫—角—徵—羽”，按后来《大系》的测音推出骨干音却为“羽—宫—商—角”；M216 号方先生按测音推出其骨干音为“宫—角—徵—羽”，而按后来《大系》的测音推出骨干音却为“羽—宫—商—角”等，参阅黄翔鹏《新石器和青铜时代的已知音响资料与我国音阶发展史问题》(上)，《音乐论丛》1978 年第一辑，第 194 页；方建军：《先商和商代埙的类型与音列》，《中国音乐学》1988 年第 4 期，第 125 页。另注：方建军的测音数据亦基于黄翔鹏、吕骥等那次的测音结果。

② 赵世纲主编：《中国音乐文物大系 · 河南卷》表 1，大象出版社 1996 年版，第 303 页。

（续表）

下行	a^3+14	g^3-74	e^3-15	d^3-8	c^3+5	b^2-40	a^2+10		$^{\#}f^2+32$
编号 4	1 孔	2 孔	3 孔	4 孔	5 孔	6 孔	7 孔		筒音
上行	a^3-36	$^{\#}f^3+3$	e^3-44	d^3-51	c^3-37	b^2-60	a^2-11	$^{\#}g^2+16$	$^{\#}f^2+16$
下行	a^3-47	$^{\#}f^3+36$	e^3-20	d^3-20	c^3+0	b^2-47	a^2-12 小孔	$^{\#}g^2-18$ 大孔	$^{\#}f^2+18$

说明：M282:20 号骨笛的测音数据是 1987 年 11 月初由中国艺术研究院音乐研究所和武汉音乐学院组成的测音小组到郑州进行的测试，它是所出土的 20 多支骨笛中保存最为完整的一支。测试时根据骨笛的形状，参照鹰骨笛用管端与嘴唇斜出 45° 角的方法吹奏。此数据为求发音自然，避免出自主观倾向的口风控制，由两人两次各自分别做上行、下行吹奏所得的结果。

上表中测音数据总体上看其偏差是相当小的，这种偏差可以用“极差”来表示，即（X_1，…，X_n）中的最大值减去最小值，以反映数据之间的最大差距。这里七个孔音加上筒音共 8 个音高，每一音高有 8 个数据，它们的极差分别为：

图表 2—44　舞阳贾湖骨笛 M282:20 号测音数据的极差统计表

单位：音分

孔　号	筒音	七孔	六孔	五孔	四孔①	三孔	二孔	一孔
极　差	112	33	35	61	67	66	61	132

图 2—17　舞阳骨笛 M282:20 号

从极差值看，筒音与七孔音数值较大，超过了一个平均律半音，说明此两孔音在吹奏时较难控制。其余六个孔音均小于纯律小半音，说明这些音孔的发音是相当稳定的。相比之下，埙上音孔发音的稳定性能就差多了。针对各孔的八个数据，若要了解该骨笛的音阶结构，最佳方案是通过求得“平均值”或“方差”之后再排列出音列来显示。平均值就是各组孔音音高数据的平均数。方差即各组数据中的每一个与平均值之差的算术平方根。二孔音至七孔音的极差较小，发音比筒音和一孔音更稳定，这一现象在方差中很自然会反映出来，先用

① 笔者以为上数据表编号 3 中上行的四孔音 c^3+1 为 d^3+1 的笔误。

公式 $\overline{X}=\frac{1}{n}\sum X$ 求得筒音至一孔音的平均值①如下。

图表 2—45　舞阳贾湖骨笛 M282:20 号测音数据筒音至一孔音的平均值统计表

单位：音分

孔　号	筒音	七孔	六孔	五孔	四孔	三孔	二孔	一孔
平均值	$^{\#}f^2+36.12$	$a^2-1.7$ $a^2-11.5$	b^2-46	$c^3+2.1$	$d^3-6.3$	e^3-3	$^{\#}f^3+42.6$	$a^3+25.63$

再用公式 $S=\sqrt{\frac{1}{n}\sum(Xi-\overline{X})^2}$ 求得筒音至一孔音的方差②分别为：

图表 2—46　舞阳贾湖骨笛 M282:20 号测音数据筒音至一孔音的方差统计表

孔　号	筒音	七孔	六孔	五孔	四孔	三孔	二孔	一孔
方　差	26.29	12.48	10.47	18.66	20.02	21.46	19.80	43.39

方差越大，表明该组数据越“分散”，或者说，这组数据的变异性（即互相不同的程度）就大；方差越小，表明该组数据的变异性就小，也就更“集中”。表中反映的数值是筒音与一孔音较大，说明此两孔的测音数据可靠性较差，音位游移的可能性较多。然而，筒音与一孔音之间需着重考虑变异性的音应该是筒音，因为一孔音音高（a^3 或 $^{\#}a^3$）是六孔音或七孔音的高八度重复，无论其音高在七音孔的 a^2 上还是在六音孔的 $^{\#}a^2$ 上，均不会影响音列的形态。二孔至七孔音数值相对较小，可靠程度较高。如按平均值的数据排出音列，就得允许有至少两种可能，即 D 宫系统的“角—徵—羽—清羽—宫—商—角—徵”（清商六声）或 G 宫系统的“宫—商—角—清角—徵—羽—变宫—商”（下徵七声）或其他。

像陶埙音列与钟铙音列的比较一样，如果再将 M282:20 号骨笛的音列与商周时期的钟铙音列相比较，其差距就更让人难以解释钟铙的三声或四声了。这支骨笛距今 8000—8200 年，而钟铙距今 2700—3300 年，时间上晚四千多年，音列上却“落后”于骨笛。倘若再将距今 7000 年的河南汝州中山寨的能在十二个半音中出全十音的十孔骨笛③搬出

① 该数值与陈通、戴念祖的估算大体相同，见陈通、戴念祖《贾湖骨笛的乐音估算》，《中国音乐学》2002 年 10 月第 4 期，第 30 页。

② 童忠良曾用此方法对贾湖骨笛做过测音分析，见童忠良《舞阳贾湖骨笛的音孔设计与宫调特点》，《中国音乐学》1992 年第 3 期，第 43 页。

③ 萧兴华：《七千年前的骨管定音器——河南省汝州市中山寨十孔骨笛测音研究》，《音乐研究》2001 年第 2 期，第 38 页。

来与之比较也是让人不可思议的。中山寨 M341:1 号和贾湖 M282:20 号骨笛尚留下了为开孔而做的刻纹，以确定基本的钻孔位置。特别是贾湖M282:20 号骨笛的七孔上出现了一大一小两个音孔，可认为是大孔音低了在上方开钻小孔，也可以认为是小孔音高了在下方开钻大孔加以纠正①，表明先人有明确的长短概念、音高感觉及作为人的生理机制所表现出来的对音程关系的判断能力，至于他们是否已经具备了通过计算来确定钻孔位置的数学能力尚未有证据。但是，有理由说明当时的人已具有丰富的制作经验了，这种经验是通过“无数骨笛制作”和长期的“开孔实践”得来的②。在骨笛等分与不等分开孔这一特征的背后，存在着两种原因，一种是计算的结果，另一种是经验与音感觉的结果。古人更可能是依靠这种经验和音感觉，而陈通和戴念祖则运用了现代声学的计算方法将其音高估算出来。

如果将目光聚焦于陶埙的造型与音孔的开孔位置，就能发现骨笛在开孔经验和音高感觉方面的探索与陶埙上有着相似的实践过程，这种实践过程是与乐音的选择、音级间的关系以及音列的逐步完善过程结伴而行的。现将陶埙的这种造型与开孔特点整理于下表③。

图表 2—47　陶埙造型与开孔特征整理表

埙　名	造型与开孔特点	备　注
半坡一音孔埙	橄榄形，两端尖细，不平整，吹孔于顶端，一按孔于底端	未定型期
临潼姜寨二音孔埙	蒜头形，上端尖，腹圆鼓，底部略平。吹孔于顶端，二音孔于中腹以上，左右两孔一上一下	
淳化夕阳黑豆嘴二音孔埙	杏核形，腹扁，二音孔并列于腹部	
尉氏县桐刘二音孔埙	圆筒形，且上平底弧，两音孔于上端正中吹孔的两侧肩部，前后两面外鼓，腹圆	
玉门清泉火烧沟三音孔埙	扁鱼形，腹鼓、两肩内收。吹孔于鱼口部，三音孔分别于两肩及腰下偏左侧	

① 黄翔鹏主前说，萧兴华主后说。见黄翔鹏《舞阳贾湖骨笛的测音研究》，原载《文物》1989 年 1 月第 1 期，第 15 页；另见黄翔鹏论文集《中国人的音乐与音乐学》，山东文艺出版社 1997 年版，第 172 页。萧兴华《中国音乐文化文明九千年——试论河南舞阳贾湖骨笛的发掘及其意义》，《音乐研究》2000 年 1 月第 1 期，第 8 页。

② 萧兴华：《中国音乐文化文明九千年——试论河南舞阳贾湖骨笛的发掘及其意义》，《音乐研究》2000 年第 1 期，第 11 页。

③ 本文处理埙的造型问题时着重纵向的探索与发展过程，吕骥先生取横向分布的三体系说，说明的问题不同，角度各异。详见吕骥《从原始氏族社会到殷代的几种陶埙探索我国五声音阶的形成年代》，《音乐论丛》（二），1978 年第二辑，第 23 页。

（续表）

埙　名	造型与开孔特点	备　注
安阳刘家庄 121 号墓五音孔埙	鹅卵形，直口平底，吹口于顶端，三音孔于腰下部，呈倒品字形排列，另二音孔位于背面，呈一字形横列	定型期
安阳后岗 12 号墓五音孔埙	鹅卵形，吹口于顶端，三音孔呈倒品字形排列于腰下部正面，另二音孔呈一字横列于背面	
安阳殷墟小屯村北妇好墓五音孔埙	呈倒置陀螺形，顶尖底平。吹口于顶端正中，三音孔呈倒品字形排列于正面，另二音孔呈一字横列于背面	
河南省博物馆五音孔商埙	陀螺形，吹口于正上方，三音孔呈倒品字形排列于正面，另二音孔呈一字横列于背面	

从表中 9 件陶埙的造型及开孔情况看，前 5 件造型各异，且音孔的开孔位置各行其是，此处拟为“未定型期”。在造型及开孔位置尚未统一的阶段，其发音的随机性大，音位判断的可靠性也较差。表中后 4 件五音孔陶埙造型和音孔的开孔已趋于基本统一，拟定为“定型期”。这一时期的陶埙制作对音高已具有预测性，所以音位判断的可靠性也相应增强，这里同样体现出实践的重要性，说明感性认识起了关键的作用。这恐怕是远古笛、埙音列的多声趋势至钟铙音列却减少为三、四声的主要原因。

此外，不同质料的乐器在制作工艺上的难易程度是不同的。远古骨笛运用了现成的材料，埙用陶土烧制。与它们相比，青铜乐器的制作难度就大多了，它要经过形制大小、厚薄轻重的预设及制范、翻砂、冶炼、浇铸、清砂、调音锉磨等多项工序①，而且，对编铙与初期编钟的制作而言，前六道工序均在浇铸前就已完成（对内腔的锉磨是西周中期才出现的；铭文总是以铸铭和刻铭两种方式出现），即音乐性能并不在钟体上处理，这就要求有高度的预计性。从成组成套对各件形制的要求到各部位的比例及对称关系，从各件乐钟的音位设置到音高的调节，它体现的是一个综合过程，而这种综合过程必须要有规范、统一的数理意识为基础。况且钟铙是青铜时期音乐发展水平的象征，它的昂贵也是其他材料所不能相比的，不允许像陶土那样由于成本不高而可以反复试验。所以，本文以为笛、埙的制作和音阶发展与钟铙的差异在于，前者是感性经验的结果，后者是律数理论的结果，而两者又都以实践为基础。

总之，作为奴隶制社会上层建筑的礼乐传播媒介，青铜乐器的音乐性能与发展状况

① 1. 山西省考古研究所：《侯马铸铜遗址》（*Bronze Foundry Sites at Hou Ma*）（上），文物出版社 1993 年版，第 132—150 页；2. 项阳、陶正刚主编：《中国音乐文物大系 · 山西卷》之“侯马铸铜遗址陶钟甬范”，大象出版社 2000 年版，第 78 页。

并不能反映当时社会音乐发展的全部。从现已出土的远古笛、埙乐器的测音数据分析来看，远古的人们并非一开始就局限于四声，相反，他们对自然乐音的选择远比青铜乐器灵活，组成的音列更丰富。笛、埙乐器的这种早期音列多样化、音阶多声化为青铜钟乐音列的设置提供了选择的园地与宝贵的经验，它与青铜乐器音列的统一性、四声性所形成的反差，正好说明青铜钟乐音列是从早期感性实践中做出数理提炼的结果。

三、 四声八律

前文述及西周编钟的音列设置依赖于弦上的等分节点，等分制不同，构成音列的音位名称就不同。然而，就一根长度、大小及张力相同的弦而言，无论由于等分制变化使音位发生多大的变化，其空弦的律高是不变的。正由于此，在对钟上四声的数理规律进行提炼时，除了比较它们在音列中相对于宫音音位的理论音高外，还要将它们统一到以空弦为基准的律学范畴之中来一起比较、分析，这样才能揭示出根据不同取音法获取的音与音之间的逻辑关系。

按一弦六等份来取音，设空弦为 C，高度为 0 音分，则音列中各音位的音名位置依次为：

图表 2—48　按弦长六等份取音获取的音位、音名排列

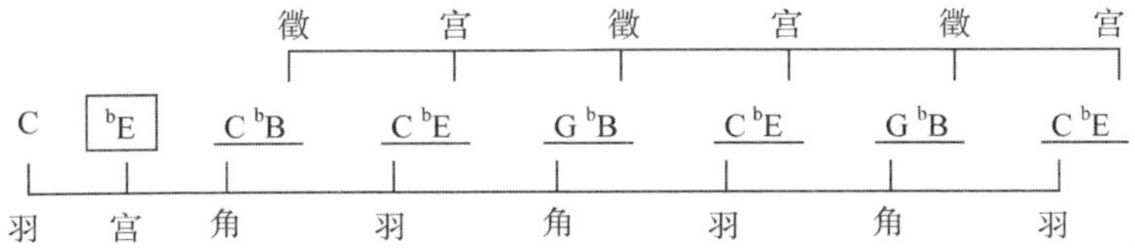

产生了以^{b}E 为宫、不超过 8 件的编列设置，“羽—宫—角—徵”四声分别处在 C、^{b}E、G、^{b}B 四音的位置上。

按一弦五等份来取音，设空弦为 C，高度为 0 音分，则音列中各音位的音名位置依次为：

图表 2—49　按弦长五等份取音获取的音位、音名排列图

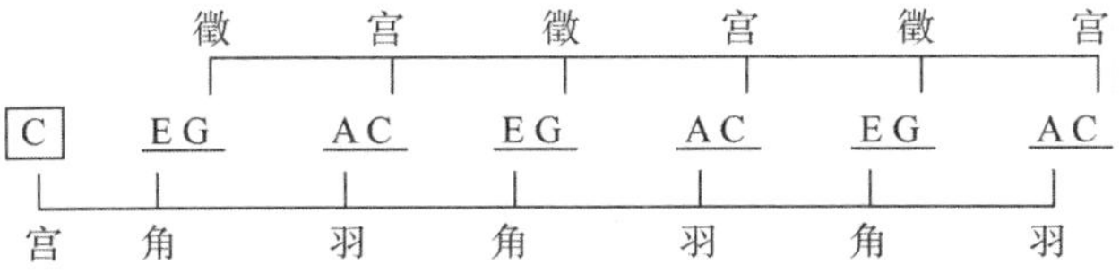

产生了以 C 为宫、不超过 7 件的编列设置，“羽—宫—角—徵”四声分别处在 A、C、E、G 四音的位置上。

按一弦四等份来取音，设空弦为 C，高度为 0 音分，则音列中各音位的音名位置依次为：

图表 2—50 按弦长四等份取音获取的音位、音名排列图

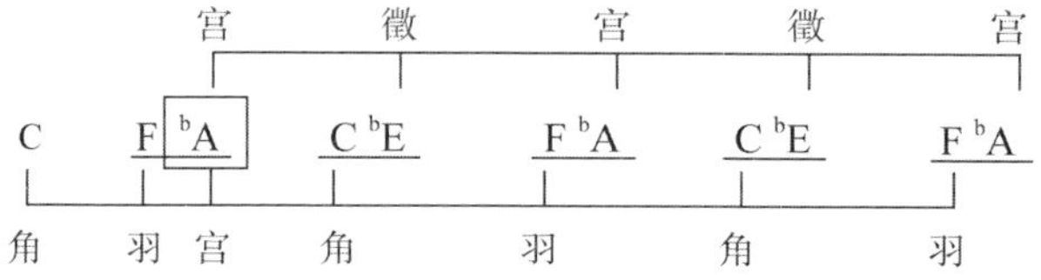

产生了以ᵇA 为宫、不超过 6 件的编列设置，“羽—宫—角—徵”四声分别处在 F、ᵇA、C、ᵇE 四音的位置上。

以上“羽—宫—角—徵”四声虽然处在三种不同的音高位置上，但它们相互间的逻辑结构是完全相同的，如果将此三者纳入音系网中来考察，这一特征就会清晰地显示出来，如下表。

图表 2—51 编钟四声八律

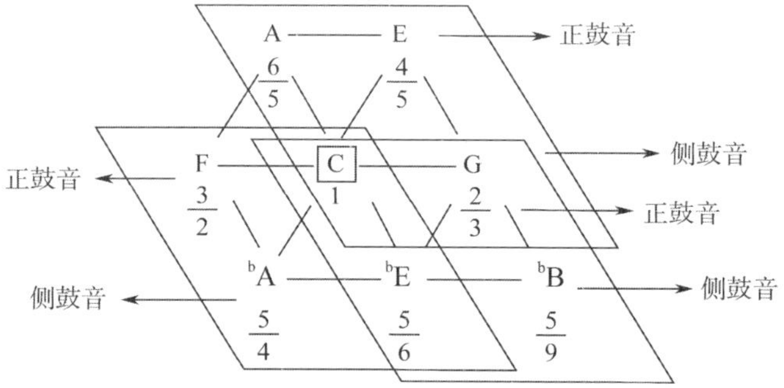

此图涉及四个应予以注意的问题：

第一，图中显示了按三种取音法获得的三种四声音列所在的律高位置，三个四声音列在不同的音高上构成相同的结构。每一种“羽—宫—角—徵”结构实际上是小三度作纯四度或纯五度关系的连接，连接是在钟与钟之间进行的，小三度均为 316 音分的纯律小三度。

第二，三种取音法获得的三种四声音列的宫音（ᵇA、C、ᵇE），除第 1、2 件钟外均在

侧鼓音上，宫乃音阶之主，西周编钟音列的宫音允许且多作为侧鼓音出现，说明侧鼓音已经相当重要了。此外，四等分制、五等分制和六等分制三者产生的三个宫音刚好构成一个大三和弦，而这个大三和弦的弦长比例为：$\frac{5}{4}:1:\frac{5}{6}$（$=\frac{1}{4}:\frac{1}{5}:\frac{1}{6}$），这是一个纯律大三和弦的弦长比例，即按三种取音法获得的乐音来自纯律这一自然律制体系。这再一次说明西周编钟乃至晚商编铙的音位选择与音列设置是对自然规律的发现和适应。

第三，在八个律高中，C（空弦基音）是生律法的起点，它是三种取音法赖以进行的基础。除它以外，只有它上方纯五度的G和上方纯律小三度的^{b}E被两次运用，而此三音均属于按六等份取音法获得的四声之内，一方面说明弦上处于$\frac{2}{3}$节点的G音在八个律位中显得尤为重要，《国语·周语下》中的“纪之以三”已经证实此音后来已倍加运用；另一方面，C、G、^{b}E在六等份取音法获得的四声之内，另外两种等分制取音法却总是以律位重复的方式分别依附于它，这表明六等份取音法较之另外两种更优越，它能利用等分节点及等份内节点轻易获得上表中八个律位的律高，而另外两种则更难些。所以，至西周晚期编甬钟的音列统一为按一弦六等份取音法取音的8件套设置，原因就在于此。《国语·周语下》中的“平之以六”便是这一历史现象的真实记载。

第四，除第1、2钟外，编钟音列在正鼓部总是“羽”和“角”的交替，侧鼓部总是“宫”和“徵”的交替，在所有出土的西周编甬钟中它们各自的音位没有出现过其他选择，这就是西周甬钟在乐音设置上的规范。更有意思的是，上图中不管采用哪一种取音法，得到的“羽”音总在正鼓音列，得到的“徵”音总在侧鼓音列，即产生了一个“徵不下正鼓，羽不上侧鼓”的结果。从重视正鼓音列的传统看，“钟尚羽”的原因可能就处于此。“羽”“宫”“角”“徵”等阶名是古人对音位的一种命名，但这些阶名的运用并非是人们主观意识所决定的，而是弦上节点所体现的一种物理声学上的自然规律。其中，“羽”“宫”“角”三音在三种取音法中总是与“2分”关联，如各等分节点上的比例“1”和各等份内的比例“$\frac{1}{2}$、$\frac{1}{4}$、$\frac{3}{4}$、$\frac{5}{8}$”，唯独“徵”音总是与“3分”关联，如“$\frac{1}{3}$、$\frac{2}{3}$、$\frac{5}{6}$”，这是自然规律的永恒性。黄翔鹏在20世纪80年代就提出了钟律音系网①，网中各律按横向考察呈五度相生关系，按斜向考察呈纯律三度关系。它是从战国早期的曾侯乙编钟所刻的28个乐律铭文②中总结出来的。显然，它与上述的“四声八律图”有着千丝万缕的联系，不同之处在于“四声八律图”的律位少一些，且八律分别

① 黄翔鹏：《中国传统音调的数理逻辑关系问题》，《中国音乐学》1986年7月第3期，第9页。
② 崔宪：《曾侯乙编钟钟铭校释及其律学研究》，人民音乐出版社1997年版，第142页。

由三组甬钟的音列产生。这恰恰反映出西周编钟音列设置上数理认识的实际水平，可以说正是有了“四声八律”的简单构思才得以发展成较为完善的钟律音系网，这也是我们透过两周编钟音列的设置表象应该认识到的潜在思路。

同样应引起注意的是，在西周编甬钟的音列中找不到“商”这个音，客观原因是在作弦上等份取音时不方便获取“商”音，而在以钟磬为标志来象征西周礼制的宫廷乐队中，“商”音通过更擅长演奏旋律的其他乐器如笙、管、篪、筝、瑟等来奏出，这更符合音乐实践的编配原则。说西周钟磬二器缺“商”，就目前来看也许是实情，但如果说代表西周宫廷乐队的钟磬乐缺“商”尚无依据。另外，如果非要体现钟磬二器的标志性作用，以钟磬二器来概括整个钟磬宫廷乐，那完全是受礼乐制度的影响，出于政治原因的考虑也未尝不可。但本文以为在对它们进行分析、研究时，缺“商”问题的客观原因与主观问题是应该分清楚的。

诚然，西周甬钟的数理观念并非凸显，且青铜乐器的历史也由来已久。本文以为，西周甬钟的数理意识是对中原地区晚商编铙的继承与发展。大量出土资料表明，所有晚商编铙的音列均以“羽”“宫”“角”“徵”为基础，且绝大多数编铙音列的音位也不出此四声，分别形成“羽—宫—角”“宫—角—羽”“角—羽—宫”及“宫—角—徵”等结构形态，这些形态恰恰是西周甬钟按六、五、四等份取音法产生的三种音列的浓缩。如果再从合瓦体钟腔的设计意图上考虑，择其某一件的侧鼓音加入音列，则四声俱全，与西周甬钟并无差异。所不同的是，晚商时期由于人们还未掌握调音技术，不懂得在铙腔的适当部位进行合理的挫磨可以改变其音高，致使编铙的准确性总体上不如西周甬钟。实际上，西周甬钟就是继承了编铙的数理意识并吸收了南方编铙的形制特点后发展起来的，取音时按相同的节点规律，即便将一弦取尽而设置成 7 或 8 件甬钟也不出四声，这种现状一方面说明编钟音列受制于音列背后的数理规律；另一方面也表明等分制取音法仅运用于一条弦上的局限性。

第三章 钮钟的出现与正鼓音列的转制

自西周晚期至春秋早期，甬钟一直在音列设置上保持着自身的规范，即在前文分析的、按一弦六等分制取音法来获得的 8 个音进行正鼓音列设置。从现有出土材料来看，这种情形直至春秋中期才彻底改变，而这种改变与另一种钟——钮钟的出现及其音列设置是分不开的。钮钟是甬钟的钟体和铜铃的钮相结合而派生出来的新式钟，与甬钟的主要区别是舞部置一环状吊钮代替甬把①，并以其适应各国诸侯财力的小巧体形与优良的音乐性能出现在历史舞台上，成为推动东周钟磬乐发展和编悬体制进一步完善的主要乐器。资料表明，钮钟至迟在两周之际就已出现，它的出现不仅使编钟向旋律乐器的方向发展，也带动了镈钟、甬钟音乐性能的更新。

第一节　春秋早期正鼓音列的两种形态

就春秋早期而言，编钟正鼓部出现了两种音列形态并置的现象，一种是由“羽—宫—角—羽—角—羽—角—羽”构成的 8 件组设置，另一种是“徵—羽—宫—商—角—羽—商—角—羽”构成的 9 件组设置。前者是西周一弦等分制取音法延续的结果，后者是伴随钮钟的出现并以传统正五声为正鼓音列设置基础的新模式，它暗示着为钮钟取音的五弦准②的出现。

一、 西周晚期甬钟音列设置规律在春秋早期的延续

从已有资料来看，春秋早期音乐性能较好的甬钟有 3 套，其中两套从三门峡上村岭虢国墓地中出土，即虢季编钟与虢仲编钟，还有宝鸡杨家沟太公庙所出土的秦公钟。三者的保存情况较好，且均保存了测音资料。

1. 虢季钟音列分析

现藏于河南省文物考古研究所的虢季编钟③，为 8 件套编甬钟，1990 年在三门峡上

---

① 王子初：《中国音乐考古学》，福建教育出版社 2003 年版，第 173 页。

② 本文以为“准”虽是汉代才出现的称谓，但它的所指时间未必仅在汉代，本文借以用之。

③ 1. 河南省文物研究所著《三门峡上村岭虢国墓地 M2001 发掘简报》，《华夏考古》1992 年 9 月第 3 期，第 104 页；2. 河南省文物考古研究所、三门峡市文物工作队：《三门峡虢国墓》（第一卷·上）图版二一—二三，第 71—79 页；王子初、李秀萍、姜涛：《虢季编钟的音乐学分析》（附录五），文物出版社 1999 年版，第 582—591 页；3. 中国科学院考古研究所：《上村岭虢国墓地》图版三八：2、3，科学出版社 1959 年版，第 22 页。

村岭虢国墓地北区第2001号墓中发掘出土。该墓出土乐器除编钟外还有编磬10件、铜钲1件，且所出礼器和乐器上多有铭文，从铭文内容可知该墓为虢季之墓。公元前655年虢国被晋国所灭，故此虢季墓当属于春秋早期。

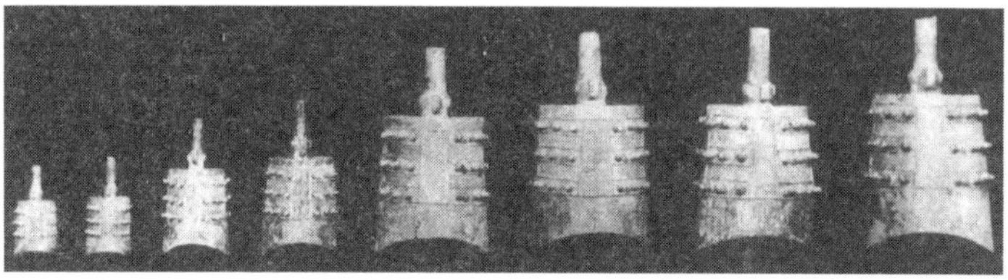

图3—1 虢季编钟

从形制上看，8件编钟大小依次递减，造型大致相同，钟身呈合瓦形，甬上旋斡俱备，钲部两侧各置3排共9个柱状枚。正鼓部饰一对称的象首纹，正面右鼓除第1、2号钟外，均饰一凤鸟。形制特征与凤鸟纹饰已说明该钟为实用器。

从铭文上看，整套钟的前4件每钟各铸全铭，后4钟仅钲部铸铭，有“虢季作宝”等语。铭文共计53字，前4句为：

虢季作为协钟，其音徵=雝=，用义其家，用与其邦

铭文进一步证实了8件钟本为一套的事实，而“协钟”二字可能代表了它当时良好的音乐性能。

8件钟均经调音，调音部位是钟口内唇。除第1件钟腔破裂外，7件钟的测音数据①如下。

图表3—1 虢季编钟测音数据

单位：音分

编　号	1	2	3	4	5	6	7	8
侧鼓音	破裂	$^{\#}f^{1}-31$ [$f^{1}+69$]	$^{\#}g^{1}-10$	$^{\#}c^{2}-1$	$^{\#}g^{2}-31$	$^{\#}c^{3}+37$	$a^{3}-36$ [$^{\#}g^{3}+64$]	$^{\#}c^{4}+8$
正鼓音	破裂	$^{\#}c^{1}-7$	$f^{1}-27$	$^{\#}a^{1}-10$	$f^{2}-41$	$^{\#}a^{2}+11$	$f^{3}+29$	$^{\#}a^{3}+33$

① 赵世纲主编：《中国音乐文物大系·河南卷》，大象出版社1996年版，第82页。

将各音分别加上 7 音分，转换为以$^{\#}$C（$^{\#}c^{1}$）为宫，音分数为 0，呈相对音高关系的音列：

单位：音分

侧鼓音音位：	—	（角）	徵	宫	徵	↑宫	↑徵	宫
实测相对音高音分数：	—	476	697	6*	676*	44**	771**	15***
理论音高音分数：	—	—	702	0*	702*	0**	702**	0***
正、侧鼓实测音分差：	—	476	317	309	310	326	335	275
正、侧鼓理论音分差：	—	—	316	316	316	316	316	316
正鼓音音位：	（羽）	宫	角	羽	角	↑羽	↑角	↑羽
实测相对音高音分数：	—	0	380	897	366*	918*	436**	940**
理论音高音分数：	*884	0	386	884	386	884*	386**	884**
正鼓音间实测音分差：		—	380	517	669	552	718	504
正鼓音间理论音分差：		316	386	498	702	498	702	498

从以上对测音数据的整理中，正鼓音、侧鼓音、正鼓音间理论音分差以及正、侧鼓音间音分差四项指标的实测音高与理论音高非常接近，尤其是中低音区（第二钟至第五钟）除第五钟正鼓“角”音偏低 20 音分外，其余各音偏差均在 10 音分之内。这既说明虢季编钟与西周甬钟在音列设置上的传承性，更说明 8 件套设置的西周传统发展到春秋早期，无论是在一弦六等份取音方面还是在钟体的浇铸和调制技术方面都达到了十分成熟的地步。其次，虽然第 1 钟已经破裂，但可从后 7 钟有规律的设置上确定它的“羽”音音位。此外，高音区的三件钟像其他各套编钟一样呈现习惯性偏离，这也是与取音有关的正常现象，将在本文第五章第一节中做详细探讨。

2. 虢仲钟音列分析

现藏于河南省文物考古研究所的虢仲编钟，是 1990 年出土于三门峡虢国墓地第 2009 号墓的 8 件套编甬钟。与虢季编钟相似，亦出于虢国墓地的一座大型墓葬，出土有青铜礼器、车马器、兵器、乐器、玉器等数千件。在大型青铜礼器、乐器等上面多数铸有铭文，据铭文可知，虢仲亦为春秋早期虢国的一代国君。

8 件甬钟大小依次递减。除第 1、2 钟外其余各钟右侧鼓均饰有凤鸟纹，钟腔大部分经过调音。除第 2 件钟腔破裂外，7 件钟的测音数据①如下。

① 赵世纲主编：《中国音乐文物大系·河南卷》，大象出版社 1996 年版，第 93 页。

图表 3—2 虢仲编钟测音数据

单位：音分

编 号	1	2	3	4	5	6	7	8
侧鼓音	d^1-3	已哑	a^1-40 [$^{\#}g^1+60$]	$^{\#}c^2+28$	$^{\#}g^2+24$	$^{\#}c^3+9$	a^3+4 [$^{\#}g^2+104$]	d^4-11 [$^{\#}c^4+111$]
正鼓音	$^{\#}a+28$	已哑	f^1+2	$^{\#}a^1+23$	f^2-7	$^{\#}a^2-1$	$^{\#}f^3-19$ [f^3+81]	b^3-23 [$^{\#}a^3+77$]

将各音分别减去 28 音分，转换为以$^{\#}$C（$^{\#}c^1$）为宫，音分数为 0，呈相对音高关系的音列：

单位：音分

侧鼓音音位：	（羽角）	—	↑徵	宫	↓徵	宫	↑徵	↑宫
实测相对音高音分数：	69	—	732	0^*	696^*	1181^*	776^{**}	61^{***}
理论音高音分数：	—	—	702	0^*	702^*	0^{**}	702^{**}	0^{***}
正、侧鼓实测音分差：	369	—	358	305	331	310	323	312
正、侧鼓理论音分差：	—	—	316	316	316	316	316	316
正鼓音音位：	羽	（宫）	角	羽	↓角	羽	↑角	↑羽
实测相对音高音分数：	^{*900}	—	374	895	365^*	871^*	453^{**}	949^{**}
理论音高音分数：	^{*884}	0	386	884	386^*	884^*	386^{**}	884^{**}

正鼓音间实测音分差： ｜ 674 ｜ 521 ｜ 670 ｜ 506 ｜ 782 ｜ 496 ｜

正鼓音间理论音分差： ｜ 702 ｜ 498 ｜ 702 ｜ 498 ｜ 702 ｜ 498 ｜

虽然第 2 钟钟腔破裂，但从第 1 钟与后 6 件钟的音位很容易推断出它是“宫”音钟，而且虢仲编钟与虢季编钟的前两件在音位排列上正好形成互证。从测音数据的整理分析可看出，整套编钟的音乐性能比虢季编钟略差，这与浇铸、取音、调音三道工序密切相关。

虢仲钟第 1 件的实测音高为$^{\#}a+28$，虢季钟第 2 件的实测音高为$^{\#}c^1-7$，两套钟的音位又都是由“羽”至“宫”。这就非常清楚地告诉我们，两套钟不但取音方法相同，而且空弦散声音高（即标准音）也基本相同（虢仲钟取音的散声偏高，虢季钟取音的散声略低，因为二者构成的“羽—宫”关系为 265 音分），有可能虢仲钟铸造时以虢季钟为参照，这种参照体现出礼乐乐悬制度的规范性，也从音列的角度证实了两套钟在时间上的一致性。

3. 秦公钟音列分析

1978 年 1 月出土于宝鸡县杨家沟太公庙窖藏，现藏于宝鸡市博物馆的秦公钟①，为春秋早期的编甬钟。甬钟共出 5 件，同出还有 3 件镈钟。5 件秦公钟均器形完整，按其大小可分为甲、乙、丙、丁、戊钟。各钟均有铭文，内容涉及“先祖受命”“后代受福”之义，其中甲、乙两钟结合记录了整篇铭文，而后 3 件相结合仍未能记完整篇铭文。从丙钟开始，右侧鼓设有凤鸟纹。各钟腔均有调音锉磨，其测音数据②如下。

图表 3—3　宝鸡杨家沟太公庙窖藏出土秦公钟的测音数据

单位：音分

编　号	IA5:6［甲］	IA5:7［乙］	IA5:8［丙］	IA5:9［丁］	IA5:10［戊］
侧鼓音	$^{\#}a^{1}-12$	$^{\#}c^{2}+49$	$e^{2}+17$	$^{\#}a^{2}-10$ $[a^{2}+90]$	$f^{3}+12$ $[e^{3}+112]$
正鼓音	$^{\#}f^{1}+21$	$a^{1}+31$	$^{\#}c^{2}+18$	$^{\#}f^{2}+44$	$^{\#}c^{3}+65$

将各音分别减去 31 音分，转换为以 A（a^{1}）为宫，音分数为 0，呈相对音高关系的音列：

单位：音分

侧鼓音音位：	（羽角）	角	徵	↑宫	↑徵	（宫）
实测相对音高音分数：	57*	418*	686*	59**	781*	—
理论音高音分数：	—	—	702	0*	702*	—
正、侧鼓实测音分差：	367	418	29 9	346	347	—
正、侧鼓理论音分差：	—	—	316	316	316	316
正鼓音音位：	羽	宫	角	↑羽	↓角	（羽）
实测相对音高音分数：	900	0*	387*	913*	434**	—
理论音高音分数：	*884	0*	386*	884*	386**	884**
正鼓音间实测音分差：	310	387	526	721	—	
正鼓音间理论音分差：	316	386	498	702	—	

从测音结果和铭文可看出，秦公钟至少应有 6 件，按照它的音列设置要求允许有 8 件，但由于该套钟的第 1 件“羽”音钟的音高为$^{\#}f^{1}+21$，比西周以来按等份取音时空弦

① 宝鸡市博物馆卢连成、宝鸡县文化馆杨满仓：《陕西宝鸡县太公庙村发现秦公钟、秦公镈》，《文物》1978 年 11 月第 11 期，第 1 页。

② 方建军、黄崇文主编：《中国音乐文物大系·陕西卷》，大象出版社 1996 年版，第 92 页。

图 3—2 秦公钟

散声（即第一件“羽”音钟的音高）多在小字组 f—^{b}b 之间的音区高出太多，亦即用作取音的弦长较短或张力较大使得散声提高。其结果一方面使按六等份取音法获取的整个编钟音列作了音区的上移；另一方面，由于高音区弦的张力太大而难以取音。所以，现可能仅缺第 6 件“羽”音钟。

通过对以上三组甬钟的分析，可以在春秋早期再一次见到西周编钟音列的设置规范，它们是西周数理逻辑在春秋时期的延续。另外，如果将以上 3 组钟与西周时期的多数成编甬钟做一个地域上的考察，便不难发现，所出的这种按一弦等分制取音来进行音列设置的编甬钟除山西地区晋侯所辖领地出土了如曲沃曲村北赵 9 号墓的晋侯钟、曲沃曲村北赵 8 号墓的晋侯稣钟等为数不多的几套外，绝大多数皆为陕西地区的周王室所辖地所出。在以上整理的 3 套钟中，秦公钟出于宝鸡，本属周王室领地自不当说。前两套为虢国所用之器，两套钟的主人虢季与虢仲为虢国的两代君主，虢国原居于陕西宝鸡扶风一带。西周末犬戎西侵，平王东迁洛阳，虢国亦东迁到今河南三门峡一带。这一史实表明此两套编钟所在的虢国实际上也属于周王室权力所及的核心范围。这种出土的情况说明，从西周早中期开始至两周之际，周王室的乐悬制度和作乐规范或许在尽力地推广，但真正响应的诸侯并非很多。晋侯领地与周王室相距最近，两地在维系王侯关系问题上是相对稳定而长久的，并由此影响到编钟音列设置的追从。然而，也就在两周之际，由于晋、齐等诸侯国政权独立性及经济实力的加强，由于周王室在各诸侯国中的中心地位的下降，一度忠实地保持着周王室编甬钟音列规范的晋国、虢国，又最早打破了这一规范，率先出现了编钟音列设置的转制。

二、 正鼓音列设置的转制

两周之际编钟音列设置的变化主要围绕着两个特点，一是正鼓音列设置方式的转制；二是侧鼓音设置的明确性及其获取方式的简洁性，而二者又都是围绕钮钟的出现而发生，并由此带动其他钟形音列设置的发展。本节以虢太子墓编钟、闻喜上郭 210 号墓编钟、闻喜上郭 211 号墓编钟和长清仙人台 6 号墓编钟为对象，先探讨它们的正鼓音列的设置特点。

1. 虢太子墓编钟分析

1956—1957 年出土于河南陕县上村岭第 1052 号墓，现藏于国家博物馆的虢太子墓编钟①，为 9 件套编钮钟。中国科学院考古研究所此次在上村岭共发掘墓葬 234 座，其中第 1052 号墓是全部墓葬中规模最大、随葬品最多的一座，出土的这组编钟，也是全部墓葬出土的众多器物中唯一的一组乐器。根据同墓出土的 2 件有铭文的铜戈，证实这是虢国太子墓，时代在两周之际②。

9 件钮钟保存完好，形制纹饰相同，大小相次。钟体小，钟身上小下大，横剖面呈合瓦形，两侧起棱，两铣下垂，口曲内凹呈弧形，口沿略厚，内壁两面无音塬或音槽。前后两面纹饰相同，钲两侧饰卷龙纹，唯其中 4 件在一面的正鼓部饰有一圆圈纹。除第 4 件 M1052:127 破裂以外，其余 8 钟均可发音，测音数据③如下。

图 3—3 陕县虢太子墓编钟

图表 3—4 陕县上村岭 M1052 虢太子墓编钟测音数据

单位：音分

编号	M1052: 167	M1052: 130	M1052: 166	M1052: 127	M1052: 170	M1052: 128	M1052: 165	M1052: 129	M1052: 169
侧鼓音	$^{\#}g^1+8$	b^1-45	c^2+7	残	f^2+47 [$^{\#}f^2-53$]	$^{\#}f^2-42$	b^2-24	$^{\#}a^2+8$ [b^2-92]	$^{\#}d^3+3$
正鼓音	$^{\#}f^1-44$	a^1-20 [$^{\#}g^1+80$]	b^1-13	残	$^{\#}d^2+18$	$^{\#}d^2+14$	$^{\#}g^2-46$	g^2+30 [$^{\#}g^2-70$]	b^2-30

① 中国科学院考古研究所编著：《上村岭虢国墓地》图版三八：2、3，科学出版社 1959 年版，第 22 页。

② 袁荃猷主编的《中国音乐文物大系·北京卷》收录河南陕县上村岭第 1052 号墓虢太子墓编钮钟时，参照了中国科学院考古研究所所著《上村岭虢国墓地》的断代材料，即春秋早期；项阳、陶正刚主编的《中国音乐文物大系·山西卷》在对闻喜上郭 210 号、211 号墓编钮钟的原始资料进行整理时，参照了原有的断代时间，即西周晚期。北京大学文博学院的刘绪先生就墓葬所出实物做综合考察后，以为后两墓所出编钮钟的时间定在春秋初期更为合理，而河南陕县上村岭第 1052 号墓虢太子墓编钮钟的时间应在两周之际。另外，如果将后二者的时间定为西周晚期，从 9 件套钮钟音列的初期特征看，似乎与两周之际的陕县上村岭虢太子墓钮钟的设置特征出现难以解释的出入，即时代早的 210 墓钮钟音列设置更成熟，时代晚的虢太子墓钮钟音列设置反倒尚未定型。故笔者以为刘先生的建议更为合理，本文对此 3 套钟做分析时亦按刘先生的建议将它们的时间做出相应的调整，特此说明。

③ 袁荃猷主编：《中国音乐文物大系·北京卷》，大象出版社 1996 年版，第 282 页。

将各音分别加上13音分，转换为以B（b^1）为宫，音分数为0*，呈相对音高关系的音列①：

单位：音分

侧鼓音音位：	羽	宫	羽颠	（残）	↑商颠	徵	宫	↓宫	角
实测相对音高音分数：	921	1168	120*		660*	671*	1189*	1121*	416**
理论音高音分数：	884/906	0/22	70/92*	590*	702*	0/22**	0/22**	386**	
正、侧鼓实测音分差：	252	275	120	229	244	278	322	431	
正、侧鼓理论音分差：	182/204	316	70/92*	204	316	316	316	386	
正鼓音音位：	徵	羽	宫	（商）	↑角	角	↓羽	羽	宫
实测相对音高音分数：	669	893	0*	431*	427*	843*	867*	1185*	
理论音高音分数：	702	884/906	0*	204*	386*	386*	884/906	884/906	0**
正鼓音间实测音分差：	224	307	427、431	412、416	436	440	318、342		
正鼓音间理论音分差：	182/204	386/408	204	182	498/520	520/498	182	498/520	

从音列的整理中可以看到，虢太子墓编钮钟的音列设置很有特点，其研究价值正是从这些特点中体现了出来。

第一，钮钟的第4件（M1052:127）已残，不能测音。然而，我们能从前5件钮钟的正鼓音列排列趋势很自然地推出第4件钮钟的正鼓音位在“商”音上。前4件钟正鼓音音分差依次为“224—307—427”音分，以这种音分差构成“徵—羽—宫—角”仍是人耳能够接受的。这样“徵—羽—宫—商—角”五声的轮廓就率先跳入我们的眼帘，它与西周时期的“羽—宫—角—徵”“宫—角—徵—羽”以及“角—徵—羽—宫”相比，展现出全新的面貌，暗藏着相承相异的规律。

第二，后5件钮钟的正鼓音列形成“角—角—羽—羽—宫”结构，出现了两次重复的音位设置，可能是音准校正的结果。第5件“角”音钟与第6件“角”音钟的正鼓音仅相差4音分，但两件“角”音钟与第3件“宫”音钟的正鼓音相比均偏高，且第5件的正、侧鼓音间相距229音分，构成“角—商颠”的大二度关系，第6件的正、侧鼓音间相距244音分，已近“中立”，才勉强构成偏窄的“角—徵”的小三度关系。两件

① 为了对编钟做音列分析时提供一个参照，与西周甬钟的分析相似，对东周编钟做音列分析时也在各音位实测数据的下方标示了理论数据，而且“羽”和“角”两音位下方还标出了两个数据，在侧鼓音难以肯定时给出两个音位与音分数。

“羽”音钟的侧鼓音均设为“宫”，但第8件比第7件的正鼓音低24音分（867—843音分），且二者均低于预设音高（884或906音分）。所以推测第5、6件之间与第7、8件之间有拼凑现象。如果以规范的9件套编钟音列设置为参照，则可看出虢太子墓钮钟的高音区正鼓音列设置尚未定型，正处于探索之中。

第三，从侧鼓音位的设置及其与正鼓音位的音分差上看，由低音区开始，“徵”音、“宫”音和“角”音3件钟的侧鼓音依次设置为“羽”“羽颠”和“商颠”，构成偏差较大的大、小二度关系（“徵—羽”相差252音分、“宫—羽颠”相差120音分，“角—商颠”相差229音分），没有完全限制在自西周即已形成传统的三度范围内。

第四，西周甬钟的低音钟正鼓音音高一般在小字组$^{\#}f$—b之间。相比之下，9件套钮钟突然将低音移高至小字一组的$^{\#}f^{1}$，从目的上讲当然是为了能在人耳最敏感的小字一组和小字二组间选择乐音，要达到这一目的必须在材料和取音技术上有所改进，包括考虑取音弦的质料、张力因素，特别是取音方法的探索。这同样表明了该套钮钟在设置上的进步之处。

图3—4 闻喜上郭M210编钟

2. 闻喜上郭M210编钟分析

1978年秋，由山西省考古研究所在闻喜上郭210号墓清理发掘出土，现藏于山西省考古研究所的编钟①，为春秋初期的9件套编钮钟。该钟形体纹饰相同，大小相次成列。其测音数据②如下。

① 王子初：《太原晋国赵卿墓铜编镈和石编磬研究》，载山西省考古研究所编《太原晋国赵卿墓》，文物出版社1996年版，第326页。

② 项阳、陶正刚主编：《中国音乐文物大系·山西卷》，大象出版社2000年版，第63页。

图表 3—5 闻喜上郭 M210 编钟测音数据

单位：音分

编号	1	2	3	4	5	6	7	8	9
侧鼓音	d^2+30 598	哑	$^{\#}f^2+33$ 754	g^2+59 811	$^{\#}g^2+53$ $[a^2-47]$ 856	d^3+67 1221	g^3+38 1602	a^3+50 1812	$^{\#}d^4+70$ 2458
正鼓音	a^1+42 451	b^1+15 498	d^2+50 605	$^{\#}d^2+96$ 658	f^2+68 726	b^2+29 1004	e^3+54 1360	$^{\#}f^3+42$ 1516	b^3+82 2071

将各音分别减去 50 音分，转换为以 D（d^2）为宫，音分数为 0*，呈相对音高关系的音列：

单位：音分

侧鼓音音位：	宫	哑	角	羽曾	↓徵	宫	羽曾	徵	羽颟
实测相对音高音分数：	1180	—	384*	509*	603*	17**	488**	700**	120***
理论音高音分数：	0	0/22*	386*	520*	702*	0/22**	520**	702**	70/92***
正、侧鼓实测音分差：	488	—	384	363	285	338	284	308	388
正、侧鼓理论音分差：	498		38 6	316	316	316	316	316	386
正鼓音音位：	徵	羽	宫	↓商	↓角	羽	商	角	羽
实测相对音高音分数：	692	865	0*	146*	318*	879*	204**	392**	932**
理论音高音分数：	702	884/906	0*	204*	386*	884/906	204**	386**	884/906**

正鼓音间实测音分差：	173	335	146	172	561	525	188	540
正鼓音间理论音分差：	182/204	316/294	204	182	498/520	520/498	182	498/520

3. 闻喜上郭村 M211 编钟分析

现藏于山西省考古研究所的闻喜上郭村 211 号墓编钟，为 1978 年秋山西省考古研究所在闻喜上郭村清理的另一墓葬中的春秋早期 9 件套编钮钟。此套钟形体纹饰均相同，大小相次成列。与 210 号墓编钟一样，钟体均无枚。其测音数据①如下。

---

① 王子初：《太原晋国赵卿墓铜编镈和石编磬研究》，载山西省考古研究所编《太原晋国赵卿墓》，文物出版社 1996 年版，第 326 页。

图表 3—6　闻喜上郭 M211 编钟测音数据

单位：音分　赫兹

编　号	1	2	3	4	5	6	7	8	9
侧鼓音	$^{\#}d^2$ +42 638	f^2 +32 711	a^2 +4 882	b^2 +38 1010	c^3 +28 1064	f^3 +58 1445	b^3 +7 1984	c^4 +92 2207	f^4 +0 2794
正鼓音	b^1 +72 [c^2 −28] 515	d^2 +21 595	e^2 +90 [f^2 −10] 694	g^2 +44 804	a^2 +20 890	d^3 +33 1197	g^3 +74 1636	a^3 +77 1840	$^{\#}c^4$ +78 [d^4 −22] 2320

将各音分别加上 10 音分，转换为以 F（f^2）为宫，音分数为 0*，呈相对音高关系的音列：

图 3—5 闻喜上郭 M211 编钟

单位：音分

侧鼓音音位：	徵颟	宫	角	商颟	徵	宫	羽曾	↑徵	宫
实测相对音高音分数：	1052	42*	414*	592*	738*	68**	617**	802**	10***
理论音高音分数：	1088	$\frac{0}{22}$*	386*	590*	702*	$\frac{0}{22}$**	520**	702**	$\frac{0}{22}$***
正、侧鼓实测音分差：	370	311	414	394	308	325	333	315	322
正、侧鼓理论音分差：	386	316	386	386	316	316	316	316	316
正鼓音音位：	↓徵	羽	宫	↑商	角	羽	商	角	羽
实测相对音高音分数：	682	875	0*	254*	430*	943*	284**	487**	888**
理论音高音分数：	702	$\frac{884}{906}$	0*	204*	386**	$\frac{884}{906}$*	204**	386**	$\frac{884}{906}$**

正鼓音间实测音分差：	249	269	254	176	513	541	203	401
正鼓音间理论音分差：	$\frac{182}{204}$	$\frac{316}{294}$	204	182	$\frac{498}{520}$	$\frac{520}{498}$	182	$\frac{498}{520}$

从山西闻喜上郭村所出土的两套钟的音列特征来看，9 件套钮钟正鼓音列的音位设置已完全一致了，即均构成了“徵—羽—宫—商—角—羽—商—角—羽”的排列。它们

是现有资料中最早形成这种音列结构的编钟，可见这种设置最迟在春秋初期就已定型了。9件钟正鼓音上共产生五声，其中“羽”音重复两次，“商、角”两音位各重复一次。如果将这种结构与西周晚期六等份取音法获得的音列结构进行比较就可发现，9件套钮钟正鼓音列实际上就是在中低音区“羽—宫—角”结构上加入了“徵”和“商”，在高音区“角—羽—角—羽”结构中插入了“商”，这是为增强钮钟的旋律演奏能力而在西周甬钟音列基础上进行的探索。其次，除闻喜上郭村210号墓编钮钟第一件的正、侧鼓间出现四度关系外，两套钟的正、侧鼓音间均统一在三度之内，这种音程关系也同样说明它们在取音和铸调的方法上是有规律可循的。

4. 长清仙人台M6编钟分析

现藏于山东大学博物馆的长清仙人台6号墓编钟，是1995年出土于长清县五峰山北黄崖仙人台邿国墓地的9件套编钮钟①。该墓时间约在公元前650年前后，即春秋早期偏晚。随墓同出乐器还有一套11件的甬钟和一套10件的编磬。

图3—6 长清仙人台M6编钟

9件钮钟形制纹饰一致，大小相次。钮钟于口有窄小内唇，四侧鼓内虽无音梁，但内唇上多有调音锉磨痕一周，主要锉磨部位为两正鼓、两铣角内4处。四侧鼓部也有调音锉磨，很规范，4个最小的钟特别清楚。此外，正鼓部饰一圆圈纹，作为正鼓部敲击点的标志，余各部素面。第5、6号钟除了正鼓部外，右侧鼓部也有一圆圈纹标志，作为侧鼓音的敲击点标志，此类清晰的演奏记号十分罕见，也足见其主人对它的音乐性能是相当讲究的。其测音数据②如下。

① 山东大学历史文化学院考古系：《长清仙人台五号墓发掘简报》，《文物》1998年9月第9期，第18页。

② 1. 山东大学历史文化学院考古系：《长清仙人台五号墓发掘简报》，《文物》1998年9月第9期，第18页；2. 周昌富、温增源主编：《中国音乐文物大系·山东卷》，大象出版社2001年版，第340页。

图表 3—7　长清仙人台 M6 编钟测音数据①

单位：音分　赫兹

编　号	1	2	3	4	5	6	7	8	9
侧鼓音	$^{\#}f^{2}+21$ 748.90	$^{\#}g^{2}+37$ 848.39	$c^{3}-16$ [$b^{2}+84$] 1036.38	$c^{3}+23$ 1060.79	$d^{3}-29$ 1154.79	$g^{3}-6$ 1561.28	$c^{4}+40$ 2142.33	$^{\#}c^{4}-8$ 2205.80	$^{\#}g^{4}-18$ [$g^{4}+82$] 3286.13
正鼓音	$^{\#}c^{2}+43$ 568.24	$^{\#}d^{2}+44$ 638.43	$g^{2}-35$ [$^{\#}f^{2}+65$] 767.82	$^{\#}g^{2}+42$ 850.83	$^{\#}a^{2}+19$ 942.38	$^{\#}d^{3}+48$ 1279.30	$^{\#}g^{3}+33$ 1693.12	$a^{3}+37$ [$^{\#}a^{3}-63$] 1798.10	$e^{4}-30$ [$^{\#}d^{4}+70$] 2590.33

音叉校正：$a^{1}-1$（439.45）

将各音分别减去 41 音分，转换为以$^{\#}$C（$^{\#}c^{2}$）为徵，音分数为 702，呈相对音高关系的音列：

单位：音分

侧鼓音音位：	宫	商	↑羽曾	商颟	宫曾/徵	羽颟	商颟	宫普/徵	羽颟
实测相对音高音分数：	1180	196*	543*	582*	730*	53**	599**	651**	141***
理论音高音分数：	0	182/204	498*	590*	772/702*	70/92**	520**	772/702**	70/92***
正、侧鼓实测音分差：	478	493	519	381	352	346	407	355	412
正、侧鼓理论音分差：	498	498	498	386	386/316	386/316	386	386/316	386
正鼓音音位：	徵	羽	宫	商	↓角	羽	商	↓角	羽
实测相对音高音分数：	702	903	24*	201*	378*	907*	192**	296**	929**
理论音高音分数：	702	884/906	0*	204*	386**	884/906	204**	386**	884/906**

正鼓音间实测音分差：	201	321	177	177	529	485	104	633
正鼓音间理论音分差：	182/204	316/294	204	182	498/520	520/498	182	498/520

① 笔者在查阅《山东卷》的原始资料时发现出版物有关此钟的资料与原始资料有出入。(1) 起初在原始资料中存在着测音数据与文字描述不符的问题。长清仙人台 5 号墓编钮钟中有“正、侧鼓音之间构成的音程有小三度、大三度、纯四度等，9 件钟的正、侧鼓音构成的音列为徵、羽、宫、商、角、中（或和）、徵、羽、宫”的文字描述，而测音数据反映出来的正、侧鼓音程关系只有大、小三度，并不存在纯四度，音列亦相差悬殊。长清仙人台 6 号墓编钮钟中有“正、侧鼓音之间构成的音程有小三度、大三度，9 枚钟的正、侧鼓音构成的音列为徵、羽、变、宫、商、徵曾、角、和、徵、羽、宫、商、角、和、徵、羽、宫”的文字描述，而测音数据反映出来的正、侧鼓音程关系中却有纯四度存在，侧鼓音位均不相同。(2) 出版前校对时发现了这种不符的现象，但在将测音数据与文字描述进行调换时，却将该调换的文字描述保留下来，而将不该对调的测音数据对调了。(3) 由于出版物的误调，虽然使测音数据与文字描述在逻辑上变得合理了，却使春秋早中期的长清仙人台 6 号墓编钮钟的音列设置意识远远超过了春秋中晚期的长清仙人台 5 号墓编钮钟，如 6 号墓编钮钟中前三件钟正、侧鼓部呈纯四度关系，这在春秋中期以后的编钟中是难以找到的，因为此时编钟的正、侧鼓音均统一到大、小三度之内了。故本文重新调整以符合其本来面目。

就长清仙人台6号墓编钟的音乐性能而言，与前面3套中相比它更为准确。除高音区的“角”音钟偏低外，正鼓音列各音间产生的差距如201、321、177、177、529、485等音分数均未超出人耳所能接受的范围。

此套钟在正、侧鼓部的音位设置上很有特点，3件大钟的正、侧鼓部均做四度设置，构成“徵—宫”（478音分）、“羽—商”（493音分）、“宫—羽曾”（519音分）的关系。高音区有3件钟的正、侧鼓间出现中立三度，即第5件“角”音钟、第6件“羽”音钟和第8件“角”音钟，该现象使3个侧鼓音在音位选择上出现两种可能。造成这些结果的原因可能有多种，可能与取音时获取节点的难易程度有关；与浇铸调音的技术有关。同时也不能排除第三种可能，那就是在9件套钮钟音位设置的转型阶段，重点考虑的是正鼓音列五声特点及其准确性，对侧鼓部上的音位设置要求相对较低。

以上通过对春秋早期9件套编钟音列特点的分析，一个明确特征就是其正鼓音列中出现了五声，以上4套编钟是由第一钟至第五钟做“徵—羽—宫—商—角”排列，有3套钟的后4件形成“羽—商—角—羽”，即有选择地对五声音列进行重复。前5钟的五声排列中除了将原用于西周甬钟音列中的侧鼓“徵”音和弃用的“商”音设置到正鼓音之外，更重要的是音位的排列方式也发生了根本性的变化。那么，正鼓音列的五声结构是怎样产生的呢?

为了对编钟做音列分析时提供一个参照，与西周甬钟的分析相似，对东周编钟做音列分析时也在各音位实测数据的下方标示了理论数据，而且“羽”和“角”两音位下方标出了两个数据，在侧鼓音难以肯定时也给出两个音位与音分数，并借用分数形式表示。那么，这些数据从何而来呢？标示一个数据或两个数据的理由是什么呢?

本文以为，编钟音列的结构问题主要与两个因素相关联，一是预设音位；二是律高。要解决这些问题仍须从弦上取音入手，它们是音列设置规范的本质所在。

三、一弦、五弦与五声

钮钟的出现，特别是两周之际与春秋早期9件一组的钮钟音列设置的事实已经完全证实，钮钟自出现之时起就采用五弦取音。河南陕县上村岭东1052号虢太子墓编钮钟在两周之际，山西闻喜上郭村210号墓编钮钟和山西闻喜上郭村211号墓编钮钟在春秋初期，且均为9件一组。除虢太子墓编钮钟高音区正鼓音设置出现了两个重复音位外，三者的中低音区正鼓音均为“徵—羽—宫—商—角”，后二者高音区均为“羽—商—角—羽”。自以上4套钮钟后出土的绝大多数用于演奏的钮钟和甬钟，其正鼓音列均以此“五声”为基础进行设置，这就给我们一个提示：这“五声”的获得必然是通过一种五条弦的仪器无须按指或统一按某一节点后轻松地获取的。从曾侯乙墓出土的五弦器①的制作工艺来看，它已是一种十分成熟的取音仪器了，它付诸使用的时间上限尚未确定，其上所张的五弦弦痕正好为以上 4 套编钟正鼓“五声”音列的设置提供了又一个坚实的物证。可见，这时作为取音标准的弦数已不再是一弦所能统率的了，取音标准的弦数已由一弦变成五弦。然而，春秋早期正鼓音列的五声音位还不够稳定，各组音列中音位间音程关系偏差较大的时候，要判断正鼓音列中五声的律制归属恐怕须从数理与实物两方面进行分析。

1. 一弦定五弦

从以上分析的 4 套 9 件组的编钟来看，正鼓音列各音位间均表现出较大的游移性，其中“徵—羽”间音分差最大，出现大于 204 音分和小于 182 音分两种倾向；“羽—宫”间音分差也出现多于 316 音分和少于 294 音分两种倾向；3 套钮钟的“商—角”间出现小于 182 音分的音分差。如果将这种对正鼓音列各音位间音分差值的统计推广到更多的编钟上来考察，就可整理出一个平均音分差值表，具体数据如下：

图表 3—8 春秋早中期编钟正鼓五声间平均音分差值统计表②

单位：音分

编钟正鼓音列的五个音位	徵		羽		宫		商		角
河南陕县上村岭 M1052 钮钟		224		307			427/431		
山西闻喜上郭村 M210 钮钟		173		335		146		172	
山西闻喜上郭村 M211 钮钟		249		269		254		176	
山东长清仙人台 M6 钮钟		201		321		177		177	
河南固始鄱子成周编钮钟		204		250		190		213	
河南淅川仓房下寺黝镈		236		265		203		208	
河南淅川徐家岭 M3 钮钟		168		342		221		189	
河南淅川徐家岭 M3 编镈		218		305		218		178	

① 黄翔鹏：《均钟考——曾侯乙五弦器研究》，《黄钟》1989 年第 1、2 期，另见论文集《中国人的音乐和音乐学》，山东文艺出版社 1997 年版，第 175 页。

② 为了便于分析，现将本章第二节将要整理的编钟正鼓音列的五声音位间音分差数据提前用于此表，详细数据见本章第二节的具体分析。

（续表）

编钟正鼓音列的五个音位	徵　　羽　　宫　　商　　角			
河南淅川仓房下寺 M1 钮钟	185	292	201	186
山西长治分水岭 M269 甬钟①	214	307	212	—
山东长清仙人台 M5 钮钟	194	316	199	116
山东临沂凤凰岭钮钟②	—	214	197	213
河南新郑城市信用社钮钟［1 组］	162	314	210	185
河南新郑城市信用社钮钟［2 组］	135	358	219	173
河南新郑金城路钮钟［1 组］	180	314	172	190
河南新郑金城路钮钟［2 组］	192	250	188	221
河南新郑李家楼编钟	192	331	180	194
统计平均值的数据个数	16	16	16	15
各套编钟相邻音位间的平均值	195.44	304.75	202.73	186.06

上表列出的各组编钟正鼓音列中五声音位间的音分差是从《大系》各卷收录的测音数据中整理出来的。从最后一栏的平均值来看，“徵—羽”之间相差 195.44 音分，理论上属于 182 音分和 204 音分两个标准之间或左右游移的结果；“羽—宫”之间的 304.75 音分刚好处于 294 音分和 316 音分之间，而且受“羽”音游移的影响；“宫—商”之间为 202.73 音分，与 204 音分非常接近；“商—角”之间的 186.06 音分则更接近于 182 音分，而远离 204 音分。这种原始而简单的统计方法同样可以运用于后面将要分析的春秋晚期与战国时期的编钟正鼓音列中。这些数据到底说明了什么问题呢？从表面上难以找到答案，从冰冷的实物甚至从文献记载中也不可能找到直接的答案。我们唯一能做的就是寻找传承的轨迹，即从晚商和西周编钟的数理实践中找回它们的真实。

按照西周三种等分制取音法，在甬钟上将正、侧鼓部结合起来才有“羽—宫—角—徵”“宫—角—徵—羽”和“角—徵—羽—宫”三种四声结构，唯独没有“徵—羽—宫—角”结构。因为以此三种取音法中的任何一种节点规律均不便单独来设置以“徵”为空弦散声的音列。而且，在强调“金石以动之”（《国语·周语下》）的节奏功能的西

① 该组甬钟与钮钟、编磬同出，两组钟均为 9 件，但多已破裂，仅有甬钟前 4 件有测音，表中数据即为整理的结果。出自：1. 山西省文物工作委员会晋东南工作组、长治市博物馆：《长治分水岭 269、270 号东周墓》，载《考古学报》1974 年 11 月第 2 期，第 79 页。2. 项阳、陶正刚主编：《中国音乐文物大系·山西卷》，大象出版社 2000 年版，第 51 页。

② 羽音偏高，羽宫间差值不予计算。

周时代，编钟音列中缺“商”音也无妨，但若要加强编钟的旋律功能，缺“商”音则影响演奏。事实上，商音在晚商编铙中早已出现，只是西周未用于编钟，仅用于其他乐器。随着编钟“礼器”功能的削弱，“乐器”功能的逐步增强，必须要求其旋律演奏能力的提高，于是，将晚商编铙上即已出现的“五声”设置于钮钟的正鼓音列就势在必行了。

下面将西周时期三种等份取音法在等份内的节点比例与音位做一个综合。通过三种取音法的对照可以发现，“徵—羽—宫—商—角”五声中有四声的取音节点在三种取音法中被运用，只有“羽”音所在的、弦长比例为$\frac{9}{10}$或$\frac{8}{9}$的两个节点在西周未被选用。如下图所示（图中仅取一弦的$\frac{1}{2}$，以求在一个八度内对音列进行考察；其中未被西周甬钟选用的两个节点用括号加以区分）。

图表3—9　三种等份取音法综合图

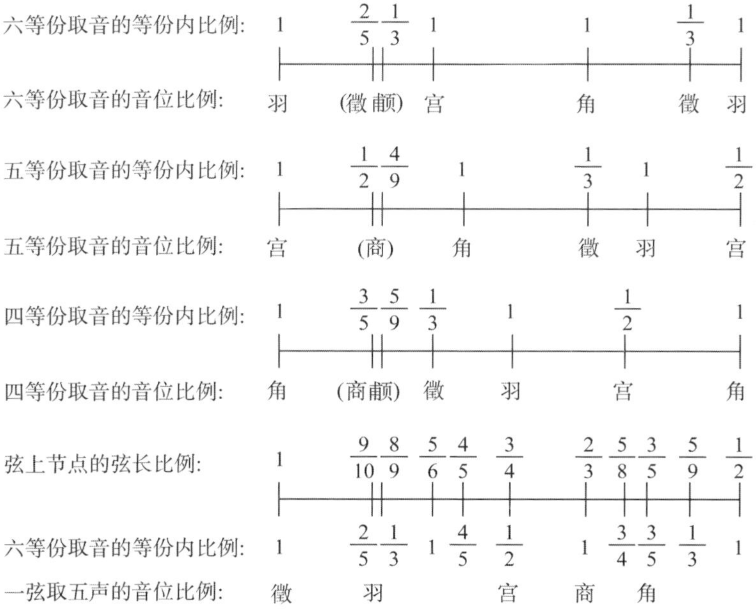

“徵—羽—宫—商—角”五个音位所用的节点有其各自的特征，最容易获取且音准最有保障的只有两音，即在五弦的$\frac{3}{4}$和$\frac{2}{3}$两节点处，二者分别为四等份取音法的第三节点和六等份取音法的第四节点，加上空弦散声形成三个最稳定的音。第四个音位是

“角”，较稳定，且只能有一个选择但较难获取，处在五等份取音法的第三个节点（$\frac{3}{5}$）上，在六等份取音的等份内比例也是$\frac{3}{5}$。剩下一个“羽”音不太稳定，在西周甬钟音列中未被选用，唯一的实例是河南安阳大司空 51 号妇好墓所出土的晚商编铙。它通过五等份取音法使音列作“宫—商—角—徵—羽”设置时，正好处在等份内的$\frac{1}{2}$节点上，其弦长比例为$\frac{9}{10}$，只是音位为“商”不为“羽”。自西周晚期统一使用六等份取音法以后，该音位出现了两个等份内都易于获取的节点，如图表所示，一个是$\frac{2}{5}$，另一个是$\frac{1}{3}$，二者的弦长比例分别为$\frac{9}{10}$与$\frac{8}{9}$，而且它们之间的音分数仅相差 22 音分，在实际调弦过程中有可能互用。在三种等份取音法所决定的音列设置中此两节点依次属于“徵颠”“商”和“商颠”三个音位，转换到“徵—羽—宫—商—角”结构中则变成了“羽”音音位（见括号内的音位）。正是在一弦上确定了五声的节点位置，才使得一弦调出五弦时有了理论依据。将五声音位的弦长比例由大至小依次排列即为：1— $\frac{9}{10}$或$\frac{8}{9}$ — $\frac{3}{4}$ — $\frac{2}{3}$ — $\frac{3}{5}$，它们在六等份取音法的等份内节点比例依次为：1— $\frac{2}{5}$或$\frac{1}{3}$ — $\frac{1}{2}$ — 1 — $\frac{3}{5}$。如设“宫”音的音分数为 0，则这种数据对应的音分数依次为：702、884/906、0、204、386（音分）。这就是在为以上各套编钟做音列分析时正鼓音列的理论音分数，它们的存在与西周甬钟音列的设置既有密切的联系，又有大胆的超越。

从对钮钟测音数据的整理分析中能清晰地看到，五弦散声与钮钟正鼓音列中的五声完全吻合，说明钮钟音列中各个音位是按五弦的弦序来取音的。五弦散声音高由一弦确定下来了，就表示 9 件套编钟正鼓音列的前 5 个音位及音高被确定下来了，并且按弦获取 5 个音位时音区上可做“1”“$\frac{1}{2}$”“$\frac{1}{4}$”等节点的选择（这一点将在第五章第一节“五弦取音”详细论述）。后 4 个音位是在保留西周甬钟正鼓音列的最后 3 个音位的基础上，与中低音区相同，再一次加入“商”音构成的。如果将西周中晚期 8 件套甬钟与东周 9 件套钮钟的正鼓音列做一个音域上的比较就会发现，8 件套的音域（从第 1 件甬钟上的“羽”音到第 8 件甬钟上的“羽”音）为三个八度，即二十二度，即将一条弦上取尽获得编钟正鼓部的 8 个音位①。9 件套的音域（从第 1 件钮钟上的“徵”音到第 9 件钮钟上的“羽”音）为十六度。西周甬钟件数少，音域却更宽；钮钟件数多了，音域却更

① 在第一章已述及，按一弦六等份取音法，正鼓音列设置八音为极限。

窄，很明显，钮钟缩小音域的目的是旋律演奏的需要，是春秋早期钟磬乐的旋律性能加强的结果。

有两个应予以思考的问题。一是为什么五弦取音会伴随钮钟的出现而出现呢？可以从取音与铸调两方面做出解释：（1）西周晚期人们早已有了丰富、改进编钟音列的想法，掌握了将一弦取音方法做出节点选择（即以弦长的$\frac{2}{3}$与$\frac{1}{3}$处为主），并推广到五条弦上的规律，只是甬钟、镈钟具有它们固有的取音法，不便打破这种传统；（2）钮钟多有表现自身良好音乐性能的名称，皆由于钮钟的尺寸比甬钟、镈钟体小，发音清脆，中音区近人声，余音短，最适合演奏旋律。加上用材少，造价廉，又易于调试。

正鼓音列的五声设置首先出现在钮钟上，钮钟又正好出现在两周之际，而两周之际正是周王室衰萎，五霸崛起之时。可见，从文化史的角度讲，9 件套钮钟的音列设置首先是在这种社会转型的大环境下受新思想、新意识影响的结果，是在一种敢于打破旧传统、突破旧格局的思想驱动下进行的大胆探索。这种探索来自实践，是对旧有规范的继承和发展。

二是古代黄钟律与编钟的音高标准（第一弦空弦散声）的关系问题是否能准确地保持一致呢？其一，应该清楚的是，从现已出土编钟的第一钟正鼓音高来看，两周时编钟的音高标准与汉代以来的黄钟律很难说就是一回事；其二，定弦时音高是难以确定的，且以散声作为首音位，其音位名称是随音列设置的变化而变化的，如西周甬钟的取音标准与钮钟就明显不在同一音区。加上地域的差异，又没有定音的仪器。所以，当时的音高标准与取音标准的质料有密切的关系，同时也一定程度地受人们听觉习惯及天生的音区、音高感的影响，很大程度上符合自然的生理规律。因此，编钟的音高标准既具有自然性又带有偶然性和实践性，要在编钟音列中考察黄钟律的绝对音高是非常困难的。

2. 五弦散声与三分律五声

以上的分析使春秋早中期钮钟正鼓音列的五个音位趋向于纯律范畴，而从文献记载来看，三分损益律至迟也不晚于公元前 645 年①。那么，到底是管子的三分损益理论指导了春秋早期钮钟的音列实践（仅从时间上讲，《管子》晚于春秋早期，是不可能指导的），还是随着春秋早期钮钟的音列实践促使了三分损益的理论总结呢？

这里，将三分损益法的实数计算方法转换为弦长比例来理解。

设弦长为 1，弦上$\frac{3}{4}$节点处作为定五弦的标准，它就是黄钟律高标准。

---

① 黄翔鹏：《音乐考古学在民族音乐形态研究中的作用》，《人民音乐》1983 年第 8 期，第 37 页。另见论文集《溯流探源——中国传统音乐研究》，人民音乐出版社 1993 年版，第 240 页。

（1）第一步：设$\frac{3}{4}$弦长比例为宫。将$\frac{3}{4}$弦长一分为三，则每一份为$\frac{1}{4}$，各份弦长比例由大到小分别为$\frac{3}{4}$、$\frac{2}{4}$、$\frac{1}{4}$。

第二步：延长$\frac{1}{4}$，则弦长比变为1，取得“徵”音。再一分为三，则每一份弦长比例为$\frac{1}{3}$，各份弦长比例由大到小分别为$\frac{3}{3}$（1）、$\frac{2}{3}$、$\frac{1}{3}$。

第三步：缩短$\frac{1}{3}$，则弦长比变为$\frac{2}{3}$，取得“商”音。再一分为三，则每一份弦长比例为$\frac{2}{9}$，各份弦长比例由大到小分别为$\frac{6}{9}$（$\frac{2}{3}$）、$\frac{4}{9}$、$\frac{2}{9}$。

第四步：延长$\frac{2}{9}$，则弦长比变为$\frac{8}{9}$，取得“羽”音。再一分为三，则每一份弦长比例为$\frac{8}{27}$，各份弦长比例由大到小分别为$\frac{24}{27}$（$\frac{8}{9}$）、$\frac{16}{27}$、$\frac{8}{27}$。

第五步：缩短$\frac{8}{27}$，则弦长比变为$\frac{16}{27}$，取得“角”音。如图表所示：

图表 3—10　五步骤节点及对应音名

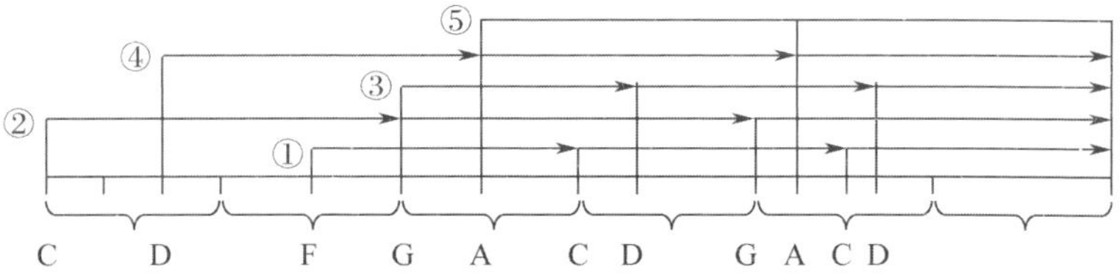

	C	D	F	G	A	C	D	G	A	C	D
弦长比例：	1	$\frac{8}{9}$	$\frac{3}{4}$	$\frac{2}{3}$	$\frac{16}{27}$	$\frac{1}{2}$	$\frac{4}{9}$	$\frac{1}{3}$	$\frac{8}{27}$	$\frac{1}{4}$	$\frac{2}{9}$
音位：	徵	羽	宫	商	角	徵	羽	商	角	徵	羽
占$\frac{1}{6}$弦长中的比例：	1	$\frac{1}{3}$	$\frac{1}{2}$	1	$\frac{5}{9}$						
管子实数：	108	96	81	72	64						

这正是《管子·地员篇》中关于三分损益法生五音的基本原理，所不同的是《管子》用的是实数，这里用的是弦长比例。就是因为换用了弦长比例来说明三分损益法的生律原理，它为将其与一弦等份理论进行比较提供了方便。如果用五个节点将一弦均分为六份，在各均等的$\frac{1}{6}$弦长中取音，各等份中钟的正鼓音绝大多数在$\frac{1}{6}$弦长中的2分或

3 分节点，侧鼓音不会超过 5 分，高音区最多也不会超过 6 分或 8 分。而上图第五步骤取得“角”音位，弦长比例为$\frac{16}{27}$，它在$\frac{1}{6}$弦长中占$\frac{5}{9}$，这是难以得到的；而另一弦长比例为$\frac{3}{5}$的相近的“角”音位在$\frac{1}{6}$弦长中也占$\frac{3}{5}$，按指取音就方便多了。这后一“角”音的获取更符合《史记·夏本纪》所载夏禹“声为律，身为度”的事实。

如前所述，调试一弦以外的四弦的标准仍然在第一弦上，第一弦上各节点按位的准确性直接影响到另外四弦的音高。其中，第一、三、四弦对应的散声“徵”“宫”“商”三音位的取音节点如图表所示，它们的准确性容易保证。第二弦可得$\frac{8}{9}$节点的“羽”，也可得$\frac{9}{10}$节点的“羽”，但二者在等份内分别处于$\frac{1}{3}$和$\frac{2}{5}$节点上，无论从理论上还是从实践角度讲均是容易获取的。第五弦的音高也有两种按弦选择，一种是三分损益法的理论弦长$\frac{16}{27}$，另一种是六等份中的$\frac{3}{5}$，前者处于等份内的$\frac{5}{9}$节点，很难获取；后者在等份内仍处于$\frac{3}{5}$节点上，获取起来就容易多了。如山东长清仙人台 6 号墓编钮钟是从铸造到调音都非常规范的一套编钟，它的正鼓音列为春秋时期“徵—羽—宫—商—角—羽—商—角—羽”的典型设置，唯独第 5 号钟即“角”音钟偏低 68 音分（107 - 23 - 16，按第一弦的$\frac{3}{5}$节点定弦），或 90 音分（107 - 23 + 6，按第一弦的$\frac{16}{27}$节点定弦）。音列中其他各音都非常准确，偏差不超过 16 音分。再如后面将要分析到的山西侯马上马 1004 号墓编镈（9 件）索性不从五弦上取音，将“角”音置于音列的开头，构成“角—徵—羽—宫—商—徵—羽—宫—商”的结构。再结合以上列表整理的 17 组春秋早中期 9 件组编钟正鼓“商—角”间多接近 182 音分的事实，很难说春秋早中期 9 件套编钟的正鼓音列是在三分损益法的理论指导下来设置五声音位的；相反，本文更相信三分损益律的理论总结来源于钮钟音列的早期实践。至于理论总结之后编钟的音列设置是否完全遵循它的规律则要看实际取音的难易程度了。

本文以为图表 3—9 中所标示的弦长比例才是“三分损益律”的早期形态，它们由一弦取音发展而来，并在两周之际即已运用于音乐实践。至春秋中期，管子用“实数”理论将其进行了精辟的总结。这种理论总结产生了两种后果，其一是排除了五弦上按弦取音时可能出现的比例上的游移性；其二是将长度相同、音高不同的五条弦换成了音高不同、长度也不同的五条弦。可见，这种总结是有利有弊的，利在于其规范性及以文字方式做出的记录，弊在于它抹杀了音乐实践方法的多样性以及西周以来弦上取音的相承性。当然，理论上的总结终归是理论，它并不妨碍弦上取音方法的灵活性运用和编钟音列设置实践的发展。

因此，本文以为编钟取音的五弦在定音问题上是音乐实践的结果，它们带有明显的灵活性和实用性，并非完全遵循三分律五音的音高。

第二节 春秋中期正鼓音列设置的五声定式

自两周之际钮钟的正鼓音列做五声设置以后，这种设置在整个东周时期得到了空前的发展。特别在春秋中期，编钟在正鼓音列的音位选择上严格地遵循着早期的五声规范，从出土实物测音资料的统计结果来看，也许个别编钟正鼓音列的排序未必完全一致，但没有一例超出了五声。这就是编钟的“礼器”功能在起作用，周代宫廷的“礼乐意识”对编钟的音列结构与对钟磬乐的编悬制度一样，有着潜在的约束力。这种约束客观上对当时社会音乐发展是保守的，然而它却为我们今天的断代史分析提供了方便。

一、 正鼓音列设置的五声定式

已出土的春秋中期编钟不下 20 套（见附录一：中国存见乐钟一览表），它们主要集中于楚、齐、晋及郑等春秋列国统治的河南、山东、山西等地区。除少数明器外，多数为音列设置完善的实用器。现选择 4 套保存完好，音乐性能优良的钮钟为对象来考察正鼓五声设置的稳定状态，它们分别是淅川仓房下寺 1 号墓编钟、莒南县大店游钟、临沂凤凰岭编钟和侯马上马 13 号墓编钟。

1. 淅川仓房下寺 M1 编钟分析

现藏于河南省文物考古研究所的淅川仓房下寺 1 号墓编钟①，于 1978 年 3 月出土于淅川县仓房乡下寺 1 号楚墓中，为春秋中期的 9 件套编钮钟。同墓出土有青铜器、玉器等 449 件。其中乐器除钮钟外，还有石磬和石排箫。钮钟随葬在墓室的中部偏南，其中较大的 6 件（M1:20—25）由大及小做南北排列，较小的 3 件（M1:26—28）做东西向置于前述 6 件的东部。

9 件钮钟保存完好，呈金黄色，且无铜锈，造型相同，大小相次。钟体作合瓦形，

① 河南省文物研究所等：《淅川下寺春秋楚墓》，文物出版社 1991 年版，第 89 页。

舞上正中有长方形竖环钮，上饰蟠螭纹。舞部饰4组对称的蟠螭纹。篆部亦饰蟠螭纹，间有螺旋状枚36个。正鼓部铸有4组两两相向的蟠螭纹所组成的纹饰。舞部内壁有外大内小的长方形范撑槽。

有关该钟的时代可从铭文中找到突破，在钮钟的鼓部及钲部铸有铭文，铭文字数行款不一，大致是每钟仅铸正面，小钟背面亦铸铭文。铭文为：

> 唯王正月初吉庚申，□□□□自作永命其眉寿无疆。敬事天王，至于父兄，以乐君子江汉之阴阳，百岁之外，以止大行。

从铸钟人名被铲去的事实，可知该钟原非墓主所有，加上钟铭有“以乐君子”“江汉之阴阳”的表述，可知该钟当为楚人所铸。铭文中还有“敬事天王”的表述，而“天王”是周天子的专称，可推知楚人此时是承认其与周王朝的宗主关系的。楚自公元前740年自立为武王之后，把向外扩张兼并诸侯定为国策。直至春秋末叶，灭国40多个，将周王朝在江汉地区所建立的姬姓诸侯国，差不多全给灭掉。所谓“汉阳诸姬，楚实尽之”，进而“饮马黄河，问鼎周室”，根本不承认周王朝的宗主关系。只有在楚成王即位之初，楚、周关系较好，所以下寺1号墓钮钟当铸于楚成王之初年。但这种关系并不长，楚成王十六年，齐桓公兴兵伐楚，责备楚国“尔贡包茅不入。王祭不共，无以缩酒，寡人是徵”①。故此，该钟所铸年代下限当不晚于成王十六年，即公元前656年。

图3—7　淅川仓房下寺M1编钟

9件钮钟的鼓部内壁均有凸起的长方形音梁，钟口内唇突出，音梁及钟口内唇均经精心调音锉磨。该组钮钟音色优美，音质纯正。测音结果②如下。

① 河南省文物研究所等：《淅川下寺春秋楚墓》，文物出版社1991年版，第89页。

② 赵世纲主编：《中国音乐文物大系·河南卷》表51，大象出版社1996年版，第319页。

图表 3—11　浙川仓房下寺 M1 编钟测音数据

单位：音分　频率

编　号		M1:20	M1:21	M1:22	M1:23	M1:24	M1:25	M1:26	M1:27	M1:28
侧鼓音		侧鼓音	$^{\#}f^2+31$	g^2+29	b^2-3	$^{\#}c^3-31$	d^3+22	g^3+38	$^{\#}c^4+21$	$^{\#}d^4+2$
		753.4	797.3	985.9	1089.1	1189.6	1603.1	2244.0	2491.7	2927.4
正鼓音		d^2+27	e^2+12	g^2+4	a^2+5	b^2-9	e^3-5	$^{\#}g^3-42$ [a^3+58]	b^3+46	e^4+35
		596.6	663.9	785.3	882.5	982.9	1314.3	1820.2	2029.3	2691.1

将各音分别减去 4 音分，转换为以 G（g^2）为宫，音分数为 0*，呈相对音高关系的音列：

单位：音分

侧鼓音音位：	徵颟	宫	角	商颟	徵	↑宫	商颟	宫曾	徵颟
实测相对音高音分数：	1127*	25*	393**	565**	718**	34***	617***	798***	1077***
理论音高音分数：	1088*	$\frac{0}{22}$**	386**	590**	702***	$\frac{0}{22}$***	590***	772***	1088***
正、侧鼓实测音分差：	404	317	393	364	331	343	363	359	146
正、侧鼓理论音分差：	386	316	386	386	316	316	386	386	$\frac{204}{182}$
正鼓音音位：	徵	羽	宫	商	角	羽	↑商	角	羽
实测相对音高音分数：	723*	908*	0*	201**	387**	891**	254***	439***	931***
理论音高音分数：	702*	$\frac{884}{906}$*	0**	204**	386**	$\frac{884}{906}$**	204***	386***	$\frac{884}{906}$***

正鼓音间实测音分差：| 185 | 292 | 201 | 186 | 504 | 563 | 185 | 492 |

正鼓音间理论音分差：| $\frac{182}{204}$ | $\frac{316}{294}$ | 204 | 182 | $\frac{498}{520}$ | $\frac{520}{498}$ | 498 | $\frac{498}{520}$ |

从以上对淅川下寺 1 号墓编钟的测音数据整理和音列分析结果可看到，正鼓音列按照“徵—羽—宫—商—角—羽—商—角—羽”9 个音位进行设置是没有异议的，这种音位设置与春秋早期 9 件套钮钟的设置完全相同，即中低音区突出五声基础，而高音区保留西周传统。当然，此套钟更重要的特点在于它良好的音乐性能，9 件钟的正、侧鼓音位都比较明确，正鼓音中除从第 7 件钟的“商”音开始往后偏高以外，演奏得最多的前面 6 个音都十分准确，其中“徵”音偏差为 21 音分（接近一个普通音差），“羽”“宫”“商”“角”“羽反”5 音偏差均未超出 10 音分。正、侧鼓部的音分差除第 9 钟外也均在 27 音分之内。正因如此，黄翔鹏曾将此套钮钟（名曰“倗钟”）与晋国的侯马 13 号墓钮钟作为春秋钟的代表，充分肯定了它的历史价值与研究价值①。

2. 游钟分析

1975 年山东省博物馆在莒南县大店镇发掘了两座春秋墓葬。其中 1 号墓出土钮钟一套 9 件和镈 2 件。2 号墓出土了钮钟一套 9 件，自铭“游钟”②。同出乐器还有编磬一套，残存 12 件。莒是春秋时期鲁东南较为强盛的诸侯国，两墓虽遭破坏，但仍出土了大批遗物，为推断墓葬年代和墓主人提供了重要线索。2 号墓出土的游钟铭文体例与春秋初期的者减钟相似，纹饰也接近。出土的陶礼器的基本组合、纹饰均与西周晚期、春秋早期较为接近。但所出陶鼎、陶豆具有较为明显的春秋中期的特征，说明该墓的时代应在春秋中期。

图 3—8 莒南县大店镇 M1 编钟

游钟保存完好，造型相同，大小相次。编钟通体褐色，造型浑厚，铸工稍粗糙，腔体修长，铣棱斜直，平舞，曲于。舞面上置小方环形钮。圆梗式阳纹框隔枚、篆、钲区，枚均作涡纹乳突状，装饰有蟠螭纹和蟠虺纹。在铣部、鼓部和侧钲部共铸有 70 字铭文。钟腔内壁留有调音槽，表明它为实用器。其测音数据③如下：

① 黄翔鹏：《用乐音系列记录下来的历史阶段——先秦编钟音阶结构的断代研究》，1980 年 4 月应文物局出国文展之邀而作，另见论文集《溯流探源——中国传统音乐研究》，人民音乐出版社 1993 年版，第 98 页。

② 山东省博物馆、临沂地区文物组、莒南县文化馆：《莒南大店春秋时期莒国殉人墓》，《考古学报》1978 年 7 月第 3 期，第 322—328 页。

③ 周昌富、温增源主编：《中国音乐文物大系 · 山东卷》表 27，大象出版社 2001 年版，第 339 页。

图表 3—12 莒南县大店镇 M1 编钟（游钟）测音数据

单位：音分 赫兹

编号	1	2	3	4	5	6	7	8	9
侧鼓音	破裂	破裂	破裂	$\#g^2-8$ 826.90	$\#a^2-35$ 913.69	$\#d^3+14$ 1254.85	g^3+24 1590.20	b^3+2 [$^bb^3+102$] 1978.37	f^4-31 [$^be^4+169$] 2744.75
正鼓音	破裂	破裂	破裂	f^2-7 695.71	$\#f^2+10$ [g^2-90] 744.49	c^3-31 1028.25	$\#d^3+6$ [$^be^3+6$] 1248.99	g^3+44 1608.94	$\#c^4+8$ [c^4+108] 2227.91

将各音分别加上 11 音分，转换为以 F（f^2）为商，音分数为 204*，呈相对音高关系的音列：

单位：音分

侧鼓音音位：	—	—	—	羽曾	徵	宫	角	↑宫曾	↑羽颠
实测相对音高音分数：	—	—	—	503*	676*	25**	435**	813**	180***
理论音高音分数：	—	—	—	520*	702*	$\frac{0}{22}$**	386**	772**	$\frac{20}{92}$***
正、侧鼓实测音分差：	—	—	—	299	355	345	418	358	361
正、侧鼓理论音分差：	—	—	—	316	316	316	386	386	386
正鼓音音位：	（徵）	（羽）	（宫）	商	↓角	羽	宫	↑角	↑羽
实测相对音高音分数：	—	—	—	204*	321*	880*	17**	455**	1019**
理论音高音分数：	702	$\frac{884}{906}$	0*	204*	386*	$\frac{884}{906}$*	0**	386**	$\frac{884}{906}$**

正鼓音间实测音分差： | — | — | — | 117 | 559 | 337 | 438 | 564 |

正鼓音间理论音分差： | $\frac{182}{204}$ | $\frac{316}{294}$ | 204 | 182 | $\frac{498}{520}$ | $\frac{316}{294}$ | 386 | $\frac{498}{520}$ |

从有测音数据的后 6 件钮钟形成“商—角—羽—宫—角—羽”的音列设置特点，可以推断出前 3 件钟应为“徵—羽—宫”结构，衔接起来构成以五声为基础的正鼓音列，第 7 钟将典型的正鼓“商”音位设置成“宫”音位，算是该钟与众不同之处。但该套钮钟的音响性能欠佳，或许是第五弦调试或按取不准，或许是调音锉磨不善，第 5 钟的“角”音偏低 60 多音分，第 8 钟和第 9 钟偏高 60 音分以上，并引起侧鼓音发生相应的偏差。

图 3—9　临沂凤凰岭编钟

3. 临沂凤凰岭编钟分析

现藏于山东省文物考古研究所的临沂凤凰岭编钟①，为春秋时期 9 件套编钮钟。于 1982 年出土于临沂市相公乡王家黑墩凤凰岭的一座春秋墓。坑内出土青铜乐器 19 件，其中编钟一组 9 件，编镈两组 9 件，铎 1 件。编钟陈放在坑南侧，自西向东，由小到大依次排列，次序井然。

9 件钮钟保存较好，造型相同，制作规范。与莒南大店游钟相似，其两铣斜直，平舞，曲于。于口作弧形上收，舞置长方形扁钮。圆梗式阳纹框隔枚、篆、钲区，钟体两面纹饰相同，枚布两面，面分两区，区三行，行 3 枚，共计 36 枚。钲间篆带，鼓部及舞面均饰蟠螭纹，钲间及钲两侧原有铭文，均被锉磨。其测音数据②如下。

图表 3—13　临沂凤凰岭编钟测音数据

单位：音分　赫兹

编　号	1 –	2 60	3 59	4 61	5 62	6 63	7 64	8 65	9 66
侧鼓音	残	$^{\#}d^{2}-3$ [$^{b}e^{2}-3$] 621.34	$f^{2}+6$ 700.68	$g^{2}+47$ [$^{b}a^{2}-53$] 805.66	$b^{2}-29$ 971.07	$e^{3}-9$ 1311.04	$^{\#}g^{3}-4$ 1656.49	$b^{3}+40$ 2021.48	$e^{4}-15$ [$^{\#}d^{4}+85$] 2612.30
正鼓音	残	$^{\#}c^{2}-22$ [$c^{2}+78$] 547.49	$^{\#}d^{2}-7$ [$^{b}e^{2}-19$] 615.51	$f^{2}-10$ 693.97	$g^{2}+3$ 785.52	$^{\#}c^{3}-37$ [$c^{3}+63$] 1084.59	$^{\#}f^{3}+4$ [$f^{3}+104$] 1483.76	$g^{3}+33$ 1597.90	$^{\#}c^{4}-20$ [$c^{4}+80$] 2192.38

说明：此钟多破裂，故所测数据难以客观反映其音响性能的真实。

音叉校正：$a^{1}-6$（438.23）

① 山东省兖石铁路文物考古工作队：《临沂凤凰岭东周墓》（罗鹭凌撰），齐鲁书社 1988 年版，第 15—18 页。

② 周昌富、温增源主编：《中国音乐文物大系·山东卷》表 34，大象出版社 2001 年版，第 341 页。

将各音分别加上 19 音分，转换为以^{b}E（$^{b}e^{2}$）为宫，音分数为 0*，呈相对音高关系的音列：

单位：音分

侧鼓音音位：	—	宫	商	↓羽曾	宫曾	↑宫	羽曾	↑宫曾	↑宫
实测相对音高音分数：	—	17*	225*	466*	790*	110**	515**	859**	104***
理论音高音分数：	—	0/22*	182/204*	520*	772*	0/22**	520**	772**	0/22***
正、侧鼓实测音分差：	—	219	225	257	368	328	192	407	304
正、侧鼓理论音分差：	—	316	182/204	316	386	316	316	386	316
正鼓音音位：	（徵）	↑羽	宫	商	角	↑羽	↑商	↑角	↑羽
实测相对音高音分数：	—	998	0*	209*	422*	982*	323**	452**	1000**
理论音高音分数：	—	884/906	0*	204*	386*	884/906*	204**	386**	884/906**
正鼓音间实测音分差：		—	214	197	213	560	541	129	548
正鼓音间理论音分差：		182/204	316/294	204	182	498/520	520/498	182	498/520

首先，从后 8 件钮钟正鼓音列设置中轻易地推断出第 1 钟的“徵”音音位。但整组钮钟的准确性较差，后 4 钟正、侧鼓 8 个音中有 7 个音偏高在 50 音分以上。其次，从第 2、6、9 钟的正鼓“羽”音统一偏高的现象来看，固然不排除取音与调音不善的原因，但更有可能是一弦定五弦时将第二弦散声定高了的缘故。

4. 侯马上马 M13 编钟分析

现藏于山西省考古研究所侯马工作站的侯马上马 13 号墓编钟①，为 9 件套编钮钟。同墓出土的还有两组编磬共 10 件。钮钟出自棺椁的东南角，编磬的一组 5 件亦出于此，另一组编磬 5 件出于棺椁的西部。此墓的规模较大，随葬器物近两千件，有包金器、铜器、玉器、骨器等，按用途可细分为食器、兵器、礼器、工具、车马器、乐器、装饰品等。其年代当在春秋中晚之交。其测音数据②如下。

---

① 山西省考古研究所：《上马墓地》，文物出版社 1994 年版，第 72—76 页。

② 黄翔鹏：《新石器和青铜时代的已知音响资料与我国音阶发展史问题》（下），《音乐论丛》1980 年第 3 辑，第 142 页。另见论文集《溯流探源——中国传统音乐研究》，人民音乐出版社 1993 年版，第 40 页。

图表 3—14　侯马上马 13 号墓编钟测音数据

单位：音分　赫兹

编　号	1	2	3	4	5	6	7	8	9
侧鼓音	—	破裂	破裂	$^{\#}f^2+5$ 742.13	g^2+50 806.96	c^3+42 1072.2	$^{\#}f^3+20$ 1497.2	g^3+80 1642.1	c^4+60 2166.8
正鼓音	g^1+45 402.32	破裂	破裂	d^2+45 [d^2+25] 595.87	e^2+35 672.72	a^2+30 895.38	d^3+60 1216.1	e^3+50 1357.1	a^3+50 1811.6

说明：《中国音乐文物大系·山西卷》仅在钮钟附录条目中收录了该钟的简单资料，没有测音资料。在黄翔鹏的文章中却记录了频率数和音分数两方面的可以证实的详细数据，故破例引用。整套数据仅第 4 钟正鼓音的音分数有出入，即 595.87 赫兹的频率应对应于 d^2+25 的音分数，现用加方括号的方式予以改正。

将各音分别减去 43 音分，转换为以 G（g^1）为徵，音分数为 702，呈相对音高关系的音列：

单位：音分

侧鼓音音位：	—	—	—	商颧	徵	宫	商颧	徵	宫
实测相对音高音分数：	—	—	—	562*	707*	1199*	577**	737**	17***
理论音高音分数：	—	—	—	590*	702*	0/22**	590**	702**	0/22***
正、侧鼓实测音分差：	—	—	—	380	315	312	360	330	310
正、侧鼓理论音分差：	—	—	—	386	316	316	386	316	316
正鼓音音位：	徵	（羽）	（宫）	商	角	羽	商	角	羽
实测相对音高音分数：	702	—	—	182*	392*	887*	217**	408**	907**
理论音高音分数：	—	884/906	0*	204*	386*	884/906*	204**	386**	884/906**
正鼓音间实测音分差：		—	—	—	210	495	530	190	500
正鼓音间理论音分差：		182/204	316/294	204	182	498/520	520/498	182	498/520

依据测音数据整理出的 7 个音位的特点，很容易推断出第 2、3 件钮钟的正鼓音位分别为“羽”和“宫”，从而形成以五声为基础的典型的正鼓音列设置。从正、侧鼓音位的音分数以及正鼓音间，正、侧鼓音间音分差四项指标上还可发现，侯马上马 13 号墓钮钟是春秋编钟中少有的音准极佳的一例，除个别音偏差超出 30 音分外，绝大多数音的偏差控制在 20 音分甚至 10 音分以内，足见其在取音、调音两个环节上的技术之高超。难

怪黄翔鹏在论及它时不由自主地联想到晋乐师师旷过人的辨音能力①。

二、 郑国10件组编钟正鼓音列特点

郑国编钟以其独特的10件组合区别于其他诸侯国编钟。然而，10件组编钟正鼓音列的核心仍是“徵—羽—宫—商—角”五声，只是在早期9件组结构的前面增设一个“角”音。资料表明，1993年以来新郑出土的郑国编钟已有11套，且均为4件镈钟与10件钮钟的组合。现以新郑出土的城市信用社编钟、李家楼编钟、金城路编钟和螭凤纹编钟为对象考察其音列特点。

1. 新郑城信社编钟分析

现藏于河南省文物考古研究所的新郑城市信用社编钟②，为1995年出土于新郑城市信用社第8号窖藏的春秋中期10件组编钮钟。两组共20件，出土时I组钮钟叠置于II组钮钟之上，同坑还出土了一组4件的镈钟（将在第四章第二节中论述）。两组钮钟造型、纹饰相同，两两相对，大小相次。钟体作合瓦形，舞上有长方形钮，钟面有乳钉状枚36个。钟口上弧，舞部无纹饰。篆带饰卷云纹，正鼓部正中铸一盘蛇纹，盘蛇纹外以三角纹和卷云纹组成变形象首纹。

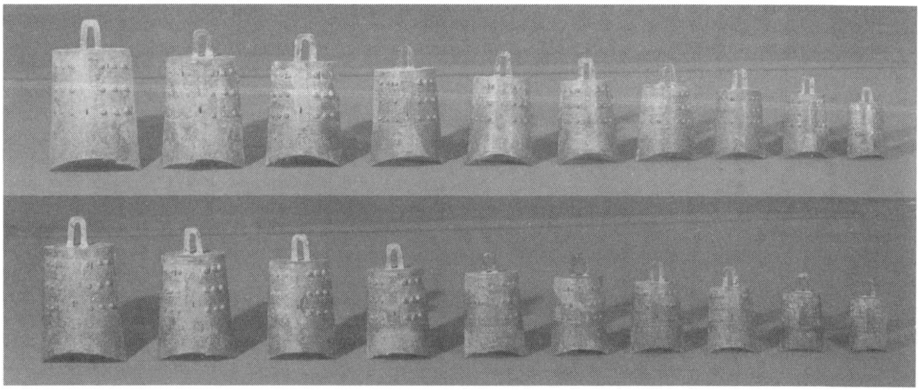

图3—10 新郑城市信用杜编钮钟1、2组

① 黄翔鹏：《新石器和青铜时代的已知音响资料与我国音阶发展史问题》（下），原载《音乐论丛》（一）1980年第3辑，第126页。另见论文集《溯流探源——中国传统音乐研究》，人民音乐出版社1993年版，第39页。

② 赵世纲主编：《中国音乐文物大系·河南卷》，大象出版社1996年版，第114页。

大多钮钟经过调音锉磨，其测音数据①如下。

图表 3—15　新郑城市信用社编钟测音数据

单位：音分　赫兹

第一组	编　号	5	7	9	11	13	15	17	19	21	23
	侧鼓音	$^{\#}c^{2}-3$	$e^{2}-32$	$^{\#}f^{2}+33$	$a^{2}-47$	$c^{3}-32$	$d^{3}-9$	$g^{3}+19$	$b^{3}+41$	$e^{4}+4$	$^{\#}g^{4}+13$
		553	647	754	856	1027	1168	1586	2023	2355	3348
	正鼓音	$b^{1}-10$	$d^{2}+10$	$e^{2}-28$	$g^{2}-14$	$a^{2}-4$	$b^{2}-19$	$e^{3}-2$	$a^{3}+29$	$b^{3}+31$	$e^{4}+13$
		490	591	648	776	878	977	1316	1790	2012	2657
第二组	编　号	6	8	10	12	14	16	18	20	22	24
	侧鼓音	$^{\#}c^{2}+33$	$e^{2}-12$	$^{\#}f^{2}-25$	$a^{2}+3$	$c^{3}+3$	$d^{3}+23$	$g^{3}+33$	$c^{4}-24$	$^{\#}d^{4}-7$	$g^{4}-13$
		565	654	729	881	1049	1190	1598	2063	2478	3110
	正鼓音	$b^{1}-27$	$d^{2}-7$	$^{\#}d^{2}+28$	$g^{2}-14$	$a^{2}+5$	$b^{2}-12$	$e^{3}-20$	$a^{3}+4$	$b^{3}+12$	$e^{4}+50$
		486	585	632	776	883	980	1302	1764	1990	2714

将第一组各音分别加上 14 音分，转换为以 G（g^{2}）为宫，音分数为 0*，呈相对音高关系的音列：

单位：音分

侧鼓音音位：	商颟	羽	↑徵颟	商	羽曾	徵	宫	↑角	徵	羽颟
实测相对音高音分数：	611	882	1147	167*	482*	705*	33**	455**	718**	127***
理论音高音分数：	590	884/906	1088	182/204*	520*	702*	0/22**	386**	702**	70/92***
正、侧鼓实测音分差：	207	158	261	167	272	310	321	212	273	300
正、侧鼓理论音分差：	204	182/204	204/182	182/204	316	316	316	182	316	386
正鼓音音位：	角	徵	羽	宫	商	角	羽	↑商	↑角	羽
实测相对音高音分数：	404	724	886	0*	210*	395*	912*	243**	445**	927**
理论音高音分数：	386	702	884/906	0*	204*	386*	884/906*	204**	386**	884/906**

正鼓音间实测音分差：| 320 | 162 | 314 | 210 | 185 | 517 | 531 | 202 | 482 |

正鼓音间理论音分差：| 316 | 182/204 | 316/294 | 204 | 182 | 498/520 | 520/498 | 182 | 498/520 |

将第二组各音分别加上 14 音分，转换为以 G（g^{2}）为宫，音分数为 0*，呈相对音

① 赵世纲主编：《中国音乐文物大系·河南卷》表 49，大象出版社 1996 年版，第 318 页。

高关系的音列：

单位：音分

侧鼓音音位：	↑商颟	羽	徵颟	商	羽曾	↑徵	↑宫	羽曾	宫曾	宫
实测相对音高音分数：	647	902	1089	217*	517*	740*	47**	490**	807**	1***
理论音高音分数：	590	884/906	1088	182/204*	520*	702*	0/22**	520**	772**	0/22***
正、侧鼓实测音分差：	260	195	247	217	298	348	353	272	381	272
正、侧鼓理论音分差：	204	182/204	204/182	182/204	316	316	316	316	386	316
正鼓音音位：	角	徵	↓羽	宫	商	角	羽	商	角	羽
实测相对音高音分数：	387	707	842	0*	219*	392*	894*	218**	426**	929**
理论音高音分数：	386	702	884/906	0*	204*	386*	884/906*	204**	386**	884/906**
正鼓音间实测音分差：		320	135	358	219	173	502	524	208	503
正鼓音间理论音分差：		316	182/204	316/294	204	182	498/520	520/498	182	498/520

通过对两组钮钟的测音数据整理和音列分析可看到，第一，10件组钮钟的正鼓音列设置即在9件组结构前面添铸一个“角”音钟，产生的“角—徵—羽—宫—商—角—羽—商—角—羽”结构中出现3“角”音、3“羽”音，而实际上仍以五个“正声”音位为基础。第二，两组钮钟的准确性均较高，正鼓音上除第二组第3件“羽”音钟、第一组第8件“商”钟和第9件“角”钟偏差40音分左右外，其余钮钟均在人耳许可的范围之内。第三，两组钮钟在处理正、侧鼓音的关系上体现出少有的一致性，即第1—4件钮钟的正、侧鼓音间均设置为大二度关系，第5—7件钮钟的正、侧鼓音间均做小三度设置。只有较难听辨且较少演奏的高音区三件钟上表现出各自的特点和灵活性。结合相同的音高标准（均为b^1）和形制纹饰等特点，说明它们是统一设计后采用同一弦准按弦取音并同时浇铸、调试出来的两组钮钟。此外，正、侧鼓音间设置为大二度这一现象与河南陕县上村岭1052号墓虢太子钮钟、长治分水岭269号墓编甬钟①及沂水刘家店子1号墓甬

① 1. 山西省文物工作委员会晋东南工作组、长治市博物馆：《长治分水岭269、270号东周墓》，《考古学报》1974年11月第2期，第79页。2. 项阳、陶正刚主编：《中国音乐文物大系·山西卷》，大象出版社2000年版，第51页。

钟①等编钟一样，构成了春秋早、中期编钟正、侧鼓音间音程关系上经常出现的特点。

2. 新郑李家楼编钟分析

1923 年秋出土于新郑县城李家楼，现藏于河南省博物馆的李家楼编钟②，为春秋中期的编甬钟。原本同出土的有 23 件，其中特镈 4 件、甬钟 19 件，但编钟发现后即被分散，今河南省博物馆仅存甬钟 6 件，特镈 1 件。6 件甬钟保存基本完整，但锈蚀较重，部分钟枚有不同程度的残缺，其中 4 件衡面残破不全。6 件甬钟造型纹饰大致相同，大小依次递减。合瓦形钟体舞面铸圆柱状甬，甬部上小下大，下部近钟体处有宽厚的旋和斡，斡为长方形。舞部及正鼓部饰以蟠螭纹，篆间纹饰与旋部相同，均以窃曲纹饰之。枚作圆柱状，下有圆形基座，顶部平齐无饰，共为 36 枚。于部呈弧形，内侧均有加厚的唇边。每钟内腔上部均留有竖条形范芯槽，有的已透钟壁。

图 3—11 新郑李家编钟 1 号

① 1. 山东省文物考古研究所、沂水县文物管理站：《山东沂水刘家店子春秋墓发掘简报》，《文物》1984 年 9 月第 9 期，第 1 页。2. 罗勋章：《刘家店子春秋墓琐考》，《文物》1984 年 9 月第 9 期，第 11 页。3. 蒋英炬：《三十年来山东省文物考古工作》，《文物考古工作三十年 1949—1979》，北京：文物出版社 1979 年 11 月第 1 版，第 186 页。4. 齐文涛：《概述近年来山东出土的商周青铜器》，《文物》1972 年 5 月第 5 期，第 3 页。测音资料出自周昌富、温增源主编：《中国音乐文物大系 · 山东卷》，大象出版社 2001 年版，第 195 页。

② 1. 许敬参：《编钟编磬说》，《河南省博物馆馆刊》第九集，1937 年 5 月 1 版；2. 靳云鹏：《新郑出土古器物图志》，1923 年 12 月初版，第 1—5 页“周蟠虺钟”（天字 1 号—天字 21 号）；3. 关百益：《新郑古器图录》——乐器类（第一）“钟属二十三器”之特钟（四器：1—4 号、图一—图四）、甲类编钟（九器：5—13 号、图五—图七）、乙类编钟（十器：14—23 号、图八—图十），1929 年 5 月第 1 版。

6件甬钟的测音数据①如下。

图表3—16　新郑李家楼编钟测音数据

单位：音分

编　号	1	2	3	4	5	6
侧鼓音	含混	$\#g^1+7$	$\#g^1-12$	c^2+27	$\#d^2+6$	f^2+1
正鼓音	d^1+3	f^1-33	g^1-41	$\#a^1-10$	c^2-30	d^2-36

将各音分别加上10音分，转换为^bB（$^bb^1$）为宫，音分数为0，呈相对音高关系的音列：

单位：音分

侧鼓音音位：	—	商曾	商曾	商	羽曾	徵	—	—	—	—
实测相对音高音分数：	—	1017	998	237*	516*	711*	—	—	—	—
理论音高音分数：	—	1018	1018	182*/204	520*	702*	—	—	—	—
正、侧鼓实测音分差：	—	340	129	237	336	337	—	—	—	—
正、侧鼓理论音分差：	—	316	?	182/204	316	316	—	—	—	—
正鼓音音位：	角	徵	羽	宫	商	角	（羽）	（商）	（角）	（羽）
实测相对音高音分数：	413	677	869	0*	180*	374*	—	—	—	—
理论音高音分数：	386	702	884/906	0*	204*	386*	—	—	—	—
正鼓音间实测音分差：	264	192	331	180	194	—	—	—	—	
正鼓音间理论音分差：	316	182/204	316/294	204	182	498/520	520/498	182	498/520	

从仅存的6件甬钟的正鼓音列结构来看，它们与新郑城市信用社两组钮钟前6件的正鼓音位完全相同，加上同出于新郑，即墓主均为当时郑国的贵族。由此可以推断此套甬钟的正鼓音列应与城信社钮钟相同，为高音区缺失了“羽”“商”“角”和“羽”音后4钟的10件套编钟。有测音数据的6件钟中除第1、2号钟正鼓音“角—徵”间偏窄之外，其余各音间均与理论音分差无较大偏离。在正、侧鼓间的音程关系上，仍可看到

① 赵世纲主编：《中国音乐文物大系·河南卷》，大象出版社1996年版，第84页。

城信社编钟的痕迹，即三度（第2、5、6号）与二度（第3、4号）兼而有之①。

3. 新郑金城路编钟分析

现藏于河南省文物考古研究所的新郑金城路编钟②，为1993年6月出土于新郑市金城路中段西侧第2号窖藏坑的春秋中期10件组编钮钟，两组共20件。与新郑城信社编钟的出土情况相似，出土时I组钮钟叠置于II组钮钟之上，同坑还出土了一组4件镈钟（将在第四章第二节中论述）。两组钮钟造型、纹饰相同，两两相对，大小相次。钟体作合瓦形，舞上有长方形钮，钟面有乳钉状枚36个。钟口上弧，舞部无纹饰，在舞部内壁上有的铸有"十""キ""ナ""×"等符号。篆部饰卷云纹，正鼓部正中饰一圆圈，圆圈内填以圆点，圆圈外以三角纹和云纹组成变形象首纹。

图3—12　新郑金城路钮钟1、2组

20件钮钟均经调音，音质较城信社钮钟更佳，A、B两组的测音数据③如下。

---

① 赵世纲主编：《中国音乐文物大系·河南卷》第84页所收录的该钟第3号钟侧鼓音测音数据与黄翔鹏论文集《溯流探源——中国传统音乐研究》中第37页所记录的数据不一［原出于他的论文《新石器和青铜时代的已知音响资料与我国音阶发展史问题》（上）（中）］，而他记录的频率数和音分数俱出的数据中唯独缺少此音的数据，笔者疑为未测或推测。现以《大系·河南卷》所收数据来分析。

② 蔡全法、马俊才：《新郑郑韩故城金城路考古取得重大成果》，《中国文物报》1994年1月2日第1版。

③ 赵世纲主编：《中国音乐文物大系·河南卷》表47，大象出版社1996年版，第316页。

图表 3—17　新郑金城路编钟测音数据

单位：音分　赫兹

A 组	编　号	1	2	3	4	5	6	7	8	9	10
	编　号	19	17	15	13	11	9	7	5	3	1
	侧鼓音	$^{\#}c^{2}+3$ 555	f^{2}—29 687	$^{\#}f^{2}+16$ 747	$a^{2}+25$ 893	$^{\#}c^{3}-31$ 1088	$d^{3}+12$ 1183	$^{\#}g^{3}-30$ 1632	$c^{4}+27$ 2126	$^{\#}d^{4}-6$ 2479	$^{\#}g^{4}+29$ 3379
	正鼓音	$b^{1}-30$ 485	$d^{2}+10$ 591	$e^{2}-10$ 655	$g^{2}-6$ 780	$a^{2}-24$ 867	$b^{2}-34$ 968	$e^{3}+9$ 1326	$a^{3}+13$ 1773	$b^{3}-6$ 1968	$f^{4}+8$ 2806
B 组	编　号	1	2	3	4	5	6	7	8	9	10
	编　号	20	18	16	14	12	10	8	6	4	2
	侧鼓音	$d^{2}-14$ 582	$^{\#}f^{2}-2$ 739	$g^{2}+18$ 792	$a^{2}+17$ 889	$c^{3}-10$ 1040	$d^{3}+10$ 1182	$g^{3}-13$ 1555	$c^{4}-9$ 2081	$^{\#}d^{4}-12$ 2471	$a^{4}-8$ 3501
	正鼓音	$b^{1}-19$ 488	$d^{2}+17$ 593	$e^{2}+9$ 663	$g^{2}-41$ 765	$^{\#}g^{2}+47$ 853	$b^{2}-32$ 969	$e^{3}-4$ 1315	$a^{3}+15$ 1775	$b^{3}+3$ 1979	$^{\#}f^{4}-27$ 2913

将 A 组各音分别加上 6 音分，转换为以 G（g^{2}）为宫，音分数为 0，呈相对音高关系的音列：

单位：音分

侧鼓音音位：	商颧	↑徵	徵颧	商	商颧	徵	羽颧	商颧	宫曾	↑宫
实测相对音高音分数：	606	755	1112	221*	565*	708*	66**	623**	790**	125***
理论音高音分数：	590	702	1088	182/204*	590*	702*	70/92**	590**	772**	0/22***
正、侧鼓实测音分差：	240	49	226	221	393	346	360	414	400	321
正、侧鼓理论音分差：	204	182/204	204/182	182/204	386	316	386	386	386	316
正鼓音音位：	角	徵	羽	宫	商	角	羽	商	角	↑羽
实测相对音高音分数：	366	706	886	0*	172*	362*	906*	209**	390**	1004**
理论音高音分数：	386	702	884/906	0*	204*	386*	884/906*	204**	386**	884/906**

正鼓音间实测音分差：	340	180	314	172	190	544	503	181	614
正鼓音间理论音分差：	316	182/204	316/294	204	182	498/520	520/498	182	498/520

将 B 组各音分别加上 6 音分，转换为以 G（g^{2}）为宫，音分数为 1165 音分，呈相对音高关系的音列：

单位：音分

侧鼓音音位：	徵	徵顀	宫	↓徵曾	羽曾	徵	宫	羽曾	宫曾	↑宫
实测相对音高音分数：	692	1104	24*	223*	496*	716*	1193*	497**	794**	198***
理论音高音分数：	702	1088	0/22*	316*	520*	702*	0/22**	520**	772**	0/22***
正、侧鼓实测音分差：	305	381	309	258	343	342	291	276	385	329
正、侧鼓理论音分差：	316	386	316	316	316	316	316	316	386	316
正鼓音音位：	角	徵	羽	宫	↓商	角	羽	商	角	↑羽
实测相对音高音分数：	387	723	915	1165	153*	374*	902*	221**	409**	1069**
理论音高音分数：	386	702	884/906	0*	204*	386*	884/906*	204**	386**	884/906**
正鼓音间实测音分差：	336	192	250	188	221	528	519	188	660	
正鼓音间理论音分差：	316	182/204	316/294	204	182	498/520	520/498	182	498/520	

此两组钮钟从正鼓音列的音位上看，与城信社钮钟的设置毫无区别，亦由以五声为基础的9音结构前加设“角”音来构成。但此两组钮钟在正、侧鼓音间的音程关系上并未表现出像城信社编钟那样的一致性，其中，A组仍采用二度与三度相结合的方式设置，而B组则完全设置为三度结构。结合春秋晚期编钟正、侧鼓音间统一设置为三度关系的趋势，说明它们之间体现出一种设置的发展过程，更体现出一种认识的进步或音乐发展的需求。可以肯定，金城路钮钟与城信社钮钟在时间上虽说都出于春秋中期，但前者的铸造时间要晚于后者，是对后者音列设置的改进与超越。关于这一点，其实在同地的年代稍晚的新郑螭凤纹编钟身上就得到了极好的证实。

4. 新郑螭凤纹编钟分析

1923年出土于河南新郑，现藏于国家博物馆的新郑螭凤纹编钟①，为春秋中晚期的10件套编甬钟。10件甬钟保存基本完整，个别钟枚略有破残。各钟的形制相同，大小相次。甬作圆柱状，有旋有斡，旋饰勾连云纹。橄榄形舞面饰变形螭凤纹。钟体偏长，正反两面共有36长枚，枚为平顶两层式。篆间饰勾连云纹，隧部饰相对顾首的螭凤纹，非常醒目，故以此命名。其测音数据②如下。

---

① 袁荃猷主编：《中国音乐文物大系·北京卷》，大象出版社1996年版，第49页。

② 袁荃猷主编：《中国音乐文物大系·北京卷》表34，大象出版社1996年版，第283页。

图 3—13 新郑蟠凤纹编钟

图表 3—18 新郑蟠凤纹编钟测音数据

单位：音分

编号	1	2	3	4	5	6	7	8	9	10
侧鼓音	F^1 +4	#g^1 +8	a^1 +41 [$^b b^1$ −59]	d^2 −37	#d^2 +20	f^2 +44 [$^\# f^2$ −56]	#a^2 [$^b b^2$]	#d^3 −38 [$^b e^3$ −38]	f^3 +36	#a^3 +6 [$^b b^3$ +6]
正鼓音	d^1 −42	e^1 +45 [f^1 −55]	g^1 −19	#a^1 −40 [$^b b^1$ −40]	c^2 −1	#c^2 +46 [d^2 −54]	$^\# f^2$ +47 [g^2 −53]	c^3 +9	d^3 +2	g^3 −15

将各音分别加上40音分，转换为以^{b}B（$^b b^1$）为宫，音分数为0，呈相对音高关系的音列：

单位：音分

侧鼓音音位：	↑徵	徵颟	宫	角	↑羽曾	宫曾	宫	羽曾	↑徵	↑宫
实测相对音高音分数：	744	1048	1181	403*	560*	784*	40**	502**	776**	46***
理论音高音分数：	702	1088	0/22*	386*	520*	772*	0/22**	520**	702**	0/22***
正、侧鼓实测音分差：	346	363	260	403	321	398	353	253	334	321
正、侧鼓理论音分差：	316	386	316	386	316	386	316	316	316	316
正鼓音音位：	角	徵	羽	宫	↑商	角	羽	↑商	↑角	羽
实测相对音高音分数：	398	685	921	0*	239*	386*	887*	249**	442**	925**
理论音高音分数：	386	702	884/906	0*	204*	386*	884/906*	204**	386**	884/906**
正鼓音间实测音分差：	287	236	279	239	147	501	562	193	483	
正鼓音间理论音分差：	316	182/204	316/294	204	182	498/520	520/498	182	498/520	

此套钟的正鼓音列设置与城信社两组钮钟、金城路两组钮钟以及李家楼甬钟完全相同，而且时间在它们之后，说明当时郑国编钟礼乐器的设计、取调方法是自成体系的。

同为一国境内的四个地点出土的编钟均表现出较好的准确性，足见当时郑国虽在专政、称霸方面晚于齐、晋、秦、楚四个诸侯国[①]，然而由于地处中原腹地便于文化交流的优势，使它在音乐方面具有相当高的水平，完全可以与东齐、西晋和南楚相媲美。

自从甬钟音列在春秋早中期实现了设置上的过渡后，音列的形态已难以在钟形上找到区别了，如果说金城路钮钟 A、B 两组在正、侧鼓音的音程设置上各具特色，难以看出发展倾向的话，新郑蟠凤纹编钟又一次以三度关系完成了 10 件钟的正、侧鼓音程关系的设置，它的铸就标志着春秋中期（偏晚）在规范了编钟正鼓音列结构的同时，也最终完成了正、侧鼓音程关系的设置。

① 《史记》在《三代世表》下表列共和元年以后至敬王末年周王及鲁、齐、晋、秦、楚、宋、卫、陈、蔡、曹、郑、燕、吴十三诸侯国，其中晋、卫、蔡、曹、郑、燕、吴为本姓之后，但在实力上除晋外均难以与异姓的齐、楚、秦相抗衡。见中国社会科学院谭其骧主编《简明中国历史地图集》（中国地理丛书），中国地图出版社 1991 年版，第 12 页。

第四章
定式的突破与音列的接合

春秋中期以后钟磬乐在各列国中出现了真正的繁荣局面，出土的资料比以往任何时期都丰富。地域上，无论是晋、齐、楚、吴等强势文化的代表，还是郜、虞、曾、徐等诸侯；无论是远在鄂西的巴，还是地处江南的越，均竞相享用超规格的乐悬。所以，客观地理解“礼崩乐坏”，就是以周天子为中心的统治阶级内部等级性削弱了，用乐规范被逐渐打破，却使乐悬制度被推广，宫廷音乐开始泛滥，以至于音乐水平在春秋晚期及战国初期得到了前所未有的发展。

第一节　定式的突破

从编钟的音乐特性上看，春秋中期以后的编钟音列在设置上逐步呈现两种思路：一是正鼓音列继续延续春秋中期的五声定式；二是开始对变声做出选择而使正鼓音列中出现六声或七声，显然，在春秋早中期即已满足五声甚至七声音阶演奏与部分旋宫的基础上，这种设置旨在实现更大范围的旋宫转调，它是编钟沿着音乐本体的道路向纵深发展的表现。随着对各种钟形音乐性能的掌握，从春秋中期开始，编镈与甬钟、钮钟之间由礼乐形式上的搭配转为音乐性能上的接合，这种接合拓宽了音域，丰富了音色，还一定程度地增强了旋律性与旋宫转调的能力。

一、　五声设置的延续

由于有测音资料的编钟较多，本文仅从山东、山西、河南、湖北及江苏等地各选择保存较好、数据齐全的编钟作为代表，它们是长清仙人台5号墓编钟、郯城编钟、六合程桥1号墓编钟、曾侯乙编钟中层1组甬钟和平陆尧店夔龙编钟。另外一些如山东滕州庄里西村编钟、江苏邳州九女墩3号墓编钟、南京“遷邟”编钟、山西屯留西河北钮钟及山东诸城臧家庄公孙朝子编钟等，它们在音列的设置上与作为代表分析的编钟并没有产生明显区别，只是因锈蚀严重或数据不全或个别有破裂等原因而作为补充。

1. 中原地区

1992年出土于山西平陆南村乡尧店村滑里自然村虞国贵族墓地，现藏于国家博物馆的平陆尧店夔龙编钟，为战国时期的9件套编钮钟。9件钮钟形制纹饰相同，大小依次成列。钮饰绳纹，鼓部有圆形夔龙纹，乳钉枚36个。钟皆有唇，唇上每边各有3道锉磨整齐的音槽，在铣部于口处各有1道音槽，深浅不一的音槽共计8道。其测音数据①如下。

图4—1 平陆尧店夔龙编钟

图表4—1 山西平陆尧店夔龙编钟测音数据

单位：音分

编号	1	2	3	4	5	6	7	8	9
侧鼓音	$b-38$	$c^{1}+2$ [$^{\#}c^{1}-98$]	$\#d^{1}+52$ [$e^{1}-48$]	$f^{1}+11$ [$^{\#}f^{1}-89$]	$g^{1}-2$	$c^{2}+10$ [$^{\#}c^{2}-90$]	$f^{2}+26$ [$^{\#}f^{2}-74$]	$g^{2}-37$	$c^{3}+14$
正鼓音	$g-18$	$a-55$	$b+43$ [$c^{1}-57$]	$d^{1}-26$	$e^{1}-50$	$a^{1}-31$	$d^{2}-10$	e^{2}	$a^{2}-10$

将各音分别加上57音分，转换为以C（c^{1}）为宫，音分数为0，呈相对音高关系的音列：

单位：音分

侧鼓音音位：	徵颟	羽颟	角	↑羽曾	↑徵	↑宫	↑羽曾	徵	↑宫
实测相对音高音分数：	*1119	59	409	568	755	67*	583*	720*	71**
理论音高音分数：	*1088	70/92	386	520	702	0/22*	520*	702*	0/22**
正、侧鼓实测音分差：	380	357	409	337	348	341	336	263	324
正、侧鼓理论音分差：	386	386	386	316	316	316	316	316	316
正鼓音音位：	↑徵	羽	宫	↑商	角	羽	↑商	↑角	↑羽
实测相对音高音分数：	*739	*902	0	231	407	926	247*	457*	947*
理论音高音分数：	*702	884/906*	0	204	386	884/906	204*	386*	884/906*
正鼓音间实测音分差：	163	298	231	176	519	521	210	490	
正鼓音间理论音分差：	182/204	316/294	204	182	498/520	520/498	182	498/520	

① 项阳、陶正刚主编：《中国音乐文物大系·山西卷》，大象出版社2000年版，第69页。

这是音乐性能较好的一组钮钟。由于多数正鼓音均有偏高现象（在 30—50 音分之间），导致正鼓音列的准确性不如各钟正、侧鼓音之间的准确性高，这也是绝大多数编钟共同存在的问题，它涉及正鼓音列与各侧鼓音在音位、律高的获取上存在难度差异的问题，关于这一点本文将在第五章第一节进行探讨。

此外，山西屯留西河北小王岭出土的屯留西河北编钟①，也是一套音色音质较好的钮钟，第 1、3 件已裂，从余件测音数据可推测出此两钟的正鼓音为“徵”和“宫”，整个音列仍为传统的 9 件组结构。就目前已有的资料看，晋国虽是率先实现编钟正鼓音列转制的国度，但在对这种传统设置做进一步完善的探索中却晚于曾楚地区，早期出土的信阳“𦥑篙”编钟（在后文将做分析）在音列设置上出现突破，但时间已在战国早中之间了。

2. 曾楚地区

1978 年出土于湖北随县擂鼓墩 2 号墓，现藏于湖北省博物馆的著名的曾侯乙编钟，是由下层 2 组甬钟（第一组 3 件、第二组 10 件）、中层 3 组甬钟（第一组 11 件、第二组 12 件、第三组 10 件）以及上层 3 组钮钟（第一组 6 件、第二组 6 件、第三组 7 件）组成共 64 件的庞大钟乐体系，堪称世界八大奇迹之一，其年代在战国早期。其中的中层 1 组为 11 件组甬钟，测音数据②如下。

图表 4—2　曾侯乙编钟中层 1 组甬钟测音数据

单位：音分　赫兹

编　号	11	10	9	8	7	6
侧鼓音	f^1-18 345.7	$\#g^1-36$ 406.9	$^{\#}a^1+36$ $[b^1-64]$ 476	$\#c^2-42$ 541.2	d^2+40 $[^{b}e^2-60]$ 601	f^2-10 694.6

① 1990 年出土于山西屯留西河北小王岭，现藏于屯留县博物馆的屯留西河北钮钟，为春秋战国之交的 9 件套编钮钟。同出乐器还有编磬一套共 9 件。钮钟的底面平，无音槽、音梁，但有锉磨痕。钟体纹饰为夔龙、蟠螭，有 36 枚乳钉。整套钮钟为实用器。其考古资料与测音资料见项阳、陶正刚主编《中国音乐文物大系·山西卷》，大象出版社 2000 年版，第 72 页。

② 对曾侯乙编钟的测音先后进行过三次，第一次是 1978 年 7 月 3 日至 4 日由文化部文学艺术研究院音乐研究所考察小组在随县文化馆进行的；第二次是 1979 年 1 月由上海博物馆青铜器研究和复旦大学物理系的联合小组在湖北省博物馆陈列室完成的；第三次是 1980 年 10 月由哈尔滨科学技术大学二系在湖北省博物馆完成的。本文在整理曾钟的各组测音数据并做音列分析时统一选用了沪测结果，后文不再说明。测音数据出自湖北省博物馆《曾侯乙墓发掘报告》（上），文物出版社 1989 年版，第 110—115 页。另见王子初、王世民、周常林主编《中国音乐文物大系·湖北卷》的测音数据（该数据校对后与原报告一致），大象出版社 1996 年版，第 317—318 页。

（续表）

编　号	11	10	9	8	7	6
正鼓音	d^1-41 286.8	e^1-40 322.1	$^{\#}f^1+50$ [g^1-50] 380.8	$^{\#}g^1+41$ [a^1-59] 425.2	b^1+40 [c^2-60] 505.4	$^{\#}c^2+48$ [d^2-52] 569.9
编　号	5	4	3	2	1	
侧鼓音	g^2-38 767	c^3-16 1037	f^3-19 1382.3	g^3-43 1530	c^4+35 2135.8	
正鼓音	$^{\#}d^2+38$ [e^2-62] 636.2	a^2-28 865.5	d^3-40 1147.6	e^3+13 1328.9	a^3+25 1786	

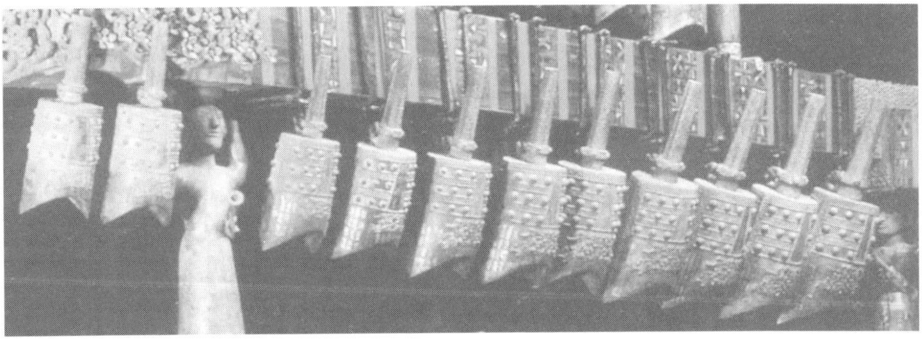

图4—2　曾侯乙编钟中层1组短枚钟

将各音分别加上35音分，转换为以C（c^2）为宫，音分数为－25音分，呈相对音高关系的音列①：

① 之所以这一组甬钟的宫音（C）未转换为0音分，是因为曾侯乙编钟上、中、下三组应该统一在一个标准下来考察，本文选择了中层二组的第6件（编号为7）的 c^2-35 作为全套钟的标准，并将其转换为0音分的宫。

单位：音分

侧鼓音音位：	羽曾	宫曾	徵颟	羽颟	徵曾	羽曾	徵反	宫反	羽曾	徵反	宫反
实测相对音高音分数：	517	799	1071	103*	275*	525*	697*	19**	516**	692**	70***
理论音高音分数：	520	772	1088	70/92*	316*	520*	702*	0/22**	520**	702**	0/22***
正、侧鼓实测音分差：	323	404	386	427	300	342	324	312	321	246	310
正、侧鼓理论音分差：	316	386	386	386	316	316	316	316	316	316	316
正鼓音音位：	商	宫角	徵	羽	宫	商	角	羽	商	↑角	↑羽
实测相对音高音分数：	194	395	685	876	1175	183*	373*	907*	195**	446**	960**
理论音高音分数：	204	386	702	884/906	0*	204*	386*	884/906*	204**	386**	884/906**
正鼓音间实测音分差：	201	290	191	299	208	190	534	488	251	514	
正鼓音间理论音分差：	182	316	182/204	316/294	204	182	498/520	520/498	182	498/520	

通过测音数据整理可知，这是一组准确性很高的甬钟，除第10、11两件（编号分别为1、2）偏高过多以外，多数甬钟偏差均在20音分甚至10音分以内。与淅川下寺1号墓编钮钟和新郑城信社编钮钟等许多整理分析的编钟一样，都是以五正声作为正鼓音列设置的基础。11个正鼓音中，后9个（中层1组第9号—第1号）所组成的音列与春秋早、中期9件组的典型设置完全相同。前面出现了“商”和“角”二音位，其中以“商”音为音列的起始音可以说是曾侯乙钟的特色，从现出的编钟音列所反映的情况看，这还是仅有的。然而，它又不是突现的，它实际上就是在春秋中期郑国10件组编钟正鼓音列的前面加上一个“商”音而构成了与众不同的表层特征，在本质上即设置与取音的原则方面并无两样。

现有资料表明，春秋中期以来，曾楚地区一直是编钟音乐相对发达的地区。当其他地区的列国还在不断追随以正鼓五声为基础的9件组传统音列设置时，该地区编钟的正鼓音列已开始对变声进行尝试性选择，试图将正、侧鼓音有机结合，为实现十二律旋宫而努力着，如春秋晚期辉县琉璃阁甲墓编钟和淅川下寺王孙诰钟（后文将分析）即为典型。遗憾的是前者破损残缺严重，后者调试未遂，难以考察其音列的全部。

3. 齐鲁地区

1995年3—6月出土于山东长清县五峰山乡北黄崖村1000米处的仙人台邿国墓地的长清仙人台5号墓编钟①，为9件套编钮钟。根据墓中出土文物判断，其年代在公元前

① 山东大学历史文化学院考古系：《长清仙人台五号墓发掘简报》，《文物》1998年9月第9期，第18页。

570—前 560 年之间。同出乐器有编磬一套 14 件。9 件钮钟造型一致，大小有序，实为一组。各件通体绿锈，除第 5（M5:19）、7（M5:21）二钟的一铣角微残，少数钟因锈蚀出现细小砂眼外，整体上仍算保存完好。多数钟钟腔两面上部有两个对称的长条形芯撑范孔，内大外小，或透或不透；舞面中心也有一个范孔。舞平，上置环形钮，合瓦形腔体，铣棱斜直。于口弧曲较大。钮饰绳纹，舞饰钩形云纹，篆饰菱形几何纹。于口有内唇，四侧鼓内有音梁，音梁外端与内唇相接，里端呈半圆形，渐低平。除第 8 号钟未做调音锉磨，保留了完整的内唇和音梁原形外，其余各件内唇上多有调音锉磨痕一周，主要锉磨部位为两正鼓、两铣角内 4 处。其测音数据①如下。

图 4—3　长清仙人台 M5 编钟 1 号

图表 4—3　长清仙人台 5 号墓编钟测音数据

单位：音分　赫兹

编　号	1	2	3	4	5	6	7	8	9
侧鼓音	$^{\#}a^{1}+41$ 477.29	$c^{2}-18$ 517.58	$^{\#}d^{2}-38$ 608.52	$f^{2}+6$ 700.68	$^{\#}f^{2}+24$ 750.12	c^{3} 1046.14	$f^{3}+26$ 1418.46	$g^{3}+34$ 1599.12	$c^{4}+25$ 2124.02
正鼓音	$g^{1}-32$ 384.52	$a^{1}-38$ 430.30	$c^{2}-22$ 516.36	$d^{2}-23$ 579.22	$^{\#}d^{2}-7$ 619.51	$a^{2}-33$ 863.04	$d^{3}-33$ 1151.73	$e^{3}+22$ 1335.45	a^{3} 1760.25

将各音分别加上 22 音分，转换为以 C（c^{2}）为宫，音分数为 0，呈相对音高关系的音列：

① 周昌富、温增源主编：《中国音乐文物大系·山东卷》，大象出版社 2001 年版，第 340 页。说明：笔者在查阅原始资料时发现，出版物有关此钟的资料与原始资料有出入，并在本文第三章第一节第二部分对长清仙人台 6 号墓编钟的分析时指出并给予调整。

单位：音分

侧鼓音音位：	徵顬	宫	徵曾	羽曾	↓徵	宫	羽曾？	↑徵	↑宫
实测相对音高音分数：	1063	4 *	284 *	528 *	646 *	22 **	548 **	756 **	47 ***
理论音高音分数：	1088	0/22 *	316 *	520 *	702 *	0/22 **	520/590 ** ?	702 **	0/22 ***
正、侧鼓实测音分差：	373	320	284	329	331	333	359	312	325
正、侧鼓理论音分差：	386	316	316	316	316	316	316/386	316	316
正鼓音音位：	徵	羽	宫	商	↓角	羽	商	↑角	↑羽
实测相对音高音分数：	690	884	0 *	199 *	315 *	889 *	189 **	444 **	922 **
理论音高音分数：	702	884/906	0 *	204 *	386 *	884/906 *	204 **	386 **	884/906 **
正鼓音间实测音分差：	194	316	199	116	574	500	255	478	
正鼓音间理论音分差：	182/204	316/294	204	182	498/520	520/498	182	498/520	

前7件钮钟中，只有第5件“角”音钟严重偏低，可能是调音所致，也可能是调弦所致。此外第8件严重偏高，正好与该钟未做任何调音锉磨相吻合。即便如此，此两钟的偏离丝毫也不影响我们对以五声为基础的正鼓音列的认识。从正、侧鼓部的音程关系看，除第7件正、侧鼓部音分差呈中立状态外，其余均统一于三度范围之内。

图4—4　郯城钟

1989年2月出土于山东郯城县二中1号墓，现藏于郯城县文物管理处的郯城编钟①，为战国早期的一组编钮钟。出土时共8件，均保存完好。造型一致，纹饰相同，大小相次。合瓦形钟体长腔阔鼓，束舞扩于，于口弧曲上凹，两铣下垂。钲部两侧枚区各有3

① 刘一俊、冯沂：《山东郯城县二中战国墓的清理》，《考古》1996年3月第3期，第8页。

行带螺旋纹的乳钉状短枚，每行 3 枚。钟钮饰云纹，舞、鼓、篆均饰蟠螭纹。钟表无铭文。各钟均音质良好，内腔均有音梁，且有不同程度的调音锉磨痕。测音数据①如下。

图表 4—4　山东郯城 1 号墓编钟测音数据

单位：音分　赫兹

编　号	1	2	3	4	5	6	7	8
侧鼓音	#f^2 −36 [f^2 +64] 724.49	#g^2 −1 829.47	b^2 +9 993.04	#c^3 +28 1126.71	g^3 +49 1612.55	#c^4 −42 [c^4 +58] 2163.09	d^4 +17 2373.05	f^4 −25 2752.69
正鼓音	d^2 +12 591.43	e^2 +13 664.06	g^2 +9 787.96	a^2 +13 886.84	e^3 1318.36	a^3 +39 1800.54	b^3 −27 1943.36	d^4 −7 2338.87

音叉校正：a^1 −4（438.84）

将各音分别减去 9 音分，转换为以 G（g^2）为宫，音分数为 0，呈相对音高关系的音列：

单位：音分

侧鼓音音位：	↑徵颠	↓羽颠	角	商颠	—	↑宫	↑羽曾	徵	商曾
实测相对音高音分数：	1055	90*	400*	619*	—	40**	549**	708**	966**
理论音高音分数：	1088	70/92*	182/204*	590*	—	0/22**	520**	702**	1018**
正、侧鼓实测音分差：	352	386	400	415	—	349	319	344	282
正、侧鼓理论音分差：	386	386	386	386	—	316	316	316	316
正鼓音音位：	徵	羽	宫	商	（角）	羽	↑商	↓角	↓徵
实测相对音高音分数：	702	904	0*	204*	—	891*	230**	364**	684**
理论音高音分数：	702	884/906	0*	204*	386*	884/906*	204**	386**	702**

正鼓音间实测音分差：201　296　204　687　539　134　320

正鼓音间理论音分差：182/204　316/294　204　182　498/520　520/498　182　316

根据以上测音数据的整理与音列分析，可知第 4、5 号钟间尚缺一钟，其正鼓部音位为“角”，全套编钟亦应为 9 件套设置。

齐鲁地区年代早于或晚于郯城编钟的编钟还有很多，如春秋晚期的滕州庄里西村编

① 周昌富、温增源主编：《中国音乐文物大系·山东卷》，大象出版社 2001 年版，第 343 页。

钟①和战国中期的诸城臧家庄编钟②，二者虽然不同程度地出现破损，但结构清晰。然而，如果从正鼓音列的结构来考察该地区的编钟，除了保留传统的9件组设置以外，很少出现设置上的创新。所以，作为一种强势文化的历史存在，其钟乐的运用可能更多地出于礼乐形式的需要。

4. 吴越地区

1964年出土于江苏六合程桥镇中1号墓，现藏于南京博物馆的六合程桥1号墓编钟，为春秋末期的9件套编钮钟③。该钟的形制、纹饰与安徽寿县蔡侯墓、信阳楚墓所出编钟风格类似，铭文字体则近于传世的子璋钟、吴王夫差剑，故其年代应在春秋末期，公元前500年左右。9件钮钟保存完好，造型、纹饰一致，大小相次。钮作长方形，上饰三角雷纹，篆、舞、鼓部皆饰蟠螭纹及螺旋纹。蟠龙形枚36个。9钟正面均有铭文，且内容基本相同。各钟均有调音锉磨痕迹，其测音数据④如下。

图表4—5 六合程桥1号墓编钟测音数据

单位：音分 赫兹

编号	1	2	3	4	5	6	7	8	9
侧鼓音	c^2+15 528	d^2-38 [$^{\#}c^2+62$] 574	f^2-22 [e^2+78] 689	$^{\#}f^2-4$ 738	a^2-18 789	d^3-8 [$^{\#}c^3+92$] 1169	f^3+45 1434	$^{\#}a^3+24$ [a^3+124] 1891	c^4+2 [b^2+102] 2096
正鼓音	$^{\#}g^1+19$ 420	$^{\#}a^1+19$ 471	$^{\#}c^2+28$ 563	e^2-48 [$^{\#}d^2+52$] 641	f^2+24 708	b^2-14 [$^{\#}a^2+86$] 979	e^3+39 [$^{\#}d^3+139$] 1349	$^{\#}f^3+45$ [f^3+145] 1519	$^{\#}g^3-43$ [g^3+57] 1620

① 1982年冬出土于滕州姜屯镇庄里西村一墓葬，现藏于滕州市博物馆的滕州庄里西村编钟，为春秋晚期9件套编钮钟。随墓同出的尚有编镈一组4件。9件钮钟中，除第2件（00613号）和第5件（00616号）二钟有些破裂，其余7件均保存完好。其出土资料与测音数据见周昌富、温增源主编《中国音乐文物大系·山东卷》表35，大象出版社2001年版，第95页、第342页。

② 1970年春出土于山东诸城臧家庄（今龙宿村），现藏于诸城市博物馆的公孙朝子编钟，为战国中期的9件套编钮钟。同出还有编镈与编磬各1组。9件钮钟保存完好，造型、纹饰相同，大小相次。除8号钟微裂音哑外，其余各钟均音质纯正，音色良好。出土资料出自：1. 山东诸城县博物馆：《山东诸城臧家庄与葛布口村战国墓》，《文物》1987年12月第12期，第47页；2. 温增源：《诸城公孙朝子编钟及其相关问题》，《齐鲁艺苑》1992年第1期。测音数据见周昌富、温增源主编《中国音乐文物大系·山东卷》，大象出版社2001年版，第342页。

③ 江苏省文物管理委员会、南京博物院：《江苏六合程桥东周墓》，《考古》1965年3月第3期，第105—115页。

④ 马承源、王子初主编：《中国音乐文物大系·上海、江苏卷》，大象出版社1996年版，第194页。

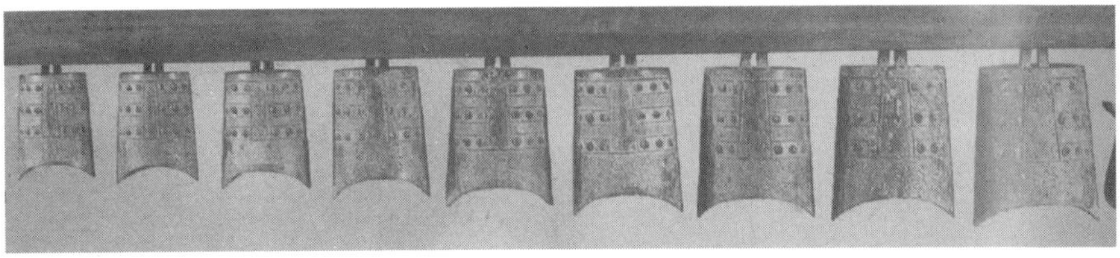

图 4—5　六合程桥 M1 编钟

将各音分别减去 28 音分，转换为以$^{\#}$C（$^{\#}c^{2}$）为宫，音分数为 0，呈相对音高关系的音列：

单位：音分

侧鼓音音位：	徵顀	↑宫	角/徵曾	羽曾?	宫曾?	↑宫	↑徵曾	↑宫曾	↓徵顀
实测相对音高音分数：	1087	34*	350*	468*	754*	64**	417**	896**	1074**
理论音高音分数：	1088	0/22*	386/316*	520*	772*	0/22**	316**	772**	1088**
正、侧鼓实测音分差：	396	343	350	244	358	306	106	379	445
正、侧鼓理论音分差：	386	316	386/316	316	386	316	316	386	386
正鼓音音位：	徵	羽	宫	商	角	↑羽	↑商	↑角	↓徵
实测相对音高音分数：	691	891	0*	224*	396*	958*	311**	517**	629**
理论音高音分数：	702	884/906	0*	204*	386*	884/906*	204**	386**	702**
正鼓音间实测音分差：	200	309	224	172	562	553	206	112	
正鼓音间理论音分差：	182/204	316/294	204	182	498/520	520/498	182	316	

此套钮钟的高音区 4 件钟偏离现象十分明显，从第 6 件“羽”音钟开始连续 3 件钟偏高幅度越来越大，最后一钟的音高可能由于音太高或前面三钟偏离的影响更是做了马虎的处理。理论上讲，9 件或 9 件以上依据五弦取音来设置正鼓音列的编钟，往往会在第 6 至第 9 件间出现偏离，而绝大多数钟前面五件的音准较准确，原因在于弦上取音的难度不同，关于这一点将在本文第五章第一节中详细探讨。六合程桥 1 号墓编钟正鼓音列中前 5 音比较准确，后 4 音偏离的事实并未超出编钟音列的常规，它以五正声为基础的 9 件套正鼓音列结构仍然是非常明确的。从正、侧鼓间的音程关系来看，此钟第 2、3、4、5、9 件的正、侧鼓间依次出现了“343、350、244、358、445”音分一系列的中立音程，很难判断与之相对应的侧鼓音位，第 7 件则出现了 106 音分的小二度音程，这都说明该钟在取音与调音方面的处理较为粗糙，总体上就因此而失去了良好的音乐性能。

应该指出的是，本文所用“吴越”一词乃一种概称，许多编钟出于这一地域，但并不属于吴器。吴国以兵器著称于诸侯，而在钟乐的铸造技术方面落后于中原及曾楚地区，如邳州九女墩3号墓编钟①和丹徒大港编钟遷邟②皆为徐国器，徐国一度受中原与楚文化的强烈影响，所出的编钟与中原地区风格并无两样，而吴国的编钟礼器又可能多为徐国流入的结果，遷邟编钟的铭文即为一有力的证据。

以上分析表明，如果说对西周时期的编钟主要限于陕西地区的话，至东周时期，则可以接触到如齐、晋、郑、楚、徐等国所在地区的编钟，它们的正鼓音列并未因地区差异而发生改变，尽管也呈现多种音位设置方式，但均以“徵—羽—宫—商—角”五正声为基础来构成8件一组、9件一组以及10件或10件以上一组的正鼓音列。那么，是什么使得它们在整个黄河流域、淮河流域和长江流域的广大地域中出现如此统一、如此规范的设置呢？我们在钦佩先人卓著的数理成就的同时，还不得不感叹西周以来礼乐制度的巨大影响力，它就像一副牢固的枷锁，紧紧地锁住了上层阶级的意识。

二、 正鼓音列对变声的安排

至春秋晚期，编钟正鼓音列中开始出现变声，使正鼓音列由春秋早、中期一直保持着的五声设置变成了六声甚至七声。这种现象一直持续到了战国末期，时间之长，影响地域之广，均说明了它的普遍性，它代表了这一段时间编钟正鼓音列设置的发展趋势。其原因可能出于两个方面的需要：一是音阶形态的进一步完善对编钟音列的冲击；二是旋宫技术在编钟上进一步发展。值得注意的是，变声的设置并不是随意的，如同以前编钟正鼓音列的设置一样，也有着严格的规范。实质上，变声仅仅集中在“商颠”和“徵颠”两个音位上，这是以下将要分析的、分别出土于豫、楚、齐、蜀等地编钟的共同特

① 1993年12月出土于邳州市戴庄梁王城，现藏于邳州市博物馆的邳州九女墩3号墓编钟，为春秋晚期9件套编钮钟。随墓同出土的乐器还有甬钟一组（4件）、编镈一组（6件）及编磬一套（13件）。9件钟中除第2件（12号）和第9件（19号）各失落钟钮外，基本上保存良好。钟体厚实，声音洪亮，表面铜胎锈蚀较轻。9钟造型、纹饰一致，大小相次成一组，有铭文，有调制，音列结构清晰。出土资料与测音数据出自马承源、王子初主编《中国音乐文物大系·上海、江苏卷》，大象出版社1996年版，第190、191页。

② 1984年出土于丹徒大港北山，现藏于南京博物院的遷邟编钟，为一组春秋晚期的编钮钟。出土时有7件，同出的还有镈钟一套5件，编磬一套12件，它们均为徐国之器。徐国，嬴姓，据编钟铭文可知，作器的遷邟为徐王之孙，“多”楚之子，亦即作鼎的“遷邟”。据文献，遷邟应为最后一个徐王章羽，其器在徐国青铜器中属首次发现。根据墓中出土吴王余昧矛等物推测，该墓墓主可能为吴王寿梦之三子，即吴王余昧。出土资料见江苏省丹徒考古队《江苏丹徒北山顶春秋墓发掘报告》，《东南文化》1988年第3、4期合刊，第13—50页；测音资料见马承源、王子初主编《中国音乐文物大系·上海、江苏卷》，大象出版社1996年版，第187页。

点。那么，变声为什么只选择了“商颧”和“徵颧”两音呢？本文以为这个问题应做三个步骤来解释。第一，做含变声的正鼓音列的整理；第二，选择“商颧”和“徵颧”两音而不选其他变声，是与取音便利与否（即取音轨迹）有密切关系的，这一点将在本章第三节“正鼓音列的取音轨迹与音系特点”中以图示的方式做出描述；第三，在“商颧”和“徵颧”两个音位中，是选前者还是选后者，或者两者同时选用，其中存在一个严密的思维体系，体现了对于旋宫实践的认识过程，这一点将在第五章第二节“数理的传承与发展”中做出论述。

1. 琉璃阁甲墓编钟

1936 年 10 月出土于辉县琉璃阁甲墓的编钟①，年代为春秋晚期。该墓共出编钟 30 件，其中特镈 4 件、编镈原为 9 件、甬钟 8 件、钮钟 9 件。现河南省博物馆收藏了 1 件最小的特镈、8 件编镈（丢失 1 件）和 4 件甬钟（另 4 件流失），另外 3 件较大的特镈和 9 件钮钟于 1960 年入藏故宫博物院。9 件钮钟保存完整，形制纹饰相同，大小相次。9 件钮钟的调音锉磨手法较一致，除第 4 件仅在内腔一面出现 5 道锉磨槽、第 8 件仅两铣角各 1 道、第 9 件内腔正鼓部 1 低矮音梁外，第 1、2、3、5、6、7 件钮钟内腔均有 8 条锉磨槽，分别分布于 2 正鼓部、2 铣角及 4 侧鼓部。这足以说明该组钮钟是经过精心调制的演奏钟，且手法已相当成熟了。其测音数据②如下。

图表 4—6　辉县琉璃阁甲墓钮钟测音数据

单位：音分

编　号	1	2	3	4	5	6	7	8	9
侧鼓音	g^2 +2	f^2 +6	c^3 +9	d^3 −5	d^3 +25	$^\#g^3$ +24 [$^b a^3$ +24]	d^4 −35	e^4 −37	−
正鼓音	$^\#d^2$ −15 [$^b e^2$ −15]	$^\#d^2$ +25 [f^2 −175]	$^\#g^2$ −22 [$^b a^2$ −22]	g^2 +12	$^\#a^2$ −35 [$^b b^2$ −35]	f^3 −40	$^\#a^3$ +8 [$^b b^3$ +8]	c^4 ±0	f^4 +11

说明：介于第 3 号钮钟正鼓音低于第 4 号钮钟正鼓音的事实，在做音列分析前先做出换位，使得测音数据由低至高排列。

① 1. 许敬参：《编钟编磬说》，《河南博物馆馆刊》第九集；2. 郭宝钧：《山彪镇与琉璃阁》图版二一七，《考古专刊》，科学出版社 1959 年版，第 70 页；3. 郭宝钧：《商周铜器群综合研究》，文物出版社 1981 年版。

② 袁荃猷主编：《中国音乐文物大系·北京卷》表 36，大象出版社 1996 年版，第 284 页。

图 4—6　辉县琉璃阁甲墓钮钟

将各音分别加上 22 音分，转换为以^{b}A（$^{b}a^{2}$）为宫，音分数为 0，呈相对音高关系的音列：

单位：音分

侧鼓音音位：	徵颠	↓徵颠	商	角	↑商颠	↑羽颠	↑商颠	宫曾	（宫）
实测相对音高音分数：	1124*	928*	617**	431**	647**	146***	587***	785***	—
理论音高音分数：	1088*	1088*	590**	386**	590**	70/92***	590***	772***	—
正、侧鼓实测音分差：	422	181	683	431	460	464	357	363	—
正、侧鼓理论音分差：	386	182/204	702	386	386	386	386	386	—
正鼓音音位：	徵	↓羽	徵颠	宫	商	羽	↑商	↑角	↑羽
实测相对音高音分数：	702*	747*	1134*	0**	187**	882**	230***	422***	933***
理论音高音分数：	702*	884/906*	1088*	0**	204**	884/906**	204***	386***	884/906***
正鼓音间实测音分差：		45	387	63	187	695	548	192	511
正鼓音间理论音分差：		182/204	204/182	112	204	680/702	520/498	182	498/520

从整理出来的音列可以看到，辉县琉璃阁甲墓钮钟依然以五正声为主体来设置正鼓音列，所不同的是，除了运用五正声之外还加进了“徵颠”音位。它在保留 9 件编制的前提下，通过以 9 件组编钟第 3 件“宫”音钟的侧鼓“角”音来代替第 5 件钟的正鼓“角”音的办法，将“徵颠”这一变声音位设置到正鼓音列。这是一种十分巧妙的处理，而且这种音列设置方式是春秋中期所未见的。值得一提的是，第 2 件“羽”钟过度偏低，可能是调音不善所致。该“羽”音钟的正鼓音误调偏低后，便将其上方的侧鼓音稍加锉磨，以侧鼓“羽”音替代了正鼓预设的“羽”音，这完全可以从其内腔很浅的调音痕迹得到证实。这种替代办法又一次体现出该组钮钟音位处理的灵活性，同时，侧鼓音在音列中的地位也略见一斑了。

图 4—7　辉县琉璃阁甲墓镈钟

现藏8件镈钟造型、纹饰均相同，大小依次递减。其中第3镈残损严重，第1、4两镈钮部略损，第2镈稍有破裂，余钟基本完好。根据全套镈钟的尺寸大小及重量排列推测，所缺应为第6件，这在音列分析之后自然可以得到验证。镈口内唇突起，唇部两铣角及正鼓部均有锉磨痕迹，有的形成凹槽。第2、7、8、9号4件镈钟凹槽清晰可见，第1、4、5件仅有平锉痕迹。除第3件不能测音外，余均音质良好。测音数据①如下。

图表4—7 辉县琉璃阁甲墓镈钟测音数据

单位：音分

编　号	1	2	4	5	7	8	9
侧鼓音	#a +4	f^1 −1	g^1 −39	a^1 +26	d^2 −10	e^2 −38	g^2 −35
正鼓音	f +7	破裂	d^1	f^1 −6	#a^1 +18	c^2 +19	#d^2 +28

为将同墓所出的编镈和编钮钟置于同一音高标准下进行分析，现将各音也分别加上22音分，转换为以F（f^1）为羽，音分数为916音分，呈相对音高关系的音列：

单位：音分

侧鼓音音位：	商	羽	（徵）	徵颟	↑羽颟	（—）	↑商颟	↑徵	↑徵颟
实测相对音高音分数：	226	921	—	1083	148*	—	612*	784*	1114*
理论音高音分数：	$\frac{182}{204}$	$\frac{884}{906}$	702	1088	$\frac{70}{92}$*	—	590*	702*	1088*
正、侧鼓实测音分差：	497	—	—	461	432	—	372	343	364
正、侧鼓理论音分差：	498	$\frac{884}{906}$	316	498	386	—	386	316	386
正鼓音音位：	羽	（宫）	（角）	商颟	羽	（宫）	↑商	↑角	↑徵
实测相对音高音分数：	*929	—	—	622	916	—	240*	441*	750*
理论音高音分数：	$\frac{884}{906}$*	0	386	590	$\frac{884}{906}$	0*	204*	386*	702*
正鼓音间实测音分差：			893			294	524	201	309
正鼓音间理论音分差：		$\frac{316}{294}$	386	204	$\frac{294}{316}$	$\frac{316}{294}$	204	182	316

通过对辉县琉璃阁甲墓编镈测音数据的整理，可以推断出第2、3、6件镈钟的正鼓音依次应为“宫”“角”“宫”三音，整组编镈的正鼓音列形成“羽—宫—角—商颟—

① 赵世纲主编：《中国音乐文物大系·河南卷》，大象出版社1996年版，第108页。

图 4—8 琉璃阁甲墓特镈第 4 件

羽—宫—商—角—徵”的结构。需要强调的是，“羽—宫—角—徵—羽—宫—商—角—徵”结构正是春秋中期以来 8 件组编镈正鼓音列的典型模式（关于此模式将在本章第二节“与钮钟、甬钟相接合的镈钟音列形态”之“8 件与 9 件的接合”部分中专门论述），琉璃阁甲墓编镈只是在这种典型模式基础上将第 4 件镈钟的“徵”音位改设为“商颟”音位，而原来的“徵”音位则由第 3 件“角”音镈的侧鼓“徵”音来代替了，这里的替代方式与同墓所出编钮钟第 2 件“羽”音钟有相似之处，可再一次看出为在正鼓音列中加入变声而对原有五正声所做的巧妙处理。

4 件特镈的测音数据①如下。

图表 4—8 辉县琉璃阁甲墓特镈测音数据

单位：音分

编　号	1	2	3	4
正鼓音	F +21	$^{\#}$G −42 [^{b}A −42]	c −17	$^{\#}$d +32 [^{b}e +32]

将各音分别加上 22 音分，转换为以^{b}A 为宫，音分数为 1180 音分，呈相对音高关系的音列：

单位：音分

正鼓音音位：	羽		宫		角		↑徵
实测相对音高音分数：	**943		**1180		*405		*754
理论音高音分数：	**884/906		*0		*386		*702
正鼓音间实测音分差：	|	237	|	425	|	349	|
正鼓音间理论音分差：	|	316/294	|	386	|	316	|

通过测音数据的整理，4 件特镈的正鼓音依次构成“羽—宫—角—徵”结构，这是对春秋中期以来 4 件组编镈正鼓音列设置模式的保留（关于此模式将在本章第二节“与钮钟、甬钟相接合的镈钟音列形态”之“4 件与 9、10 件的接合”部分中专门论述）。

① 前 3 件测音数据出自袁荃猷主编：《中国音乐文物大系·北京卷》，大象出版社 1996 年版，第 51 页；第 4 件测音数据出自赵世纲主编：《中国音乐文物大系·河南卷》，大象出版社 1996 年版，第107 页。

由此，本文提出三点看法：第一，特镈、编镈与编钮钟构成了一个较为完整的音列体系，宫位明确，正鼓音列设置反映出春秋晚期力求打破春秋中期“五正声”设置的传统，将“徵颤”“商颤”两音位引入，在追求正鼓音列六声、七声设置的同时，而另一目的恐怕在于对旋宫的思考。第二，在3组钟形成的音域达五个八度的3组音列中，处于中音区（即编镈高音区、钮钟中低音区）的准确性更好，往特镈的音区以及往钮钟高音区的音准较差，这恰恰符合了人耳对以小字组、小字一组、小字二组为中心的音区听辨力更强的生理规律。而按“徵—羽—宫—商—角”五弦所能发生的最宽音域只能达到四个八度，至于按弦上节点实际能获取的最佳音域不过三个八度，超过此音域则按弦较为困难。所以，又一次说明古人在音区处理上经常采取“以高代低”或“以低代高”的方法来现实编钟音域的扩展。第三，从3组钟的测音数据整理还可推测出，同出的8件甬钟的音区也应在编镈的范围内或比编镈略偏高一些，以便加强特镈与编钮钟之间中音区的色彩，体现出镈钟、甬钟和钮钟各自最佳的音响性能。

2. 王孙诰编钟

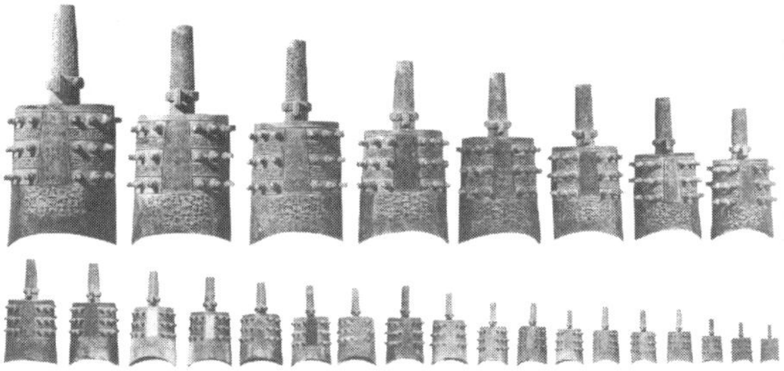

图4—9 王孙诰编钟

1978年出土于淅川县仓房公社下寺第2号楚墓，现藏于河南省博物馆的王孙诰编钟①，为春秋晚期的26件套编甬钟。26件甬钟被置于2号墓椁室中部的南壁。出土时8枚大钟在下，自西向东、由大及小做一字排列。除第1钟外，其余7件均甬向北，钟斡向上翻倒于地，各钟钟系多落于钟上。有的钟斡内还留有销钉。由此可知，当时编钟葬于墓内时是挂在钟架上作一行排列的。18枚小甬钟散落于大钟之上或其间，大致也作一行排列，其大小次序和翻倒方向恰与前述8枚大钟相反，即由东向西，钟甬向南，钟斡向上翻倒。由此可知当时的钟架为一字形，有两层，下层挂大钟面南背北，上层悬小钟则面北背南。在编钟的西面还出土有撞钟杖帽1件。编钟的中部还出土一组石编磬共13

① 河南省文物研究所等：《淅川下寺春秋楚墓》，文物出版社1991年版，第89页。

件。根据墓葬形制及出土遗物，特别是青铜器铭文来判断，下寺 2 号墓当为春秋时楚国令尹子庚墓。令尹子庚又名王子午，是楚庄王的儿子，楚康王时为令尹，卒于公元前 552 年。所以王孙诰甬钟的铸造年代当在此年之前。

26 枚甬钟造型相同，大小相次。除 M2:1 和 M2:18 两钟外，余均保存完好。铭文全篇共 113 字，内容为铸钟缘由、生前业绩及事王颂祖之类。整套编钟除两枚破裂外，余均音质良好，应作为实用器而造。26 枚甬钟有 16 枚铸造后经过调音，调音的部位，一是钟口内唇，二是铣内角，三是音梁。其测音数据①如下。

图表 4—9　淅川下寺 2 号楚墓王孙诰编钟测音数据

单位：音分　赫兹

上层	编　号	M2:26	M2:25	M2:24	M2:23	M2:22	M2:21	M2:20	M2:19	M2:18
		未调音痕				有调音痕		未调音痕		
	侧鼓音	f^3+23 1416	c^4-1 2092	b^3+15 1993	$^\#a^3-12$ 1852	d^3-11 1167	g^3-28 1543	$^\#a^2-13$ 924	f^2-47 680	$^\#c^2+13$ 559
	正鼓音	d^3+49 1208	$^\#g^3-14$ 1648	g^3-17 1553	$^\#f^3-33$ 1452	a^2+45 903	e^3-22 1302	$^\#f^2-40$ 723	$^\#e^2+3$ 555	b^1-16 489
	编　号	M2:17	M2:16	M2:15	M2:14	M2:13	M2:12	M2:11	M2:10	M2:9
		未调		已调	未调					有调音痕
	侧鼓音	$^\#d^2+30$ 633	b^2-28 972	$^\#g^2-49$ 807	$^\#f^2-32$ 726	$^\#c^2-32$ 544	b^1-36 484	a^1+6 442	$^\#g^1+41$ 425	f^1-34 342
	正鼓音	b^1+46 507	$^\#g^2-37$ 813	e^2-18 652	$^\#d^2-37$ 609	$^\#a^1-48$ 453	$^\#g^1-15$ 412	$^\#f^1-49$ 360	e^1+40 337	$^\#c^1-21$ 274
下层	编　号	M2:1	M2:2	M2:3	M2:4	M2:5	M2:6	M2:7	M2:8	
				已调	未调					有调音痕
	侧鼓音	——	——	——	——	——	#c1 −37 271	#d1 +45 319	#f1 +50 381	
	正鼓音	G −48 95	#B −4 116	d −48 143	#d +7 156	#f +24 188	#a −28 229	c^1+17 264	$^\#d^1+8$ 313	

① 该钟共保留了两次测音数据，现需指明：1. 1980 年至 1988 年，先后有哈尔滨科技大学和中国艺术研究院音乐研究所对该编钟进行过测音，此处选用 1988 年由中国艺术研究院音乐研究所测出的数据。2. 表中的测音数据按出土时各钟的排列顺序逐次列出。见赵世纲主编《中国音乐文物大系·河南卷》表 31，大象出版社 1996 年版，第 312 页。

上表中 M2:1—M2:8 为下层 8 件大甬钟，M2:9—M2:26 为上层 18 件中小型甬钟。如表所示，上层 18 件甬钟的后 10 件就有 8 件未经调试，可能刚铸好还未来得及调音便下葬了，也可能演奏时无须用到，其真正原因难以知晓。然而，有一点可以肯定，这么多件甬钟仅凭钟范的精确设计，一次性铸就，并达到理想的音响效果是不太可能的。所以，在考察整套钟的音列特点时不应将这 10 件钟纳入分析之列。上层 18 件甬钟的前 8 件中仅 M2:15 号钟未做调试；下层 8 件大甬钟有 M2:3 号钟未做调试，这样它就与最大的两件低音甬钟一起形成了 3 个不便推测的音位，不像曾侯乙编钟下层二组 10 号钟（$^{\#}$D－40cent）和 7 号钟（^{b}A－10cent）分别有标音铭文“商”和“羽”作为参照，能看出它们偏高或偏低的方向。所以，为排除这些不可靠的材料，仅选择 M2:4—M2:14 共 11 件钟作为分析对象。

将 11 件钟正、侧鼓测音数据分别加上 49 音分，转换为以$^{\#}$F（$^{\#}$f^{1}）为宫，音分数为 0，呈相对音高关系的音列：

单位：音分

侧鼓音音位：	—	—	↑徵	↑羽	徵颠	↑宫	徵曾	角	羽曾	徵	宫
实测相对音高音分数：	—	—	744	994	1099	99*	290*	355*	513*	717*	17**
理论音高音分数：	—	—	702	884/906	1088	0/22*	316*	386*	520*	702*	0/22**
正、侧鼓实测音分差：	—	—	323	328	371	342	401	355	279	316	305
正、侧鼓理论音分差：	—	—	316	294/316	386	316	428	386	316	316	316
正鼓音音位：	↑羽	↑宫	↑角	↑商颠	徵	↑羽	徵颠	宫	商	角	羽
实测相对音高音分数：	*956	73	421	666	728	956	1089	0*	234*	401*	912*
理论音高音分数：	*884/906	0	386	590	702	884/906	1088	0*	204*	386*	884/906*
正鼓音间实测音分差：	317	348	245	62	229	132	111	234	167	509	
正鼓音间理论音分差：	316/294	386	204	112	182/204	204/182	112	204	182	498/520	

通过对测音数据整理可以发现，王孙诰钟的中音区音准较好，低音区的 5 件钟均偏高（做音列分析时，第 8 件与第 9 件调换了位置以由低至高排列）。从这里选择出来的、经过调试的 11 件甬钟的音列看得出来，编钟的设计者特意将“商颠”和“徵颠”两音位设置到正鼓音列中来。如果说第 7 号“商颠”钟受前 3 件影响而偏高的话，那么，第 10 件则是不折不扣的“徵颠”钟，这也是春秋晚期编钟正鼓音列出现七声音阶的难得的例子。

以上两套钟虽然存在较大推测的成分，但从战国早期以来不断出现变声设置于正鼓音列的实际来看，不能不说它们是成功设置前的有意义的尝试。

3. 曾侯乙编钟中层 2、3 组与下层 1 组甬钟

1978 年在湖北随县擂鼓墩 2 号墓出土的曾侯乙编钟①中层 2 组，为 12 件组甬钟，其测音数据②如下。

图 4—10　曾侯乙编钟中层 2 组无枚钟

图表 4—10　曾侯乙编钟中层 2 组甬钟测音数据

单位：音分

编　号	12	11	10	9	8	7
侧鼓音	$f^{1}-34$	$^{\#}a^{1}+12$	$\#g^{1}-47$	$^{\#}a^{1}+36$ [$b^{1}-74$]	$\#c^{2}-27$	$d^{2}+46$ [$^{b}e^{2}-54$]
正鼓音	$^{\#}c^{1}+47$ [$d^{1}-53$]	$^{\#}f^{1}-13$	$^{\#}d^{1}+37$ [$e^{1}-63$]	$g^{1}-47$	$a^{1}-44$	$c^{2}-35$
编　号	6	5	4	3	2	1
侧鼓音	$f^{2}-22$	$g^{2}-36$	$c^{3}-40$	$f^{3}-18$	$g^{3}-16$	$c^{4}-23$
正鼓音	$d^{2}-41$	$^{\#}d^{2}+42$ [$e^{2}-58$]	$^{\#}g^{2}+49$ [$a^{2}-51$]	$d^{3}-11$	$e^{3}-16$	$^{\#}g^{3}+39$ [$a^{3}-61$]

说明：由于第 11 号甬钟的双音均高出第 10 号甬钟，所以在做音列分析时将它们调换了位置。

将各音分别加上 35 音分，转换为以 C（c^{2}）为宫，音分数为 0，呈相对音高关系的音列：

① 分析曾钟中层三组时对它已做出简介，故此处从略。

② 湖北省博物馆：《曾侯乙墓发掘报告》（上），文物出版社 1989 年版，第 110—115 页。另见王子初、王世民、周常林主编《中国音乐文物大系·湖北卷》，大象出版社 1996 年版，第 317—318 页。为便于分析，整套编钟就是选择了该组的第 6 件（编号为 7）的 $c^{2}-35$ 作为统一标准，并将其转换为 0 音分的宫。

单位：音分

侧鼓音音位：	羽曾	宫曾	商曾	徵颟	羽颟	徵曾	羽曾	徵反	宫反	羽曾	徵反	宫反
实测相对音高音分数：	501	788	1047	1061	108*	281*	513*	699*	1195*	517**	719**	12***
理论音高音分数：	520	772	1018	1088	70/92*	316*	520*	702*	0/22**	520**	702**	0/22***
正、侧鼓实测音分差：	319	416	425	373	417	281	319	322	311	293	300	238
正、侧鼓理论音分差：	316	386	428	386	386	316	316	316	316	316	316	316
正鼓音音位：	商	宫角	商颟	徵	羽	宫	商	角	羽	商	角	羽
实测相对音高音分数：	182	372	622	688	891	0*	194*	377*	884*	224**	419**	874**
理论音高音分数：	204	386	590	702	884/906	0*	204*	386*	884/906*	204**	386**	884/906**
正鼓音间实测音分差：	190	250	66	191	299	208	190	534	488	251	514	
正鼓音间理论音分差：	182	204	112	182/204	316/294	204	182	498/520	520/498	182	498/520	

从以上整理出来的音列中各实测相对音高音分数可看出，该组甬钟的准确性是非常高的，这也是曾侯乙编钟的显著特点，体现出高度精确的浇铸和取调技术。与前面分析的曾侯乙钟 11 件的中层 1 组相比，该组甬钟的正鼓音列实际上就是在它的“商”音、“角”音与“徵”音之间加上了一个“商颟”音而形成的。如果联系起来看便可发现，将“商颟”置于“徵”音之前的做法早在春秋晚期的辉县琉璃阁镈钟和王孙诰钟的正鼓音列中已有先例。

图 4—11 曾侯乙编钟中层 3 组长枚钟

曾侯乙编钟中层 3 组，为 10 件组甬钟，其测音数据①如下。

① 湖北省博物馆：《曾侯乙墓发掘报告》（上），文物出版社 1989 年版，第 110—115 页。另见王子初、王世民、周常林主编《中国音乐文物大系·湖北卷》，大象出版社 1996 年版，第 317—318 页。

图表 4—11　曾侯乙编钟中层 3 组甬钟测音数据

单位：音分　赫兹

编　号	10	9	8	7	6	5	4	3	2	1
侧鼓音	b－18	$^{\#}c^{1}$－24	$^{b}e^{1}$－28	f^{1}－25	g^{1}－42	c^{2}－15	f^{2}－16	g^{2}－16	$^{b}b^{2}$－58	c^{3}－38
正鼓音	g－32	a－22	c^{1}－26	d^{1}－50	e^{1}－50	a^{1}－41	d^{2}－24	e^{2}－40	$^{\#}f^{2}$－39	a^{2}－25

将各音分别加上 35 音分，转换为以 C（c^{2}）为宫，音分数为 20，呈相对音高关系的音列：

单位：音分

侧鼓音音位：	徵顀	羽顀	徵曾	羽曾	徵反	宫反	羽曾	徵反	商曾	宫反
实测相对音高音分数：	*1117	111	307	510	693	20*	519*	719**	977**	1197**
理论音高音分数：	*1088	$\frac{70}{92}$*	316	520	702*	$\frac{0}{22}$**	520**	702**	1018**	$\frac{0}{22}$***
正、侧鼓实测音分差：	415	398	298	325	308	328	308	324	382	287
正、侧鼓理论音分差：	386	386	316	316	316	316	316	316	428	316
正鼓音音位：	徵	羽	宫	商	角	羽	商	角	商顀	羽
实测相对音高音分数：	*702	*913	9	185	385	894	211*	395*	595*	910*
理论音高音分数：	*702	$\frac{884}{906}$*	0	204	386	$\frac{884}{906}$	204*	386*	590*	$\frac{884}{906}$*

正鼓音间实测音分差：	211	296	176	200	509	517	184	200	315
正鼓音间理论音分差：	$\frac{182}{204}$	$\frac{316}{294}$	204	182	$\frac{498}{520}$	$\frac{520}{498}$	182	204	$\frac{294}{316}$

该组甬钟在 9 件组编钟正鼓音列的基础上增设了一个“商顀”音，使正鼓音列由五声变成了六声。需要指明的是，该组甬钟在曾侯乙编钟的整体音域中恰好处于下层低音区（正鼓音：大字组 C—小字组 g）与中层中音区（1、2 组正鼓音：小字一组 d^{1}—小字三组 a^{3}）的过渡区域（正鼓音：小字组 g—小字二组 a^{2}），起着中、低音区的连接作用。所以，将变声“商顀”设置于该组甬钟高音区的第 2 号与第 1 号之间，正好弥补了中层 1、2组第 4 与第 5 号间均没有变声的缺憾，这又一次说明其设置上的巧妙。

曾侯乙编钟下层 1 组，为 10 件组甬钟，其测音数据①如下。

① 湖北省博物馆：《曾侯乙墓发掘报告》（上），文物出版社 1989 年版，第 110—115 页。另见王子初、王世民、周常林主编《中国音乐文物大系·湖北卷》，大象出版社 1996 年版，第 317—318 页。

图表 4—12　曾侯乙编钟下层 1 组甬钟测音数据

单位：音分

编　号	10	9	8	7	6［楚王镈］
侧鼓音	#F－19 ［F－119］	G＋33 ［bA－67］	#A－12 ［B－112］	#C－11	#G－41
正鼓音	#D－47 ［D－147］	E－45	G＋17	#G＋1 ［A－99］	#F－48
编　号	5	4	3	2	1
侧鼓音	#d－3 ［be－3］	f－5	#g－29 ［ba－29］	#a－32 ［bb－32］	#a＋39 ［b－61］
正鼓音	c－13	#c＋36 ［d－64］	e－45	#f－29	g－23

说明：楚王镈的音高非曾钟所预设，做音列分析时仅采用标刻于挂钟横梁上第 6 号甬钟所在位置的音位名即可，镈钟的音高没有意义。

图 4—12　曾侯乙编钟下层 2 组

将各音分别加上 35 音分，转换为以 C（c）为宫，音分数为 22，呈相对音高关系的音列：

单位：音分

侧鼓音音位：	↓羽曾	宫曾	↓徵颟	羽颟	—	徵曾	羽曾	宫曾	商曾	徵颟
实测相对音高音分数：	**416	**768	**1023	*124	—	*332	*530	*806	*1003	*1074
理论音高音分数：	**520	**772	**1088	*70/92	—	*316	*520	*772	*1018	*1088
正、侧鼓实测音分差：	328	378	271	488	—	310	359	416	397	362
正、侧鼓理论音分差：	316	386	386	386	—	316	316	386	428	386
正鼓音音位：	↓商	角	↑徵	↓羽	徵颟	宫	商	角	商颟	徵
实测相对音高音分数：	**88	**390	**752	**836	—	*22	*171	*390	*606	*712
理论音高音分数：	**204	**386	**702	**884/960	**1088	*0	*204	*386	*590	*702

正鼓音间实测音分差：	302	362	84	386		149	219	216	106
正鼓音间理论音分差：	182	316	182/204	316/294	112	204	182	204	112

该组甬钟与辉县琉璃阁编钟和王孙诰编钟一样，将“商颧”“徵颧”两变声都设置到了正鼓音列。虽然第10、8、7号甬钟的音准较差，但在大字组的音区中进行音位设置，无论是取音还是调试都是非常困难的，而到了后4件钟所在的小字组准确性就大大提高了。

4. 信阳“䣄篙”编钟

图4—13　信阳“䣄篙”编钟

1957年出土于河南信阳长台关1号楚墓，现藏于国家博物馆的信阳“䣄篙”编钟①，为战国早中之交的一套编钮钟。该钟共一组13件，出土时并列挂在一个倾倒的彩绘木质钟架上，钟钮用兽面形插销穿挂在钟架上，同出还有木钟槌3件、木瑟3件、小鼓大鼓及鼓座等。

13件钮钟形制相同，大小相次，钮为长方形扁环形。钟体呈扁圆形筒状。铣部外侈有凸尖，口曲内凹呈弧形。两面共有36乳钉状圆枚。各钟纹饰除最大1件（原号M1—119）较为特殊外，其余各钟的篆、舞、鼓部均为突起的变形蟠虺纹，地纹为纤细的旋涡纹、绳索纹交织而成。其测音结果②如下。

图表4—13　信阳“䣄篙”编钟测音数据

单位：音分

编　号	1	2	3	4	5	6	7
出土号	1－119	1－120	1－121	1－122	1－123	1－124	1－125
侧鼓音	$\#d^2+23$	$\#d^2-29$	f^2+32	a^2+36	b^2+17	$\#c^3-45$	d^3+16

① 1. 河南省文物研究所：《信阳楚墓》图版六（VI）—图版一二（XII），文物出版社1986年版，第21—25页。2. 黄翔鹏：《“䣄篙”钟每钟两音音名与阶名的乐律学分析》，出自《溯流探源——中国传统音乐研究》，人民音乐出版社1993年版，第92—97页。

② 袁荃猷主编：《中国音乐文物大系·北京卷》，大象出版社1996年版，第286页。

（续表）

编　号	1	2	3	4	5	6	7
正鼓音	b^1+84 ［c^2-16］	$\#c^2-5$	$\#d^2-7$	$\underline{f^2+9}$① ［$\#f^2+9$］	$\#g^2+5$	$\#a^2-7$	b^2+24 ［c^3-76］
编　号	8	9	10	11	12	13	
出土号	1－12	1－13	1－14	1－15	1－16	1－17	
侧鼓音	$\#d^3-50$	$\#f^3+5$	$\#g^3+17$	$\#b^3-8$	$\#c^4+76$ ［d^4-24］	$\#f^4-78$	
正鼓音	$\#c^3+7$	$\#d^3-11$	$\#f^3+37$	$\#g^3+21$	$\#a^3-10$	$\#d^4-57$	

将各音分别减去9音分，转换为以$\#F$（$\#f^2$）为宫，音分数为0，呈相对音高关系的音列：

单位：音分

侧鼓音音位：	羽	徵颟	↓宫	徵曾	羽曾	↓徵	↓羽	商曾	宫	商	商颟	宫曾	宫
实测相对音高音分数：	914	1062	1123	327*	508*	646*	807*	1041*	1196*	208**	583**	767**	1113**
理论音高音分数：	884/906	1088	0/22*	316*	520*	702*	884/906*	1018*	0/22**	204**	590**	772**	0/22***
正、侧鼓实测音分差：	339	376	239	327	312	262	292	343	316	180	371	386	279
正、侧鼓理论音分差：	294/316	386	316	316	316	316	294/316	316	316	204	386	386	316
正鼓音音位：	商颟	徵	羽	宫	商	角	↓商颟	徵	羽	宫	商	角	羽
实测相对音高音分数：	575	686	884	0*	196*	384*	515*	698*	880*	28*	212**	381**	834**
理论音高音分数：	590	702	884/906	0*	204*	386*	590*	702*	884/906*	0**	204**	386**	884/906**

正鼓音间实测音分差：	111	198	316	196	188	131	183	182	348	184	169	453
正鼓音间理论音分差：	112	182/204	316/294	204	182	204	112	182/204	316/294	204	182	498/520

信阳“𤰔篙”钟的正鼓音列出现两次五正声的连续排列，它略去了9件组典型设置高音区的“商—角—羽”三音，却在每一“五正声”前面分别增设一个“商颟”音

① M1—122号钮钟的正鼓音高（f^2+9）与黄翔鹏先生按照声学研究所1980年3月对此套编钟测定的频率数据（729.9赫兹，对应的音分数为576cent，且全套钟整体上均比《大系》数据偏低些）以及李纯一《上古出土乐器综论》第285页所载的数据均相差较远（偏低一个小二度），而该钟的侧鼓音却与他们的数据十分接近。由于《中国音乐文物大系·北京卷》有关该钟的测音数据表中并未列出频率数据，无法核实。故本文在分析时将此音当作$\#f^2+9$的笔误应更符合其真实，现将它加下划线标记出来，在下方以加方括号的数据予以纠正。

位①，这是追求正鼓音列旋律与旋宫性能的典型例子。除第 7 件偏低外，余钟偏差较少，发音性能良好，表现出较高的铸造及取调水平，堪称乐钟中的精品。

5. 临淄商王编钟

1992 年出土于淄博市临淄区永流乡商王村 2 号墓，现分藏于淄博市博物馆与齐国故城遗址博物馆的临淄商王编钟②，为战国晚期的一套编钮钟。该墓出土的编钟共 14 件，发掘时工作人员按形制纹饰将其分为甲、乙两组，各组 7 件，甲组藏入了齐国故城遗址博物馆，乙组藏入了淄博市博物馆。出土时与 16 件编磬一起置于墓室东部，甲、乙两组钮钟大小相次，形制、纹饰相同，合瓦形中腔，铣部内敛，于弧。钮、篆、枚间饰三角云纹和卷云纹，枚上铸旋纹。舞、钲、鼓部饰变体凤鸟纹，羽尾勾卷，突出钟面。凤羽之内填以细线纹和羽状重环纹及圆圈纹，钟腔内壁也有模印的卷云纹和凤鸟纹，纹饰清晰，与钟面纹饰相同，铸造技艺高超，发音准确，音质优美，可认定均为实用器。两组钮钟的测音数据③如下。

图表 4—14 淄博临淄商王编钟测音数据（甲组）

单位：音分 赫兹

编号	2044 /22 - 1	2044 /22 - 2	2044 /22 - 3	2044 /22 - 4	2044 /22 - 5	2044 /22 - 6	2044 /22 - 7
侧鼓音	$^{\#}c^2$ +47 569.46	$^{\#}g^2$ -35 813.60	a^2 +50 905.76	b^2 +43 1012.57	d^3 -45 1143.80	$^{\#}d^3$ -44 1212.77	$^{\#}a^3$ -4 1859.74
正鼓音	$^{\#}a^1$ -35 456.54	e^2 +46 676.88	$^{\#}f^2$ +47 760.50	$^{\#}g^2$ -39 811.77	a^2 +49 905.15	b^2 +20 999.15	$^{\#}f^3$ +49 1522.83

音叉校正：a^1 -28（432.74）

① 黄翔鹏在其《“翻篙”钟每钟两音音名与阶名的乐律学分析》（见论文集《溯流探源——中国传统音乐研究》，人民音乐出版社 1993 年版，第 92 页）中可能出于强调新音阶的应用与发展，是将 M1 - 119 和 M1 - 125 两钟的正鼓音位作为“羽曾”来处理的，但本文以为正鼓音位的设置很大程度取决于取音的便利与否，相对地，“商颟”比“羽曾”更便利，且所有编钟在设置、取音特征方面均自成体系，这在其后的“取音轨迹”部分详细论述。

② 齐国故城遗址博物馆、淄博市博物馆：《临淄商王墓地》，齐鲁书社 1997 年版，第 24—26 页。

③ 周昌富、温增源主编：《中国音乐文物大系·山东卷》，大象出版社 2001 年版，第 344 页。

图 4—14 临淄商王编钟乙组

图表 4—15 淄博临淄商王编钟测音数据①（乙组）

单位：音分 赫兹

编　号	1	2	3	4	5	6	7
侧鼓音	$a^{1}+31$ [$^{\#}g^{1}-31$] 408.00	$^{\#}d^{2}+6$ 624.39	$g^{2}-39$ 765.99	$^{\#}g^{3}+22$ 1682.13	$d^{4}+4$ 2354.74	$^{\#}d^{4}+2$ 2485.35	$a^{4}-29$ 3459.47
正鼓音	$f^{1}-30$ 343.02	$c^{2}-26$ 515.14	$^{\#}d^{2}+6$ 624.39	$f^{3}+6$ 1401.37	$^{\#}a^{3}+28$ 1894.53	$c^{4}+12$ 2108.15	$f^{4}+11$ 2811.28

音叉校正：$a^{1}-4$（438.84）

只要稍稍浏览两组测音数据便可发现，孤立起来看各组的音列均出现很宽的跳跃，尤其是处于乙组中音区的第 3 号与第 4 号钟的音程相距九度，难以形成音列；甲组第 1 件（2044/22 号）与第 7 件（2044/28 号）也都与中间 5 件分别形成五、六度的差距。然而，甲组第 2—6 件（2044/23 号—2044/27 号）钮钟的音高正好处在乙组第 3 与第 4 号空缺的九度之内；甲组孤零零的第 1 件与第 7 件又正好可分别穿插到乙组的低音区和高音区。由此可知，虽然甲、乙两组钮钟在形制纹饰上有所差别，但在音列设置上是统一的、连贯的。所以，在进行音列整理时理应将两组数据按同一律高标准来处理。

对于以上两组数据而言，还需指出的是，两组钮钟在接受音高测定时虽然都以小字一组的 A 作为音高标准，但音叉校正值并不一致，其中甲组音叉校正值为 $a^{1}-28$（432.74 赫兹），乙组音叉校正值为 $a^{1}-4$（438.84 赫兹）。要想找出两组钮钟的内在联系，还必须在完全统一的标准下对两组钮钟进行比较。所以，分析前先将乙组音叉校正值也转换为 $a^{1}-28$（432.74 赫兹），即各音分别减去 24 音分，其结果如下。

① 按乙组 1 号钮钟侧鼓音的频率数（408 赫兹）计算，音分数应为 769cent，即 $^{\#}g^{1}-31$。记成 $a^{1}+31$ 可能是笔误，现将它加下划线标记出来，在下方以加方括号的数据予以纠正。

图表 4—16　转换后的临淄商王编钟乙组测音数据

单位：音分　赫兹

编　号	1	2	3	4	5	6	7
侧鼓音	$^{\#}g^{1}-55$ 402.32	$^{\#}d^{2}-18$ 615.82	$g^{2}-63$ 755.98	$^{\#}g^{3}-2$ 1659.32	$d^{4}-20$ 2322.37	$^{\#}d^{4}-22$ 2457.62	$a^{4}-53$ 3413.92
正鼓音	$f^{1}-54$ 338.50	$c^{2}-50$ 508.36	$^{\#}d^{2}-18$ 615.82	$f^{3}-18$ 1382.48	$^{\#}a^{3}+4$ 1868.99	$c^{4}-12$ 2078.58	$f^{4}-13$ 2772.97

将各音分别加上39音分，转换为以$^{\#}G$（$^{\#}g^{2}$）为宫，音分数为0，呈相对音高关系的音列：

单位：音分

侧鼓音音位：	宫	商颟	徵	徵颟	宫	商	角	商颟	徵	↑宫	徵曾	商颟	徵	羽颟
实测相对音高音分数：	1184	586	721	1076	4^{*}	189^{*}	382^{*}	594^{*}	695^{*}	37^{**}	335^{**}	619^{**}	717^{**}	86^{***}
理论音高音分数：	$\frac{0}{22}$	590	702	1088	$\frac{0}{22}^{*}$	204^{*}	386^{*}	590^{*}	702^{*}	$\frac{0}{22}^{**}$	316^{**}	590^{**}	702^{**}	$\frac{0}{22}^{***}$
正、侧鼓实测音分差：	299	382	332	355	319	303	382	406	336	316	447	376	290	360
正、侧鼓理论音分差：	316	386	316	386	316	316	386	386	316	316	428	386	316	386
正鼓音音位：	羽	商	角	徵	羽	徵颟	宫	商	↓角	↑羽	徵颟	↑商	↑角	↑羽
实测相对音高音分数：	885	204	389	721	885	1086	0^{*}	188^{*}	359^{*}	921^{*}	1088^{*}	243^{**}	427^{**}	926^{**}
理论音高音分数：	$\frac{884}{906}$	204	386	702	$\frac{884}{906}$	1088	0^{*}	204^{*}	386^{*}	$\frac{884}{906}^{*}$	1088^{*}	204^{**}	386^{**}	$\frac{884}{906}^{**}$

正鼓音间实测音分差：	519	185	332	164	201	114	188	171	562	167	355	184	499
正鼓音间理论音分差：	$\frac{520}{498}$	182	316	$\frac{182}{204}$	$\frac{204}{182}$	112	204	182	$\frac{498}{520}$	$\frac{204}{182}$	316	182	$\frac{498}{520}$

通过对测音数据的整理可以看出，原来似乎各自难以形成音列的两组数据实际上是一个有机整体，它们的结合构成了带变声“徵颟”、音域达三个八度的六声音列，它是采用以五正声为中心向两端扩展音位的方式来完成的。两组钮钟的音位穿插可从下图中清晰地看到。

图表 4—17　临淄商王编钟甲乙两组钮钟正鼓音位组合图

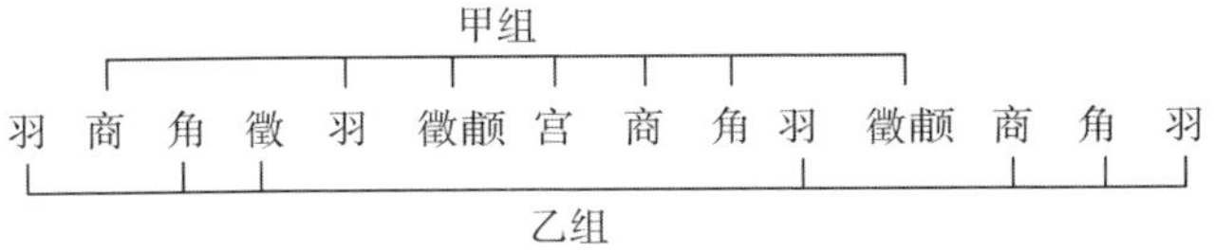

如同沂水刘家店子 1 号墓甬钟一样①，虽然按形制纹饰已分为甲、乙、丙三组，但在音列的设置上很可能是一个不可分割的整体（三组中仅乙组有测音数据）。而且沂水刘家店子 1 号墓甬钟与临淄商王编钟均出于春秋时期的齐国境内，除了说明这种结合方式早在春秋中期起即已开始之外，更说明了编钟音列并非受制于形制纹饰的事实。

6. 涪陵小田溪编钟

1972 年出土于四川涪陵小田溪战国土坑墓群 1 号墓，现藏于四川省博物馆的涪陵小田溪编钟②，为战国时期的 14 件套编钮钟。该墓为一大型墓葬，据墓葬器物考证，墓主为巴族上层人物。出土器物有陶器、漆奁、玉环、玻璃管、青铜器等，其中包括 31 件生活用具、54 件兵器、4 件生产工具、37 件乐器与 43 件其他铜器。兵器和乐器上刻有手心、花蒂、虎纹及其他典型的巴蜀符号。

图 4—15 涪陵小田溪编钟

① 现藏于山东省文物考古研究所和沂水市博物馆的沂水刘家店子 1 号墓甬钟，于 1978 年出土于沂水刘家店子一春秋中期墓葬。共 19 件。考古学界按纹饰将甬钟分为三组，各组形制相同，大小相次。其中，甲组 9 件，乙组 7 件，丙组 3 件，甲、丙两组甬钟残裂甚多，仅有乙组的测音数据。由于仅从形制纹饰角度进行分类，这使我们在面对它之前早已人为地将甲组和丙组甬钟排除在我们的视线之外，而单从乙组测音数据分析出来的音列显得紊乱。若打破依据纹饰分类的界限，想象整套甬钟的音列设置基于 3 组甬钟的有机结合，问题就完全解决了。从体形上就可发现，3 件丙组甬钟是最大的，应该是作为音最低的钟来设计的。甲组甬钟有介乎丙组与乙组体形之间的，有与乙组体形相当的，也有比乙组更小的。按照体形由大到小，音高由低到高的设计惯例，乙组甬钟应处于整套编钟的中高音区。除丙组三音作为低音外，音列中其他部分由甲组和乙组钟上的各音穿插构成，形成与“（羽—宫/商—角—徵—羽—宫）—商—（角）—徵—羽—宫—（商）—角—羽”相类似的音列。这种推测并非毫无根据，像这样由不同形制纹饰构成的多组编钟相结合来设置音列的现象可在临淄商王编钟甲、乙两组钮钟的组合中找到依据。出土资料：1. 山东省文物考古研究所、沂水县文物管理站：《山东沂水刘家店子春秋墓发掘简报》，《文物》1984 年 9 月第 9 期，第 1 页。2. 罗勋章：《刘家店子春秋墓琐考》，《文物》1984 年 9 月第 9 期，第 11 页。3. 蒋英炬：《三十年来山东省文物考古工作》，《文物考古工作三十年 1949—1979》，文物出版社 1979 年版，第 186 页。4. 齐文涛：《概述近年来山东出土的商周青铜器》，《文物》1972 年 5 月第 5 期，第 3 页。测音资料出自周昌富、温增源主编：《中国音乐文物大系·山东卷》，大象出版社 2001 年版，第 195 页。

② 1. 四川省博物馆、重庆市博物馆、涪陵县文化馆：《四川涪陵小田溪战国土坑墓清理简报》，《文物》1974 年 5 月第 5 期，第 61 页；2. 邓少琴：《四川涪陵新出土的错金编钟》，《文物》1974 年 12 月第 12 期，第 62 页。

编钟与附件均保存完好。14 件错金编钟形制相同，大小相次。长方形环钮，平舞。两铣下垂，于口弧曲上收，钟体呈合瓦状，钟钮与钟体一次浑铸而成。三列枚式，共 36 枚，枚乳钉形。通体刻纹，纹饰精美，其中 8 件钟的鼓部、钲部、铣部有错金纹饰。纹饰精致纤细，以勾连云纹为主构成各种装饰性图案。

钟腔内壁有明晰的调音锉磨痕，可以看得出各钟均经过精心调制。其测音数据①如下。

图表 4—18　四川涪陵小田溪 1 号墓编钟测音数据

单位：音分　赫兹

序　号	1	2	3	4	5	6	7
田野号	M1:79	M1:80	M1:81	M1:82	M1:83	M1:84	M1:85
侧鼓音	裂哑	$^{\#}a^{1}-8$ 464	$b^{1}+8$ 496	$d^{2}-34$ 576	$e^{2}-8$ 656	$^{\#}d^{2}+48$ 640	$^{\#}a^{2}-38$ 912
正鼓音	裂哑	$^{\#}f^{1}-9$ 368	$^{\#}g^{1}-31$ 408	$^{\#}a^{1}-38$ 456	$c^{2}+16$ [$^{\#}c^{2}-84$] 528	$^{\#}c^{2}+42$ [$^{\#}d^{2}-158$] 568	$^{\#}f^{2}-47$ 720
序　号	8	9	10	11	12	13	14
田野号	M1:86	M1:87	M1:88	M1:89	M1:90	M1:91	M1:92
侧鼓音	$b^{2}-21$ 976	$c^{3}+3$ 1048	$^{\#}f^{3}+19$ 1496	裂哑	$b^{3}-13$ 1960	$^{\#}c^{4}-13$ 2200	$^{\#}f^{4}-47$ 2880
正鼓音	$g^{2}+18$ [$^{\#}g^{2}-82$] 792	$a^{2}+16$ [$^{\#}a^{2}-84$] 888	$^{b}e^{3}-6$ [$^{\#}d^{3}-6$] 1240	裂哑	$^{\#}g^{3}-13$ 1648	$^{b}b^{3}+7$ [$^{\#}a^{3}+7$] 1872	$^{\#}d^{4}-46$ 2424

将各音分别加上 47 音分，转换为以$^{\#}F$（$^{\#}f^{2}$）为宫，音分数为 0，呈相对音高关系的音列：

① 严福昌、孝宗弟主编：《中国音乐文物大系·四川卷》表 10，大象出版社 1996 年版，第 251 页。

单位：音分

侧鼓音音位：	—	角	羽曾	宫曾	徵颧	↓宫	角	↓商颧	↓徵	↑宫	（徵曾）	羽曾	徵	宫
实测相对音高音分数：	—	439	555	813	1139	995	409*	526*	650*	66**	—	534**	734**	0***
理论音高音分数：	—	386	520	772	1088	$\frac{0}{22}$*	386*	520*	702*	$\frac{0}{22}$**	316**	520**	702**	$\frac{0}{22}$***
正、侧鼓实测音分差：	—	401	339	404	476	206	409	361	287	325	—	300	280	299
正、侧鼓理论音分差：	—	386	316	386	386	316	386	316	316	316	428	316	316	316
正鼓音音位：	（羽）	宫	商	角	↓徵	↓羽	宫	↓商	↓角	↑羽	（徵颧）	↑商	↑角	羽
实测相对音高音分数：	—	38	216	409	663	789	0*	165*	363*	941*	—	234**	454**	901**
理论音高音分数：	$\frac{884}{906}$	0	204	386	702	$\frac{884}{906}$	0*	204*	386*	$\frac{884}{906}$*	1088*	204**	386**	$\frac{884}{906}$**
正鼓音间实测音分差：		—	178	193	254	126	411	165	198	578	493	220	447	
正鼓音间理论音分差：		$\frac{316}{294}$	204	182	316	$\frac{182}{204}$	$\frac{316}{294}$	204	182	$\frac{498}{520}$	$\frac{520}{498}$	182	$\frac{498}{520}$	

该组钮钟正鼓音列的设置特点与临淄商王钟十分相似，为带变声“徵颧”、音域达3个八度的六声音列，也是采用以五正声为中心向两端扩展音位的方式来完成的。如果从春秋早、中期编钟正鼓音列的发展轨迹来看，二者又都是在典型9件组设置的基础上，低音区依次加入带有郑国标志的“角”音和带有曾国标志的“商”音之后，还进一步增设了“羽”（根据推测）音和“宫”音，才使得五正声处于音列的中间。此外，涪陵小田溪编钟与临淄商王编钟的音列也可看作8件组镈钟音列与9件组钮钟或甬钟音列的综合（见本章第二节“8件与9件的接合”）。已破裂的第11号钟尽管未能测出音高，但可以从临淄商王编钟甲、乙两组结合后的后5件“羽—徵颧—商—角—羽”正鼓结构中推测出涪陵小田溪钮钟后5钟亦应为同样的结构，即第11件钮钟的正鼓音位亦为“徵颧”。

至此，可以清晰地看到，从春秋早期开始的9件组典型设置的编钟到春秋中期10件组的郑国编钟，再到11、12件组的曾侯乙钟甚至14件组的涪陵小田溪编钟和临淄商王编钟，体现了编钟正鼓音列在同一个基础（五声）上音位由少至多的发展过程，它们是东周宫廷乐师们不断探索的结果，而这种大同小异的音列现象也是设置观念受制于周代礼乐制度下仅能产生的必然结果。

第二节 与钮钟、甬钟相接合的编镈音列形态

随着镈钟在编钟低音区作用的逐步提高，从编镈资料可以发现，至春秋中期，椭圆形镈腔再难以见到，代之以饰枚的合瓦形镈腔。其目的在于利用合瓦形腔体对称的节线

产生分区振动，从而在保留其低沉、浑厚音色的同时，一定程度上减轻其发音的含混，提高了乐音的清晰度，抑制了乐音的过度延长①。正是在此基础上，才使得镈钟在音乐性能上成为钮钟和甬钟不可或缺的补充，共同完成了整套编钟在音区、音列、音色等方面的有机组合。因此，低音区镈钟与高音区甬钟和钮钟的衔接就成为一个十分讲究的问题。那么，到底这种衔接有何特点呢？本文通过对多套有代表性的编钟的测音数据整理和音列分析，认为可分为以下两种衔接方式，即 4 件镈钟与 10 件钮钟的接合，8 件镈钟与 9 件钮钟的接合。通过这两种接合方式使镈钟音列最终走向独立。

一、 4 件与 9、 10 件的接合

从现已出土的编钟来看，4 件组的编镈往往与 9 件或 10 件组的钮钟接合。其中，第二种接合方式相对为多见，也更为典型，且多出现在春秋中期的中原地带；第一种接合方式相对较少，且出现在春秋晚期的中原以外的区域。

1. 新郑金城路编钟的“镈—钮”接合

第三章第二节述及的 1993 年 6 月出土于新郑市金城路中段偏东一侧第 2 号窖藏坑的新郑金城路编钟②就是由 4 件镈钟和两组各 10 件的钮钟组成的。出土时分南北两排放置，镈钟一排在南，钮钟一排作上下两层叠放在北。4 件镈钟形制纹饰相同，大小相次。体作合瓦形，口平齐。舞上有凸字形的钮，纽两端雕兽首状。腔面有乳钉状的枚 36 个。舞部及篆带饰蟠虺纹，正鼓部饰有两个变形的蟠螭所组成的象首纹。

图 4—16　新郑金城路第 2 号窖藏坑编镈

钟口无音梁设置，但内唇上留有锉磨痕。其测音数据③如下。

① 见本文第一章第三节第二部分“编镈形制对音列设置的限制”。
② 蔡全法、马俊才：《新郑郑韩故城金城路考古取得重大成果》，《中国文物报》1994 年 1 月 2 日。
③ 赵世纲主编：《中国音乐文物大系·河南卷》，大象出版社 1996 年版，第 94 页。

图表 4—19 新郑金城路编镈测音数据

单位：音分 赫兹

编 号	1	2	3	4
编 号	24	23	22	21
侧鼓音	#g^1 +14 419	a^1 +15 444	#d^2 −15 616	f^2 −15 692
正鼓音	e^1 −28 324	g^1 −24 386	b^1 −2 493	d^2 +1 588

将各音分别加上 6 音分，转换为以 G（g^2：取 g^2 以便与两组钮钟的音高标准相统一）为宫，音分数为 0*，呈相对音高关系的音列：

单位：音分

侧鼓音音位：	↑羽颧	商	宫曾	商曾
实测相对音高音分数：	120	221	791	991
理论音高音分数：	70/92	204	772	1018
正、侧鼓实测音分差：	442	239	387	284
正、侧鼓理论音分差：	316/294	204	386	316
正鼓音音位：	羽	宫	角	徵
实测相对音高音分数：	*878	*1182	404	707
理论音高音分数：	*884/906	0	386	702
正鼓音间实测音分差：	丨 304 丨 422 丨 303 丨			
正鼓音间理论音分差：	丨 316/294 丨 386 丨 316 丨			

2. 新郑城信社编钟的“镈—钮”接合

图 4—17 新郑城信社第 8 号窖藏坑编镈

第三章第二节述及的 1995 年 3 月出土于新郑城市信用社第 8 号窖藏坑的新郑城市信用社编钟也是由 4 件镈钟和两组各 10 件的钮钟组成的。所出编钟在坑内分南北两排放置，镈钟 4 件在南，钮钟 20 件在北，分两组作上下两层叠放在一起。4 件镈造型纹饰均相同，大小依次递减，且与新郑金城路2号窖藏所出编镈极为相似。体作合瓦形，口平齐。舞上有凸字形钮，钮两端分别铸作兽首状。钲部有乳钉状枚36个。舞部与篆带饰蟠螭纹，正鼓部有对称的两个蟠螭纹所组成的变形象首纹。

4件镈钟内腔虽无音梁设置，但均以锉磨钟口内唇进行了调音，且音质优美。其测音数据①如下。

图表4—20　新郑城市信用社第8号窖藏坑编镈测音数据

单位：音分　赫兹

编　号	1	2	3	4
编　号	21	22	23	24
侧鼓音	f^1-24［f^1-26］ 344	$\#a^1+14$ 470	d^2-47［d^2-49］ 571	破裂
正鼓音	d^1+32［e^1-168］ 299	g^1+16［g^1-18］ 388	b^1+6 496	破裂

说明：第2号镈钟正鼓音的频率数388赫兹对应的音分数为682cent，表中数据（g^1+16）可能是g^1-16的笔误，现将它加下划线标记出来，并加以方括号的数据予以纠正。另外第1、3号侧鼓音的音分数有些微小差异，也予以纠正。

将各音分别加上14音分，转换为以G（g^2：取g^2以便与两组钮钟的音高标准相统一）为宫，音分数为0*，呈相对音高关系的音列：

单位：音分

侧鼓音音位：	↓徵颠		徵曾		↓徵		—
实测相对音高音分数：	*988		328		665		—
理论音高音分数：	*1088		316		702		—
正、侧鼓实测音分差：	242		332		245		—
正、侧鼓理论音分差：	204/182		316		316		—
正鼓音音位：	羽		宫		角		（徵）
实测相对音高音分数：	*746		*1196		420		—
理论音高音分数：	*884/906		0		386		702
正鼓音间实测音分差：	|	450	|	424	|	—	|
正鼓音间理论音分差：	|	316/294	|	386	|	316	|

① 赵世纲主编：《中国音乐文物大系·河南卷》，大象出版社1996年版，第97页。

3. 滕州庄里西村编钟的“镈—钮”接合

图 4—18 滕州庄里西村编镈

第四章第一节述及的 1982 年冬出土于滕州姜屯镇庄里西村窖藏的滕州庄里西村编钟，是由 4 件镈钟和 9 件组钮钟组成的。各钟左、右铣及钲间均有铭文，且相互对应，表明此 13 件钟本为完整的一套。该组编镈中，第 1、2 件（00608 号与 00609 号）四侧鼓内已有音梁结构，但内唇被调音锉磨殆尽；第 3、4 件（006010 号与 006011 号）于口内唇上亦有均匀、平整的调音锉磨痕。除最大一件破裂之外，其余 3 件发音清悠，悦耳动听。其测音数据①如下。

图表 4—21 滕州庄里西村编镈测音数据

单位：音分 赫兹

编 号	00608	00609	00610	00611
侧鼓音	破裂	#g^1 -26 408.94	#a^1 +36 [b^1 -64] 475.07	#c^2 +22 561.52
正鼓音	破裂	e^1 +6 330.81	#g^1 -36 406.49	b^1 +10 496.83

音叉校正：al -6（438.23）

将各音分别减去 3 音分，转换为以 E（e^2：取 e^2 以便与同出的钮钟的音高标准相统一）为宫，音分数为 0*，呈相对音高关系的音列：

① 周昌富、温增源主编：《中国音乐文物大系·山东卷》，大象出版社 2001 年版，第 46 页。

单位：音分

侧鼓音音位：	—	角	↓徵	羽
实测相对音高音分数：	—	371	633	919
理论音高音分数：	—	386	702	884/906
正、侧鼓实测音分差：	—	368	272	212
正、侧鼓理论音分差：	—	386	316	182/204
正鼓音音位：	（羽）	宫	↓角	徵
实测相对音高音分数：	—	3	361	707
理论音高音分数：	*884/906	0	386	702
正鼓音间实测音分差：	—	358	346	
正鼓音间理论音分差：	316/294	386	316	

另外，在第一章第三节中已做简要分析的叶县旧县4号墓编钟中，除1组有脊无枚的编镈（4件）外，还同出土了1组无脊有枚的编镈，二者与两组甬钟（各10件）和一组钮钟（9件）构成了极富特色的组合①。可惜这组无脊镈胎体轻薄，发音含混，难以知晓其具体音高与音位，但从同为中原地域以及同为4件的特点来看，不大可能出现其他的结构。

如果将四组镈钟联系起来考察就不难发现，它们最大的特点就是正鼓音列均设置为"羽—宫—角—徵"结构。其中，由于春秋中期郑国钮钟10件组的正鼓音列设置特点，新郑金城路编镈和新郑城信社编镈与各自的钮钟产生两个重复音位的接合方式，而春秋晚期的滕州庄里西村编镈与9件组设置的钮钟产生一个重复音位的接合方式，如下图所示。

图表4—22　4件与9、10件的接合图

钮钟：角—徵—羽—宫—商—角—羽—商—角—羽

镈钟：羽—宫—角—徵

从以上整理出来的音列中还反映出另一个特点，那就是4件组编镈的音准性能多数较差，可能是腔壁减薄，调试难度加大所致。加上总体上4件组编镈出土并不多，且有明显的地域性，随着镈钟的旋律功能逐渐增强，各组的件数也逐渐增多，实际上，至春

① 本文以为，叶县旧县4号墓编钟中两组编镈与两组甬钟、1组钮钟所表现出的特色组合，还有待更多的材料加以论证。

秋晚期出现更多的是8件组的编镈。不可否认，4件组编镈在改变钟形、增加各组件数和提高音乐性能等方面均比西周和春秋早期镈钟前进了一大步。然而，它们并未脱离单纯地作为编钟低音的地位，即还不能脱离中、高音区的钮钟单独承担起旋律演奏的任务。所以，从镈钟的发展过程来看，4件组镈钟与钮钟的接合是流行于以郑国为核心的中原地区的典型接合模式，而后来8件镈钟与9件钮钟或甬钟的接合模式即为这种模式的扩充。

二、8件与9件的接合

8件镈钟与9件钮钟或甬钟的接合，是钟乐发展过程中利用不同钟形音乐性能做音区衔接的最主要的方式。这种接合控制的时间最长，从春秋中期出现以来一直影响到战国早期；从音域上看，西周晚期在甬钟上得以统一的8件套正鼓音列设置虽然达三个八度，但主要是“羽”“角”两个骨干音的轮流出现，并未出现音阶形态。至两周之际，9件套钮钟的正鼓音列出现了五声音阶形态，从而加强了钮钟演奏旋律的能力，但它又以缩短音域为代价，即从三个八度缩短到两个八度加大二度。8件镈钟与9件钮钟的接合，兼顾了西周甬钟音域上和钮钟音阶形态上两方面的优点，弥补了它们的不足，即在以五声音阶为主体的正鼓音列基础上使音域达到三个八度加大六度。可以说，这种组合所反映出来的体系化和层次性代表着春秋中期以来钟乐发展在纵向上的总体趋势。

1. 淅川下寺M10编钟的“镈—钮”接合

图4—19 淅川下寺M10黝镈

现藏于淅川县博物馆的黝镈和黝钟①，为1979年出土于河南淅川县仓房乡下寺10号墓的春秋中期编钟。下寺10号墓属长方形大墓，内有一椁两棺，随葬遗物有青铜礼器、乐器、兵器、车马器、玉器等共170余件。乐器计有镈8件，钮钟9件，石磬13件。镈置于墓室东部，从大到小，由北向南大致呈一字排列。钮钟位于一个水平面上，在这个水平面上显出一条南北向的彩绘痕迹，上绘有山字形云纹，北边亦有一段向西弯曲的彩

① 河南省文物研究所等：《淅川下寺春秋楚墓》，文物出版社1991年版，第112页。

绘痕迹，一端较粗，很可能是悬挂钟架的横梁。从钟铭看，黝镈与黝钟应为吕国钟，据考证吕灭于楚当在鲁定公十四年，即公元前 595 年。所以黝镈、黝钟的年代应在此年之前。又据铭文载有“楚成王之盟仆”之句，根据楚谥法制度，国君死后方尊谥号①。“成王”为楚熊恽谥号，所以此钟的上限又不能超过楚成王卒年。这样，黝镈、黝钟的确切年代只能是在公元前 625 年至公元前 595 年之间，属春秋中期。

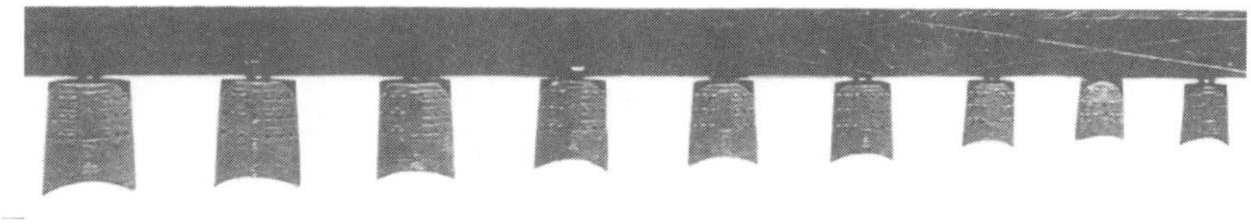

图 4—20　淅川下寺 M10 黝钟

黝镈、黝钟均保存完好，为合瓦体，且造型纹饰相同，大小相次。镈钟钟体修长，舞部略小于口部，舞上有两条夔龙相对组成的钮。篆间有螺旋形枚，正背面共 36 个。钮钟舞面饰长方形钮，钟面亦有螺旋枚 36 个。钟口上弧，钮上饰三角云纹，舞部和篆带饰蟠螭纹，正鼓部饰对称的四角夔龙纹。编钟于口近平，近于口处内壁凸起，鼓部内壁设有长条状凸起的音梁，口沿内壁均经不同程度的调音锉磨，调音部位主要在镈口内壁、音梁及两铣夹角。

黝镈在 1980 年由哈尔滨科技大学测音，测音数据②如下。

图表 4—23　淅川县仓房乡下寺 M10 黝镈测音数据

单位：音分　赫兹

编　号	M10:73	M10:74	M10:75	M10:76	M10:77	M10:78	M10:79	M10:80
侧鼓音	d^1 +10 295. 4	#f^1 −29 363. 8	#a^1 +13 469. 7	b^1 −14 490. 9	e^2 −10 655. 7	#f^2 −42 681. 8	#f^2 −1 739. 3	#a^2 +40 954. 0
正鼓音	#a −29 [b −129] 229. 2	d^1 −3 [#d −103] 293. 2	#f^1 −14 367. 1	#g^1 −50 403. 6	b^1 −15 498. 6	#c^2 −10 551. 1	#d^2 −2 621. 1	#f^2 −1 739. 0

① 赵世纲主编：《中国音乐文物大系·河南卷》表 37、表 53，大象出版社 1996 年版，第 314、320 页。
② 赵世纲主编：《中国音乐文物大系·河南卷》表 37、表 53，大象出版社 1996 年版，314、320 页。

鱳钟的测音数据如下：

图表4—24 淅川县仓房乡下寺M10鱳钟测音数据

单位：音分 赫兹

编 号	M10:66	M10:70	M10:67	M10:69	M10:68	M10:71	M10:72	M10:83	M10:84
侧鼓音	$^{\#}a^{2}-29$ 916.7	$\underline{b^{2}-33}$ [$b-69$] 949.3	$^{\#}d^{3}+1$ 1245.5	$\underline{f^{3}+9}$ [$f^{3}+41$] 1430.8	$\underline{d^{4}-14}$ [$^{\#}d^{4}-14$] 2469.0	$c^{4}-39$ 2046.1	$f^{4}+13$ 2814.5	$^{\#}g^{4}-12$ [$^{\#}g^{4}-12$] 3345.8	$b^{4}-25$ [$^{\#}a^{4}+74$] 3892.7
正鼓音	$\underline{^{\#}f^{2}-17}$ [$^{\#}f^{2}-47$] 720.3	$g^{2}+18$ [$^{\#}g^{2}-82$] 792.0	$^{\#}a^{2}+9$ [$b^{2}-91$] 937.0	$^{\#}c^{3}-9$ 1102.8	$d^{3}+16$ [$^{\#}d^{3}-84$] 1185.4	$^{\#}g^{3}-26$ 1636.1	$^{\#}c^{4}+16$ 2237.7	$\underline{g^{4}-51}$ [$^{\#}f^{4}-51$] 2873.2	$a^{4}-44$ [$^{\#}g^{4}+56$] 3431.3

说明：1. 鱳钟的测音数据中音分数与频率有五处不一致，即M10:66钮钟的正鼓音、M10:70钮钟的侧鼓音、M10:69钮钟的侧鼓音、M10:68钮钟的侧鼓音和M10:83钮钟的正鼓音。按频率数据计算，它们的音分数均应做相应的调整，表中加下划线的数据代表算错的数据，在它们下方的方括号中的数据代表纠正后的数据；2. 为了便于观察、分析，将整套钟中多数数据也做出相应的音名调整，记在方括号中，以符合本套钮钟的音列设置规律。

先将镈钟各音分别加上15音分，转换为以B（b^{1}）为宫，音分数为0，呈相对音高关系的音列：

单位：音分

侧鼓音音位：	↓角	↓徵	徵颟	宫	羽曾	徵	徵	徵颟
实测相对音高音分数：	323	684	1126	1199	503*	661*	712*	1153*
理论音高音分数：	386	702	1088	$\frac{0}{22}$*	520*	702*	702*	1088*
正、侧鼓实测音分差：	437	373	427	264	503	458	301	441
正、侧鼓理论音分差：	386	316	386	316	498	498	316	386
正鼓音音位：	↓宫	↓角	徵	↑羽	宫	商	角	徵
实测相对音高音分数：	*1086	311	699	935	0*	203*	411*	712*
理论音高音分数：	0	386	702	$\frac{884}{906}$	0*	204*	386*	702*

正鼓音间实测音分差：	427	388	236	265	203	208	301
正鼓音间理论音分差：	386	316	$\frac{182}{204}$	$\frac{316}{294}$	204	182	316

再将钮钟各音分别加上15音分，转换为以B（b^{1}）为宫，音分数为0，呈相对音高关系的音列：

单位：音分

侧鼓音音位：	徵颟	↓宫	角	商颟	角	宫	商颟	商曾	宫
实测相对音高音分数：	1052*	1146*	416**	656**	401***	76***	628***	903***	1189***
理论音高音分数：	1088*	$\frac{0}{22}$**	386**	590**	386***	$\frac{0}{22}$***	590***	1018***	$\frac{0}{22}$****
正、侧鼓实测音分差：	418	313	492	450	1270	387	397	239	218
正、侧鼓理论音分差：	386	316	386	386	1200	316	386	386	316
正鼓音音位：	徵	↓羽	↓宫	商	↓角	羽	商	↓徵	羽
实测相对音高音分数：	668*	833*	1124*	206**	331**	889**	231***	664***	971***
理论音高音分数：	702*	$\frac{884}{906}$*	0**	204**	386**	$\frac{884}{906}$**	204***	702***	$\frac{884}{906}$***
正鼓音间实测音分差：	165	291	282	125	558	542	433	307	
正鼓音间理论音分差：	$\frac{182}{204}$	$\frac{316}{294}$	204	182	$\frac{498}{520}$	$\frac{520}{498}$	498	$\frac{182}{204}$	

说明：从春秋早期以来出现的9件一组编钟的正鼓音列（徵—羽—宫—商—角—羽—商—角—羽）设置特征来看，黝钟第八号正鼓音“↓徵”应当是一个特例，故在接下来提炼钮钟与镈钟的正鼓音列接合时，将钮钟的正鼓音列转换为普遍的、规范的模式。

从音列上看，黝镈8个正鼓音由b至$^{\#}f^{2}$，黝钟9个正鼓音由$^{\#}f^{2}$至$^{\#}g^{4}$，两者的音列接合方式如下图所示。

图表4—25　8件与9件的接合图

钮钟：徵—羽—宫—商—角—羽—商—角—羽

镈钟：

宫—角—徵—羽—宫—商—角—徵

图中可见，两组钟的正鼓音列均以五弦散声为主体来进行设置，镈钟将五弦散声置于中间，钮钟将它们置于开头，由“徵”音位将两组音列接合起来。这就是春秋中期以来8件与9件的接合模式，它是对钟乐性能进一步开发的结果，也是编悬体制中高地位、高规格的体现。在音区安排方面，与两周之际的虢太子墓编钮钟以及早期闻喜上郭村210号墓、211号墓两套钮钟相比，春秋中期钮钟在音区上进一步提高（淅川下寺10号墓编钟的音区比前者提高了八度，比后两套钮钟分别提高了六度和五度），而将中低音区留给了镈钟，这就形成了镈钟与钮钟接合的又一特点。

黝钟钟腔虽有锉磨调试，但正鼓音列各音之间偏差较大。镈钟前两件被磨残，所以测出的两个偏低的正鼓音难以反映其真实音高。钮钟第2、3、5和8件均出现不同程度的偏低。同时，在镈钟第5、6件的正、侧鼓音间出现了四度，在钮钟第5件正、侧鼓音间出现了八度，第8件正、侧鼓音间出现了二度，说明侧鼓部的音位设置还不够稳定，整套编钟的音准欠佳。

值得探讨的是此套钟的铭文铸饰问题。编钟的钲部、两铣及左右鼓部铸有铭文，钮钟铭文与镈钟铭文的内容相同，全篇铭文共 79 字。其中较大的 3 件镈钟各铸全篇铭文。其次第 4、5 件和第 6、7 件是两两合铸一篇铭文。最小的一件镈钟仅铸全篇铭文的前段(36 字)，不及全铭字数的一半。从中不难看出镈钟铭文铸饰的规范。然而，由于钮钟钟体较小，各钟所铸铭文不等，多者一钟铸 49 字，少者一钟铸 3 字。从铭文的读序看，其间似缺钟较多。第 1 件仅铸铭文前半段，第 2 件亦铸铭文前半段，第 3、4 件合铸全铭。第 5、6 件铸铭文不及全铭的一半，又和第 7 钟的铭文不相连，且第 7 钟铭文也未完。第 8、9 钟仅铸铭文 8 字。据此考古学界推测第 1、2 钟之间似缺一钟；第 7 钟前后至少缺两钟；第 8、9 钟之间似缺钟更多①。这种推测显然与以上整套钟的测音数据整理和音列分析不一致，按照这一结论，该组钮钟至少在 12 件以上，而从现已出土的钮钟来看，至春秋中期编钟件数均未超过郑国的 10 件设置。正如本文第一章第二节第三部分有关“铭文与件数”的探讨中所提到的那样，铭文与音列实质上没有必然联系，其字数的考察对音列分析有一定的参照作用，但决不能起决定性作用。结合此套编钟音准欠佳、音位设置欠稳定的特点，显示出该组钟有拼凑现象，此类现象在前面分析的出土于陕县上村岭第 1052 号墓的虢太子墓钮钟上亦曾有过。

2. 固始鄱子成周钟的“镈—钮”接合

图 4—21　固始鄱子成周编镈

图 4—22　固始鄱子成周钮钟

现藏于河南省文物考古研究所的鄱子成周编钟②是 1978 年从固始县城关镇砖瓦窑厂第 1 号墓出土的春秋晚期青铜乐器。随墓同出的还有青铜礼器、木漆器、玉器以及木瑟、木鼓等数百件。根据同出的勾吴夫人青铜器铭文，可知勾吴夫人为宋景公之妹，宋元公之女。该墓的人骨鉴定表明，墓主人为女性，30 岁左右。按宋元公死于公元前 517 年，

① 河南省文物研究所等：《淅川下寺春秋楚墓》，文物出版社 1991 年 10 月版，第 112 页。

② 1. 固始侯古堆一号墓发掘组：《固始侯古堆一号墓的发掘》，《文物》1981 年 1 月第 1 期，第 1 页；2. 河南文物考古研究所：《固始侯古堆一号墓》第 47—61 页，大象出版社 2004 年 11 月 1 版。

假定勾吴夫人为宋元公之幼女，应生于公元前517年之前，该墓的年代下限在公元前487年，故鄱子成周钟当铸在此年之前。编钟由8件镈钟与9件钮钟组合而成。两组钟各自的形制相同，大小相次。镈钟和钮钟多数经过调音，调音痕迹清晰可见，且音质良好。调音部位主要是在钟口内唇及音梁处。

镈钟和钮钟的测音数据①分别如下。

图表4—26　固始鄱子成周编镈测音数据

单位：音分　赫兹

编　号	M1:1	M1:2	M1:3	M1:4	M1:5	M1:6	M1:7	M1:8
侧鼓音	$b+17$ 249.4	$\#d^1-18$ 307.9	g^1+4 392.9	b^1-30 485.3	c^2-10 520.0	d^2+1 [d^2+16] 635.6	$\#d^2+37$ 592.8	$\#f^2-2$ 739.8
正鼓音	#g 207.4	c^1-30 257.0	$\#d^1+17$ 314.2	d^1-31 288.5	$\#g^1+6$ 416.8	c^2+4 524.4	$\#a^2-5$ 464.9	$\#b^2+20$ 629.4

说明：检查镈钟的测音数据，有三个问题应先指出，而后调整，方可对其音列进行分析。

1. 从侧鼓音中加下划线的频率数可看出，第8件镈音高为$^\#d^2+37$，第7件镈音高为d^2+1，即前者音高于后者，而前者的频率数（592.8赫兹）却小于后者（635.6赫兹），所以，两音的频率数应调换位置，而且，592.8的频率数应该对应d^2+16的音高（以方括号内的数据加以纠正）。

2. 将正鼓音中加下划线的数据与侧鼓音中加下划线的数据相比较可发现，$^\#a^2-5$比d^2+1高出近平均律减五度，而频率数（464.9赫兹）却低于d^2调整后的频率数（592.8赫兹）；$^\#b^2+20$比$^\#d^2+37$高出近纯律大六度，而$^\#b^2$的频率数（629.4赫兹）还低于$^\#d^2$调整后的频率数（635.6赫兹），所以，$^\#a^2-5$实际上应该是$^\#a^1-5$，频率数为464.9赫兹；$^\#b^2+20$实际上应该是$^\#d^2+20$，频率数为629.4赫兹。

3. 从正鼓音由低到高的次序上看，调整后的第7件镈钟音$^\#a^1-5$低于第6件镈钟音c^2+4，它们须调换位置方可构成自下而上的音列。

图表4—27　固始鄱子成周钮钟测音数据

单位：音分　赫兹

编　号	M1:9	M1:10	M1:11	M1:12	M1:13	M1:14	M1:15	M1:16	M1:17
侧鼓音	g^2-4 765.7	$\#g^2+29$ 844.7	b^2-31 970.5	$\#d^3-11$ 1236.5	$\#d^3-16$ 1223.4	a^3+14 1774.3	$\#d^4+9$ 2502.3	$\#f^4+27$ 3006.2	$\#a^4+45$ 3428.8

① 赵世纲主编：《中国音乐文物大系·河南卷》，大象出版社1996年版，第314页表39、第320页表55。

（续表）

编　号	M1:9	M1:10	M1:11	M1:12	M1:13	M1:14	M1:15	M1:16	M1:17
正鼓音	#d^2 +11 626.3	f^2 +15 704.5	#g^2 −36 813.0	c^2 −32 [c^3 −32] 1027.3	#a^2 −45 908.2	#f^3 −47 1440.5	#a^3 +47 1916.5	g^4 +21 3174.1	e^4 +18 2665.0

说明：检查钮钟的测音数据，有三个问题应先指出，而后调整，方可对其音列进行分析。

1. 第4件钮钟正鼓音高为加下划线的 c^2 −32，频率数为513.68赫兹，而它下方的频率数却为1027.3赫兹，这个数据与音高 c^3 −32相对应。故可判断此处属误记，实际上应为 c^3 −32。

2. 从正鼓音第一个加下划线的两音音高看，出现了第4钟比第5钟高的情况，而两钟的侧鼓音又相差无几。本文以为，无论此两钟的正鼓音原本就是这样设计的，还是测音记录时写颠倒了，总之编钟设计者选择了这一213音分的大二度是客观的。所以做理论分析时，应将它们按自低而高的次序进行排列。

3. 从正鼓音第二个加下划线的两音数据看，基于第2点所述的理由，同样应调换位置来考虑。

经过调整的测音数据如下：

图表4—28　调整后的固始鄱子成周编镈测音数据

单位：音分　赫兹

编　号	M1:1	M1:2	M1:3	M1:4	M1:5	M1:6	M1:7	M1:8
侧鼓音	b +17 249.4	#d^1 −18 307.9	g^1 +4 392.9	b^1 −30 485.3	c^2 −10 520.0	d^2 +16 592.8	#d^2 +37 635.6	#f^2 −2 739.8
正鼓音	#g 207.4	c^1 −30 257.0	#d^1 +17 314.2	d^1 −31 288.5	#g^1 +6 416.8	#a^1 −5 464.9	c^2 +4 524.4	#d^2 +20 629.4

图表4—29　调整后的固始鄱子成周钮钟测音数据

单位：音分　赫兹

编　号	M1:9	M1:10	M1:11	M1:13	M1:12	M1:14	M1:15	M1:17	M1:16
侧鼓音	g^2 −4 765.7	#g^2 +29 844.7	b^2 −31 970.5	#d^3 −16 1223.4	#d^3 −11 1236.5	a^3 +14 1774.3	#d^4 +9 2502.3	#a^4 +45 3428.8	#f^4 +27 3006.2
正鼓音	#d^2 +11 626.3	f^2 +15 704.5	#g^2 −36 813.0	#a^2 −45 908.2	c^3 −32 1027.3	#f^3 −47 [f^3 +53] 1440.5	#a^3 +47 1916.5	e^4 +18 [#d^4 +118] 2665.0	g^4 +21 [f^4 +221] 3174.1

先将镈钟各音分别减去 6 音分，转换为以^{b}A（$^{b}a^{1}$）为宫，音分数为 0，呈相对音高关系的音列：

单位：音分

侧鼓音音位：	徵曾	↓徵	徵颟	徵曾	角	商颟	徵	商曾
实测相对音高音分数：	311	676	1098	264*	384*	610*	731*	992*
理论音高音分数：	316	702	1088	316*	386*	590*	702*	1018*
正、侧鼓实测音分差：	317	312	387	901	384	421	333	278
正、侧鼓理论音分差：	316	316	386	—	386	386	316	316
正鼓音音位：	宫	↓角	徵	↓羽	宫	商	角	徵
实测相对音高音分数：	*1194	364	711	563	0*	189*	398*	714*
理论音高音分数：	0	386	702	884/906	0*	204*	386*	702*
正鼓音间实测音分差：	370	347	−148	637	189	209	316	
正鼓音间理论音分差：	386	316	182/204	316/294	204	182	316	

再将钮钟各音分别减去 6 音分，转换为以^{b}A（$^{b}a^{1}$）为宫，音分数为 0，呈相对音高关系的音列：

单位：音分

侧鼓音音位：	徵颟	宫	徵曾	徵	徵	羽颟	徵	商曾	宫
实测相对音高音分数：	1090*	23*	264**	683**	678**	108***	703***	1021***	239****
理论音高音分数：	1088*	0/22**	316**	702**	702***	70/92***	702***	1018***	0/22****
正、侧鼓实测音分差：	385	314	305	534	316	361	462	208	324
正、侧鼓理论音分差：	386	316	316	498	316	386	498	386	316
正鼓音音位：	徵	羽	↓宫	↓商	↓角	羽	商	↑徵	↑羽
实测相对音高音分数：	705*	909*	1158*	149**	362**	947**	241***	812***	1115***
理论音高音分数：	702*	884/906*	0**	204**	386**	884/906**	204***	702***	884/906***
正鼓音间实测音分差：	204	250	190	213	585	494	572	302	
正鼓音间理论音分差：	182/204	316/294	204	182	498/520	520/498	498	182/204	

8 件镈钟的正鼓音由$^{\#}$g 至$^{\#}d^{2}$，9 件钮钟的正鼓音由$^{\#}d^{2}$ 至↑f^{4}。与淅川下寺 10 号墓编钟完全相同，两组钟的正鼓音列均以五声为主体来进行设置，镈钟将五声音阶置于中间，钮钟将五声音阶置于开头，均由“徵”音位将两组音列接合起来。还需指出的是，下寺 10 号墓编钟和鄱子成周钟的两组钮钟均将第 8 件的音位设置为“徵—商曾”，而非

“角—徵”，使高音区正鼓音列形成“羽—商—徵—羽”的结构。就取音而言，在以五声为基础的五弦准的高音区获取此两对音高，其难度并无差异；但如前所述，五声在定弦的难度上是有差异的，其中“徵”音较“角”音稳定，更容易获取。故此两组钮钟在音位设置时均打破了西周以来编钟高音区以“角”“羽”为主体的传统设置，选择了“徵”而抛弃了“角”，也由此形成了此两套编钟的鲜明特点。

从以上两组编钟的各正鼓音位和各侧鼓音位的音分数以及正鼓音间和正、侧鼓音间的音分差四项指标来看，总体上镈钟的准确性比钮钟更高。但8件镈钟中唯独第4件“羽”音镈偏低超过一个纯律小三度（884－563＝321音分）。从调音特征上看，正好此镈未经任何锉磨，可断定此镈出范时即已偏低。单就此镈而言，保留其在全组中的位置，只是为了充当摆设，并无演奏功能。从铭文铸饰情况看，正好此镈无铭文，也可能此镈为一非原套的拼凑品。

如以前文所述的9件组编钟音列中各音位的理论音高为标准，固始鄱子成周钮钟有5件在音高上偏差较大，其中第3、4、5三件的正鼓音偏低超过40音分，第8件的正鼓音偏高超出100音分，第9件的正鼓音偏高在200音分以上，而正鼓音的偏离又直接影响侧鼓音的稳定性。

3. 淅川徐家岭M3编钟的“镈—钮”接合

图4—23　淅川徐家岭M3编镈（8件）的正面与于口

现藏于河南省文物考古研究所的淅川徐家岭3号墓编钟①，于1990年出土于淅川丹江口水库西岸徐家岭3号墓。所出器物的形制特征表明该墓年代为春秋晚期。整套编钟由8件镈钟和9件钮钟组成，均保存完整，各组造型纹饰相同，大小相次。合瓦形钟体

① 赵世纲主编：《中国音乐文物大系·河南卷》，大象出版社1996年版，第105页。

饰有螺旋枚 12 组，每组 3 枚，正背两面共有枚 36 个来抑制钟声的自由振动。镈钟的测音数据①如下。

图 4—24　淅川徐家岭 M3 编钟

图表 4—30　淅川徐家岭 3 号墓编镈测音数据

单位：音分　赫兹

编　号	M3:12	M3:13	M3:14	M3:15	M3:16	M3:17	M3:18	M3:19
侧鼓音	b −7 246	f^1 −42 341	g^1 −32 385	a^1 +19 445	d^2 −29 532	d^2 −1 587	#d^2 −24 613	#f^2 +39 757
正鼓音	#g −46 202	c^1 −26 258	d^1 +49 302	f^1 −33 342	#g^1 −28 408	#a^1 −10 463	c^2 −32 513	#d^2 +21 630

钮钟的测音数据②如下。

图表 4—31　淅川徐家岭 3 号墓钮钟测音数据

单位：音分　赫兹

编　号	16	17	18	19	20	21	22	23	24
侧鼓音	#f^2 −1 739	a^2 −29 865	c^3 −5 1043	d^3 −27 1156	#d^3 −3 1241	a^3 +7 1768	e^4 −44 2570	e^4 +49 2712	a^4 +1 3523
正鼓音	#d^2 −36 609	e^2 +32 671	#g^2 −26 818	#a^2 −5 929	c^3 −16 1036	f^3 +29 1421	e^4 −37 2299	#c^4 +24 2249	#f^4 −41 2888

① 赵世纲主编：《中国音乐文物大系·河南卷》表 41，大象出版社 1996 年版，第 315 页。
② 赵世纲主编：《中国音乐文物大系·河南卷》表 59，大象出版社 1996 年版，第 321 页。

先将镈钟各音分别加上28音分，转换为以^{b}A（$^{b}a^{1}$）为宫，音分数为0，呈相对音高关系的音列：

单位：音分

侧鼓音音位：	徵曾	羽	徵颟	↑羽颟	商颟	商颟	徵	↑商曾
实测相对音高音分数：	321	885	1096	147*	599*	627*	704*	1067*
理论音高音分数：	316	884/906	1088	70/92*	590*	590*	702*	1088*
正、侧鼓实测音分差：	339	483	419	452	599	409	308	318
正、侧鼓理论音分差：	316	498/520	386	386	590	386	316	316
正鼓音音位：	宫	角	徵	羽	宫	商	角	↑徵
实测相对音高音分数：	*1182	402	677	895	0*	218*	396*	758*
理论音高音分数：	0	386	702	884/906	0*	204*	386*	702*
正鼓音间实测音分差：	420	275	218	305	218	178	353	
正鼓音间理论音分差：	386	316	182/204	316/294	204	182	316	

再将钮钟各音分别加上28音分，转换为以^{b}A（$^{b}a^{1}$）为宫，音分数为0，呈相对音高关系的音列：

单位：音分

侧鼓音音位：	商曾	羽颟	角	商颟	徵	↑羽颟	↑徵	↑徵	↑宫
实测相对音高音分数：	1027*	99*	423**	601**	725**	135***	784***	877***	129****
理论音高音分数：	1018*	70/92**	386**	590**	702***	70/92***	702***	702***	0/22****
正、侧鼓实测音分差：	335	439	421	378	313	378	193?	325	342
正、侧鼓理论音分差：	316	386	386	386	316	386	498	316	316
正鼓音音位：	徵	↓羽	宫	商	角	↑羽	↑商	↑角	↑羽
实测相对音高音分数：	692*	860*	2*	223**	412**	957**	591***	552***	987***
理论音高音分数：	702*	884/906*	0**	204**	386**	884/906**	204***	386***	884/906***
正鼓音间实测音分差：	168	342	221	189	545	834	-39	435	
正鼓音间理论音分差：	182/204	316/294	204	182	498/520	520/498	498	182/204	

与前面两套编钟相同，两组钟的正鼓音列均以五声为主体来进行设置，镈钟将五声音阶置于中间，钮钟将五声音阶置于开头，均由“徵”音位将两组音列接合起来。更有意思的是，淅川徐家岭3号墓编钟与固始鄱子成周编钟在取音时使用了几乎相同的标准音高（绝对音高），即8件镈钟的正鼓音由$^{\#}$g至$^{\#}d^{2}$，9件钮钟的正鼓音由$^{\#}d^{2}$至↑f^{4}，它

们的差距不出 50 音分。从地域上看，鄱子成周编钟的出土地固始在河南省的东南边，而徐家岭 3 号墓编钟的出土地淅川在河南的西南，这充分表明当时人们已经具备稳定的绝对音高概念。

从两组钟的测音数据整理与音列分析图式上可以发现，镈钟的音响性能佳于钮钟。8 件镈钟的正鼓音列中只有第 3 和第 8 两件“徵”音镈低于标准音高 20 音分以上，其余 6 件均未超出 20 音分。这与实物的调音锉磨情况完全吻合，在 8 件镈钟中，第 1（M3:12 号）、2（M3:13 号）、4（M3:15 号）、5（M3:16 号）、7（M3:18 号）共 5 件经过调音处理，调音部位一般在鼓部内唇和两铣夹角。即音准较好的“宫—角—羽—宫—角”五音镈腔内唇均经过精心磨砺，而脱范时即已略微偏低的两件“徵”音镈正好不必调试。然而，9 件钮钟只有前 5 钟音高较为稳定，后 4 件均严重偏高，这与调音特征也是一致的。9 件钮钟中，只有第 1（16 号）、2（17 号）、3（18 号）和 8（23 号）共 4 件口沿内唇有调音痕迹，其余 5 钟均未经调音，致使分析时正、侧鼓音位难以确定。两组钟的这种音响性能上的差异也表明，整套编钟的中低音区才是实际演奏时的常用音区。

图 4—25　邳州九女墩 2 号墩 M1 编镈 2 号

4. 邳州九女墩 M1 编钟的“镈—钮”接合

1995 年出土于江苏邳州市戴庄乡梁王城旁九女墩 2 号墩 1 号墓葬，现藏于南京博物馆的九女墩 2 号墩 1 号墓编钟①，年代在战国早期。出土时有 6 件镈钟、8 件钮钟和 12 件编磬。6 件编镈大多保存完整，仅 5 号正面右侧碎裂一块。6 镈同式，矮方钮，平舞，

① 马承源、王子初主编：《中国音乐文物大系·上海、江苏卷》，大象出版社 1996 年版，第 182、200 页。

直铣棱，于口平齐。一面钲间、两篆均有铭文。钮两面及侧面均饰变形龙纹，舞、鼓、篆饰蟠螭纹，螺旋形枚36个。6镈四侧鼓内壁尚未形成明显的音梁，但内唇一周有清楚的调音锉磨痕迹，其中，正鼓和两铣角内锉痕较深，可知编镈还是经过精细调音的。其测音数据①如下。

图4—26 邳州九女墩2号墩M1编钟2号

图表4—32 邳州九女墩2号墩1号墓编镈测音数据

单位：音分 赫兹

编 号	1	2	3	4	5	6
侧鼓音	d^1 -14 291	e^1 -15 327	g^1 +7 394	$^{\#}g^1$ +32 [a^1 -68] 423	残	e^2 -28 648
正鼓音	$^{\#}a$ +50 [b -50] 240	c^1 +29 [$^{\#}c^1$ -71] 266	e^1 -28 324	f^1 -3 [$^{\#}f^1$ -103] 349	残	b^1 +46 507

8件钮钟锈蚀严重，通体覆盖晶状绿锈，其中1号钟一铣角稍残，有裂纹。2号钟舞上锈裂，余钟基本完好。8钟同式，长方钮，平舞，直铣棱，于口弧曲上凹，弧度较小。1—4号钟于口内沿一周均有清楚的调音锉磨痕，正鼓部较深。5—8号钟铜胎较厚，难以

① 马承源、王子初主编：《中国音乐文物大系·上海、江苏卷》，大象出版社1996年版，第183页。

见到锉磨痕。7、8 号钟内腔存有铸砂面，未做过调音锉磨。其测音数据①如下。

图表 4—33　邳州九女墩 2 号墩 1 号墓钮钟测音数据

单位：音分　赫兹

编　号	1	2	3	4	5	6	7	8
侧鼓音	$^{\#}c^2-17$ [d^2-117] 549	e^2-15 653	$^{\#}f^2-11$ 735	$^{\#}a^2+7$ 936	e^3-24 1299	$^{\#}a^3-41$ 1820	b^3+1 1976	f^4-15 [e^4+85] 2767
正鼓音	$^{\#}a^1+21$ [b^1-79] 472	$^{\#}c^2-5$ 552	e^2+3 660	g^2-25 [$^{\#}f^2+75$] 772	c^3+35 [$^{\#}c^3-65$] 1068	$^{\#}f^3-34$ 1450	g^3+46 [$^{\#}g^3-54$] 1610	d^4 [$^{\#}c^4+100$] 2350

由于该墓所出的编镈与编钮钟均有完整的测音数据，且编镈与编钮钟各音可互成系列，所以可取该墓镈钟第 3 号“宫”音钟的音高为标准，即将编镈与编钮钟各音分别加上 28 音分，转换为以 E（e^1）为宫，音分数为 0，呈相对音高关系的音列。

先看编镈的音列特征：

单位：音分

侧鼓音音位：	—	—	↓商曾	↓羽颤	徵曾	↓羽曾	—	↑徵颤
实测相对音高音分数：	—	—	*1014	13	335	466	—	34*
理论音高音分数：	—	—	*1018	70/92	316	520	—	1088
正、侧鼓实测音分差：	—	—	336	356	335	335	—	426
正、侧鼓理论音分差：	—	—	316	386	316	316	—	386
正鼓音音位：	（宫）	（角）	↓徵	↓羽	宫	↓商	（角）	↑徵
实测相对音高音分数：	—	—	*678	*857	0	125	—	774
理论音高音分数：	0	386	*702	*884/906	0	204	386	702

正鼓音间实测音分差：| — | — | 179 | 343 | 125 | 649 |

正鼓音间理论音分差：| 386 | 316 | 182/204 | 316/294 | 204 | 182 | 316 |

① 马承源、王子初主编：《中国音乐文物大系·上海、江苏卷》，大象出版社 1996 年版，第 201 页。

再看钮钟的音列特点：

单位：音分

侧鼓音音位：	↓商曾	宫	商	↑羽曾	—	↑宫	↑商颟	↑徵	↑宫
实测相对音高音分数：	911	13*	217*	635*	—	4**	587**	731**	113***
理论音高音分数：	1018	0/22 *	182/204 *	520*	—	0/22 **	590**	702**	0/22 ***
正、侧鼓实测音分差：	262	290	186	332	—	341	393	357	285
正、侧鼓理论音分差：	316	316	182/204	316	—	316	386	316	316
正鼓音音位：	↓徵	羽	宫	↑商	（角）	↓羽	↓商	↓角	↑羽
实测相对音高音分数：	649	923	31*	303*	—	863*	194**	374**	1028**
理论音高音分数：	702	884/906	0*	204*	386*	884/906 *	204**	386**	884/906 **

正鼓音间实测音分差：	274	308	272	560		531	180	654
正鼓音间理论音分差：	182/204	316/294	204	182	498/520	520/498	182	498/520

从以上音列的整理中可以看到，两组乐钟的准确性都不是很好。对于它们的音乐性能，有三个问题应予说明：第一，编镈虽只出土了6件，实际上却是按8件组来设计的，缺失的是第1件“宫”音镈和第2件“角”音镈。钮钟虽只出土了8件，却也是9件组的典型设置，缺失的是第5件“角”音钟（即在编号4与5之间）；第二，钮钟第1号“徵”音钟一铣角已残破，有裂纹，而钟体出现破裂后音高自然会偏低；第三，编钮钟第1—4号钟口内沿一周有清晰的调音锉磨痕，且正鼓部较深，而第5—8号钟均未见锉磨。事实上，第5、6、7号钟相互间的音准较好，但在9件组的整体音列中一起偏低，说明第5、6、7号钟在脱范时即已偏低，所以没有调音的必要了。

春秋晚期为了在钟乐上组成更庞大、演奏能力更强的音列结构，曾出现将前面介绍的两种接合方式进行综合的现象，前已述及的辉县琉璃阁甲墓编钟就是这种综合型的最佳例子。整套编钟中除了未能测音的8件甬钟外，特镈、编镈和钮钟的音列形成三个层次，中、高音区是9件组编镈与9件组编钮钟的接合，中、低音区是4件组特镈与9件组编镈的接合，如下图所示。

图表4—34　辉县琉璃阁甲墓编钟三层接合图

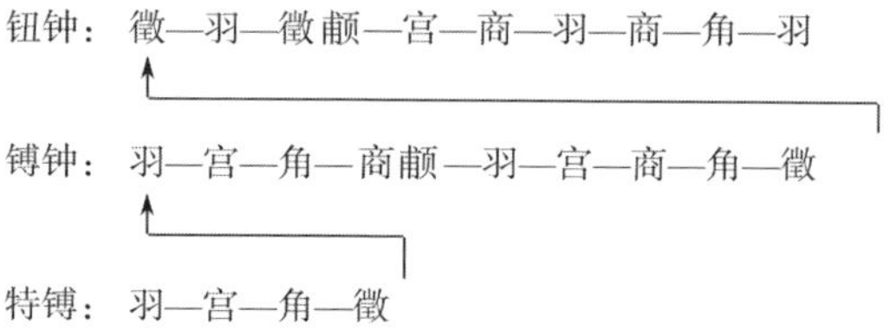

两次接合之后，拓宽了音域，丰富了音色，增强了演奏能力，三者构成了一个完整的音响体系。

随着对镈钟音乐性能的进一步了解，至春秋晚期，编镈的音列设置除了追求与钮钟的接合以外，还曾出现大胆突破的趋势，即从编钟音列体系中分离出来，走独立发展的道路，侯马上马1004号墓编镈①、太原赵卿墓编镈②及后川2040号墓编镈③便是这一尝试的典型例子。它们的正鼓音列或在原有8件套编镈的结构上寻求突破，或完全追随钮钟那种以9件组为基础的设置模式。遗憾的是现有资料由于残破、锈蚀等原因还不足以再现这种独立形式的全貌。

对于春秋晚期太原赵卿墓编镈和陕县后川2040号墓编镈的出现，一方面应看到，它充分证实了春秋晚期和战国时期在编钟铸造方面削减材料，浇铸一些胎薄体轻的明器作摆设的同时，镈钟的地位反而提高了的事实。客观上，这是自镈钟腔体由椭圆形改变为

---

① 现藏于山西省考古研究所侯马工作站的侯马上马1004号墓编镈，是由山西省考古研究所从1963年至1987年间主持发掘侯马上马墓群时出土的。该墓地共挖掘出1373座东周墓葬，其中出土1组编镈（9件）和1组编磬（10件）的1004号墓葬的年代大体相当于春秋中期偏晚。编镈为实用器，虽然部分破裂，但多数可以测音，虽然其音列结构仍来源于接合形态中8件组编镈的结构特点，但脱离了钮钟的束缚。出土资料出自山西省考古研究所:《上马墓地》，文物出版社1994年版，第72—74页；测音资料出自项阳、陶正刚主编:《中国音乐文物大系·山西卷》，大象出版社2000年版，第58页。

② 1988年5月出土于山西太原南郊金胜村，现藏于山西省考古研究所的太原赵卿墓编镈，为春秋晚期的19件组编镈。赵卿墓是一座大型土圹木椁墓，随葬遗物共达3300余件，其中有大型青铜礼器99件，玉器540余件，乐器除19件编镈外，还有石磬13件。19件镈钟在形制上可分为二式：Ⅰ式5件，形制纹饰基本相同，相依次成列。镈腔体大唇厚，上有对称的两组共四个椭圆形音脊，用于调音；Ⅱ式14件，形制纹饰基本相同，亦相次成列，镈腔体小壁薄。两式镈钟组成完整的一套，这在出土的镈钟中是仅有的。19件编镈大多数保存较好，锈蚀也不严重，只是第2、6号镈出土时已破碎，经焊接复原但不能出声。第1、5、10、11、12、13号镈外观完好，但由于内损，发音有不同程度的喑哑或余音受抑现象。出土资料出自：1. 山西省考古研究所、太原市文管会编，陶正刚、侯毅、渠川福著:《太原晋国赵卿墓》，文物出版社1996年版，第78—87页；2. 原思训等:《碳十四年代测定报告》（九），《文物》1994年4月第4期“山西省太原热电厂扩建工地木炭，1号，M251，春秋，2770+70”，第90页。测音资料出自1.《中国音乐文物大系·山西卷》表39，大象出版社2000年版，第61页；2. 王子初:《山西太原金胜村251号大墓出土编镈的乐学研究》，《中国音乐学》1991年1月第1期，第13—22页。《大系·山西卷》仅对没有裂痕的第3、4、7、8、9、14、15、16号共8件镈的测音数据进行了收录，王先生对修复后镈钟的全部测音数据做了收录。

③ 1957年出土于河南陕县后川2040号墓，现藏于国家博物馆的后川2040号墓编镈，为战国时期的9件组编镈。2040号墓是一大型战国墓葬，出土随葬品千数百件，同出乐器还有20件编钟和10件编磬。然而，20件编钟均为质地轻薄、音列紊乱的明器。所以，整套钟磬乐中乐钟的演奏任务实际上完全是由这组编镈来承担的。出土资料出自1. 黄河水库考古工作队:《1957年河南陕县发掘简报》，《考古通讯》1958年第11期。2. 王世民:《陕县后川2040号墓的年代问题》，《考古》1959年5月第5期，第262页；测音资料出自袁荃猷主编:《中国音乐文物大系·北京卷》表42，大象出版社1996年版，第286页。

合瓦形以后对编镈音乐性能的再一次发现，并将编镈的音乐水平真正地推向了高峰；另一方面也应看到，由于镈钟体薄腔大、音高稳定性及抑制性相对较差等特点，又决定了它们的音乐性能始终难以达到甬钟和钮钟的水平。

第三节　正鼓音列的律制倾向、取音轨迹与音系特点

编钟的制作非常复杂，必须通过设计、制模、翻砂、冶炼、浇铸、清砂、调音锉磨等多道工序。除纹饰与乐钟的音乐性能无必然联系外，其他工序均与音乐性能有着密切联系。其中，钟范的设计尺寸直接影响乐钟的音高、音区及音量①；冶炼时合金的比例直接影响乐钟的音色与使用寿命②；浇铸的厚度与密度直接影响着腔体振动的平衡性以及正、侧鼓间的稳定性③；取音决定了各组编钟音列的整体设计，而调音锉磨又是使这种整体设计在钟腔上最终得以实现的重要途径。简言之，即“铸钟在范、取音在弦、调音在钟”。就编钟的乐器意义而言，取音是关键，只有确定了各组编钟音列的整体设计，方可着手钟范的设计以及开展冶炼、浇铸工作。这是乐师们的工作，他们承担了整套编钟音列的设计任务，客观上也就承担了整套编钟的设计任务。本文以为，既然从东周以前乐钟那极富特色和规律性的音列设置背后发现了“其所以然”的弦准，就肯定还能从战国早期曾侯乙墓所出的、经黄翔鹏精心考证过的五弦准（均钟）④ 上找到了东周编钟音列得以设置的根本。发现了一弦准的存在，就等于提供了编钟音列设置的理论音高，因为东周以前的编钟音位正好符合了一弦等分制取音的节点规律，而按一弦上等分节点获取的音位，其律高即理论音高是确定无疑的。但是，从一弦准发展为五弦准之后，情况变得复杂了。五弦准中每弦的节点规律固然与一弦取音器一样，但五条弦散声由于产生律制倾向而成为难以定论的问题。

① 制作过程中不但要对范上各部位的比例关系、尺寸大小进行精确的设计（包括音梁、音塬的设计比例）与计算，更要注意各范做出排序后相互间比例的递进关系，这是保证音高、音区有序排列的前提。见 1. 山西省考古研究所：《侯马铸铜遗址》（*Bronze Foundry Sites at Hou Ma*）（上），文物出版社 1993 年版，第 132—150 页；2. 项阳、陶正刚主编：《中国音乐文物大系・山西卷》之“侯马铸铜遗址陶钟甬范”，大象出版社 2000 年版，第 78 页。

② 见《周礼・考工记・辀人》：“金有六齐：六分其金而锡居一，谓之钟鼎之齐；五分其金而锡居一，谓之斧斤之齐；四分其金而锡居一，谓之戈戟之齐；三分其金而锡居一，谓之大刃之齐；五分其金而锡居二，谓之削杀之齐；金锡半，谓之鉴燧之齐。”说明古人对合金的配置比例早有研究和总结。

③ 于书吉：《古编钟的音频特性》，《黄钟》1988 年第 4 期，第 33—34 页。

④ 黄翔鹏：《均钟考——曾侯乙五弦器研究》，《黄钟》1989 年第 1、2 期，另见论文集《中国人的音乐和音乐学》，山东文艺出版社 1997 年版，第 176 页。

一、 正鼓音列的律制倾向

编钟正鼓音列中五正声之间的音程关系取决于弦准所张的五弦，那么，春秋中期编钟的五条弦在定律上是继续保持早、中期的传统，通过在一弦上获取各等分节点并由此获取最便利的等份内节点来定五弦呢？还是改用《管子》的三分损益律算出的五声来定五弦呢？文献中从未有过此类记载，乐钟的钲部亦绝对没有此类铭文，我们唯一能做的是从各组编钟正鼓音列中五声音阶相邻音级间的音分差值上进行考察，即从已经整理、分析过的，保存完好且音乐性能优良的各组编钟音列中抽出其正鼓五声间的音分数差，将这些差值进行统计并算出平均值，而后将统计结果与两种定弦法所产生的五弦音分差做比较，考察统计结果的倾向，如下表所示。

图表 4—35 春秋晚期至战国时期编钟正鼓五声间平均音分差值统计表

单位：音分

编钟正鼓音列的五个音位	徵	羽	宫	商	角
长清仙人台 5 号墓钮钟①	194	316	199	116	
江苏六合程桥 M1 编钮钟	200	309	224	172	
山东郯城编钮钟	201	296	204	–	
湖北随县擂鼓墩 M2 曾侯乙编甬钟中层三组	191	299	208	190	
山西平陆尧店夔龙钮钟	163	298	231	176	
湖北随县擂鼓墩 M2 曾侯乙编钟中层二组	203	309	194	183	
湖北随县擂鼓墩 M2 曾侯乙编钟中层一组	191	299	208	190	
山东临淄商王编钮钟②	140	315	188	171	
河南信阳长台关 M1 编钮钟（上、下行相差八度，上为低，下为高）	198 182	316 348	196 184	188 169	
统计平均值的数据个数	9	10	10	8	
各套编钟相邻音位间的平均值	191. 4	310. 5	203. 6	179. 9	

① 角音偏低，商角间差值不予计算。

② 徵、羽均偏低，其差值不予计算。

与图表 3—8 的结果相似，“徵、羽、宫、商、角”五声中，相对于 0 音分的“宫”音而言，“徵—羽”间 191.4 音分的平均差值正好介于 182 音分（884—702）与 204 音分（906—702）之间；“羽—宫”间 310.5 音分的平均差介于 294 音分（1200—906）与 316 音分（1200—884）之间；“宫—商”间 203.6 音分的平均差更趋向于 204 音分（204—0），而“商—角”间 179.9 音分的平均差则更接近 182 音分（386—204）。这样的结果反映出编钟取音的五弦准的各散声并未改用《管子》的三分损益律算出的五音，而仍然通过在一弦上获取各等分节点，并由此获取最便利的等份内节点来确定。正是出于这一理由，本文中春秋中期以后各组（或套）编钟仍保留着早期音列分析的理论音高数据，既来源于全面的统计，又置于各组音列的实测音高下方以提供相应的参照。

二、 正鼓音列的取音轨迹

从两周之际编钮钟及其典型的 9 件组正鼓音列设置出现以后，编钟正鼓音列的设置方式也越来越多样。随着各种钟形音乐性能的不断挖掘和不同接合方式的展现，起初为编钮钟所特有的 9 件组正鼓音列典型设置在甬钟、镈钟的正鼓音列中也相继出现，并按照自身的条件赋予各自的特色；随着对编钟演奏和旋宫能力的掌握，起初完全由五声组成的正鼓音列，开始加入变声。透过这些设置特征，有三种关系始终是可以提炼出来的。

第一，五声与五弦相联系。

如前所述，不管是按哪一种方式设置的正鼓音列，有两种信息始终在传递着，即五声基础及其“徵—羽—宫—商—角”五声排序。东周编钟音列上这种对五声的重视，进一步验证了《春秋左传正义·昭公二十五年》所记载的“为九歌、八风、七音、六律，以奉五声”① 中五声的重要性，使人很自然将此两种信息与均钟五弦的排序联系起来，即正鼓音列中“徵—羽—宫—商—角”五音位的排序应该与五弦准所张的弦序是一致的。

第二，五弦与二倍音节点相联系。

取五弦上弦长比例为 1 或$\frac{1}{2}$或$\frac{1}{4}$等节点的任何一个均获得“徵—羽—宫—商—角”五个音位，这种纯八度的比例关系应该是在古人张一弦时就已发现了的。“徵—羽—

① 黄翔鹏充分肯定了王念孙关于“九歌、八风、七音”的解释，指出“八风”就是“八音之乐”，指的是音列。“八风与七音、九歌相次”，都应该是这样一个意思的数字逻辑。“九歌”也是九声音列。五音、六律、七声、八风、九歌，都是指音列。见黄翔鹏《乐问》，中央音乐学院学报社 2000 年 7 月第 1 版，第 105 页；另见黄翔鹏《楚风苗歈和夏代“九歌”的音乐遗踪》，出自论文集《中国人的音乐和音乐学》，山东文艺出版社 1997 年版，第 110 页。

宫—商—角”是所有正鼓音列的中心，8、9、10、11 等件结构的设置都是这一中心在或左或右两方的延伸。向右延伸出现“徵—羽—宫—商—角—羽—商—角—羽”9 音结构；再向左延伸出现“角—徵—羽—宫—商—角—羽—商—角—羽”10 音结构；同时向左右延伸出现“宫—角—徵—羽—宫—商—角—徵”8 音的编镈常用结构。

对于这种按二倍音确定节点来获取五声的方式，还可以找到一个实证，那就是曾侯乙墓五弦器的图案比例。曾侯乙墓所出五弦准为一长棒状（全长 115 厘米）、首段近方、尾段近圆的木质器具。由于指板过窄（首宽 7 厘米、尾宽 5.5 厘米）以及张弦过低（0.35 厘米）而区别于琴；由于弦数过少以及弦距过小不能设柱而区别于瑟；由于器形以及演奏方式不同而区别于筑。它实际上是为编钟取音的均钟。这是黄翔鹏依据其形制特征与大量文献资料进行充分论证的结果①，印证了《国语》韦昭所注的“均者，均钟，木长七尺，有弦系之，以均钟者。度钟大小清浊也”的记载。五弦准两岳间距（隐间）106 厘米，带有音箱的“首段”表面仅涂以黑漆，未带音箱的“尾段”表面绘鳞纹。在隐间内两段各占 53 厘米，亦即黑漆面板与鳞纹面板交会处正好为各弦的 1/2，这是五弦准明显的不值得注意的第一个关键比例。带有音箱的“首段”除面板仅以黑漆为底外，其余三面均以朱、黄两色相间并遍饰精细缛丽的彩绘，画面为一组组引颈振翅的凤鸟在致密的方格纹衬地上飞翔。其中，一侧面 12 只，另一侧面 11 只。如果取音的乐师将五弦器置于眼前，且“首段”在右，“尾段”在左，则在对着乐师的一侧绘饰的单行凤鸟图上出现了一个清晰的小梯级，背对着乐师的一侧的凤鸟图连贯成行。这个小梯级所在的位置正好处于“首段”$\frac{1}{2}$弦长的$\frac{1}{2}$处，亦即总弦长的$\frac{1}{4}$处，这是另一个较为隐秘的关键比例，与“五弦上 1 或$\frac{1}{2}$或$\frac{1}{4}$三个节点中的任何一个均获得‘徵—羽—宫—商—角’五个音位”的推断相吻合。

第三，五声与弦长$\frac{1}{2}$节点相联系。

按一弦取音所设置的西周编钟音列的低音多在 g—b 之间，按五弦取音所设置的 9 件组东周编钟的低音却升高至$^{\#}f^1$—$^{\#}d^2$ 之间。这一特征的产生有两种可能，一是弦缩短了，使音高了；二是弦未缩短，取半截。然而，从曾侯乙墓出土的均钟隐间 106 厘米的长度来看，弦并不短，在当时尚未有现代的钢丝弦或尼龙弦的条件下，用这么长的弦不可能调出$^{\#}f^1$—$^{\#}d^2$ 间的音高来。

东周编钟的正鼓音列是五正声的左右扩展。既然两端均需取音，理应选择弦长$\frac{1}{2}$作

① 黄翔鹏：《均钟考——曾侯乙五弦器研究》，《黄钟》1989 年第 1、2 期，另见论文集《中国人的音乐和音乐学》，山东文艺出版社 1997 年版，第 176 页。

为五正声的按取位置。

既如此，接下来就可以描绘出编钟正鼓音列的取音轨迹了，如下列图表所示。

图表 4—36　9 件组编钟正鼓音列（五正声）的取音轨迹

（黑圆点表示发音节点，箭头表示取音方向）

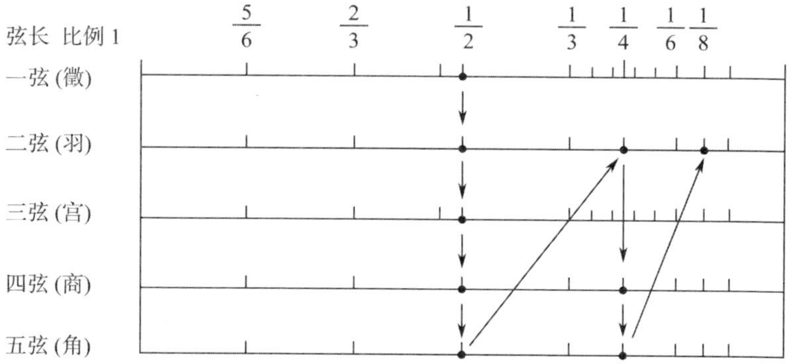

图表 4—37　8 件组编镈正鼓音列（五正声）的取音轨迹

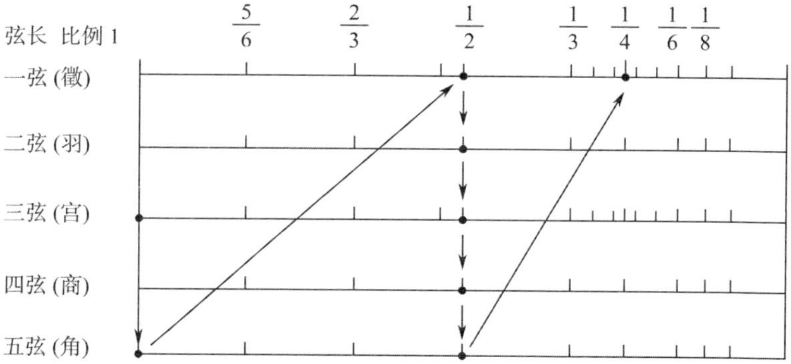

图表 4—38　10 件或 10 件以上编钟正鼓音列（五正声）的取音轨迹

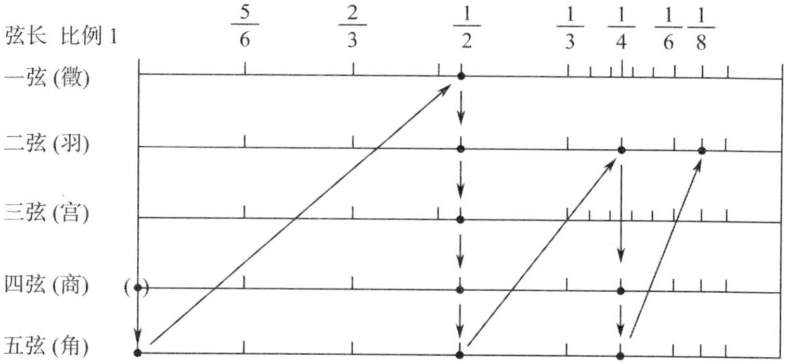

图表 4—39　14 件内编钟正鼓音列（加变声）的取音轨迹

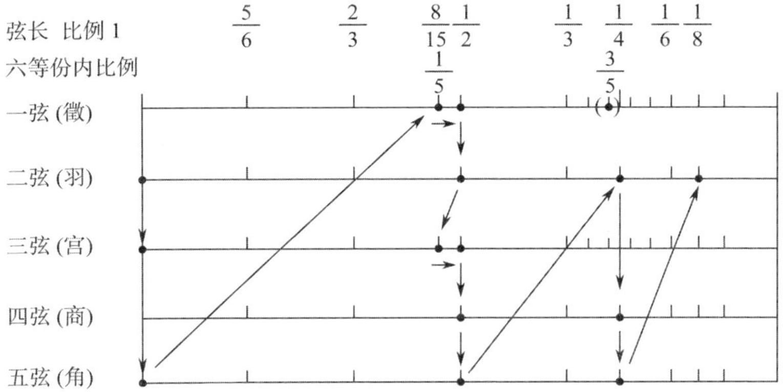

这是在五弦调准的前提下实现的一种便利简捷的取音方式，既保留了西周时期高、低音区的音位传统，又通过五弦的音阶结构增强了正鼓音列的旋律演奏能力。此外，图表 4—39 中弦长比例为$\frac{5}{18}$的两个取音节点并不发生在弦长$\frac{1}{2}$或$\frac{1}{4}$处，它们在弦长六等份内的$\frac{1}{5}$节点上，在一弦“徵”音前面得到“商颤”音，在三弦“宫”音前面得到“徵颤”音，二者的理论音高依次为 590 音分和 1088 音分。

三、　正鼓音列的音系特点

正鼓音列的音系特点是编钟正鼓音列各音位理论音高的另一种表述形式，是对五弦散声和取音节点的一种抽象。这里先以图表描述如下。

图表 4—40　8、9 件或 10 件以上编钟正鼓音系（五正声）

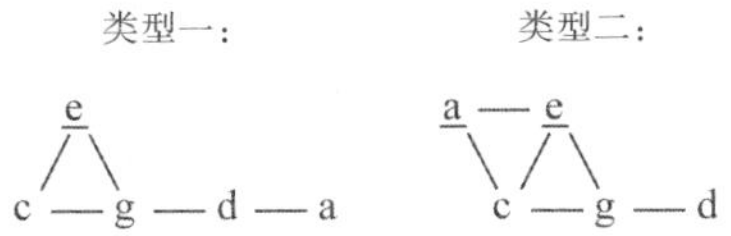

图表 4—41　加变声的编钟正鼓音系

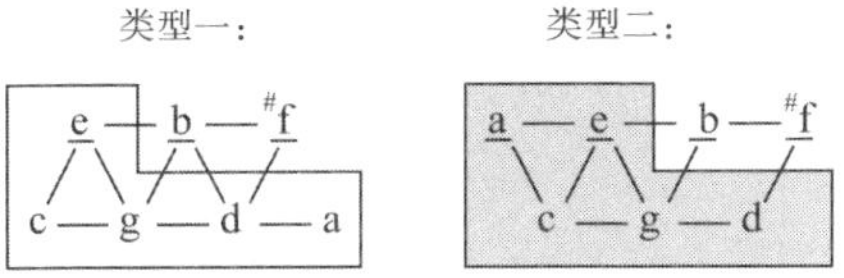

需要说明的问题有四点：

第一，“g、a、c、d、e”五音依次对应编钟五弦准上的第一、二、三、四、五弦。图表4—40与图表4—41的区别在于二变声，二变声以外的五正声结构是相同的。但二表中五正声均有两种形态，在这两种形态中有三个音是最稳定的，始终在音系图的基列上，彼此五度相连，它们分别是c、g和d。换言之，亦即五弦准的第一、三、四弦音是最稳定的。e音始终保持在一次低列（加下划线的音），与c音形成稳定的纯律大三度。

第二，真正产生两种形态的关键在于表中的a音，它对应于五弦准上的第二弦。依据一弦定五弦，其中第二弦的节点一直是一弦上较难获取且分歧较大的，这也是西周时期运用较少的原因。正如图表3—9所示，做弦长四等份取音时在第四等份内$\frac{3}{5}$和$\frac{5}{9}$节点处获取两个第二弦音高；做弦长五等份取音时在第五等份内$\frac{1}{2}$和$\frac{4}{9}$节点处获取两个第二弦音高；做弦长六等份取音时在第六等份内$\frac{2}{5}$和$\frac{1}{3}$节点处获取两个第二弦音高。将三者纳入五弦上“徵—羽—宫—商—角”音位排序中来，就产生了两个律高的“羽”音。设“宫”音为0音分，则它们的相对理论音高正好是884音分和906音分。

第三，两种正鼓音系都以“c”为中心，它对应于“宫”音音位，但两种形态对这一中心的倾向略有差异。从实践的意义上讲，两种五正声音系均为《管子》三分律的实践形态，二者来源于实践，又服务于实践。《管子》三分律算出的五音虽然在律高上与编钟弦准的五弦音高略有出入，但在音位应用时二者并不矛盾。换言之，《管子》三分律理论可能是从编钟的取音实践中总结出来的，也可能是从其他学科领域或音乐以外的实践中总结出来的。但应该明确的是，当编钟音列始终遵循着乐师们用最朴素、最简捷的弦上取音方法进行设置的时候，作为从实践中总结出来的三分律理论是否真正在指导编钟音乐以外的其他音乐活动，确实是一个有待论证的问题。

第四，两个变声均在音系网的一次低列上，与“徵”音和“商”构成纯律大三度，它们与基列上各音形成一种环抱关系。就以上二图的四个音系网中，含有横向的五度相生的五度链，还含有在五度链基础上产生大三度的纯律三角网。但就编钟弦准的五弦散声而言，其音高既非纯粹的三分律所生，亦非完全意义上的纯律所为。正如黄翔鹏所说：“倍半相生，五度相生，三度相生构成的音阶都可以连接成‘五度链’。五度链的核心部分一般具有内聚力，两端的音具有向心趋向。”① 律制是乐音的一种数理规律，但这并非是先秦编钟音列设置和应用的起讫与目的。作为要付诸演奏的编钟而言，从近一千年的实践中总结出了最实用的方法来设置各音，也自然对客观存在于乐音背后的各种律制产生了不同程度的适应。

---

① 黄翔鹏：《中国传统音调的数理逻辑关系问题》，《中国音乐学》1986年第3期，第9页。

第五章
侧鼓音及相关问题

第一节　侧鼓音的设置与五弦取音

第二节　数理的传承与发展

第三节　关于音高偏离的认识

如果说东周编钟正鼓音列的9件组典型设置是随两周之际钮钟的出现而出现，并贯穿着整个时代的话，那么，编钟侧鼓音的设置则难以找出一条自始即有的、溢于表层的主线来，它经历了一条由多样到统一、由潜意识到下意识的探索之路。这种现象首先是与音阶发展密切相关的，即在西周甬钟正、侧鼓部构成的四声音列基础上对音阶形态做进一步的追求与完善，进而开始对旋宫进行探索。诚然，各诸侯国的文化发展并不平衡，而且即便在同一地域，乐师们对乐音结构的认识也有差异，所以，一方面音位设置与应用能力呈序进趋势，另一方面发展水平又表现出明显的地域差异。

第一节　侧鼓音的设置与五弦取音

对编钟侧鼓音设置特征的考察宜分两步走：第一步是对编钟侧鼓音位由多样到统一的设置过程进行梳理；第二步是寻找出在五弦准上获取侧鼓音位及律高的规律。前者是乐学层面的认识，后者是律学层面的认识。

一、　侧鼓音位设置的多样与统一

编钟侧鼓音位的设置情况在第三、四章对出土编钟的测音数据进行整理时已做过单组的分析。由于已知编钟中有乐律铭文的很少，曾侯乙钟铭文算是特例，所以，这种单组编钟侧鼓音的分析实际上是依据正、侧鼓音间的音程关系并借用曾侯乙钟乐律铭文中的“颟”“曾”称谓所做的一种推测。从目前的研究手段来看，这种推测不仅是必要的，也是最重要的。然而，单组测音数据的整理与分析对寻找正鼓音列的设置规律十分有效，对灵活多变、各具特色的侧鼓音位而言则难以发现其设置意图以及这种意图在它所处时代的发展水平。为此，有必要对单组测音数据整理出来的侧鼓音位及其与正鼓音位的音分差值做全面统计，从共时和历时两个角度进行考察，方能对侧鼓音的音位设置、律制倾向、统一缘由及地域差异等特点有较好的了解。现将东周编钟侧鼓音位的设置数据统计如下。

图表 5—1　东周编钟侧鼓音位设置数据统计表

序号钟名	年代	正、侧鼓音位及其音程																
1. 陕县虢太子M1052钮钟	两周之际9件	侧鼓	小三						√						√	√	√	
			大三															√
			其他					√			√		√					
		音分差						252	275		120	–	229		244	278	322	431
		正鼓音列						徵	羽		宫	商	角		羽	商	角	羽
2. 闻喜上郭M210钮钟	春秋初期9件	侧鼓	小三									√	√		√	√	√	
			大三								√							√
			其他					√										
		音分差						488	–		384	363	285		338	284	308	388
		正鼓音列						徵	羽		宫	↓商	角		羽	商	角	羽
3. 闻喜上郭M211钮钟	春秋早期9件	侧鼓	小三						√				√		√	√	√	√
			大三					√			√	√						
			其他															
		音分差						370	311		414	394	308		325	333	315	322
		正鼓音列						徵	羽		宫	↓商	角		羽	商	角	羽
4. 长清仙人台M6钮钟	春秋早期偏晚9件	侧鼓	小三															
			大三									√				√		√
			其他					√	√		√		√		√		√	
		音分差						478	493		519	381	352		346	407	355	412
		正鼓音列						徵	羽		宫	↓商	角		羽	商	角	羽
5. 新郑李家楼甬钟	春秋中期“10”件	侧鼓	小三					√				√	√					
			大三															
			其他						√		√							
		音分差				–		340	129		237	336	337		–	–	–	–
		正鼓音列				[角]		徵	羽		宫	↓商	角		[羽]	[商]	[角]	[羽]
6. 新郑城信社编镈	春秋中期4件	侧鼓	小三															
			大三															
			其他	√		√												
		音分差		242	332	245		–										
		正鼓音列						羽	宫	角	徵							

（续表）

序号钟名	年代	正、侧鼓音位及其音程																
7. 新郑城信社钮钟1组	春秋中期10件	侧鼓	小三									√	√		√		√	√
			大三															
			其他			√		√	√		√					√		
		音分差				207		158	261		167	272	310		321	212	273	300
		正鼓音列				角		徵	羽		宫	商	角		羽	商	角	羽
8. 新郑城信社钮钟2组	春秋中期10件	侧鼓	小三									√	√		√	√		√
			大三														√	
			其他			√		√	√		√							
		音分差				260		195	247		217	298	348		353	272	381	272
		正鼓音列				角		徵	羽		宫	商	角		羽	商	角	羽
9. 新郑金城路编镈	春秋中期4件	侧鼓	小三					√										
			大三			√												
			其他	√	√													
		音分差		442	239	387		284										
		正鼓音列		羽	宫	角		徵										
10. 新郑金城路钮钟A组	春秋中期10件	侧鼓	小三											√				√
			大三									√			√	√	√	
			其他			√		√	√		√							
		音分差				240		49	226		221	393	346		360	414	400	321
		正鼓音列				角		徵	羽		宫	商	角		羽	商	角	羽
11. 新郑金城路钮钟B组	春秋中期10件	侧鼓	小三			√			√		√	√	√		√	√		√
			大三					√									√	
			其他															
		音分差				305		381	309		258	343	342		291	276	385	329
		正鼓音列				角		徵	羽		宫	↓商	角		羽	商	角	羽
12. 淅川仓房下寺𪓐镈	春秋中期8件	侧鼓	小三					√					√					
			大三		√	√		√										
			其他								√	√		√				
		音分差			437	373		427	264		503	458	301	441				
		正鼓音列			宫	角		徵	羽		宫	商	角	徵				

（续表）

序号钟名	年代	正、侧鼓音位及其音程																
13. 淅川仓房下寺黝钟	春秋中期9件	侧鼓	小三						√									
			大三					√							√	√		
			其他								√	√	√				√	√
		音分差						418	313		492	450	1270		387	397	239	218
		正鼓音列						徵	羽		宫	商	角		羽	商	徵	羽
14. 莒南县大店镇游钟	春秋中期9件	侧鼓	小三									√	√		√			
			大三													√	√	√
			其他															
		音分差						–	–		–	299	355		345	418	358	361
		正鼓音列						徵	↑羽		宫	商	角		羽	↑商	角	羽
15. 临沂凤凰岭编钮钟	春秋9件	侧鼓	小三						√			√			√	√		√
			大三										√				√	
			其他								√							
		音分差						–	219		225	257	368		328	192	407	304
		正鼓音列						徵	↑羽		宫	商	角		羽	↑商	角	羽
16. 淅川下寺1号楚墓钮钟	春秋中期9件	侧鼓	小三						√				√		√			
			大三					√			√	√				√	√	
			其他															√
		音分差						404	317		393	364	331		343	363	359	146
		正鼓音列						徵	羽		宫	商	角		羽	商	角	羽
17. 侯马上马M13编钮钟	春秋中晚之交9件	侧鼓	小三										√		√		√	√
			大三									√				√		
			其他															
		音分差						–	–		–	380	315		312	360	330	310
		正鼓音列						徵	羽		宫	商	角		羽	商	角	羽
18. 侯马上马M1004编镈	春秋中期偏晚9件	侧鼓	小三			√		√			√		√					
			大三									√						
			其他											√				
		音分差		–	–	316	–	297			318	360	274	180				
		正鼓音列		[羽]	[宫]	商	[角]	徵			宫	商	角	徵				

（续表）

序号钟名	年代	正、侧鼓音位及其音程																
19. 新郑蟠凤纹甬钟	春秋中晚期10件	侧鼓	小三			√			√			√			√	√	√	√
			大三					√			√		√					
			其他															
		音分差				346		363	260		403	321	398		353	253	334	321
		正鼓音列				角		徵	羽		宫	商	角		羽	商	角	羽
20. 淅川下寺M2王孙诰甬钟	春秋中晚期26件	侧鼓	小三			√	√		√			√	√		√			
			大三					√		√	√							
			其他															
		音分差		–	–	323	328	371	342	401	355	279	316		305			
		正鼓音列		[羽]	[宫]	角	商颟	徵	羽	徵颟	宫	商	角		羽			
21. 长清仙人台M5钮钟	春秋晚期偏早9件	侧鼓	小三						√		√	√	√		√		√	√
			大三					√								√		
			其他															
		音分差						373	320		284	329	331		333	359	312	325
		正鼓音列						徵	羽		宫	商	角		羽	商	角	羽
22. 滕州庄里西村编镈	春秋晚期4件	侧鼓	小三			√												
			大三		√													
			其他					√										
		音分差		–	368	272		212										
		正鼓音列		[羽]	宫	角		徵										
23. 滕州庄里西村钮钟	春秋晚期9件	侧鼓	小三								√				√	√		√
			大三									√					√	
			其他															
		音分差						–	–		315	441	–		329	240	395	258
		正鼓音列						[徵]	[羽]		宫	商	[角]		羽	商	角	羽
24. 邳州九女墩M3钮钟	春秋晚期9件	侧鼓	小三					√	√				√		√		√	
			大三									√						
			其他								√					√		√
		音分差						299	260		228	397	293		352	495	312	616
		正鼓音列						徵	羽		宫	商	角		羽	商	角	羽

（续表）

序号钟名	年代	正、侧鼓音位及其音程																
25. 固始鄱子成周编镈	春秋晚期8件	侧鼓	小三		√	√							√	√				
			大三					√			√	√						
			其他						√									
		音分差			317	312		387	901		384	421	333	278				
		正鼓音列			宫	角		徵	羽		宫	商	角	徵				
26. 固始鄱子成周钮钟	春秋晚期9件	侧鼓	小三						√		√		√					√
			大三					√							√			
			其他									√				√	√	
		音分差						385	314		305	534	316		361	462	208	324
		正鼓音列						徵	羽		宫	商	角		羽	商	角	羽
27. 淅川徐家岭M3 编镈	春秋晚期8件	侧鼓	小三		√								√	√				
			大三					√				√						
			其他			√			√		√							
		音分差			339	483		419	452		599	409	308	318				
		正鼓音列			宫	角		徵	羽		宫	商	角	徵				
28. 淅川徐家岭M3 钮钟	春秋晚期9件	侧鼓	小三					√					√				√	√
			大三						√		√	√			√			
			其他													√		
		音分差						335	439		421	378	313		378	193	325	342
		正鼓音列						徵	羽		宫	商	角		羽	↑商	角	羽
29. 丹徒大港甚六钮钟	春秋晚期“9”件	侧鼓	小三						√						√			√
			大三					√				√				√	√	
			其他															
		音分差						395	340		–	371	–		337	367	412	335
		正鼓音列		商	角	羽		徵	羽		[宫]	商	角		羽	商	角	羽
30. 江苏六合程桥M1 钮钟	春秋末期9件	侧鼓	小三						√			√			√			
			大三					√					√				√	√
			其他								√					√		
		音分差						396	343		350	244	358		306	106	379	445
		正鼓音列						徵	羽		宫	商	角		羽	商	角	羽

（续表）

序号钟名	年代	正、侧鼓音位及其音程																
31. 辉县琉璃阁M甲钮钟	春秋晚期9件	侧鼓	小三															
			大三					√			√	√			√	√	√	
			其他						√	√								
		音分差						422	181	683	431	460			464	357	363	–
		正鼓音列						徵	羽	徵颟	宫	商			羽	商	角	羽
32. 辉县琉璃阁M甲镈钟	春秋晚期9件	侧鼓	小三										√					
			大三						√			√			√			
			其他	√			√											
		音分差		497	–	–	461		432		–	372	343		364			
		正鼓音列		羽	[宫]	[角]	商颟		羽		[宫]	商	角		徵			
33. 太原赵卿墓编镈	春秋晚期19件	侧鼓	小三			√			√			√					√	
			大三		√						√					√		
			其他															√
		音分差			365	326			326		408	323				352	329	38
		正鼓音列			宫	商			羽		宫	商				商	角	羽
34. 山西屯留西河北钮钟	春秋战国之交9件	侧鼓	小三						√				√		√	√	√	√
			大三									√						
			其他															
		音分差						–	359		–	384	331		329	347	324	301
		正鼓音列						[徵]	↓羽		[宫]	商	角		羽	商	角	羽
35. 山东郯城钮钟	战国早期9件	侧鼓	小三												√	√	√	√
			大三					√	√		√	√						
			其他															
		音分差						352	386		400	415	–		349	319	344	282
		正鼓音列						徵	羽		宫	商	[角]		羽	商	角	徵
36. 邳州九女墩M1编镈	战国早期“8”件	侧鼓	小三					√			√	√						
			大三						√					√				
			其他															
		音分差			–	–		336	356		335	335	–	426				
		正鼓音列			[宫]	[角]		徵	羽		宫	商	[角]	徵				

（续表）

序号钟名	年代	正、侧鼓音位及其音程																
37. 邳州九女墩M1钮钟	战国早期9件	侧鼓	小三					√	√			√			√		√	√
		侧鼓	大三													√		
		侧鼓	其他								√							
		音分差						262	290		186	332	–		341	393	357	285
		正鼓音列						徵	羽		宫	商	[角]		羽	商	↓角	羽
38. 曾侯乙编甬钟中层1组	战国早期11件	侧鼓	小三		√						√	√	√		√	√	√	√
		侧鼓	大三			√		√	√									
		侧鼓	其他															
		音分差			323	404		386	427		300	342	324		312	321	246	310
		正鼓音列			商	角		徵	羽		宫	商	角		羽	商	角	羽
39. 曾侯乙编甬钟中层2组	战国早期12件	侧鼓	小三		√						√	√	√		√	√	√	√
		侧鼓	大三			√	√	√	√									
		侧鼓	其他															
		音分差			319	416	425	373	417		281	319	322		311	293	300	238
		正鼓音列			商	角	商颤	徵	羽		宫	商	角		羽	商	角	羽
40. 曾侯乙编甬钟中层3组	战国早期11件	侧鼓	小三								√	√	√	√	√	√		√
		侧鼓	大三					√	√								√	
		侧鼓	其他															
		音分差						415	398		298	325	308	328	308	324	382	287
		正鼓音列						徵	羽		宫	商	角	羽	商	角	商颤	羽
41. 曾侯乙编甬钟下层2组	战国早期10件	侧鼓	小三		√						√	√						
		侧鼓	大三			√		√	√				√	√	√			
		侧鼓	其他															
		音分差			328	378		271	488	–	310	359	416	397	362			
		正鼓音列			商	角		↑徵	羽	徵颤	宫	商	角	商颤	徵			
42. 信阳长台关M1钮钟	战国早中之交13件	侧鼓	小三			√		√	√	√	√	√	√	√				√
		侧鼓	大三				√									√	√	
		侧鼓	其他												√			
		音分差				339	376	239	327	312	262	292	343	316	180	371	386	279
		正鼓音列				商颤	徵	羽	宫	商	角	↓商颤	徵	羽	宫	商	角	羽

（续表）

序号钟名	年代	正、侧鼓音位及其音程															
43. 山东临淄商王钮钟	战国晚期14件	侧鼓	小三	√		√			√	√			√	√			√	
		侧鼓	大三		√			√			√	√			√	√		√
		侧鼓	其他															
		音分差		299	382	332		355	319	303	382	406	336	316	447	376	290	360
		正鼓音列		羽	商	角		徵	羽	徵颟	宫	商	角	羽	徵颟	商	角	羽
44. 四川涪陵小田溪钮钟	战国14件	侧鼓	小三			√			√				√	√		√	√	√
		侧鼓	大三		√		√	√			√	√						
		侧鼓	其他															
		音分差		–	401	339	404	476	206		409	361	287	325	–	300	280	299
		正鼓音列		[羽]	宫	商	角	↓徵	羽		宫	商	角	羽	[徵颟]	商	角	羽
45. 诸城公孙朝子钮钟	战国中期9件	侧鼓	小三								√		√		√	√		√
		侧鼓	大三															
		侧鼓	其他					√	√			√						
		音分差						211	228		282	180	345		329	297	–	331
		正鼓音列						徵	羽		宫	商	角		羽	商	角	羽
46. 山西平陆尧店夔龙钮钟	战国9件	侧鼓	小三									√	√		√	√	√	√
		侧鼓	大三					√	√		√							
		侧鼓	其他															
		音分差						380	357		409	337	348		341	336	263	324
		正鼓音列						徵	羽		宫	商	角		羽	商	角	羽
47. 陕县后川M2040编镈	战国9件	侧鼓	小三					√				√	√		√	√		
		侧鼓	大三								√							
		侧鼓	其他															√
		音分差						272	–		353	335	311		323	248	–	153
		正鼓音列						徵	[羽]		宫	商	角		羽	↑商	角	羽

说明：1. “侧鼓音”一栏分三类，第一类表示正、侧鼓间构成小三度；第二类表示正、侧鼓间构成大三度；第三类表示正、侧鼓间构成大、小三度以外的其他音程，三类音程均用打“√”的方式直观地表示出来。2. “音分差”一栏表示音列中各正鼓音位与侧鼓音位的实测音分数之差。3. 实测音分差栏中≤330音分，≥270音分的数据按小三度音程统计；≤420音分，≥370音分的数据按大三度音程统计，

并用“√”标记①。4. 个别音分差数据表面上似乎并不与打“√”的侧鼓音选择范围相符，是由于调试或破损程度使该钟正鼓音或侧鼓音出现偏低或偏高现象。其中，在正鼓部有偏离的音已用“↑”“↓”箭头表示，但侧鼓部有偏离的音此表未能表现出来。

从上表可以看出两个明显的特征，一是在“大三度”和“小三度”两栏中打“√”标记最多，说明各正鼓音上方的侧鼓音主要是以大、小三度音程为基础进行设置的。但各正、侧鼓音分差数据又表明，除大、小三度以外还存在许多其他音程，包括窄二度、小二度、大二度、窄小三度、宽小三度、窄四度、纯四度、增四度、纯五度、大六度和增八度等，而且编钟年代越早，音程种类越多；年代越晚，音程种类越少，这就成为第二个特征。多种音程体现出一种多样化的设置思维，但这种多样化并不等同于自由设置，它们可能是出于某些音阶用音的需要而作为一定阶段的侧鼓音选择而存在。当这种选择得以明确之后就固定了下来；然而，从西周编钟的正鼓音上方已有明确的、呈三度关系的侧鼓音位设置历史来看，它们更可能自9件组编钮钟出现时即已明确了三度关系的重要性，却苦于编钟弦准上五弦定音的难度以及调试技术的后滞而使音高产生了偏离。或许还有其他难以知晓的可能性，这有待进一步的研究。但客观存在的现象就是，东周编钟侧鼓音位多样化设置自春秋中期以后逐渐减少，绝大多数正鼓音上方的其他音程均消失在春秋晚期。从出土的战国编钟的正、侧鼓音音程关系看，除山东诸城公孙朝子编钮钟外，均统一在三度结构的模式之中。

单从上表来看，各个侧鼓音很少有某种完全相同的结构，似乎没有规律可循。所以，应该再做更具体的统计，即将上表“其他”栏的数据加以展开，做一个纵向的排序并考察其产生原因及消失年代。这样做有助于找出一些影响侧鼓音位设置的客观因素，自然也有助于发现它们之所以做出某种设置的主观意图，如下表所示。

---

① “从音乐听觉心理的角度分析，在音乐背景中，多数音乐家同一性音准感的实际宽容范围是－10—＋10音分，而和声性音准感具有－38—＋14音分的宽容性。也就是说，在寻常演奏的环境中，10音分的误差往往是可以忽略的。在多声性音乐中，可忽略的范围更宽。”作为在取音之后还要经过锉磨调制才构成的编钟音列而言，其误差出现30甚至40音分都是可能的。参见崔宪《曾侯乙编钟钟铭校释及其律学研究》下篇之“曾钟实测数据与理论数据”，人民音乐出版社1997年版，第140页。

图表5—2　图表5—1中“其他”栏的音程性质及所属编钟统计表

正鼓音位	“其他”栏的音程性质	图表5—1序号、钟名及年代	备注
徵	窄小三	1. 陕县虢太子M1052钮钟，两周之际	
	纯四度	2. 闻喜上郭M210钮钟，春秋初期 4. 长清仙人台M6钮钟，春秋早期偏晚	
	大二度	18. 侯马上马M1004编镈，春秋中晚之交 22. 滕州庄里西村编镈，春秋晚期 45. 诸城公孙朝子钮钟，战国	
	窄大二	7. 新郑城信社钮钟1组，春秋中期	
	窄小二	10. 新郑金城路钮钟A组，春秋中期	
羽	纯四度	2. 闻喜上郭M210钮钟，春秋初期 32. 辉县琉璃阁M甲编镈，春秋晚期	32. 第1件
	窄大三	2. 闻喜上郭M210钮钟，春秋初期	
	大二度	10. 新郑金城路钮钟A组，春秋中期 13. 淅川仓房下寺黝钟，春秋中期 15. 临沂凤凰岭钮钟，春秋 16. 淅川仓房下寺1号楚墓钮钟，春秋中晚期 31. 辉县琉璃阁M甲钮钟，春秋晚期 45. 诸城公孙朝子钮钟，战国中期	13. 最后1件 16. 最后1件
	窄大二	5. 新郑李家楼甬钟，春秋中期	
	窄小三	6. 新郑城信社编镈，春秋中期 7. 新郑城信社钮钟1组，春秋中期 8. 新郑城信社钮钟2组，春秋中期	
	窄四度	9. 新郑金城路编镈，春秋中期 27. 淅川徐家岭M3编镈，春秋晚期	
	增四度	24. 邳州九女墩M3钮钟，春秋晚期	24. 最后1件
	大六度	25. 固始鄱子成周编镈，春秋晚期	
	窄小二	33. 太原赵卿墓编镈，春秋晚期	
	窄大二	47. 陕县后川M2040编镈	47. 最后1件

（续表）

正鼓音位	“其他”栏的音程性质	图表5—1序号、钟名及年代	备注
宫	小二度	1. 陕县虢太子M1052钮钟，两周之际	
	纯四度	4. 长清仙人台M6钮钟，春秋早期偏晚 12. 淅川仓房下寺黝镈，春秋中期 13. 淅川仓房下寺黝钟，春秋中期	
	大二度	5. 新郑李家楼甬钟，春秋中期 7. 新郑城信社钮钟1组，春秋中期 8. 新郑城信社钮钟2组，春秋中期 9. 新郑金城路编镈，春秋中期 10. 新郑金城路钮钟A组，春秋中期 15. 临沂凤凰岭钮钟，春秋 24. 邳州九女墩M3钮钟，春秋晚期 37. 邳州九女墩M1钮钟，战国早期 42. 信阳长台关M1钮钟，战国早中之交	42. 高音区
	窄小三	11. 新郑金城路钮钟B组，春秋中期	
	增四度	27. 淅川徐家岭M3编镈，春秋晚期	
	窄大三	30. 江苏六合程桥M1钮钟，春秋末期	
商	大二度	7. 新郑城信社钮钟1组，春秋中期 28. 淅川徐家岭M3钮钟，春秋晚期 45. 诸城公孙朝子钮钟，战国中期	7. 高音区 45. 中音区
	窄四度	12. 淅川仓房下寺黝镈，春秋中期 13. 淅川仓房下寺黝钟，春秋中期	 13. 中音区
	纯四度	24. 邳州九女墩M3钮钟，春秋晚期	24. 高音区
	宽四度	26. 固始鄱子成周钮钟，春秋晚期	26. 中音区
	窄四度	26. 固始鄱子成周钮钟，春秋晚期	26. 高音区
	小二度	30. 江苏六合程桥M1钮钟，春秋末期	30. 高音区
角	大二度	1. 陕县虢太子M1052钮钟，两周之际 26. 固始鄱子成周钮钟，春秋晚期	1. 中音区 26. 高音区
	窄大三	4. 长清仙人台M6钮钟，春秋早期偏晚	4. 中、高音区
	窄小三	6. 新郑城信社编镈，春秋中期 8. 新郑城信社钮钟2组，春秋中期 10. 新郑金城路钮钟A组，春秋中期	 8. 低音区 10. 低音区
	增八度	13. 淅川仓房下寺黝钟，春秋中期	
	纯四度	27. 淅川徐家岭M3编镈，春秋晚期	27. 低音区

（续表）

正鼓音位	“其他”栏的音程性质	图表5—1序号、钟名及年代	备注
商颧	纯四度	32. 辉县琉璃阁M甲编镈，春秋晚期	
徵颧	纯五度	31. 辉县琉璃阁M甲钮钟，春秋晚期	
统计结果	镈钟：10组；大、小三度以外的音程出现19次、8种性质；平均每组有1.9处。 钮钟：18组；大、小三度以外的音程出现43次、12种性质；平均每组有2.4处。 甬钟：1组；大、小三度以外的音程出现2次；平均每组有2处。		

对图表5—1中“其他”栏音程性质及所属编钟的统计表明，抽查对象越多，出现大、小三度以外的音程次数也越多，反之越少。从地域上看，统计结果中既包含了许多晋、楚、郑等地处中原的诸侯国的编钟，也包含了吴、齐、虢等周边的诸侯国编钟。这种结果表明，在春秋、战国之交，编钟正、侧鼓间音程关系统一设置为大、小三度之前，其他音程的出现并不存在钟形上的差异，也不存在地域上的差异，它们主要体现出来的是一种时代特征。换言之，编钟正鼓音列与侧鼓音位在设置模式上并不是同步的，在正鼓音列采用一种基本恒定的结构贯穿于整个东周的发展过程中，侧鼓音位以对正鼓音位的追随为起点，才逐渐地开始了它的探索之旅。

此外，从图表5—2备注栏中列出的大、小三度以外音程所发生的位置来看，作侧鼓音位设置时音区上的差异是存在的，即正、侧鼓音之间出现除大、小三度以外其他音程的位置多在整组编钟的高音区或低音区。可能有三方面的原因：其一，《国语·周语下》有“考中声而量之以制”的记载，说的就是弦准（均钟）。均钟所张的弦有音域限制，按取低、中、高各弦段的发音效果不同，准确获取弦上节点的难度也不一。弦上的音越高，发音效果越差，取音难度越大。既然在均钟有限的音域内，高音区都容易发生偏差，那么，在需要超过均钟音域进行音列设置时，其高、低音区的偏差就会更大了。其二，音列中最高音或最低音的应用率相对较低，致使对钟腔进行锉磨调试稍欠精细，也是构成偏差的重要原因。其三，人耳对小字组至小字二组间的乐音最为敏感，超出这一音区其敏感度会逐渐减退，这种趋势在弦准上同样能表现出来，即“中声”的选择必须是与人耳的这一生理特性相适应的。

二、 五弦取音

已知弦准是编钟的取音器具之后，对弦准如何为编钟取音曾一度成为学术界极为关注的问题，并已取得了奠基性的成果。从考察编钟正鼓音列中“五正声”的排序与古琴前五弦音序的一致性出发，先在古琴正调各徽位（节点）上找到了编钟正、侧鼓音位的理论音高①，而后又进一步将编钟音位的理论依据从正调推广到琴五调②。这是非常深入的理论认识，本文关于“五弦取音”的思考正是在这一基础上做出的进一步探讨。本文推测，准徽与琴徽可能出现于不同时代，其作用既有相承亦有相异之处，五弦取音应与编钟正鼓音列的音位顺序及以指度律的可行性联系起来考虑，由此也有必要对“颟”“曾”的乐律学含义做切合实际的理解。

1. 准徽与琴徽

正如第一、二章所论述的那样，按弦长等分制取音的方法早已实实在在地运用到了西周编钟的铸造工艺上了，说明这种数理知识早就为当时的人所掌握。朱载堉在其《律学新说》中讲到古琴定徽采用纸折法③（在第一章已述及），已经是非常重要的文献了。但他并未说明这种做法到底起于何时。现在看来，又有充分的依据证明它至迟在西周中期甚至晚商时期就出现了。西周乐师们在为编钟音列的设置做弦长等份取音时，所按取的节点的弦长比例是相当复杂的。那么，当时的乐师或者说得更具体一些是瞽盲，是怎样用一种既朴素又简洁的办法获取这些节点的呢？其实是有规律可循的，也确实是很奇妙的。这里，将三种弦长等份取音法各节点的弦长比例按“羽—宫—角—徵”四音位依次排出，并与该等分制的各等份内节点比例一一对应。

图表 5—3 四音位在三种等份取音法中的两种比例对应表

三种取音法		羽	宫	角	徵
一弦六等分	弦长比例	$1-\frac{1}{2}-\frac{1}{4}-\frac{1}{8}$	$\frac{5}{6}-\frac{5}{12}-\frac{5}{24}$	$\frac{2}{3}-\frac{1}{3}-\frac{1}{6}-\frac{1}{12}$	$\frac{5}{9}-\frac{5}{18}-\frac{5}{36}$
	等份内比例	$1-1-\frac{1}{2}-\frac{3}{4}$	$1-\frac{1}{2}-\frac{1}{4}$	$1-1-1-\frac{1}{2}$	$\frac{1}{3}-\frac{2}{3}-\frac{5}{6}$
一弦五等分	弦长比例	$\frac{3}{5}-\frac{3}{10}-\frac{3}{20}$	$1-\frac{1}{2}-\frac{1}{4}$	$\frac{4}{5}-\frac{2}{5}-\frac{1}{5}-\frac{1}{10}$	$\frac{2}{3}-\frac{1}{3}-\frac{1}{6}$
	等份内比例	$1-1-\frac{1}{2}-\frac{3}{4}$	$1-\frac{1}{2}-\frac{1}{4}$	$1-1-1-\frac{1}{2}$	$\frac{1}{3}-\frac{2}{3}-\frac{5}{6}$

① 黄翔鹏：《均钟考——曾侯乙五弦器研究》，《黄钟》1989 年第 1、2 期，另见论文集《中国人的音乐和音乐学》，山东文艺出版社 1997 年版，第 201—207 页。

② 崔宪：《曾侯乙编钟钟铭校释及其律学研究》，人民音乐出版社 1997 年版，第 168—174 页。

③ （明）朱载堉撰、冯文慈点注：《律学新说》“论准徽与琴徽不同第十”，人民音乐出版社 1986 年版，第 71 页。

（续表）

三种取音法		羽	宫	角	徵
一弦四等分	弦长比例	$\frac{3}{4}-\frac{3}{8}-\frac{3}{16}$	$\frac{5}{8}-\frac{5}{16}-\frac{5}{32}$	$1-\frac{1}{2}-\frac{1}{4}-\frac{1}{8}$	$\frac{5}{6}-\frac{5}{12}-\frac{5}{24}$
	等份内比例	$1-1-\frac{1}{2}-\frac{3}{4}$	$1-\frac{1}{2}-\frac{1}{4}$	$1-1-1-\frac{1}{2}$	$\frac{1}{3}-\frac{2}{3}-\frac{5}{6}$

对于上表的数据，横看时每种取音法获取的各音位的弦长比例均不相同，且越往高音区数据越复杂，但竖看时各音位的等份内比例始终不变，其均分量未超过“6”。这是乐师们通过计算后牢记在心的口诀。

然而，这种一弦等分制取音法的缺陷也是明显的，取音节点随音位的变化而频繁改变。如果仅在一弦上获取四个音位还显得较为轻松的话，那么要获取更多的音位就困难了。随着两周之际钮钟的出现，编钟正鼓音列由三声（“徵”不下正鼓）发展为五声，这就为侧鼓音的选择提供了更大的空间。为编钟取音的弦准由一弦改成五弦，一方面使取音节点固定在1、$\frac{1}{2}$、$\frac{1}{4}$、$\frac{1}{8}$四个呈倍音关系的节点上，且不随音位的变化而变化；另一方面使正、侧鼓音之间便于做大、小三度的灵活处理，亦即为侧鼓音的全新设置提供了生机。这种进步可以下图表呈现出清晰的显示。

图表5—4　五弦取音法之节点与等份内比例

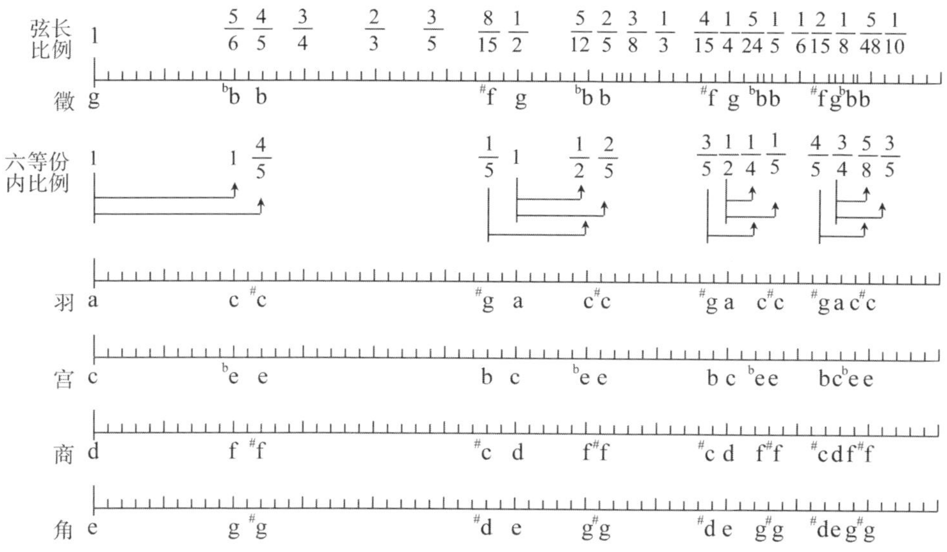

上图表中用五条带标尺的横线分别代表弦准的五弦，并按“徵—羽—宫—商—角”顺序排出。第一弦上方所列出的弦长比例以及第一、二弦间的六等份内比例是从五弦的相同节点上获取的数据。其中，“$1—\frac{5}{6}—\frac{4}{5}$”“$\frac{1}{2}—\frac{5}{12}—\frac{2}{5}$”“$\frac{1}{4}—\frac{5}{24}—\frac{1}{5}$”及“$\frac{1}{8}—\frac{5}{48}—\frac{1}{10}$”4 组呈二倍关系的弦长比例数据，在等份内比例中简化为“$1—1—\frac{4}{5}$”“$1—\frac{1}{2}—\frac{2}{5}$”“$\frac{1}{2}—\frac{1}{4}—\frac{1}{5}$”和“$\frac{3}{4}—\frac{5}{8}—\frac{3}{5}$”。“商颟”或“徵颟”所在的“$\frac{8}{15}$、$\frac{4}{15}$、$\frac{2}{15}$”三个数据也简化为“$\frac{1}{5}$、$\frac{3}{5}$、$\frac{4}{5}$”。这些弦长比例数据的简化大大降低了取音的难度，确实是一种既科学又实用的方法。朱载堉说：“但以四折取中为法，盖亦下俚立成之小数（小技之意），虽于声律之应，若简切而易知，但于自然之法象，懵不知其所自来，则恐不免有未尽耳。”① 恐怕这就是乐师们赖以保住其工作而不外传的秘诀了。所以，我们有理由说，先秦为编钟作弦长取音的乐师们既是极富智慧的乐律家，又是杰出的数学家。

设 g、a、c、d、e 五音名为一至五弦的律位，则“（$^{\#}$f）、g、^{b}b、b”“（$^{\#}$g）、a、c、$^{\#}$c”“（b）、c、^{b}e、e”“（$^{\#}$c）、d、f、$^{\#}$f”和“（$^{\#}$d）、e、g、$^{\#}$g”均可在五弦的 4 个音区上产生，其中，任何一个八度内都出齐了十二个律位。再看弦长比例“$1\rightarrow\frac{5}{6}$”的距离为 316 音分，“$1\rightarrow\frac{4}{5}$”的距离为 386 音分，而且此两音分数据在五弦上各音区都是一致的。由此可见，如按照这种取音法为编钟做音位设置的话，编钟正鼓音位与侧鼓音位的关系恰恰就是纯律音系网中的基列与低列或者高列与基列的三度关系。

纵观两周编钟音位背后的弦长等分节点的发展过程，我们不难看到，各种取音法由单独运用变为综合运用，但彼此所运用的等分节点的功能并不相同。发展为五弦取音后，弦长四等份取音法用以确定编钟正鼓音列所需的弦上节点，弦长六等份取音法通过产生等份内节点用以确定侧鼓音的律位，而五等份取音法并未直接应用，而是将其因数“5”融入六等份内节点的比例中。这可能就是明代朱载堉所说的“准徽”②。透过这一节点发展的历史屏障，可清晰地看到，至汉代，七弦琴上徽位的出现实际上是三种弦长等分制节点的同时运用。这一将三种弦长等分制节点以“徽”的形式固定于琴面的做法，既是

① （明）朱载堉撰、冯文慈点注：《律学新说》“密率律度相求第三”，人民音乐出版社 1986 年版，第 18 页。

② 朱载堉所言之“准”乃“以琴第七徽之位为第一徽，自此之后无徽，自此之左十二律吕之位皆有徽矣”。此处只是借用他所用的“准”字，以概括如曾侯乙墓所出五弦取音器或此前的一弦取音器等准器。

对历史的再一次综合，也是对历史的模糊。那么，朱氏所说的准徽与琴徽究竟是一种什么关系呢？

其一，准徽是指先秦在为钟磬等乐器作弦上取音的弦准上，将弦长做等分处理后所产生的等分节点和等份内节点的总称。琴徽①是指琴弦上的音位标志，即按四、五、六三种等分纸折法所产生的节点（即发出泛音之处）在琴面镶嵌以金、玉或贝等制成的十三个圆形徽标。从琴头开始，依次为第一徽、第二徽……直至琴尾的第十三徽。其出现时间一说据《淮南子》“参弹复徽”之句，认为当在西汉之前；一说据嵇康《琴赋》中“徽以钟山之玉”，判断其较确切的下限当在汉、魏之际。所以，在时间上晚于朱氏所说的“准徽”。

其二，对于准徽而言，无论是等分节点还是等份内节点，相邻两节点间的弦长都是相等的，所以在按弦取音时可以在同一标准下进行；琴徽的各徽间弦长不等，所以在按弦取音时不能在同一标准下进行，而需要按照两徽间不同弦长的变化做出调整。

其三，准徽作等份内取音时统一以弦长六等份节点为起点（等份内比例为1），所以在做等份内取音时比例简单，既有理论依据又便于实际操作；琴徽作徽分取音时分别以各个不同等份的节点为起点，其弦长比例复杂（参见附录二），这种复杂的数据只能体现在理论上，实际应用时只能凭借听觉来获取徽分节点。

其四，也是最重要的一点，弦准作为钟磬乐取音的器具，从等分节点到等份内节点均可落实到简单朴素的比例上，而且准徽并非运用弦长的所有节点，只是在以四等分确定了编钟正鼓音所在的节点后按六等份作等份内节点进行侧鼓音的选择。琴徽是琴曲演奏艺术高度发展的产物。它的出现虽然模糊了各种等分制的独立性及功能，使后世看不到等份内比例的均分性，但给演奏者带来了视觉上的便利，便于奏出泛音，同时也便于根据徽位及其间的“徽分”，在琴谱中写出音位的高低变化。

这或许就是朱氏“论准徽与琴徽之不同”的原因之所在。客观地说，虽然准徽与琴徽的用途不同，但在数理上二者是相承发展的，由于没有文献能将乐师们口传心授的朴素节取方法记录下来，故后世难以见到他们的取音秘诀。这里有必要对蔡邕《月令章句》中“古之为钟律者，以耳齐其声”的说法提出疑问了，难道“古之为钟律者”只是

---

① 以上对琴徽的解释主要按照《中国音乐辞典》“琴徽”条目并结合自己的理解来做出陈述。有关“徽”的含义，学术界在20世纪80年代末曾有过不小的讨论，各自对有关“徽”的文献及在瑟或琴中的先后运用均做了充分的解释，详见郑祖襄《“徽”字与徽位——兼考古琴徽位产生的历史年代》（《中央音乐学院学报》1986年12月第4期，第25页）和《再谈“徽”字与徽位》（《中国音乐学》1988年7月第3期，第13页）；饶宗颐《说琴徽——答马顺之教授书》（《中国音乐学》1987年7月第3期，第4页）和《说弓勺兼论琴徽》（《中国音乐学》1989年7月第3期，第24页）；冯洁轩《说徽》（《中国音乐学》1988年10月第4期，第74页）；吴钊《释“徽”》（《中国音乐学》1989年7月第3期，第32页）。

“以耳齐其声”吗？显然不是，对取音乐师而言，取音法则在其心里，不是写出来要求他人按其记写的方法进行获取，而是自行操作。旁观者误以为乐师们徒有听觉而无法则，而历史的记录者更以“以耳齐其声”概之，自然只言其表，未及其本矣。

2. 五弦取音与以指度律

前文已提到，曾侯乙墓所出五弦器乃为编钟取音的器准的事实早已被黄翔鹏所论证。如前所述，其张弦面板及内侧面的图案比例清晰地向后人展示了编钟正鼓音列按弦取音所遵循的节点位置。然而，要彻底揭示侧鼓音的取音规范，还涉及五弦器的另一项数据，即为106厘米的隐间长度。为什么要选择此长度呢？要弄清这一问题，还得从“寸”“尺”的含义及人体比例说起。

尺作为今天常用的长度单位，最早出现在何时已很难考证了。甲骨文中未见有尺字，但与尺相对应的测长工具，推测大约在父系社会就开始使用了。寸又是几乎与尺同时出现的长度单位①。《大戴礼记·主言》云：“布手知尺，布指知寸。”②《孔子家语》所云：“布指知寸，布手知尺，舒肘知寻，斯不远之则也。”③ 这些关于尺寸产生于人体的记载，是人们根据传说和推证进行整理的结果，它们是与当时的社会生产力发展水平一致的真实记录。在《说文》中对尺又做了进一步解释，其《尺部》云：“十寸也，人手却十分动脉为寸口，十寸为尺。”又言：“周制，寸尺咫寻常仞诸度量，皆以人之体为法。”④ 这里的尺相当于拇指至食指间一拃的长度。《公羊传·僖公三十一年》又云：“肤寸而合。”何休注：“侧手为肤，案指为寸。”⑤《礼记·投壶》中有“庭中九扶”。郑玄注：“铺四指曰肤，一指按寸。”⑥

由以上记载可知，1指=1寸；1肤=4寸；1尺=1拃。

但始终未见文献就1拃与1指的关系加以清楚说明。如果从解剖学的角度来看，以一指为寸，十指正相当于伸出大拇指和食指之间的距离，为一拃，亦即一尺，而人的身高大约是它的十倍，即一丈。如果按十指于纸上，两拇指并拢，十指垂直，其宽度亦相当于一拃之长。设一指为1.7厘米，则十指等于一拃，为17厘米；身高为170厘米，伸两臂之长亦为170厘米。⑦ 这种比例就将一指与一拃的关系打通了，即：1尺=1拃=10

---

① 丘光明、邱隆、杨平：《中国科学技术史·度量衡卷》，科学出版社2001年版，第14页。
② 《大戴礼记解诂》卷一，中华书局1992年版，第5页。
③ 《孔子家语》卷一，《丛书集成》本，第12页。
④ 《说文解字注》“尺部”，上海古籍出版社1981年版，第401页。
⑤ 《春秋公羊传注疏》卷十二，《十三经注疏》，第2263页。
⑥ 《礼记正义》卷五十八，《十三经注疏》，第1666页。
⑦ 丘光明、邱隆、杨平：《中国科学技术史·度量衡卷》，科学出版社2001年版，第39页。

指 =10 寸。

由于拇指和食指可能随张力的变化而导致跨度难以保持一致，一拃与一指的稳定性显然不如十指与一指的稳定性高。所以，实际应用时以一指与十指进行测量更为可靠。

如果将这种“十指与一指”的尺寸比例运用到曾侯乙墓出土的弦准上，则其 106 厘米长的隐间秘密就很容易揭开了。先将隐间长度分为六等份，则每等份为 17.67 厘米，此长度相当于一中等偏高男士的十指宽度。将此长度除以 2^n，可求得等份内节点中“1、$\frac{1}{2}$、$\frac{3}{4}$、$\frac{5}{8}$”等与正鼓音呈小三度的比例；将此长度除以 5^n，可求得等份内节点中“$\frac{4}{5}$、$\frac{2}{5}$、$\frac{1}{5}$、$\frac{3}{5}$”等与正鼓音呈大三度的比例以及“$\frac{1}{3}$、$\frac{3}{5}$、$\frac{4}{5}$”等变声所在的节点比例。所以，五弦器隐间的长度并非一定要按照某个时代的通用尺度来设定，而只是依据每一乐师的身体比例特别是手指的宽度来设计的，即：

$\frac{1}{6}$弦长 =1 尺 =10 寸 =10 指

总弦长 =6 尺 =610 指

由此，乐师们为编钟作五弦取音时，他们将遵循如下规律：

从弦长比例为 1 的正鼓音节点开始，往右取 10 指（可以是两手并拢的 10 指宽度，也可以是食指与中指宽度的 5 倍）获得与正鼓音成小三度的侧鼓音；再往右取 2 指获得与正鼓音成大三度的侧鼓音。

从弦长比例为$\frac{1}{2}$的正鼓音节点开始，往右取 5 指（可以是五指并拢的宽度，也可以是食指宽度的 5 倍）获得与正鼓音成小三度的侧鼓音；再往右取 1 指获得与正鼓音构成大三度的侧鼓音。

从弦长比例为$\frac{1}{4}$的正鼓音节点开始，往右取 2 指半获得与正鼓音成小三度的侧鼓音；往右取 3 指获得与正鼓音成大三度的侧鼓音。

从弦长比例为$\frac{1}{8}$的节点开始，往右取 1 又$\frac{1}{4}$指获得与正鼓音成小三度的侧鼓音；往右取 1 指半获得与正鼓音成大三度的侧鼓音。

此外，正鼓音列中两个变声的律高分别从弦长比例为$\frac{1}{2}$、$\frac{1}{4}$、$\frac{1}{8}$三节点开始，依次往左取 2 指、1 指和半指来获得。

3. “颟”“曾”释义

将“颟”与“曾”二字以铭文方式同时运用于编钟音列的正、侧鼓音位中是曾侯乙编钟的重要特点之一，它们以“徵、羽、宫、商”四基的后缀形式出现，产生“徵颟、羽颟、宫颟、商颟”四颟和“徵曾、羽曾、宫曾、商曾”四曾，使十二律得以齐全，它们与被修饰的四个音位构成大三度关系也早已为学术界所熟识。然而，曾钟音位设置时同时选择此二字的本意究竟是什么呢？笔者通过对弦准上等份内节点和以指度律的分析，认为二者是与等份内节点密切相关的、带有“依附和相依”之意的纯律大三度代名词。要拿出理由来论证这一表述，还得从二者的字义开始。

其一是关于“颟”的解释。《集韵·虞韵》注：“颟”[①]，同“辅，面颊；《说文》释：‘人颊车也。从车，甫声。’或作颟”。说明颟和辅是可以互用的。既可互用，其意自然亦互通。辅字曾用以表达三种含义。第一种含义表示绑在车轮外旁用以夹毂的两条直木，能增强轮辐的载重力。姚文田、严可均对《说文》作校议：“辅车相依，即《诗》‘乃弃尔辅’之辅。辅者，大车榜木。‘弃尔辅’即‘轮尔载’矣。故《考工记》不言作辅，盖非车人所为，驾车者自择用之。辅在两旁，故《春秋传》《国语》皆言夹辅。”此段校释告诉我们，车轮外的榜木才是辅之本意。虽然辅车相依，但分主次，而且造车人并不会将辅和车一并造好，辅是驾车人根据载物重量自行配置的。《后汉书·礼仪志下》也载：“车皆去辅幡，疏布恶轮。”这种可解脱性说明了辅（颟）对车的依附。

第二种含义表示面颊。《玉篇·页部》注：“颟，颊骨也。”《左传·僖公五年》载：“谚所谓‘辅车相依，唇亡齿寒’者，其虞、虢之谓也。”孔颖达疏：“辅、颊为一。颊之与辅，口旁肌之名也。盖辅车一处分为二名耳。辅为外表，车为内骨，故云相依也。”说明“辅”通“颟，颊骨也”，乃辅的引申义。颟、车本为二意，引申后颟、颊同义，辅作为口旁肌与齿相依，且构成对齿的依附。

第三种含义表示佐助。《广雅·释诂二》：“辅，助也。”[②] 这是更为明显的引申义，同样表明其依附之意。

其二是关于“曾”的解释。清朱骏声《说文通训定声·升部》注：“曾，假借为橧，聚柴以作居处。”《礼记·礼运》有“夏则居橧巢”的记载，唐陆德明释文：“橧，本又作曾，同。”[③] 以上解释表明，“曾”为“橧”的假借义，有动词、名词两种含义，作动词时为“修造住处”，作名词时为“住处、巢穴或栖息地”。结合《大戴礼记·曾子疾病》中“鹰鶽以山为卑，而曾巢其上”的记载，曾巢依山而建，可见“曾”“山”相依之意。

《广雅·释宫》注：“橧，巢也。”《礼记·礼运》记载：“昔者先王未有宫室，冬则

① 《汉语大字典》（下），四川辞书出版社、湖北辞书出版社，1995 年版，第 4372 页。
② 《汉语大字典》（下），四川辞书出版社、湖北辞书出版社，1995 年版，第 3533 页。
③ 《汉语大字典》（上），四川辞书出版社、湖北辞书出版社，1995 年版，第 1521 页。

居营窟，夏则居橧巢。”孔颖达疏：“夏则居橧巢者，谓橧聚其薪以为巢。”《家语·问礼篇》：“夏则居橧巢。”注云：“有柴为橧，在树曰巢。”① 说明无论冬夏，营窟须依山水而挖，橧巢须依树木而砌，“在树曰巢”同样体现了巢对树木的依附之意。

通过以上对“颟”“曾”二字有关文献的分析可知，二者均可看作“依附”一词的代名词。取均带有依附含义的“颟”“曾”二字作为在等份内节点上获取的律位名，正好说明了等份内比例以总弦长上的等分节点为依据的事实。这实质上又是以文字方式对为先秦编钟取音的弦准上的准徽所采取的一种抽象表述。在此，古人对其中一个关键问题做了巧妙的处理，那就是，“颟”“曾”既然都为依附之意，理应代表相同的音程性质。然而，如前所述，以同一个等分节点为起点，往右在等份内节点中取“1、$\frac{1}{2}$、$\frac{3}{4}$、$\frac{5}{8}$”等比例获得与正鼓音呈纯律小三度的音程；往右在等份内节点中取“$\frac{4}{5}$、$\frac{2}{5}$、$\frac{1}{5}$、$\frac{3}{5}$”等比例获得与正鼓音呈纯律大三度的音程。这样“颟”“曾”二字就不代表相同性质的音程了。要统一音程性质，必须借助两个相距五度关系的等分节点，以音位“徵”（$\frac{1}{2}$）和“商”（$\frac{1}{3}$）为例。从等分节点“$\frac{1}{2}$”处往右取等份内节点“$\frac{2}{5}$”处（即取6指）获得大三度音位“徵颟”；从“$\frac{1}{3}$”处往左取等份内节点“$\frac{1}{2}$”处（即取5指）亦获得大三度音位“商曾”。二者均为纯律大三度，因而，从理论上讲，编钟正、侧鼓音间只存在以“颟”“曾”为后缀的纯律音程。

从时间上来看，西周编甬钟由于是四声设置规范，并未有颟曾概念运用的迹象。颟曾概念可能是为音阶的完善和旋宫的发展在两周之际钮钟的出现之后才逐渐建立的。

第二节　数理的传承与发展

在本文第四章第三节中已将东周编钟正鼓音列的音系特点分别做了五声与七声两种

① 《汉语大字典》（上），四川辞书出版社、湖北辞书出版社，1995年版，第1296页。

类型的总结。无论是五声或是七声，均是构成编钟音列的基础，它们的律位①和律高决定了侧鼓音的选择范围。在对编钟侧鼓音实测数据做出统计，同时对五弦取音途径进行了探讨之后，就可以对编钟正、侧鼓音的音系特点做更全面的总结和分析，也可以对东周编钟在旋宫方面的应用情况做出可能性分析。

一、 正、 侧鼓音的音系特点

20 世纪 80 年代黄翔鹏就曾侯乙乐律钟铭提出了“钟律音系网”②，并分析了它与中国古代传统理论的密切关系。它以宫音为中心，以三分损益法为生律法的起点，以“和、宫、商、徵、羽”五音为音系网的基列，基列上方三度音为一次低列，基列下方三度为一次高列，作横向的五度延伸与纵向的三度扩展。这虽然在形式上是对西方纯律音系网的借鉴，却是切合曾侯乙编钟音律实际的精辟总结，至于指出曾侯乙编钟音律的复合性以及“同位异律”特点更成为解释音乐演奏与旋宫转调的关键。本文对两周编钟音系特点的总结就是在黄先生“钟律音系网”的基础上建构的。请看下面这张音表图，此处将有关问题归入三方面加以说明。

第一，整张音系图由四列组成，以 C 这一音律为中心，既作为生律的出发点，又作为“宫”音音位之所在。C、G、D、A 四音构成基列，A、E、B、$^{\#}$F、$^{\#}$C 五音构成一次低列，$^{\#}$C、$^{\#}$G、$^{\#}$D、$^{\#}$A、$^{\#}$E 五音构成二次低列，^{b}A、^{b}E、^{b}B、F、C 五音构成一次高列。每一列中包含四种提示，第一层代表从中心 C 出发生成的各音音名；第二层代表以 C 为宫依次生成的律位；第三层代表各律的弦长比例，但将弦长比例数值里的因数 2 全都抽去，预先约定，根据需要可给这些数值里的任何一个连续乘以或除以 2。乘以 2 即意味着移低八度，除以 2 即意味着移高八度③；第四层代表各音在同一八度内的音分数。此外，为了

---

①“律位是指从律学的角度而言，是黄翔鹏先生创用，借以说明秦汉以后已经失传的同位异律灵活选用不同音高的钟律结构（见黄翔鹏《中国古代律学——一种具有民族文化特点的科学遗产》，《音乐研究》1983 年第 4 期，另见其著作《溯流探源——中国传统音乐研究》，人民音乐出版社 1993 年版，第 233 页）。指某律所处的位置，如一个八度可分为十二个半音，一个半音相当于一个律位。音位是指从乐学的角度而言，指某音所处的相对位置，即仅以宫、商、角、徵、羽等名表示一个八度中的十二个音各自的相对音高，不表示确切的律高。”（见崔宪《曾侯乙编钟钟铭校释及其律学研究》，人民音乐出版社 1997 年版，第 23 页）。

② 黄翔鹏：《中国传统音调的数理逻辑关系问题》，《中国音乐学》1986 年 7 月第 3 期，第 10 页。

③ 欲求某律音分数必须将各音的弦长比例数值纳入一个八度内，即小于 1 大于$\frac{1}{2}$，即弦长比例的分子乘以 2^n 必须大于分母乘以$\frac{1}{2}$，以弦长比例为$\frac{1}{9}$例，$9\times\frac{1}{2}=4.5$，则 2^n 必须是 8（2^3），故转换为八度内的弦长比例为$\frac{8}{9}$。

视觉上与侧鼓音分开，编钟正鼓音列五正声用实线框起来。

图表 5—5　编钟正、侧鼓音的音系关系

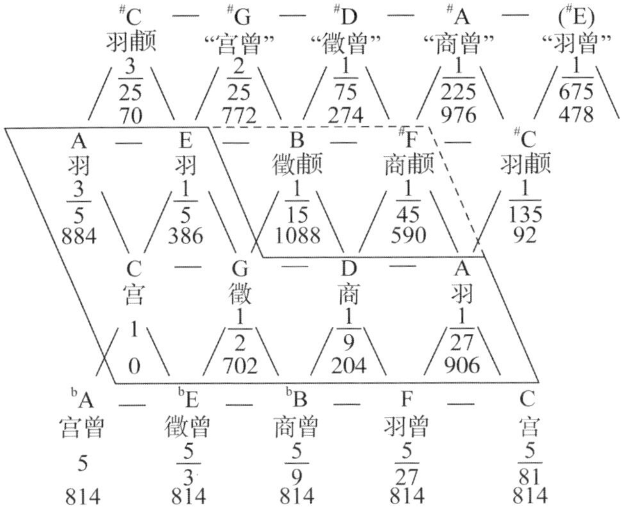

第二，如第三章第一节所述，按一弦定五弦时有三个节点上的律高是最稳定的，即“宫”（C）、“徵”（G）、“商”（D）三个音位。在此三个音位上方作侧鼓音位设置时各自均可作两种选择，一种是设置大三度，依次构成“（宫）角”“徵颤”和“商颤”，对应的音分数依次为 386、1088 和 590 音分；另一种是设置小三度，依次构成“徵曾”“商曾”和“羽曾”，对应的音分数依次为 316、1018 和 520 音分。虽然在选择大三度或是小三度音位的问题上彼此存在时间上的先后（在后文将分别总结其规律），但不管是大三度还是小三度，它们的律高始终是不变的，即总在此三个正鼓音位上方构成 386 音分的大三度或 316 音分的小三度，原因在于，从三个正鼓音位所在的等分节点开始作等份内取音时其比例既简朴又有规律。其实，这种简朴而有规律的等份内取音在编钟正鼓五声的另两个音位中也同样存在，它们是“羽”音和“角”音。只是此两音的稳定性不及前三者，且“羽”音有两种节点选择的可能，所以在作侧鼓音设置时会出现难以一致的结果。其中，有 884 音分的“羽”音，也有 906 音分的“羽”音，所以也相应地出现了 70 音分和 92 音分的两个“羽颤”，出现了 0 音分和 22 音分的两个“宫”音。“角”音的律高为 386 音分（E），其对应的侧鼓音的律高可为 702 音分（G、“徵”音），也可为 772 音分（#G）。当律高为 772 音分时，其音位名则借用一次高列中律高为 814 音分（bA）的“宫曾”，这一处理可在各件“角”音钟的正、侧鼓音分差（参见图表 5—4）以及曾侯乙钟铭上找到证据。这是一种同位异律现象。

第三，至春秋晚期才在编钟正鼓音列中出现的“徵颧”和“商颧”两个变声，是从六等份内节点上获得的，在它们的侧鼓音设置过程中，一方面有一个音程选择与定型的过程，另一方面在正、侧鼓音的音分差上与五正声也有所差异。辉县琉璃阁编钟的正鼓音列中就出现了此二变声，其中的编镈选择了“商颧”，编钮钟选择了“徵颧”，但它们的侧鼓音分别选择了呈纯四度关系的“徵颧”和呈纯五度关系的“商颧”，足见对此二音的重视。王孙诰钟的正鼓音列也设置了此二音，但正、侧鼓音间统一到了三度之内，“商颧”上方为呈小三度（328 音分）的“羽颧”音，“徵颧”上方为呈大三度（401 音分）的“徵曾”。山东临淄商王编钟正鼓音列中设置了两个“徵颧”音位，前者上方为呈小三度（303 音分）的“商颧”音，后者上方为呈大三度（447 音分）的“徵曾”。信阳长台关 1 号墓编钟正鼓音列中设置了两个“商颧”音位，而且二者上方均为呈小三度（339 音分与 292 音分）的“羽”音。至曾侯乙编钟，有 4 组甬钟的正鼓音列设置了变声，其中设置“徵颧”音的仅下层 1 组，上方为呈大三度的“徵曾”；另外 3 组（下层 2 组、中层 3 组、中层 2 组）甬钟的正鼓音列统一设置为“商颧”音位，且它们上方亦均为呈大三度的“商曾”。在音准最好的中层 2 组中，“商颧”与“商曾”间为 425 音分。这里先讨论它们的差值，至于为什么侧鼓音均设置为“商曾”在后面再讨论。结合王孙诰钟和商王编钟正鼓音列上该音与侧鼓音间的差值，明显大于以“颧”为后缀的 386 音分。其实，“商颧”与“商曾”间的音分差应为 428 音分，它是由（702 - 590 + 316）音分得出的结果，这是一个有取音依据的数据（参见本章第一节的图表 5—4）。此前有在正鼓变声上方设置小三度的情况，侧鼓音需通过下一弦来获取，只能看作最终统一到“徵颧”与“徵曾”“商颧”与“商曾”设置模式的过渡阶段。

再回头看二次低列的♯D、♯A、♯E 三个音，音位名均模仿曾侯乙钟依次用“徵曾”“商曾”和“羽曾”，其原本为 274、976、478 音分的三个律高可与一次高列的 316、1088、520 音分三个律高互用。所以，才有曾侯乙钟铭有关“姑洗之羽曾为蕤宾之徵颧下角”“新钟之羽为穆音之羽颧下角”① 的记载，实际上同样是同位异律的体现。

二、 音阶的完善与旋宫的发展

从春秋早期开始，正鼓音列的五声结构表明五声音阶正式运用于编钟了，同时，正鼓五声的出现给侧鼓部的音位设置提供了空间，仅在侧鼓部设置二或三个五正声以外的音位就可满足七声音阶演奏的需求。所以，从理论上讲，正鼓五声结构的出现实际上意

---

① 崔宪：《曾侯乙编钟钟铭校释及其律学研究》，人民音乐出版社 1997 年版，第 156 页。

味着编钟已经拥有了演奏七声音阶的能力了，而在七声音阶的演奏得以保证之后，在春秋晚期再在正鼓音列中设置变声则更大可能是为了满足旋宫的需要。然而，除曾侯乙编钟外，出土的绝大多数编钟并未留下乐律铭文，历史文献也极少涉猎于此，这种事实似乎让我们能看到整个春秋时期编钟发展的结果，却难以找出其旋宫探索历程中的清晰路标，比较可靠的做法就是根据该时段成批编钟的现有测音数据做出全面统计与合理推测。

1. 侧鼓音的三度选择与编钟音阶的完善

如图表 5—4 所示，在编钟正、侧鼓音之间统一做三度设置的前提下，当五弦器按等分节点和等份内节点为编钟获取正、侧鼓音位时，每一等分节点均有两个等份内节点可以选择，转换为音位就更为清晰了，7 个正鼓音位分别产生 14 个侧鼓音位，即：

图表 5—6　五弦器上的两种侧鼓音位选择

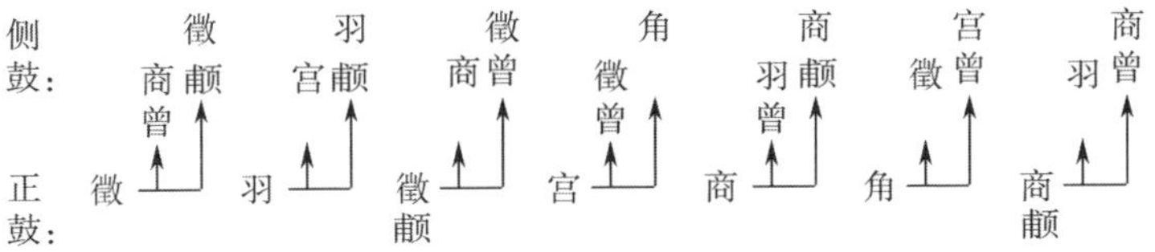

然而，乐钟的形制决定了侧鼓部只能设置一个音位，那么，有两个问题是值得探讨的。问题一：在编钟的发展过程中，哪个音位起先设置，哪个音位后来才设置？为什么？问题二：为什么在一组钟上同一正鼓音位上方常作不同侧鼓音位设置？

为了回答这两个问题，本文对整理出来的东周编钟中两个三度侧鼓音位的先后关系做了统计，结果如下。

图表 5—7　东周编钟两个三度侧鼓音位先后关系统计表

侧鼓音位	商曾 ^{b}B	徵颠 B	宫 C	羽颠 $^{\#}$C	商 D	徵曾 ^{b}E	徵曾 ^{b}E	角 E	羽曾 F	商颠 $^{\#}$F	徵 G	宫曾 ^{b}A	羽 A	商曾 ^{b}B
先后关系	同时		先	后	后	后	后	先	后	先	先	后	后	后
正鼓音位	徵 G		羽 A		徵颠 B		宫 C		商 D		角 E		商颠 $^{\#}$F	
备注	少	多			少	多							少	多

如果将表中起先且最多运用的侧鼓音位抽出来按由低到高次序与正鼓五声加以排列，即可出现如下形态：

G A B C D E $^{\#}$F （G）

显然，这是一个同均的七声音阶形态，其中宫音可做三次选择，可能构成三种不同的音阶，即以 C 为宫的正声音阶；以 G 为宫的下徵音阶；以 D 为宫的清商音阶①。这种推测并非没有依据，如同第二章所分析的那样，新石器晚期绝大多数陶埙的音列中除了四声或五声骨干音外，大量出现“变徵”“变宫”“清角”“清羽”等变声，这足以形成七声音阶。而且，清商音阶与下徵音阶甚至能从更遥远的贾湖骨笛的音列中得到证实。《吕氏春秋·季夏纪》中即有正声音阶生律次序的记载，同样可说明其历史地位和正统性。这种音阶形态的完善过程在编钟音列中虽然完成得较晚，但其脉络和时间都较为明显。

先看早期的三例：第一例是两周之际的河南陕县 1052 号墓虢太子钮钟②，其基本音阶形态为：徵—羽—宫—商—角—（羽曾）；第二例是春秋初期的山西闻喜上郭 210 号墓钮钟③，其基本音阶形态为：徵—羽—宫—商—角—（羽曾）；第三例是春秋早期偏晚的山东长清仙人台 6 号墓钮钟④，其基本音阶形态为：徵—羽—宫—商—角—（羽曾）—（商颧）。对于此三组钮钟音列中出现在侧鼓部的“羽曾”和“商颧”二音而言，可以看作六声音阶的变声，也可与在“徵”“羽”“角”三音位上设置的五声重复音位一样，看作对正鼓音演奏时的和声音。但最起码将此三组的音列作为对五声音阶的完善应是无可非议的。换言之，图表 5—7 中起先设置的侧鼓音位如“宫、角、商颧、徵”等都是正鼓音的重复音位。

再看五例：第一例是春秋早期的山西闻喜上郭 211 号墓钮钟⑤，其基本音阶形态为：

---

① 黄翔鹏指出：在某一均中的七音结构，即同音名的七声，只要是相同音名组成的音阶结构，在古代理论中，就叫作“均”。每一个“均”里都可以分成三个“宫”，就是三种音阶共同用的这一均的基音，这叫作“宫”。每一“宫”里的核心五音，都可构成几种调式，可以是“宫、商、角、徵、羽”各种调式，这叫作“调”。这就是“均”“宫”“调”三层概念。见黄翔鹏《中国传统音调的数理逻辑关系问题》，《中国音乐学》1986 年 7 月第 3 期，第 18 页。

② 1. 中国科学院考古研究所编著：《上村岭虢国墓地》图版三八：2、3，科学出版社 1959 年版，第 22 页；2. 袁荃猷主编：《中国音乐文物大系·北京卷》，大象出版社 1996 年版，第 282 页。

③ 王子初：《太原晋国赵卿墓铜编镈和石编磬研究》，山西省考古研究所编《太原晋国赵卿墓》，文物出版社 1996 年版，第 326 页。

④ 1. 山东大学历史文化学院考古系：《长清仙人台五号墓发掘简报》，《文物》1998 年 9 月第 9 期，第 18 页。2. 周昌富、温增源主编：《中国音乐文物大系·山东卷》，大象出版社 2001 年版，第 340 页。

⑤ 王子初：《太原晋国赵卿墓铜编镈和石编磬研究》，山西省考古研究所编：《太原晋国赵卿墓》，文物出版社 1996 年版，第 326 页。

徵—羽—徵颠—宫—商—角—羽曾/商颠；第二例是春秋中期的新郑李家楼甬钟①，其基本音阶形态为：徵—羽—商曾—宫—商—角—羽曾；第三例是春秋中期的新郑金城路钮钟②，A组基本音阶形态为：徵—（宫曾）—羽—徵颠—宫—（羽颠）—商—角—商颠，B组基本音阶形态为：徵—（宫曾）—羽—徵颠—宫—商—（徵曾）—角—羽曾；第四例是春秋中期的山东临沂凤凰岭钮钟③，其基本音阶形态为：徵—（宫曾）—羽—徵颠—宫—商—角—羽曾；第五例是春秋中期淅川下寺1号墓钮钟④，其基本音阶形态为：徵—（宫曾）—羽—徵颠—宫—商—角—商颠。这五例除新郑金城路钮钟外，均为且仅为同均的七声，所以，在这种不能满足七声旋宫的水平下，它们的音列作为对七声音阶的完善乃是最好的答案。

综上，从晚商、西周乐钟的四声音阶到春秋早期钮钟的五声音阶，再到春秋中期的七声音阶，编钟音阶逐步完善的脉络清晰地体现出来了，这种结果既是取音方法与弦准不断改进的结果，也是对编钟侧鼓音位的设置认真思考的结果。

2. 旋宫的应用与可能性推测

如图表5—5所示，编钟音系中的同位异律特点为演奏能力的加强，特别是旋宫的实践创造了条件，这种旋宫实践呈现出三种不同的探索方式，也基本代表了整个东周时期的三个阶段。第一种方式是以单组编钟少数侧鼓音位的合理设置实现少数近关系调旋宫；第二种方式是通过整套编钟2至3组音列中侧鼓音位的合理设置来实现旋宫；第三种方式是通过单组编钟多数侧鼓音位甚至八度内所有侧鼓音位的巧妙设置实现更多远关系调旋宫。

先看第一种方式的旋宫实例：

春秋早期的山西闻喜上郭211号墓钮钟就是以单组形式出土的，其正鼓音列的“宫”位在F音上。如果将正、侧鼓音由低到高次序作五度排列，则为（说明：加下划线的即

① 1. 许敬参：《编钟编磬说》，《河南博物馆馆刊》第九集，1937年版；2. 靳云鹏：《新郑出土古器物图志》，1923年版“周蟠虺钟”（天字1号—天字21号），第1—5页；3. 关百益：《新郑古器图录》——乐器类（第一）“钟属二十三器”之特钟（四器：1—4号、图一—图四）、甲类编钟（九器：5—13号、图五—图七）、乙类编钟（十器：14—23号、图八—图十），1929年版；4. 赵世纲主编：《中国音乐文物大系·河南卷》，大象出版社1996年版，第84页。

② 1. 蔡全法、马俊才：《新郑郑韩故城金城路考古取得重大成果》，《中国文物报》1994年1月2日第1版；2. 赵世纲主编：《中国音乐文物大系·河南卷》表47，大象出版社1996年版，第316页。

③ 1. 山东省兖石铁路文物考古工作队：《临沂凤凰岭东周墓》（罗勋凌撰），齐鲁书社1988年版，第15—18页；2. 周昌富、温增源主编：《中国音乐文物大系·山东卷》表34，大象出版社2001年版，第341页。

④ 1. 河南省文物研究所等：《淅川下寺春秋楚墓》，文物出版社1991年版，第89页；2. 赵世纲主编：《中国音乐文物大系·河南卷》表51，大象出版社1996年版，第319页。

表示在正鼓音列中使用过的音；无下划线的表示侧鼓音）

$$^{b}B\ \underline{F}\ \underline{C}\ \underline{G}\ \underline{D}\ \underline{A}E\ B$$

从五声角度看，“宫”位可做四次选择；从七声角度看，“宫”位可做两次选择，如下表所示。

图表 5—8　闻喜上郭 211 号墓钮钟旋宫特点

^{b}B　F
正声　正声

$$\underline{^{b}B \rightleftharpoons F \rightleftharpoons C \rightleftharpoons G}$$

下徵　下徵
C　G
清商　清商

表中横向带下划线的音名排列代表五声旋宫，纵向各列音名代表七声旋宫。这里并无充分依据证明当时各地的宫廷音乐运用了哪一种七声音阶，故只能做出一种理论推测，将三种七声在各均中同时排出。从图表 5—1 中可知，该组钮钟实现三次五声旋宫的关键就在于两个正鼓“商”音分别设置为“商颟”和“羽曾”。这种设计是有意的，在陕县 1052 号虢太子墓钮钟、闻喜上郭 210 号墓钮钟和长清仙人台 6 号墓钮钟的侧鼓音位仍在作同音设置的时候，它率先开始对旋宫的思考。

春秋中偏晚期的侯马上马 1004 号墓编镈①也是以单组形式出土的，其正、侧鼓音由低到高可做五度排列如下：

$$E\ B\ {}^{\#}F\ \underline{{}^{\#}C}\ \underline{{}^{\#}G}\ \underline{{}^{\#}D}\ \underline{{}^{\#}A}\ \underline{{}^{\#}E}$$

该编镈的正鼓音列是以$^{\#}$C 为宫的五声音阶，结合侧鼓音以后在五声范围内“宫”音可做四次选择，在七声范围内可做两次选择，如下表所示。

① 1. 山西省考古研究所：《上马墓地》，文物出版社 1994 年版，第 72—74 页；2. 项阳、陶正刚主编：《中国音乐文物大系 · 山西卷》，大象出版社 2000 年版，第 58 页。

图表 5—9　侯马上马 1004 号墓编镈旋宫特点

E　B
正声　正声
E ⇌ B ⇌ $^{\#}$F ⇌ $^{\#}$C
下徵　下徵
$^{\#}$F　$^{\#}$C
清商　清商

从该组镈钟的侧鼓音位明显可以看出其设置意图，即在正鼓“商”音上方设“羽曾”，在正鼓“徵”音上方设“商曾”，在正鼓“宫”音上方设“徵曾”音。如图表5—7所示，“宫”和“商”两正鼓音位最初常在上方设置“角”和“商颧”，改设为“徵曾”和“羽曾”后，就与“商曾”一样均为下属方向的音。从五度链的关系看，在其下方增加三个呈五度关系的音就等于为“宫”音增加了三次选择的机会，这是该组镈钟得以旋宫的关键。

从闻喜上郭村 211 号墓钮钟和侯马上马 1004 号墓镈钟的侧鼓音设置和旋宫特点，再联系晋侯稣钟的伟大成就、钮钟在晋国的率先出现及其用五弦取音所带来的音列革新，足以看出，在春秋早中期，晋国在钟乐探索方面一直处于领先水平。这不禁让我们想起精于审音度律，“无尺寸之度，而靡不中音”（《淮南子・氾论训》）的晋国乐师师旷。作为一个春秋中期偏晚的宫廷乐师，他可能是有幸被记录下来的晋国各地优秀乐师中的一位，是晋国整体钟乐水平高度发展所造就的结果。

下面是第二种方式的旋宫实例：

新郑金城路编钟是由 1 组镈钟和 A、B 两组钮钟组成的。3 组钟的正、侧鼓音可分别做五度排列如下：

A组钮钟：					G	D	A	E	B	$^{\#}$F	$^{\#}$C	$^{\#}$G	$^{\#}$D
B组钮钟：	^{b}E	^{b}B	□	C	G	D	A	E	B	$^{\#}$F			
镈钟：	^{b}E	□	F	□	G	D	A	E	B				

3 组钟的正鼓音列均以 G 为宫。A 组钮钟以正鼓五声为基础向五度链的右边设置侧鼓音，B 组钮钟和镈钟以正鼓五声为基础主要向五度链的左边设置侧鼓音，两组钮钟分别承担了向属方向和向下属方向旋宫的任务。

往五度链的右边看，A 组钮钟在五声范围内“宫”音可做五次选择，在七声范围内“宫”音可做三次选择，如下表所示。

图表 5—10　新郑金城路编钟 A 组钮钟音列的旋宫特点

G　　D　　A
正声　正声　正声

G ⇌ D ⇌ A ⇌ E ⇌ B

下徵　下徵　下徵
A　　E　　B
清商　清商　清商

A 组钮钟实现旋宫的关键在于，正鼓“商”“角”“羽”三音的侧鼓音统一设置为呈大三度关系的“商颟”“宫曾”“羽颟”。除正鼓“商”音外，“羽”和“角”上方设置大三度音位在此前均是少见的，这种创新自然是预计性的。

往五度链的左边看，B 组钮钟与镈钟在五声范围内“宫”音可做六次选择，在七声范围内“宫”音可做四次选择，如下表所示。

图表 5—11　新郑金城路编钟 B 组钮钟与镈钟音列的旋宫特点

${}^{b}E$　${}^{b}B$　F　C
正声　正声　正声　正声

${}^{b}E$ ⇌ ${}^{b}B$ ⇌ F ⇌ C ⇌ G ⇌ D

下徵　下徵　下徵　下徵
F　C　G　D
清商　清商　清商　清商

在第四章第二节“4 件与 10 件的接合”中曾指出，在悬挂于钮钟下方的镈钟中，后两件的正鼓音在音位和音区上均与悬挂于上方的第 1、2 件钮钟相接合，这种处理为旋律演奏或旋宫创造了条件。需说明的是，镈钟第 3、4 件正、侧鼓间的三度音程明确，且在正鼓音上方统一设置了“宫曾”和“商曾”两个以正鼓五声为基础的五度链左边的音位，即下属方向音。B 组的正鼓“徵”音（D）上方设置为“徵颟”（${}^{\#}F$），似乎中断了“宫”音左边五度链，但正好由第 4 号“徵”音镈上方的“商曾”（F）补上，这就使下属方向的旋宫得以顺利实现。

淅川仓房下寺黝钟①是由 1 组镈钟和 1 组钮钟组成的，将两组钟的正、侧鼓音相结合可做五度排列如下：

$${}^{b}F/E\ \ {}^{b}\underline{C}^{b}\ \ \underline{G}^{b}\ \ \underline{D}^{b}\ \ \underline{A}^{b}\ \ \underline{E}^{b}B\ \ F\ \ C$$

① 1. 河南省文物研究所等：《淅川下寺春秋楚墓》，文物出版社 1991 年版，第 112 页；2. 赵世纲主编：《中国音乐文物大系·河南卷》表 37，大象出版社 1996 年版，第 314 页。

两组钟的正鼓音列均以$^{\flat}C$为宫的五声音阶，结合侧鼓音以后在五声范围内“宫”音可做六次选择，在七声范围内可做四次选择，如下表所示。

图表 5—12　浙川下寺黝钟的旋宫特点

$^{\flat}F$　$^{\flat}C$　$^{\flat}G$　$^{\flat}D$
正声　正声　正声　正声

$^{\flat}F \rightleftharpoons {}^{\flat}C \rightleftharpoons {}^{\flat}C \rightleftharpoons {}^{\flat}D \rightleftharpoons {}^{\flat}A \rightleftharpoons {}^{\flat}E$

下徵　下徵　下徵　下徵
$^{\flat}G$　$^{\flat}D$　$^{\flat}A$　$^{\flat}E$
清商　清商　清商　清商

钮钟正鼓音列中的两个“商”音分别做了不同的处理，前者的侧鼓音设置为“羽曾”，后者的侧鼓音设置为“商颧”，这是与闻喜上郭村 211 号墓钮钟相同的巧妙处理，使得旋宫可在以正鼓五声为中心的五度链基础上向左右两边进行。加上在黝镈正鼓“角”音的上方做大三度的设置，更增加了向属方向的旋宫机会。

从以上两例可见，至春秋中期，编钟的旋宫水平在以郑国和楚国北部为中心的中原地区得到了迅速发展。所以，在考虑到这种镈钟与钮钟相接合的方式是为体现各类编钟的音色、拓宽音域等目的的同时，还应认识到它也是旋宫的需要。

最后看第三种方式的旋宫实例：

战国早中之交的信阳长台关 1 号墓编钮钟①是以单组（13 件）形式出土的，如果将正、侧鼓音由低到高次序作五度排列，则为：

$$D\ A\ E\ B\quad {}^{\#}\underline{F}\,{}^{\#}\underline{C}\,{}^{\#}\underline{G}\,{}^{\#}\underline{D}\,{}^{\#}\underline{A}\,{}^{\#}E\ {}^{\#}B$$

该组钮钟的正鼓音列是以$^{\#}F$为“宫”，加“商颧”的六声音阶，结合侧鼓音后在五声范围内“宫”音可做七次选择，在七声范围内“宫”音可做五次选择，如下表所示。

① 1. 河南省文物研究所：《信阳楚墓》图版六（VI）—图版一二（XII），文物出版社 1986 年版，第 21—25 页；2. 黄翔鹏：《“[illegible]篙”钟每钟两音音名与阶名的乐律学分析》，出自《溯流探源——中国传统音乐研究》，人民音乐出版社 1993 年版，第 92—97 页；3. 袁荃猷主编：《中国音乐文物大系·北京卷》，大象出版社 1996 年版，第 286 页。

图表 5—13　信阳长台关 1 号墓编钮钟的旋宫特点

D	A	E	D	#F	
正声	正声	正声	正声	正声	
D⇌A	⇌E	⇌B	⇌#F	⇌#G	⇌#G/bA
下徵	下徵	下徵	下徵	下徵	
E	B	#F	#C	#G/bA	
清商	清商	清商	清商	清商	

在该组钮钟的正鼓音列中，六声中“徵”“宫”“商”“角”4 音位分别做了两次选择。“徵”音在低音区的侧鼓音为“徵颟”，高八度时则为“商曾”；“宫”音在低音区的侧鼓音为“徵曾”，高八度时则为“商”；“商”音在低音区的侧鼓音为“羽曾”，高八度时则为“商颟”（在正鼓音列中已设置，已是重复音位了）；“角”音在低音区的侧鼓音为“徵”，高八度时则为“宫曾”。这实际上是将新郑金城路编钟两组钮钟的侧鼓音功能转移到一组钮钟的侧鼓音上，这又体现出一种创新思维。然而，为了实现更多的旋宫，必须相应增加正鼓音位，因而变成两组相同的呈“商颟—徵—羽—宫—商—角”形态相叠置的音列结构。所以，对于春秋晚期开始的同一组编钟件数逐渐增多的现象，除了拓宽音域便于演奏旋律外，对旋宫的追求也是一个重要的原因。

从已出土的春秋晚期与战国时期的编钟音列来看，这种正鼓音列结构和侧鼓音的设置思维很多，譬如淅川下寺 2 号墓出土的 26 件的王孙诰钟和太原赵卿墓出土的 19 件的编镈均流露出此类迹象。苦于钟腔残破或调音不一导致音列不全，无缘观其全貌。如果将这种两组钟的侧鼓音功能转移到一组钟侧鼓音上的思维再向前推进，目标就是在一组钟的正鼓音列的八度音域内实现十二律旋宫。然而，这不是设想，而是事实，这种思维在曾侯乙编钟的两组甬钟的正、侧鼓音设置上鲜明地体现出来。

曾侯乙编钟①的中层 2 组甬钟共 12 件，下层 2 组甬钟共 10 件，两组甬钟的正鼓音列均为以 C 为宫，加“商颟”的六声音阶，而且二者的侧鼓音在各自最佳音区的设置都完全相同（前者在中低音区，后者在中高音区）。如果将它们的正、侧鼓音由低到高次序做五度排列，则为：

bA bE　bB F C G D A E B #F #C

在这一排列中，十二音已出全，即无论在五声范围内还是在七声范围内，“宫”音

① 湖北省博物馆：《曾侯乙墓》（上），文物出版社 1989 年版，第 110—115 页。另见王子初、王世民、周常林主编《中国音乐文物大系·湖北卷》，大象出版社 1996 年版，第 317—318 页。为便于分析，整套编钟就是选择了该组的第 6 件（编号为 7）的 c^2-35 作为统一标准，并将其转换为 0 音分的宫。

均可做十二次选择，如下表所示。

图表 5—14 曾侯乙编钟中层 2 组与下层 2 组甬钟的旋宫特点

$^{\flat}$D	$^{\flat}$A	$^{\flat}$E	$^{\flat}$B	F	C	G	D	A	E	B	$^{\sharp}$F/$^{\flat}$G
正声	正声	正声	正声	正声	正声	正声	正声	正声	正声	正声	正声
$^{\flat}$A ⇌	$^{\flat}$E ⇌	$^{\flat}$B ⇌	F ⇌	C ⇌	G ⇌	D ⇌	A ⇌	E ⇌	B ⇌	$^{\sharp}$F ⇌	$^{\sharp}$G/$^{\flat}$D
下徵	下徵	下徵	下徵	下徵	下徵	下徵	下徵	下徵	下徵	下徵	下徵
$^{\flat}$E	$^{\flat}$B	F	C	G	D	A	E	B	$^{\sharp}$F	$^{\sharp}$C	$^{\sharp}$G/$^{\flat}$A
清商	清商	清商	清商	清商	清商	清商	清商	清商	清商	清商	清商

在一个八度中，两组甬钟六声正鼓音列的上方均无一个重复音位，六正鼓音与六侧鼓音正好满足了十二律旋宫的要求，这是旋宫思维发挥到极点的杰作。

通过以上旋宫实例的分析，可以看到春秋战国时期编钟旋宫的基本发展过程，它们的前提是满足五声音阶的旋律演奏。那么，在这个实践过程中，当时的乐师们是怎样思考的呢？在早期正鼓五声上方作侧鼓音设置时，基本遵循着这样一个过程，即先以正鼓音的重复音为主来满足五声音阶的旋律演奏；发展为有意选择一个不重复音位，以满足七声音阶的旋律演奏；再发展为有意选择两个不重复音位，或使不重复音位与重复音位相结合，以在五声范围内实现三至四次旋宫。其中就有一个对音位的筛选过程。为清晰起见，这里不妨做一次理论演绎，将他们的思考过程浓缩成以下几个步骤。

第一步：在正鼓音列中出现的音位，作侧鼓音设置时至少应有一次弃用与正鼓部相同的音位，如下表所示。（说明：为了更直观，将宫商等阶名换成现代唱名来表示）

图表 5—15 旋宫探索的理论演绎（一）

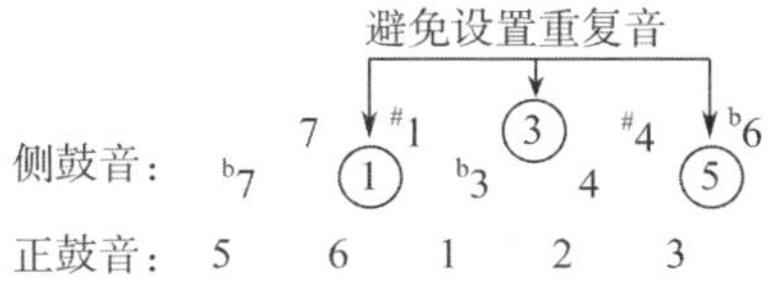

排除了重复音位后，“羽”“宫”“角”三正鼓音均只剩下一个侧鼓音，而“徵”和“商”两正鼓音仍有两个侧鼓音位需要选择。

第二步：要满足十二律，正鼓音位必须要有六个音位，各自设置一个侧鼓音方可构成十二音。现正鼓音列已有五声，只要再选一个变声音位即可，选哪一个呢？显然应从“徵”和“商”两正鼓音上方进行选择，因为它们各自仍有两个侧鼓音位需要选择，且此 4 个侧鼓音位均不与正鼓音相同。

这样，就得考虑两个前提：一是必须满足七声以便于旋律演奏；二是被选择作为正鼓音的变声必须是能选择“徵颠”“商曾”“商颠”和“羽曾”四声中的一个作为侧鼓音的音位。那么，答案只有一个，即“商颠”。它在做大三度关系的侧鼓音位设置时应选择“商曾”，如下表所示。

图表 5—16 旋宫探索的理论演绎（二）

侧鼓音：
2 ♭3 6 [♭7]
♯1 2 ♭6 6
正鼓音：♭7 7 4 [♯4]

如果将图中另外三音设置为正鼓音，则其上方的侧鼓音要么是正鼓五声的重复音位，要么是“羽”“宫”“角”三者侧鼓音的重复音位，不能满足十二律全部设置到编钟音列中的需要。

第三步：既然“商颠”最合适设置到正鼓音列中，那么，原来在正鼓“商”音上方的“商颠”音应避免设置，仅设置为“羽曾”即可。这可能就是曾侯乙编钟各组音列中所有正鼓“商”音的侧鼓音全部设置为“羽曾”的原因。既然正鼓“商颠”的侧鼓音设置为“商曾”才能使十二律在八度内的编钟音列中全部出齐，则正鼓“徵”音的侧鼓音就只有“徵颠”一个音位可以设置了。这可能就是曾侯乙编钟各组音列中所有正鼓“徵”音的侧鼓音全部设置为“徵颠”的原因。将“商颠”音设置到正鼓音列后，在侧鼓部出现的重复音位如下表所示。

图表 5—17 旋宫探索的理论演绎（三）

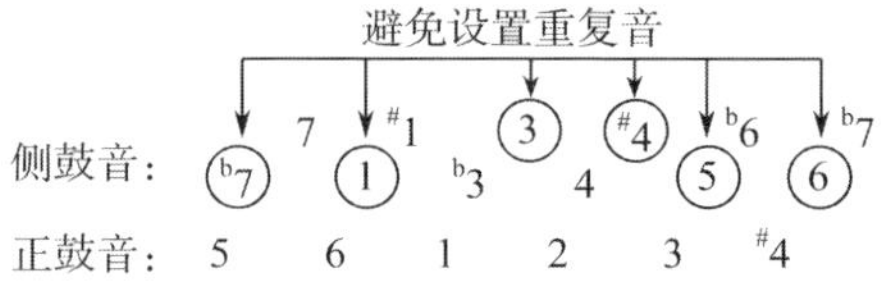

在正鼓音列中设置变声及相应侧鼓音的问题上，未能做出最佳选择的例子是很多的。譬如，淅川下寺 2 号墓王孙诰钟的正鼓音列设置了“商颠”，但侧鼓部又设置了一个重复音位“羽”；辉县琉璃阁甲墓编钟的正鼓音列设置了“徵颠”和“商颠”，但二者的侧鼓部又分别设置了“商颠”和“徵颠”两个重复音位；临淄商王编钟的正鼓音列设置了“徵颠”；信阳长台关 1 号墓编钟的正鼓音列设置了“商颠”，但其侧鼓部也设置了一个重复音位。

演绎的最后结果，亦即在一个八度内实现十二律旋宫的正、侧鼓音设置标准如下。

图表 5—18　旋宫探索的理论演绎（四）

侧鼓音：	7	$^{\#}1$	$^{b}3$	4	$^{b}6$	$^{b}7$
正鼓音：	5	6	1	2	3	$^{\#}4$

曾侯乙编钟中层 2 组和下层 2 组甬钟的正、侧鼓音位就是严格遵循着这一标准来设置的。这种设置结果完全是出于实践的目的，而与后来《史记·律书》及《淮南子·天文训》记载的十二律相生之法未必要有指导和被指导的关系。不然，正鼓音列五正声之后就必须先设置"徵颤"而不能是"商颤"了。

3. 旋宫发展的地域差异

如前所述，也许与礼乐意识有着密切的关系，东周时期各地编钟正鼓音列的设置规范总体上是统一的。具体地说，正鼓音列均是以呈"徵—羽—宫—商—角"排列的五正声音阶为中心向上下两端拓展的，纵然各地在件数和组合上有所不一（如晋国及受其影响的 9 件组典型设置；郑国的 4 + 10 方式；楚国的 8 + 9 方式等），但这个五声核心始终保持着。然而，各诸侯国编钟在侧鼓音的设置问题上并未表现出在某种规范下同步发展的趋势，而是呈现出较明显的地域差异，这种差异主要表现在旋宫上。

晋国在春秋早期率先完成了编钟音列设置的转制。闻喜上郭村 210 号墓编钮钟和 211 号墓编钮钟采用五弦取音后，在正鼓音列上出现了五声，使五声性乐曲得以完整演奏。加上侧鼓音后出现六声或七声，使编钟成为真正的旋律乐器，也使"钟不过以动声""金石以动之，丝竹以行之"（《国语·周语》）的所指向西周甬钟倾斜。至春秋中期，正当郑国和楚国的编钟音列设置水平迅速发展，并在旋宫方面取得很大进展的时候，地处中原东南边的江苏东海庙墩编钟①仍保留着西周甬钟的正鼓音列结构。纵然往后各地诸侯国均在铸造编钟以及追求钟乐所象征的地位，但多数编钟的音列是只可演奏一宫或一

① 南京博物院、东海县图书馆：《江苏东海庙墩遗址和墓葬》，《考古》1986 年 12 月第 12 期，第 1073 页；《中国音乐文物大系·江苏卷》，大象出版社 1996 年版，第 170 页。

均的单一设置，如莒南大店游钟①、临沂凤凰岭编钟②、邳州九女墩3号墓编钟③、丹徒大港遷邟编钟④、江苏六合程桥1号墓编钟⑤等。

至战国时期两个特色鲜明的例子就是山东临淄商王编钟⑥和四川涪陵小田溪编钟⑦，二者的正鼓音列中均设置了变声，足见其加强演奏能力与要求旋宫的意识。然而，二者在侧鼓音位的处理问题上显然缺乏思考。临淄商王钮钟共14件，四个正鼓“羽”音均以“宫”为侧鼓音，三个正鼓“商”音均以“商颧”为侧鼓音，三个正鼓“角”音均以“徵”为侧鼓音，一个正鼓“宫”音的侧鼓部设置了重复音位——“角”，一个正鼓“徵”音的侧鼓部设置了重复音位——“徵颧”。可见，不但未利用其件数多的优势使侧鼓音加以变化，还使侧鼓部平添了多余的重复音位，如图表5—19所示。涪陵小田溪钮钟共14件，除两件已残破外，有8件钟的正鼓音位是以重复音作为侧鼓音位来设置的，同样失去了更多音位选择的机会，如图表5—20所示。

图表5—19　临淄商王编钟的旋宫局限

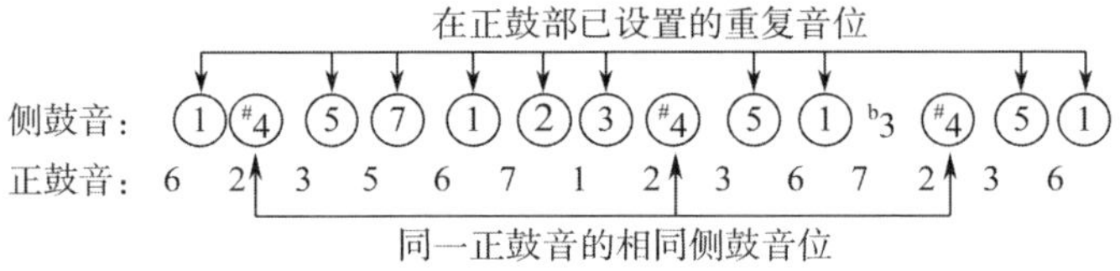

① 山东省博物馆、临沂地区文物组、莒南县文化馆：《莒南大店春秋时期莒国殉人墓》，《考古学报》1978年7月第3期，第322—328页；2. 周昌富、温增源主编：《中国音乐文物大系·山东卷》表27，大象出版社2001年版，第339页。

② 山东省兖石铁路文物考古工作队：《临沂凤凰岭东周墓》（罗鹭凌撰），齐鲁书社1988年版，第15—18页；2. 周昌富、温增源主编：《中国音乐文物大系·山东卷》表34，大象出版社2001年版，第341页。

③ 马承源、王子初主编：《中国音乐文物大系·上海、江苏卷》，大象出版社1996年版，第190、191页。

④ 1. 江苏省丹徒考古队：《江苏丹徒北山顶春秋墓发掘报告》，《东南文化》1988年第3、4期合刊，第13—50页；2. 马承源、王子初主编：《中国音乐文物大系·上海、江苏卷》，大象出版社1996年版，第187页。

⑤ 1. 江苏省文物管理委员会、南京博物院：《江苏六合程桥东周墓》，《考古》1965年3月第3期，第105—115页；2. 马承源、王子初主编：《中国音乐文物大系·上海、江苏卷》，大象出版社1996年版，第194页。

⑥ 1. 齐国故城遗址博物馆、淄博市博物馆：《临淄商王墓地》，齐鲁书社1997年版，第24—26页。2. 周昌富、温增源主编：《中国音乐文物大系·山东卷》，大象出版社2001年版，第208页。

⑦ 1. 四川省博物馆、重庆市博物馆、涪陵县文化馆：《四川涪陵小田溪战国土坑墓清理简报》，《文物》1974年5月第5期，第61页；2. 邓少琴：《四川涪陵新出土的错金编钟》，《文物》1974年12月第12期，第62页；3. 严福昌、孝宗弟主编：《中国音乐文物大系·四川卷》表10，大象出版社1996年版，第251页。

图表 5—20 涪陵小田溪编钟的旋宫局限

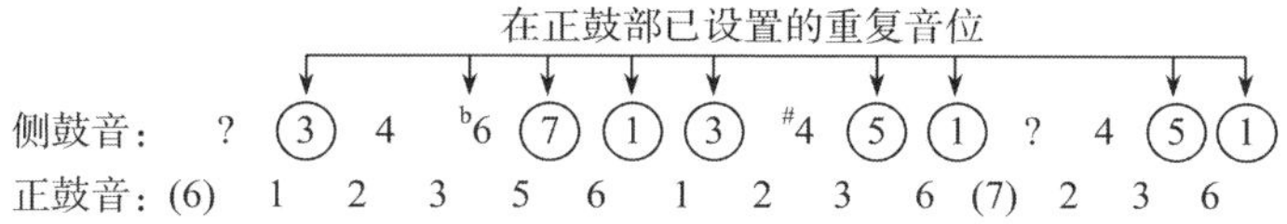

从以上列举的编钟实例可见，编钟旋宫的水平差异主要体现在中原地区和周边地区之间，以晋国为主的中原偏北地区、以郑国为主的中原地区和以楚国为主的中原偏南地区始终处于旋宫的领先地位，而高度发展的编钟旋宫水平即标志着总体宫廷音乐水平的存在。所以，如果说正鼓音位更多地体现了编悬礼乐的保守思想，那么，侧鼓音位则更大程度上体现出乐师们对古代乐律、音阶以及旋宫探索的智慧；如果说正鼓音列的设置是显现的，则侧鼓音的设置是潜在的，这种特性是难以模仿的。

第三节 关于音高偏离的认识

就已出编钟的音响性能来看，绝大多数编钟的音高会出现不同程度的偏离。古代乐师对编钟音列进行预设以后，经过入范、浇铸、出范多道工序，很难保证在锉磨调音时对预设音高作原样再现。本文以为在调音仪器相对简陋的时代，制作工序如此复杂的编钟，这种偏差是常见的。

一、 理论音高与音高偏离

编钟的偏离主要有两种类型：一是高音区的习惯性偏离；二是单件钟的偏离。

其中，前者比后者更有规律可循。高音区的习惯性偏离就是在一组音列中，往往最后 4 件或 3 件出现音高偏离，且偏高的现象居多，如下表所示。

图表 5—21　编钟音列中同位偏差趋势与程度略览

单位：音分

钟名	偏离趋势与幅度
柞钟	羽：*906→907→964*→1004** 角：405→411*→494**
晋侯稣编钟	羽：—→968→1011*→1036** 角：438→480*→500**
虢季编钟	羽：—→897→918*→940** 角：380→366*→436**
虢仲编钟	羽：*900→895→871*→949** 角：374→365*→453**
淅川下寺 1 号墓钮钟	羽：908*→891**→931*** 角：387**→439*** 商：201**→254***
新郑城信社编钟 1 组	羽：886→912*→927** 角：404→395*→445** 商：210*→243**
邳州九女墩 3 号墓钮钟	羽：831→882*→911** 角：384*→450** 商：192*→233**
江苏丹徒大港遣邟编钟	羽：883→899*→1005** 角：—　→ 450** 商：206*→317**
江苏六合程桥镇中 1 号墓编钟	羽：891→958*→629** 角：396*→517** 商：224*→311**
曾侯乙编钟中层 1 组	羽：876→907*→960** 角：395→373*→446**
淅川徐家岭 3 号墓编钟	羽：860*→957**→987*** 角：412**→552***

其实，在编钟正鼓音列的设置上存在一个常识性的问题，那就是在理论上相同的音在高、低音区间应该是同位同律的，即同一律位的律高在高低音区间只有八度之差，没有本质之别。换言之，同位异律现象只存在于正、侧鼓音之间，这就是本文第一、三、四章中整理各组编钟音列时，将各个相同的正鼓音位列出了相同理论音高的原因。

西周编钟的正鼓音列中，“羽”音重复出现四次，“角”音重复三次。其中前两个“羽”音在中低音区，后两个在高音区；前一个“角”音在中音区，后两个在高音区。从上表列出的4组甬钟的实测音分数来看，各组的后两个“羽”音音高均呈递增趋势，3个“角”音音高也逐渐递增。然而，作为一弦六等份取音的结果，它们的预设音高不可能改变，即“羽”音的理论音高为884音分，“角”的理论音高为386音分。

在9件组的东周编钟正鼓音列中，“羽”音重复出现三次，“商”音和“角”音分别重复两次。其中后两个“羽”音在高音区；第二个“商”音与“角”音在高音区。从上表列出的8组编钟的实测音分数来看，3个音位的音高均呈递增趋势。正如第四章第三节有关“正鼓音列的取音轨迹”所论述的，东周编钟正鼓音位是按五弦准的四分节点来设置的，其中每一个四分节点的音高都是恒定的，在弦长的任一音区，“羽”的理论音高为884/906音分，“角”的理论音高为386音分，“商”的音高总是204音分。

二、 音高偏离的分析

本文以为，编钟音高的偏离主要应从两方面考虑，一是跃迁的结果，二是调试的结果。对于同一音位而言，虽然它在呈二倍关系的弦长节点上产生的是相同的律高，但在按取这些呈二倍关系的等分或等份内节点时的难度是不同的。弦上取音，音越高偏差越大。相同的弦长，音区高的那段音程值大，音区低的那段音程值小，如表所示。

图表5—22　弦长各等份的音程值变化示意图

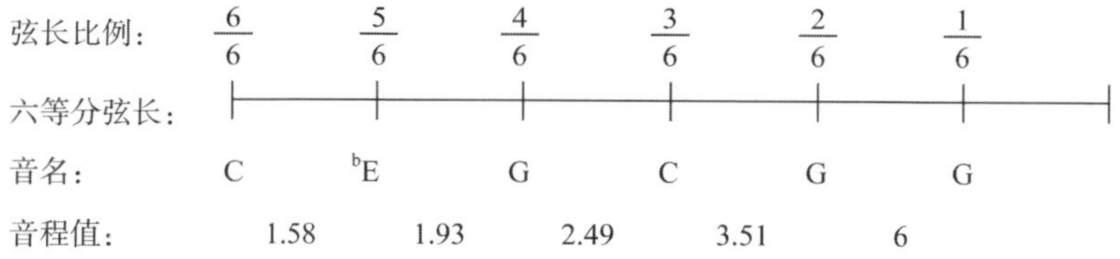

所以，在高音区的弦上获取某一预定的音高时跃迁的可能性越大，跃迁值①也会越

① 赵宋光：《理论律学的基本方法》，《音乐艺术》1984年第3期，另见《赵宋光文集》，广州花城出版社，第300页。

大，而跃迁值大，则音程值与音分数就随之增大。

在一弦取音器上，以 G（724 音分与 680 音分）① 为例，这是两个不可用来作正鼓“徵”音理论音高的数据。g^1（724 音分）的弦长比例为$\frac{160}{243}$（即$\frac{64}{81}\times\frac{5}{6}\times2$），它在$\frac{1}{6}$弦长的$\frac{77}{81}$处，占总弦长的$\frac{77}{486}$。这时 g^1（702 音分）与 g^1（724 音分）的弦长之差为$\frac{2}{243}$（22 音分），即［$\frac{2}{3}$ －（$\frac{77}{486}+\frac{1}{2}$）］。至高八度的 g^2（724＋1200 音分），弦长比例为$\frac{80}{243}$，在$\frac{1}{6}$弦长的$\frac{79}{81}$处，占总弦长的$\frac{79}{486}$。这时 g^2（724 音分）与 g^2（702 音分）之差 22 音分必须依靠$\frac{1}{243}$的弦长来获取，如果仍以$\frac{2}{243}$的弦长来按弦，则取得的音的弦长比例变为$\frac{158}{486}$，即［（$\frac{1}{6}-\frac{2}{243}$）＋$\frac{1}{6}$］，音分数约等于 1945 音分（745＋1200），比 g^1 高出了 21 音分（745－724）。

g^1（680 音分）的弦长比例为$\frac{27}{40}$（即$\frac{27}{32}\times\frac{4}{5}$），它在$\frac{1}{6}$弦长的$\frac{1}{20}$处，占总弦长的$\frac{1}{120}$，这就是 g^1（680 音分）与 g^1（702 音分）的弦长之差，为 22 音分。至高八度的 g^2（680＋1200 音分），弦长比例为$\frac{27}{80}$，在$\frac{1}{6}$弦长的$\frac{1}{40}$处，占总弦长的$\frac{1}{240}$。这时 g^2（680 音分）与 g^2（702 音分）之差 22 音分必须依靠$\frac{1}{240}$的弦长来获取，如果仍以$\frac{1}{120}$的弦长来按弦，则取得的音的弦长比例变为$\frac{41}{120}$，即（$\frac{1}{120}+\frac{1}{3}$），音分数约等于 1859 音分（659＋1200），比 g^1（680 音分）低了 21 音分（680－659）。

所以，实测出现 G（724 音分或 680 音分）只能看作按弦取音时 G（702 音分）音所在节点音高跃迁的结果。

在一弦准上是如此，在五弦准上也同样如此，如 C（＋22 音分与－22 音分）② 也只能看作按弦取音时节点音高跃迁的结果。可见，多数编钟总是在高音区偏差，就是因为弦长越短，弦位按取越困难。

从人耳的听觉习惯来看，它要求同一音在高音区偏高一点，在低音区偏低一点，就

① 这是一个假设的数据，从理论上讲，在编钟弦准五弦（相当于七弦琴正调五弦）上难以得到，只是在七弦琴“慢角调”的三弦 12 徽才易获取。

② 这是一个假设的数据，从理论上讲，在编钟弦准五弦（相当于七弦琴正调五弦）上难以得到，它在七弦琴“正调”的五弦 12 徽能轻易获取。

如同一位调琴师绝不会将一架钢琴上所有八度音，凭仪器调成精确的频率倍半关系一样①。因而，偏高的音比偏低的音更多。单件钟音高偏离的无规律现象意即整体上并非在某一音区产生一种音偏高或音偏低的趋势，而是突然一个或两个音偏高或偏低，而后又有一两个音回到作为参照的理论音高上来。作为调钟的弦准在其弦上对各音均有一个预先的设定，调钟的乐师在其手指按弦时作出了迁移自然也可作为音高偏离的原因。

如前所述，用锉磨的方式对钟腔进行调试，其实是一个使腔体内壁相关部位由厚变薄的过程。壁厚音则高，壁薄音则低。若出范时音高于预设高度，则有必要对钟腔进行锉磨调试；若出范时音低于预设高度，则锉磨就失去意义了。正是由于调音锉磨只会使乐钟的腔体变薄，并由此使音偏低，所以，出范的乐钟务必比预设的音要高，以便留有调音锉磨的余地。从出土的实物来看，同一组编钟在不同音区上对钟腔的调音锉磨是不同的，通常在中音区即正鼓五正声所在音区的调试手法要细腻得多，而在高音区则马虎得多。这是造成越往高音区音越偏高的又一原因。

当然，有关编钟音高的偏离应该是多方面的。比如，出土编钟未必全是实用器，实用器中也未必全是原配；出土编钟大多是随葬品，可能与死者生前的使用要求有别；各个历史时代、各个诸侯国有兴衰强弱之时，国力衰弱时，往往用既有编钟下葬，不一定另行专门铸造；原编钟有缺失则临时拼凑下葬的情形也是可能的；专用于下葬的编钟虽然未必全为明器，但对音乐性能的要求相对比实用器要低一些，有些钟铸低了，就难以调上去，对于下葬品而言也就不会替换了。

此外，弦上取音时各等分节点上的音高由于按弦张力的变化也会出现偏差，音越低张力越小，音越高张力越大。而且，弦的质量不同，不同弦段的张力差异是很明显的。质量越好，低、中、高音区各弦段按弦时的张力差异也越小；质量越差，音区各弦段按弦时的张力差异也越大。低音区受张力影响产生音高的偏差程度小，越往高音区，受张力影响产生音高偏差的程度越大。

可见，就目前掌握的材料来看，在此方面的探讨还难以得出比较完整的结论。

---

① 王子初：《晋侯稣编钟的音乐学研究》，《文物》1998年5月第5期，第23页。

结　论

——从编钟音列现象看钟弦关系实质

编钟音列并非一个单一的音高排列问题，而是涉及取音、正侧鼓音位设置及其功能、调制、偏离等一系列问题的综合体。其中，音高的数理规律取决于为编钟取音的弦准，而乐音的实践规则除了取决于音高的数理规律外很大程度上还取决于古人对钟腔正、侧鼓部的认识与运用。

一、 四声音列与一弦等份节点

西周甬钟正鼓音列表现出 3 种形态，它们的音高关系存在着一个共同的特点，即音越低，相邻两钟正鼓音间的音程越小；音越高，相邻两钟正鼓音间的音程越大，呈现出一种底小上大的趋势。这是一种与现代意义上的自然谐音列的音程特点相反的等差数列形态。既然各组甬钟的音高和音程特点取决于弦长的等差数列，各组甬钟音列中底部音程的差异，表明 3 种底部音程的存在是与 3 种等差数列相对应的，即在不同的等份前提下产生了不同的音程系列。其中，弦长六等分制产生的是“小三度”的底部音程，弦长五等分制产生的是“大三度”的底部音程，弦长四等分制产生的是“纯四度”的底部音程，3 种等分节点导致了 3 种四声音列的产生，根据节点获取的难度不同，产生 6、7 或 8 件组的甬钟音列，但 8 件是西周甬钟的极限。分析结果表明，这种数理关系追溯到晚商的编铙，将编铙的正鼓音列与西周中期以来按弦上等分制取音法获得的各组编钟前 3 件的正鼓音列相对照可发现，“羽—宫—角”结构正好符合一弦六等分制取音的结果，“宫—角—羽”结构正好是按一弦五等分制取音的结果，而“角—羽—宫”则正好是一弦四等分制取音的结果。至西周中期仍存在编钟各组件数从 3 件到 8 件不等的现象，除了说明青铜乐器各组件数出现的由少到多的趋势之外，更重要的是，无论西周钟的正鼓音列采用哪一种设置结构，都是在“羽”“宫”“角”构成的 3 种三音列基础上增设

“（角）—羽—角—羽（—角—羽）”等音位，件数增加了，但其音位并无变化，说明西周编钟弦上等份取音法发端于殷人的数理意识，西周人只是将这种方法加以推广而已。总之，晚商和西周时期的乐钟音列是以弦长等分节点为理论依据进行设置的。笛、埙的制作和音阶发展与钟铙有差异，前者是感性经验的结果，后者是律数理论的结果，两者又都以实践为基础。

二、 正鼓五声与五弦等份节点

两周之际伴随钮钟而出现的一种影响整个东周的 9 件组音列模式，清晰而忠实地呈现着“徵—羽—宫—商—角”五个编钟正鼓部的音位及其排序，这是与古琴前五弦的弦序，以及与曾侯乙墓所出“均钟”的弦数相一致的五声音阶。大量编钟五正声各相邻音位间的音分差表明，与五正声相对应的五弦音高来自西周 3 种一弦等分制取音法主要节点的综合，而综合后的五弦音高又成为决定东周编钟正、侧鼓音位及其律高的理论依据，这是数理传承的重要体现。这种音分差的统计结果反映出，编钟取音的五弦器的各散声虽然与《管子》三分损益律算出的五音名称相同，但律高并不全部相同，而仍通过在一弦上获取各等分节点，并由此获取最便利的等份内节点来确定，它是“三分损益律”的早期形态，在两周之际即已运用于音乐实践。至春秋中期，管子用“实数”理论对其进行了精辟的总结，其后果一方面排除了五弦上按弦取音时可能出现的比例上的游移性；另一方面将长度相同、音高不同的五条弦换成了音高不同、长度也不同的五条弦。利弊分明，利在于其规范性及以文字方式做出的记录，弊在于它抹杀了音乐实践方法的多样性以及西周以来弦上取音的相承性。然而，理论上的总结终归是理论，它并不妨碍弦上取音方法的灵活运用和编钟音列设置实践的发展。为编钟取音的弦准由一弦改成五弦，一方面使取音节点固定在 1、$\frac{1}{2}$、$\frac{1}{4}$、$\frac{1}{8}$四个呈倍音关系的节点上，且不随音位的变化而变化；另一方面使正、侧鼓音之间便于做大、小三度的灵活处理，亦即为侧鼓音的全新设置提供了生机。将复杂的弦长比例转化为简单的等份内比例，大大降低了取音的难度，与朱载堉“但以四折取中为法，盖亦下俚立成之小数（小技之意），虽于声律之应，若简切而易知”的说法相适应。

三、 正鼓变声与音列接合

自两周之际钮钟的正鼓音列作五声设置以后，至春秋中期，编钟在正鼓音列的音位选择上严格地遵循着早期的五声规范，无一例超出了五声。这就是编钟的“礼器”功能的巨大作用，表明周代宫廷的“礼乐意识”对编钟的音列结构与对钟磬乐的编悬制度一样，有着潜在的约束力。至春秋晚期，编钟音列呈现出两种设置思路：一是正鼓音列继续延续春秋中期的五声定式；二是开始对变声做出选择而使正鼓音列中出现六声或七声，而且变声的设置仅仅集中在“商颤”和“徵颤”两个音位上，这是出土于豫、楚、齐等地编钟的共同特点。在春秋早中期即已满足五声甚至七声音阶演奏与部分旋宫的基础上，正鼓音列对变声的设置可能出于两个方面的需要：一是音阶形态的进一步完善；二是旋宫技术在编钟上进一步发展，它是编钟沿着音乐本体的道路向纵深发展的表现。

随着对各种钟形音乐性能的掌握，从春秋中期开始，编镈与甬钟、钮钟之间由礼乐形式上的搭配转为音乐演奏上的接合，这种接合拓宽了音域、丰富了音色，还在一定程度上增强了演奏与旋宫转调的能力。考察与10件钮钟或甬钟相接合的4件镈钟的音列可发现，其最大的特点就是正鼓音列均设置为“羽—宫—角—徵”结构，从而产生有两个重复音位的接合方式，至春秋晚期出现更多的是8件组编镈与9件组钮钟或甬钟的接合。从镈钟的发展过程来看，4件组镈钟与钮钟的接合是流行于以郑国为核心的中原地区的典型接合模式，而后来8件镈钟与9件钮钟或甬钟的接合模式即为这种模式的扩充。后者控制的时间长，从春秋中期出现以来一直影响到战国早期；从音域上看，西周晚期在甬钟上得以统一的8件套正鼓音列设置虽然达三个八度，但主要是“羽”“角”两个骨干音的轮流出现，并未出现完整的五声音阶形态。至两周之际，9件套钮钟的正鼓音列出现了五声音阶形态，从而加强了钮钟演奏旋律的能力，但它又以缩短音域为代价，即从三个八度缩短到两个八度加大二度。8件镈钟与9件钮钟的接合，兼顾了西周甬钟音域上和钮钟音阶形态上两方面的优点，弥补了它们的不足，即在以五声音阶为主体的正鼓音列基础上使音域达到三个八度加大六度。可以说，这种组合所反映出来的体系化和层次性代表着春秋中期以来钟乐发展在纵向上的总体趋势。

四、 侧鼓音位的有序设置与旋宫转调的逐步实现

在编钟正、侧鼓音之间统一做三度设置的前提下，当五弦器按等分节点和等份内节点为编钟获取正、侧鼓音位时，每一等分节点均有两个等份内节点可以选择，而乐钟的形制决定了侧鼓部只能设置一个音位。统计结果表明，起先且最多运用的侧鼓音位与正鼓五声排列，构成的是同均的七声音阶形态，这种音阶形态的完善过程在编钟音列中的脉络和时间均较为明显。

在满足了五声音阶旋律演奏的前提下，编钟开始了旋宫的探索，其中存在着对音位的筛选过程。第一，在正鼓音列中出现的音位，作侧鼓音设置时至少应有一个被弃。第二，要满足十二律，正鼓音位必须要有六个音，各自设置一个侧鼓音方可构成十二音。

第三，既然“商颟”最适合设置到正鼓音列中，那么，原来在正鼓“商”音上方的“商颟”音应避免设置，仅设置为“羽曾”即可，最终达到在正鼓音列“徵—羽—宫—商—角—商颟”上方相应地设置“徵颟—羽颟—徵曾—羽曾—宫曾—商曾”的完美结果。这种设置结果完全是出于实践的目的，而与后来《史记·律书》及《淮南子·天文训》记载的十二律相生之法未必要有指导和被指导的关系。

编钟旋宫的水平差异主要体现在中原地区和周边地区之间，以晋、郑、楚等诸侯始终处于旋宫的领先地位，而高度发展的编钟旋宫水平即标志着总体宫廷音乐水平的存在。正鼓音位更多地体现出编悬礼乐的保守性，而侧鼓音位则更大程度上体现出乐师们对古代乐律、音阶以及旋宫探索的智慧；正鼓音列的设置是显现的，则侧鼓音的设置是潜在的，这种特性是难以模仿的。

此外，从乐学角度看，对编钟音列设置中带“曾”“颟”后缀的音位的思考应在春秋早期随着钮钟的出现就开始了，真正做到体系化可能在春秋晚期，它体现了编钟正、侧鼓间三度规范的进程，更反映了旋宫探索过程中对十二律作同位异律处理的本质。从律学角度看，东周编钟的数理意识仍来源于对实践经验的总结，它是依据一种朴素、简易的取音法在五弦器上按弦取音产生的复合音系，这种音系与晚商、西周时期常用的一弦取音法的节点规律有着密切渊源关系。

诚然，编钟作为先秦青铜时代光辉历程的一个重要文化体现，其音列只能呈现先秦音乐的一个层面，其钟乐特性随当时社会音乐水平和青铜工艺技术的发展而发展，又随铁器铸造技术的繁荣而消退。然而，从总体上考察，夏、商、周时期的人们经历了从感性选择到理性选择的认识过程，这个过程均以“实用”为基础，这正是古人所走的朴素唯物主义道路。直到见于文献的理论出现后，后来的学者以为中国的音乐数理刚刚开始，这是不切实际的认识。所以，理论源于实践，并可以解释实践，但绝不能替代或脱离实践。从编钟音列的分析还可看出，钟与弦自始就密不可分，钟以弦上节点为数理依据，弦以钟为逻辑载体；弦因其质料的易腐性早已离钟而去，却能从钟的音列中找回它曾起着统帅作用的证据。不仅如此，先琴乐师们对弦上节点的认识与操作经验对于古琴的出现、徽位的设定及演奏法的探索均起了有益的先导作用。如果说将钟腔设置为合瓦形并产生“一钟双音”效果是我们祖先别于他人的伟大发明，那么，撩拨一定数量和长度的弦以发音应该是人类早期共同的音乐实践了，古苏美尔人的竖琴、古埃及人的里拉、古希腊人的齐特尔以及古中国的琴瑟均是最好的物证。所以，当我们对祖先一度使用了十多个世纪的青铜编钟做音列考察时，对弦上数理做出合乎逻辑的追溯，终归是一件很有意义的事。但是，由于本人的学术经验还很不足，对材料的整理、分析能力还很有限，对老师们的思维启迪尚不够敏锐。所以，文中很多方面的推理、分析还不深入，甚至还有一些认识上的欠妥之处，均有待进一步的论证及专家们的指正。

附　录

附录一 中国存见乐钟一览表（铙、甬钟、镈、钮钟）

钟名	年代	出土地	收藏处	件数	测音
受铙	商	征集品	山东省博物馆	1	无
惠民大郭铙	商	惠民县大郭商遗址	惠民县博物馆	1	有
弦纹铙	商	征集品	山东省博物馆	1	无
亚弜编铙	商	河南安阳小屯妇好墓	国家博物馆	5	有
兽面纹编铙	商	杨宁史旧藏	故宫博物院	3	有
饕餮纹铙	商	收购品	国家博物馆	3	有
弦纹铙	商	国家文物局拨交	故宫博物院	1	有
弦纹铙	商	收购品	国家博物馆	1	有
史铙	商	收购传世品	故宫博物院	1	音哑
亚矣铙	商	收购传世品	故宫博物院	1	有
亚□铙	商	收购传世品	故宫博物院	2	有
兽面纹大铙	商	国家文物局拨交	故宫博物院	1	有
获嘉赵镜铙	商	收购品	新乡市博物馆	1	无
舌铙	商	收藏品	郑州市博物馆	1	无
象纹大铙	商	传世品	国家博物馆	1	无
饕餮纹铙（一）	商	征集品	天津市历史博物馆	1	有
饕餮纹铙（二）	商	传世品	天津市艺术博物馆	1	有
媓梵铙	商	传世品	天津市艺术博物馆	1	有
鸢铙	商	征集品	上海博物馆	1	无
兽面纹铙	商	征集品	上海博物馆	1	无
古铙	商殷墟二期	安阳大司空村东南 M663	中国社科院考古研究所安阳站	3	有
爰铙	商殷墟三期	安阳市殷墟小屯村戚家庄 M269	安阳市文物工作队	3	有
亚寠止铙	商殷墟三期	安阳郭家庄 M160	中国社科院考古研究所安阳站	3	有
安阳大司空村 51 号墓铙	商殷墟四期	安阳市大司空村 M51	安阳市博物馆	3	有
中铙	商殷墟四期	安阳殷墟西区 M699	郑州市博物馆	3	有
安阳高楼庄铙	商殷墟晚期	安阳高楼庄 M8	河南省博物馆	2	有

（续表）

钟名	年代	出土地	收藏处	件数	测音
温县小南张铙	商殷墟晚期	河南温县城关小南张村	河南省博物馆	3	有
殷墟西区 765 号墓铙	商殷墟晚期	安阳殷墟西区 M765	中国社科院考古研究所安阳站	3	有
安阳大司空村 288 号墓铙	商殷墟晚期	安阳大司空村 M288	中国社科院考古研究所安阳站	3	有
青州苏埠屯 8 号墓编铙	商晚期	青州苏埠屯 M8	山东省文物考古研究所	3	有
沂源东安编铙	商晚期	沂源县东安村商代石墓	沂源县文物管理所	3	有
阳新白沙铙	商晚期	湖北阳新白沙乡刘荣山小学	阳新县博物馆	2	有
中铙	商晚期	捐赠品	上海博物馆	1	有
亚铙	商晚期	捐赠品	上海博物馆	1	已裂
兽面纹铙	商晚期	拣选品	上海博物馆	1	有
亚酗铙	商晚期	收购品	上海博物馆	1	有
史铙	商晚期	捐赠品	上海博物馆	1	有
夫册铙	商晚期	收购品	上海博物馆	1	有
兽面纹铙	商晚期	拣选品	上海博物馆	1	音哑
虎纹大铙	商晚期	国家文物局拨交	故宫博物院	1	无
兽面纹大铙	商晚期	湖南宁乡老粮仓师古寨山顶	中国人民革命军事博物馆	1	无
亚佩姗编铙	商晚期	河南安阳大司空村 M312	国家博物馆	3	有
兽面纹铙	西周早期	接管品	上海博物馆	1	有
平顶山魏庄编钟	西周早期	平顶山市郊北渡乡魏庄村	平顶山文物管理委员会	3	有
宝鸡竹园沟 M13 铙	西周早期	宝鸡市南郊竹园沟 M13	宝鸡市博物馆	1	有
強伯各墓钟	西周早期	宝鸡市南郊竹园沟西周強伯各墓	宝鸡市博物馆	3	有
強伯指墓钟	西周早期	宝鸡南郊茹家庄強伯指墓	宝鸡市博物馆	3	有
临潼零口南罗钟	西周早期	临潼零口南罗村	临潼博物馆	1	有
扶风黄堆 4 号墓钟	西周早期	扶风县黄堆村西周墓	周原博物馆	1	有
凤翔东关钟	西周早期	凤翔县城东关	宝鸡市博物馆	1	有
晋侯稣钟	西周早期至厉王三十三年	山西曲沃县曲村镇北赵村西南天马—曲村遗址 M8	山西省考古研究所侯马工作站、上海博物馆	16	有

（续表）

钟名	年代	出土地	收藏处	件数	测音
应侯钟	西周恭王	陕西蓝田县红星村	蓝田县博物馆	1	有
曲村晋侯 M9 甬钟	西周早中期	曲沃县曲村乡北赵村晋侯墓地	山西省考古研究所侯马工作站	4	有
雷纹铙	西周中期	征集品	上海博物馆	1	有
雷纹铙	西周中期	征集品	上海博物馆	1	有
雷纹铙	西周中期	征集品	上海博物馆	1	有
铙	西周中期	征集品	上海博物馆	1	有
变形兽面纹铙	西周中期	征集品	上海博物馆	1	有
雷纹铙	西周中期	征集品	上海博物馆	1	有
𤼈钟	西周中期	陕西扶风庄白一号西周青铜器窖藏	周原博物馆	21	有
眉县杨家村编镈	西周中期	陕西眉县马家镇杨家村	眉县图书博物馆	3	有
眉县杨家村甬钟	西周中期	陕西眉马家镇杨家村	眉县图书博物馆	15	有
扶风北桥钟	西周中期	陕西扶风北桥村	扶风县博物馆	2	有
扶风蝉纹钟	西周中期	陕西扶风上攀村	扶风县博物馆	1	有
扶风东渠钟	西周中期	陕西扶风东渠村	扶风县博物馆	1	有
扶风刘家村钟	西周中期	陕西扶风刘家村	扶风县博物馆	1	有
鲜钟	西周中期	陕西扶风上康村	陕西省博物馆	1	音哑
岐山梁田钟	西周中期	陕西岐山青化梁田村	岐山县博物馆	1	有
扶风吊庄钟	西周中期	陕西扶风县吊庄村	扶风县博物馆	5	有
长安马王村钟	西周中期	长安区马王村	西安市文物库房	10	有
长甶编钟	西周中期	陕西长安普渡村长甶墓	国家博物馆	3	有
㪤钟	西周中期	传世品	故宫博物院	1	有
楚公□钟	西周中期	陈介祺旧藏	日本京都泉屋博古馆	3	有
随州毛家冲镈	西周中期	湖北随州市三里岗镇毛家冲村	随州市博物馆	1	无
单伯昊生钟	西周中期	收购品	上海博物馆	1	有
梁其钟	西周中期	陕西省扶风县法门寺任村	上海博物馆	3	有
云纹钟	西周中期	拣选品	上海博物馆	1	有
扶风上务子钟	西周中晚	征集品	周原博物馆	1	有
云纹钟	西周中晚	征集品	武汉市文物商店	1	无

（续表）

钟名	年代	出土地	收藏处	件数	测音
晋侯邦父墓楚公逆编钟	西周晚期	曲沃县曲村乡北赵村晋侯墓地	山西省考古研究所侯马工作站	8	无
洪洞永凝堡 M11 甬钟	西周晚期	山西洪洞永凝堡西周墓地	山西省考古研究所	1	有
洪洞永凝堡 M12 甬钟	西周晚期	山西洪洞永凝堡西周墓地	临汾地区文化局丁村民俗馆	1	无
曲村 M7092 甬钟	西周晚期	曲沃县曲村晋国贵族墓	山西省考古研究所侯马工作站	1	无
闻喜上郭 M210 钮钟	西周晚期	山西闻喜上郭 M210	山西省考古研究所	9	有
闻喜上郭 M211 钮钟	西周晚期	山西闻喜上郭 M211	山西省考古研究所	9	有
中义钟	西周晚期	陕西扶风齐家村	陕西历史博物馆	8	有
柞钟	西周晚期	陕西扶风齐家村西周铜器窖藏	陕西历史博物馆	8	有
师臾钟	西周晚期	陕西扶风强家村西周铜器窖藏	陕西历史博物馆	1	有
井人妄钟	西周晚期	陕西扶风齐镇村	周原博物馆	1	有
用享钟	西周晚期	扶风县上康村	宝鸡市博物馆	1	有
南宫乎钟	西周晚期	陕西扶风五岭村豹子沟	扶风县博物馆	1	有
扶风齐家村钟	西周晚期	陕西扶风齐家村	扶风县博物馆	2	有
耀县丁家沟钟	西周晚期	陕西耀县（今耀州区）丁家沟	铜川市博物馆	4	有
武功李台钟	西周晚期	陕西杨陵区李台村	武功县博物馆	1	有
武功徐东湾钟	西周晚期	陕西杨陵区徐东湾村	武功县博物馆	1	有
临潼零口钟	西周晚期	陕西临潼零口西段村	临潼博物馆	13	有
五祀㝬钟	西周厉王	陕西扶风白家村	陕西历史博物馆	1	有
大悟雷家山编钟	西周晚期	湖北大悟县丰店乡龙潭村	孝感市博物馆	7	有
平顶山滍阳 M95 编钟	西周晚期	平顶山滍阳 M95	平顶山市文物管理委员会	7	有
长枚钟	西周晚期	征集品	湖北省博物馆	1	无
建瓯南雅甬钟	西周晚期	福建建瓯南雅遗址	国家博物馆	1	有

（续表）

钟名	年代	出土地	收藏处	件数	测音
兮仲钟	西周晚期	江苏省江宁城	上海博物馆	1	有
兄仲钟	西周晚期	收购品	上海博物馆	1	有
克钟	西周晚期	陕西省扶风县法门寺任村	上海博物馆	2	有
邢人安钟	西周晚期	陕西省扶风县齐家村	上海博物馆	1	有
旅钟	西周晚期	陕西长安区	上海博物馆	1	有
鲁邍钟	西周晚期	拣选品	上海博物馆	1	有
蟠龙纹钟	西周晚期	收购品	上海博物馆	1	有
云纹钟	西周晚期	捐赠品	上海博物馆	1	有
龙纹钟	西周晚期	拣选品	上海博物馆	1	有
四虎镈	西周晚期	收购品	上海博物馆	1	有
虢叔旅钟	西周晚期	征集、移交品	山东省博物馆	1	无
云雷纹钟	周末春初	征集、移交品	山东省博物馆	1	无
楚公逆镈	西周末年	传世品	湖北省博物馆	1	无
涡云纹大铙	西周	传世品	国家博物馆	1	无
虢叔旅钟	西周	传世品	故宫博物院	1	有
士父钟	西周	清宫旧藏传世品	故宫博物院	2	有
双龙回纹钟	西周	传世品	国家博物馆	2	有
虎饰镈	西周	传世品	故宫博物院	1	有
四虎镈	西周	传世品	故宫博物院	1	有
罗田人面纹铙	西周	湖北罗田县	黄州博物馆	1	有
江陵云纹铙	西周	湖北江陵县	荆州博物馆	1	无
武昌木头岭编钟	西周	武昌湖泗乡木头岭砖瓦厂	武昌县博物馆	3	有
钟祥花山编钟	西周	湖北钟祥县城北洋梓区花山水库	湖北省博物馆（1—4） 荆州博物馆（1）	5	无
通山南城畈大钟	西周	湖北通山县楠林镇南城畈一都河	通山县博物馆	1	无
通山下泉钟	西周	湖北通山县下泉乡	通山县博物馆	1	有
云雷纹钟	西周	不详	湖北省博物馆	1	无
通城十字纹钟	西周	不详	通城县博物馆	1	无
连珠纹钟	西周	传世品，原藏湖北省博物馆	武汉大学历史系陈列室	1	无

（续表）

钟名	年代	出土地	收藏处	件数	测音
云纹钟	西周	征集品	恩施土家族苗族自治州博物馆	1	无
圈带纹钟	西周	征集品	甘肃省博物馆	1	音哑
云雷纹钟	西周	上海博物馆拨交	甘肃省博物馆	1	有
洛阳西工编钟	西周	洛阳西工一周墓	洛阳市文物工作队	4	有
夔龙纹编钟	西周	拨交收藏	南京博物院	1	有
临淄镈	西周	临淄齐都镇河崖头	齐国故城遗址博物馆	1	有
叔旅鱼父钟	西周	征集品	天津市历史博物馆	1	有
逆钟	西周	征集品	天津市历史博物馆	1	有
克钟	西周	传世品	天津市艺术博物馆	1	有
克镈	西周	陕西扶风法门寺任村	天津市艺术博物馆	1	无
临沂花园村编甬钟	西周	临沂市兰山枣沟头花园村南一西周墓葬	临沂市博物馆	9	无
龙口归城钟	西周	黄县（龙口市）和平村	烟台市博物馆	2	有
益公钟	西周	收缴品	青岛市博物馆	1	有
长阳素钟	东周	湖北长阳县永和坪	长阳县博物馆	1	无
通山横石蝉纹钟	东周	湖北通山县横石镇	通山县博物馆	1	无
连云港尾矿坝编钟	东周	征集品	南京博物院	9	有
海阳上上都甬钟	东周	海阳县发城上上都村	海阳县博物馆	1	有
屯留西河北钮钟	东周	屯留县西河北村	屯留县博物馆	9	有
万荣庙前蟠螭纹大甬钟	东周	万荣县荣河镇庙前东周墓地	山西省博物馆	4	无
侯马上马 M1004 编镈	东周	侯马市上马墓群	山西省考古研究所侯马工作站	9	有
万荣庙前钮钟	东周	山西万荣县荣河镇庙前村	山西省考古研究所侯马工作站	20	有
临猗 LC1 号墓钮钟	东周	不详	运城河东博物馆	9	无
夔龙纹钟	周	传世品	国家博物馆	1	有
连平惠阳甬钟	周	广东连平惠阳	国家博物馆	1	有
蟠夔纹钟	周	传世品	国家博物馆	1	有

（续表）

钟名	年代	出土地	收藏处	件数	测音
通城铁柱山钟	周	湖北通城县银城区铁柱山	通城县博物馆	1	无
鄀公敄人钟	春秋早期	捐赠品	上海博物馆	1	音哑
龙纹钟	春秋早期	接管品	上海博物馆	1	有
天尹钮钟	春秋早期	捐赠品	上海博物馆	1	有
双首龙纹钟	春秋早期	交换品	上海博物馆	1	有
𠑇儿钟	春秋早期	捐赠品	上海博物馆	2	有
秭归怀抱石编钟	春秋早期	湖北秭归县周坪乡怀抱石村	原藏秭归县屈原纪念馆（今不存）	3	无
随州八角楼编钟	春秋早期	湖北随州市东郊义地岗	随州市博物馆	2	无
武穴鸭儿洲编钟	春秋早期	湖北广济县长江武穴段江中沙洲鸭儿洲头	武穴市博物馆	23	五
上村岭虢太子墓编钮钟	两周之际	河南陕县岭 M1052	国家博物馆	9	有
虢季编钟	春秋早期	三门峡上村岭虢国墓地北区 M2001	河南省文物考古研究所	8	有
虢仲编钟	春秋早期	三门峡虢国墓地 M2009	河南省文物考古研究所	8	有
虢仲钮钟	春秋早期	三门峡虢国墓地 M2009	河南省文物考古研究所	8	有
蟠龙纹镈	春秋早期	收购品	上海博物馆	1	有
秦公镈	春秋早期	宝鸡杨家沟太公庙窖	宝鸡博物馆	3	有
秦公钟	春秋早期	陕西宝鸡杨家沟太公庙	宝鸡博物馆	5	有
宝鸡冯家嘴钟	春秋早期	陕西宝鸡冯家嘴	宝鸡博物馆	2	有
宝鸡西高泉钟	春秋早期	陕西宝鸡杨家沟西高泉村	宝鸡县博物馆	1	有
曲村晋侯 M93 编钟	春秋早期	曲沃县曲村乡北赵村天马—曲村晋侯墓地	山西省考古研究所侯马工作站	16	有
东海庙墩编钟	春秋早中期偏早	东海县青湖乡西丁旺村庙墩	东海县博物馆	9	有
新郑李家楼特镈	春秋中期	新郑县城李家楼	河南省文物考古研究所	4	有
新郑李家楼编钟	春秋中期	新郑县城李家楼	河南省博物馆	6	有
新郑金城路编镈	春秋中期	新郑市金城路 2 号窖藏坑	河南省文物考古研究所	4	有

（续表）

钟名	年代	出土地	收藏处	件数	测音
新郑金城路钮钟	春秋中期	新郑市金城路2号窖藏坑	河南省文物考古研究所	20	有
新郑城市信用社编镈	春秋中期	新郑城市信用社8号窖藏坑	河南省文物考古研究所	4	有
新郑城市信用社钮钟	春秋中期	新郑城市信用社8号窖藏坑	河南省文物考古研究所	20	有
新郑中行II区T615:16号坑编镈	春秋中期	新郑中行II区T615:16号坑	河南省文物考古研究所	4	有
新郑中行II区T615:16号坑钮钟	春秋中期	新郑中行II区T615:16号坑	河南省文物考古研究所	20	有
新郑中行II区T594:5号坑编镈	春秋中期	新郑中行II区T594:5号坑	河南省文物考古研究所	4	有
新郑中行II区T594:5号坑钮钟	春秋中期	新郑中行II区T594:5号坑	河南省文物考古研究所	20	有
新郑中行II区T605:9号坑编镈	春秋中期	新郑中行II区T605:9号坑	河南省文物考古研究所	4	有
新郑中行II区T605:9号坑钮钟	春秋中期	新郑中行II区T605:9号坑	河南省文物考古研究所	20	有
新郑中行II区T594:7号坑编镈	春秋中期	新郑中行II区T594:7号坑	河南省文物考古研究所	4	有
新郑中行II区T594:7号坑钮钟	春秋中期	新郑中行II区T594:7号坑	河南省文物考古研究所	20	有
新郑中行II区T615:8号坑编镈	春秋中期	新郑中行II区T615:8号坑	河南省文物考古研究所	4	有
新郑中行II区T615:8号坑钮钟	春秋中期	新郑中行II区T615:8号坑	河南省文物考古研究所	20	有
新郑中行II区T566:17号坑编镈	春秋中期	新郑中行II区T566:17号坑	河南省文物考古研究所	4	有
新郑中行II区T566:17号坑钮钟	春秋中期	新郑中行II区T566:17号坑	河南省文物考古研究所	20	有

（续表）

钟名	年代	出土地	收藏处	件数	测音
新郑中行II区T613：14号坑编镈	春秋中期	新郑中行II区T566:17号坑	河南省文物考古研究所	4	有
新郑中行II区T613：14号坑钮钟	春秋中期	新郑中行II区T566:17号坑	河南省文物考古研究所	20	有
叶县旧县M4镈钟	春秋中期	叶县旧县村M4	叶县县衙博物馆	4	有
叶县旧县M4甬钟	春秋中期	叶县旧县村M4	叶县县衙博物馆	20	有
叶县旧县M4钮钟	春秋中期	叶县旧县村M4	叶县县衙博物馆	9	有
淅川下寺M1钮钟	春秋中期	淅川县仓房乡下寺M1	河南省文物考古研究所	9	有
𪒠镈	春秋中期	河南淅川县仓房乡下寺M10	淅川县博物馆	8	有
𪒠钟	春秋中期	淅川县仓房乡下寺M10	淅川县博物馆	9	有
随州鲢鱼嘴编钟	春秋中期	湖北随州市□阳乡□阳村	随州市博物馆	2	无
随州季氏梁编钟	春秋中期	湖北随州市东郊义地岗	随州市博物馆	5	无
沂水刘家店子编镈	春秋中期	沂水刘家店子春秋墓	山东省文物考古研究所	6	有
沂水刘家店子M1甬钟	春秋中期	沂水刘家店子春秋墓	山东省文物考古研究所、沂水市博物馆	19	有
沂水刘家店子铃钟	春秋中期	沂水刘家店子春秋墓	山东省文物考古研究所	9	无
游钟	春秋中期	莒南县大店镇	山东省博物馆	9	有
长治分水岭M269甬钟	春秋中期	山西长治分水岭M269	长治市博物馆	9	有
长治分水岭M270甬钟	春秋中期	山西长治分水岭M270	长治市博物馆	8	无
（明）长治分水岭M269钮钟	春秋中期	山西长治分水岭M269	长治市博物馆	9	无

（续表）

钟名	年代	出土地	收藏处	件数	测音
长治分水岭 M270 钮钟	春秋中期	山西长治分水岭 M270	长治市博物馆	9	无
虺螭纹编镈	春秋中晚	河南新郑李家楼	故宫博物院国家博物馆	2	无
螭凤纹编钟	春秋中晚	河南新郑	国家博物馆	10	有
琉璃阁甲墓编钟	春秋中晚	河南辉县琉璃阁甲墓	故宫博物院	9	有
琉璃阁甲墓编镈	春秋中晚	河南辉县琉璃阁甲墓	故宫博物院	3	有
侯马上马 M13 钮钟	春秋中晚	侯马上马 M13	山西省考古研究所侯马工作站	9	无
临猗程村 M1001 钮钟	春秋中晚	山西临猗县程村	中国社科院考古所运城工作站、运城河东博物馆、临猗县博物馆	9	无
海阳嘴子前 M1 编镈	春秋	海阳县盘石店镇嘴子前村	海阳县博物馆	1	有
海阳嘴子前 M1 甬钟	春秋	海阳县盘石店镇嘴子前村	海阳县博物馆	5	有
临沂凤凰岭编镈	春秋	临沂市相公乡王家黑墩凤凰岭	山东省文物考古研究所	9	有
牟平长治镈	春秋	牟平市埠西头乡矫家长治村	烟台市博物馆	1	无
长岛大竹山岛镈	春秋	长岛大竹山岛	长岛县博物馆	1	有
临沂苍山镈	春秋	临沂苍山	临沂市博物馆	1	无
莒南大店老龙腰镈	春秋	莒南县大店镇老龙腰	山东省文物考古研究所	2	无
长清仙人台 M6 甬钟	春秋	长清五峰山乡北黄崖村仙人台	山东大学博物馆	11	有
临淄大夫观甬钟	春秋	临淄区大夫观	齐国故城遗址博物馆	8	无
章丘小峨眉山甬钟	春秋	章丘市明水镇东南部小峨眉山	章丘市博物馆	4	无
夔纹甬钟	春秋	征集、移交	山东省博物馆	1	无
苍山甬钟	春秋	临沂苍山	临沂市博物馆	2	无
凤翔直柄钮钟	春秋	陕西凤翔县大辛	凤翔县博物馆	2	有

（续表）

钟名	年代	出土地	收藏处	件数	测音
直柄钮钟	春秋	征集品	西安市文物库房	1	有
眉县金渠钟	春秋	陕西眉县金渠乡河底村	眉县图书博物馆	5	有
凤翔钮钟	春秋	陕西凤翔县大辛	凤翔县博物馆	1	有
夔龙纹钮钟	春秋	传世品	天津市艺术博物馆	1	有
蟠虺纹甬钟（一）	春秋	传世品	天津市艺术博物馆	1	有
蟠虺纹甬钟（二）	春秋	传世品	天津市艺术博物馆	1	有
海阳上上都编钮钟	春秋	海阳县发城上上都村	海阳市博物馆	4	有
凤纹钮钟	春秋	山东沂水	山东省博物馆	1	无
凤纹钮钟	春秋	捐献、征集	山东省博物馆	1	无
长清仙人台 M5 钮钟	春秋	长清五峰山乡北黄崖村仙人台	山东大学博物馆	9	有
长清仙人台 M6 钮钟	春秋	长清五峰山乡北黄崖村仙人台	山东大学博物馆	9	有
蓬莱柳各庄钮钟	春秋	蓬莱市柳各庄墓群	烟台市博物馆	9	无
临沂凤凰岭钮钟	春秋	临沂市相公乡王家黑墩凤凰岭	山东省文物考古研究所	9	有
钮钟	春秋	捐赠品	青岛市博物馆	1	有
侯马上马 M5218 编镈	春秋	侯马上马墓地	山西省考古研究所侯马工作站	13	无
闻喜晋国子范编钟	春秋	不详	台北故宫博物院	16	无
蛟龙纹钟	春秋	收购品	上海博物馆	1	有
王子婴次钟	春秋	传世品	故宫博物院	1	有
郤王子旃钟	春秋	传世品	故宫博物院	1	无
蟠螭纹镈	春秋	传世品	国家博物馆	1	已裂
钟枚式铙	春秋	接管品	上海博物馆	1	无
钟枚式铙	春秋	收购品	上海博物馆	1	有
双目式兽面纹铙	春秋	收购品	上海博物馆	1	有
双目式兽面纹铙	春秋	收购品	上海博物馆	1	有
界栏式兽面纹大铙	春秋	拣选品	上海博物馆	1	有

（续表）

钟名	年代	出土地	收藏处	件数	测音
钟枚式铙	春秋	收购品	上海博物馆	1	有
双鸟钮镈	春秋	传世品	故宫博物院	1	已裂
寿县蔡侯墓编钟	春秋晚期	安徽寿县蔡侯墓	国家博物馆	9	已残
蔡侯编镈	春秋晚期	安徽寿县蔡侯墓	国家博物馆	8	无
蔡侯钮钟	春秋晚期	安徽寿县蔡侯墓	国家博物馆	1	有
邾公牼钟	春秋晚期	传世品	故宫博物院	1	无
邾公华钟	春秋晚期	传山东邹县	国家博物馆	1	有
者减钟	春秋晚期	收购品	上海博物馆	1	有
邾公牼钟	春秋晚期	传世品	上海博物馆	1	有
邾公钓钟	春秋晚期	传世品	上海博物馆	1	有
蛟龙纹钟	春秋晚期	传世品	上海博物馆	1	已裂
郘钟	春秋晚期	传世品	上海博物馆	10	有
者汈钟	春秋晚期	收购品	上海博物馆	1	有
子璋钟	春秋晚期	传世品	上海博物馆	3	有
蛟龙纹钟	春秋晚期	收购品	上海博物馆	1	有
蛟龙纹钟	春秋晚期	接管品	上海博物馆	1	有
余贎逮儿钟	春秋晚期	传世品	故宫博物院	1	有
者盨钟	春秋晚期	乾隆二十六年江西临江（今清江）	故宫博物院	1	有
恭城甬钟	春秋晚期	广西恭城	国家博物馆	1	无
𦂖镈	春秋晚期	山西荣河后土祠	国家博物馆	1	无
能原镈	春秋晚期	国家文物局拨交	故宫博物院	1	无
鄱子成周编镈	春秋晚期	固始县城关镇砖瓦窑厂 M1	河南省文物考古研究所	8	有
鄱子成周钟	春秋晚期	固始县城关镇砖瓦窑厂 M1	河南省文物考古研究所	9	有
讹子受编镈	春秋晚期	淅川县城南丹江口水库西岸和尚岭 M2	河南省文物考古研究所	8	有
讹子受钟	春秋晚期	淅川县城南丹江口水库西岸徐家岭 M2	河南省文物考古研究所	9	有
淅川徐家岭 M3 编镈	春秋晚期	淅川县城南丹江口水库西岸徐家岭 M3	河南省文物考古研究所	8	有

（续表）

钟名	年代	出土地	收藏处	件数	测音
淅川徐家岭M3钮钟	春秋晚期	淅川县城南丹江口水库西岸徐家岭M3	河南省文物考古研究所	9	有
淅川徐家岭M10编镈	春秋晚期	淅川县城南丹江口水库西岸徐家岭M10	河南省文物考古研究所	8	有
淅川徐家岭M10钮钟	春秋晚期	淅川县城南丹江口水库西岸徐家岭M10	河南省文物考古研究所	9	有
辉县琉璃阁甲墓特镈	春秋晚期	辉县琉璃阁甲墓	河南省博物馆	1	有
辉县琉璃阁甲墓编镈	春秋晚期	辉县琉璃阁甲墓	河南省博物馆	8	有
辉县琉璃阁甲墓甬钟	春秋晚期	辉县琉璃阁甲墓	河南省博物馆	4	无
王孙诰编钟	春秋晚期	淅川县仓房公社下寺第2号楚墓	河南省博物馆	26	有
邳州九女墩M3编钟	春秋晚期	邳州市戴庄乡梁王城旁九女墩M3	邳州市博物馆	4	无
六合程桥M2编镈	春秋晚期	六合程桥镇东陈岗坡上M2	南京博物院	5	有
邳州九女墩M3编镈	春秋晚期	邳州市戴庄乡梁王城旁九女墩M3	邳州市博物馆	6	有
遷邟编镈	春秋晚期	丹徒大港北山顶吴国贵族墓	南京博物院	5	有
遷邟编钟	春秋晚期	丹徒大港北山顶吴国贵族墓	南京博物院	7	有
邳州九女墩M3编钮钟	春秋晚期	邳州市戴庄乡梁王城旁九女墩M3	邳州市博物馆	9	有
六合程桥M1编钟	春秋末期	六合程桥镇中学M1	南京博物院	9	有
六合程桥M2编钟	春秋晚期	六合程桥镇东陈岗坡上M2	南京博物院	9	有
沇儿镈	春秋晚期	湖北荆州	上海博物馆	1	有

（续表）

钟名	年代	出土地	收藏处	件数	测音
蟠龙纹镈	春秋晚期	收购品	上海博物馆	1	有
滕州庄里西村编镈	春秋晚期	滕州姜屯镇庄里西村	滕州市博物馆	4	有
滕州庄里西村钮钟	春秋晚期	滕州姜屯镇庄里西村	滕州市博物馆	9	有
素镈	春秋晚期	征集品	山东省博物馆	1	无
铜镈	春秋晚期	捐赠品	青岛市博物馆	1	有
海阳嘴子前 M4 甬钟	春秋晚期	海阳嘴子前 M4	山东省海阳市博物馆	7	有
海阳嘴子前 M4 钮钟	春秋晚期	海阳嘴子前春秋墓群 M4	海阳市博物馆	2	有
夔纹钟	春秋晚期	收集、移交	山东省博物馆	1	无
诸城都吉台钮钟	春秋晚期	诸城市都吉台村	诸城市博物馆	9	有
太原赵卿墓编镈	春秋晚期	太原南郊金胜村晋国赵卿墓	山西省考古研究所	19	有
长治分水岭 M25 编镈	春秋晚期	山西长治分水岭 M25	长治市博物馆	4	无
长治分水岭 M25 钮钟	春秋晚期	长治分水岭 M25	长治市博物馆	9	无
长治分水岭 M25 甬钟	春秋晚期	长治分水岭 M25	长治市博物馆	5	无
秦王卑命钟	春秋晚期或战国早期	湖北枝江新华村季家湖古城遗址	荆州博物馆	1	有
者沪钟	战国早期	传世品	故宫博物院	1	无
楚王？章钟	战国早期	传世品	湖北省博物馆	2	无
邳州九女墩 2 号墩 M1 编镈	战国早期	邳州市戴庄乡梁王城旁九女墩 2 号墩 M1	南京博物院	6	有
邳州九女墩 2 号墩 M1 编钟	战国早期	邳州市戴庄乡梁王城旁九女墩 2 号墩 M1	南京博物院	8	有
叶县旧县村钮钟	战国早期	叶县旧县村 1 号楚墓	河南省文物考古研究所	6	无
郯城编钮钟	战国早期	山东郯城	郯城县文物管理处	9	有
阳信城关编镈	战国早期	阳信县城关镇西北村	阳信县博物馆	5	无

（续表）

钟名	年代	出土地	收藏处	件数	测音
阳信城关钮钟	战国早期	阳信县城关镇西北村	阳信县博物馆	9	无
新绛柳泉编钟	战国早期	新绛柳泉墓地 M302	山西省考古研究所侯马工作站	12	有
太原金胜村 M88 编钟	战国早期	太原金胜村 M88	山西省考古研究所	9	无
太原金胜村 M673 编钟	战国早期	太原金胜村 M673	山西省考古研究所	9	无
雷纹钟	战国早期	传世品	上海博物馆	1	有
蟠龙纹镈	战国早期	接管品	上海博物馆	1	音哑
蟠龙纹镈	战国早期	接管品	上海博物馆	1	有
随州擂鼓墩 M2 编钟	战国中期	湖北随州市擂鼓墩	随州市博物馆	36	有
江陵天星观 M1 编钟	战国中期	湖北江陵县观音垱乡五山村	荆州博物馆	4	有
公孙朝子编镈	战国中期	诸城臧家庄	诸城市博物馆	7	有
公孙朝子钮钟	战国中期	诸城臧家庄（今龙宿村）	诸城市博物馆	9	有
章丘女郎山编镈	战国中期	章丘市锈惠镇女郎山西坡	山东省文物考古研究所	5	无
章丘女郎山钮钟	战国中期	章丘女郎山战国大墓	山东省文物考古研究所	7	无
淄博市博物馆钮钟	战国晚期	临淄商王墓地	淄博市博物馆	7	有
临淄水泥厂钮钟	战国晚期	临淄水泥厂	齐国故城遗址博物馆	7	有
鄂州蝉纹钟	战国	征集品	鄂州市博物馆	1	有
鄂州坝角村钟	战国	湖北鄂州市燕矶镇坝角村花马湖	鄂州市博物馆	1	哑
通山黄沙乡钟	战国	湖北通山县黄沙乡	通山县博物馆	1	哑
工字纹钟	战国	征集品	武汉市文物商店	1	哑
崇阳板坑钟	战国	湖北崇阳县金沙镇板坑村	崇阳县博物馆	1	无
新郑饕餮纹钟	战国	旧藏	新郑文物管理委员会	1	有
云雷纹钟	战国	洛阳	洛阳市博物馆	1	无
洛阳解放路编镈	战国	洛阳西工解放路北一座战国墓	洛阳市文物工作队	4	有

（续表）

钟名	年代	出土地	收藏处	件数	测音
新郑无枚编镈	战国	旧藏	新郑市文物管理委员会	4	有
新郑有枚编镈	战国	旧藏	新郑市文物管理委员会	1	有
洛阳解放路钮钟	战国	洛阳西工解放路北一战国墓	洛阳市文物工作队	18	有
新郑有枚钮钟	战国	旧藏	新郑市文物管理委员会	7	有
新郑无枚钮钟	战国	旧藏	新郑市文物管理委员会	18	有
信阳长台关 M2 木钮钟	战国	信阳长台关小刘庄 M2	河南省文物考古研究所	13	无
后川 M2040 编钟	战国	河南陕县后川 M2040	国家博物馆	20	测 8
后川 M2040 编镈	战国	河南陕县后川 M2040	国家博物馆	9	有
信阳楚墓编钟	战国	河南信阳长台关 1 号楚墓	国家博物馆	13	有
洛阳西工 M131 钮钟	战国	洛阳市西工区中州路北东王城遗址	洛阳市文物工作队	16	无
蟠龙纹甬钟	战国	收购品	上海博物馆	1	有
蛟龙纹钟	战国	接管品	上海博物馆	1	有
变形兽纹钟	战国	收购品	上海博物馆	1	有
菱形龙纹钟	战国	捐赠品	上海博物馆	1	有
菱形龙纹钟	战国	收购品	上海博物馆	1	有
潞城潞河 M7 甬钟	战国	山西潞城县西流乡潞河村	山西省考古研究所	16	无
潞城潞河 M7 编镈	战国	山西潞城县西流乡潞河村	山西省考古研究所	4	无
潞城潞河 M7 钮钟	战国	山西潞城县西流乡潞河村	山西省考古研究所	8	无
平陆尧店夔龙钮钟	战国	山西平陆县南村乡尧店虞国贵族墓地	国家博物馆	9	有
平陆尧店钮钟	战国	山西平陆县南村乡尧店虞国贵族墓地	国家博物馆	9	无
钮钟	战国	征集、移交品	山东省博物馆	1	无
钮钟	战国	捐赠品	青岛市博物馆	1	无
涪陵小田溪钮钟	战国	涪陵小田溪战国土坑墓群 1 号墓	四川省博物馆	14	有

（续表）

钟名	年代	出土地	收藏处	件数	测音
大甬钟	战国	收购品	重庆市博物馆	1	有
甬钟	战国	征集品	重庆市博物馆	1	有
茂县牟托甬钟	战国	阿坝藏族羌族自治州茂县南新乡牟托1号石棺墓	茂县羌族博物馆	6	无
茂县牟托镈	战国	阿坝藏族自治州茂县南新乡牟托村	茂县羌族博物馆	4	无
云阳津口钮钟	战国	云阳县云安津口	云阳县文物管理所	1	无
临淄大镈	战国	临淄齐陵镇淄河店 M2	山东省文物考古研究所	2	无
孔府旧藏钟	战国	孔府旧藏	曲阜孔子博物院	1	无
咸阳钮钟	秦	收集品	咸阳市博物馆	1	无
乐府钟	秦	临潼秦始皇陵封土西北一建筑遗址	原藏陕西省博物馆，现丢失	1	无
汉元帝渭陵钟	西汉	咸阳汉元帝渭陵汉代建筑遗址	咸阳市博物馆	1	无
临淄鎏金甬钟	西汉	淄博市临淄区稷山一石墓	齐国故城遗址博物馆	4	无
临淄鎏金钮钟	西汉	博市临淄区稷山一石墓	齐国故城遗址博物馆	8	无
会理黎溪钮钟	西汉晚期	会理县黎溪乡黎州村	会理县文物管理所	6	无
即墨东埠头钮钟	东汉	即墨县温泉镇东埠头村	青岛市博物馆	1	有
奉节新贺钮钟	汉	奉节三角坝新贺乡红星村三五庙征集	重庆市博物馆	1	有
钟	汉	捐赠品	重庆市博物馆	1	有
溧阳蟠虺纹钟	汉	拣选品	镇江博物馆	1	有
徐州子房山小编钟	汉	徐州子房山汉墓	徐州博物院	10	无
云纹钟	汉	传世品	故宫博物院	3	有
黄龙元年钟	三国	收购品	上海博物馆	1	音哑
通山横石钟	宋	湖北通山县横石镇一宋墓	通山县博物馆	1	无
浠水龙钮圆钟	宋	传世品	浠水县博物馆	1	有
兽头钮钟	宋	征集品	四川省博物馆	1	有
大和·太簇清钟	宋	收购品	上海博物馆	1	有
大和·夹钟钟	宋	接管品	上海博物馆	1	有

（续表）

钟名	年代	出土地	收藏处	件数	测音
大晟·蕤宾中声钟	宋	捐赠品	上海博物馆	1	有
南吕中声钟	宋	接管品	上海博物馆	1	音哑
大晟编钟	宋	传世品	故宫博物院、中国艺术研究院音研所	9	有
铜编钟	宋	山丹县艾黎捐赠	文物博物馆	4	无
大晟夷则钟	北宋崇宁三至四年	征集品	开封市博物馆	1	无
钮钟	宋	征集品	青岛市博物馆	2	无
应钟	宋	征集品	西安市文物库房	1	有
酉阳甬钟	宋	捐赠品	酉阳县文物管理所	1	无
完颜璹编镈	元	孔庙文物移交收藏	常熟博物馆	3	有
杭州儒学中吕钟	元大德九年	拣选品	上海博物馆	1	有
嘉定儒学钟	元至治三年	收购品	上海博物馆	1	有
至正元年镈	元至正元年	拣选品	陕西岐山县博物馆	1	有
吉木萨尔破城子铁钟	公元 10—13 世纪	吉木萨尔县北庭都护府故城	新疆维吾尔自治区博物馆	1	无
永乐大钟	明	北京大钟寺古钟博物馆	北京大钟寺古钟博物馆	1	有
涪陵文庙编钟	明	涪陵文庙遗存	涪陵文物管理所	1	有
三台文庙钮钟	明	移交品	三台县文物管理所	10	无
万县甬钟	明清	传世品	万县天城区文物管理所	1	有
曲阜大成殿铁钟	明清	大成阜孔庙大成殿旧藏	曲殿	1	无
铜镀金镈钟	清	清宫旧藏	故宫博物院	12	无
铜镀金云龙纹编钟	清	清宫旧藏	故宫博物院	16	有
镇江金山寺龙凤纹钟	清	镇江金山寺文物馆旧藏	镇江博物馆	2	无
绵竹吉祥甬钟	清	移交品	绵竹县文物管理所	1	无
德阳孔庙编钟	清	德阳孔庙旧藏	德阳市博物馆	16	有
德阳孔庙铜钟	清	德阳孔庙旧藏	德阳市博物馆	1	无
江陵文庙编钟	清	征集品	荆州博物馆	12	有

（续表）

钟名	年代	出土地	收藏处	件数	测音
编钟	清·康熙五十八年	孔府旧藏	曲阜孔子博物院	16	无
人面钮钟	清·乾隆	传世品	永昌县文化馆	1	无
特钟	清·乾隆二十六年	孔府旧藏	曲阜孔子博物院	2	无
东昌孔庙钮钟	清·乾隆	收集品	山东省博物馆	2	无
常熟县学编钟	清·光绪元年	移交、收藏品	常熟博物馆	16	无
绵竹文庙钮钟	清·光绪二十年	孔庙遗存、收藏	绵竹县文物管理所	10	无
巴里坤铁钟	公元 17—19 世纪	巴里坤搜集品	新疆维吾尔自治区博物馆	1	无
临猗钮钟	不详	征集品	运城市博物馆	1	有
高平传世钟	不详	征集品	高平市博物馆	1	有

附录二　古琴正调五弦各徽分弦长比例及音分数

单位：音分

各徽分波长			13 徽 0—9 分：$\frac{1}{80}$（70—79）×各弦弦长比例									
徽分			9	8	7	6	5	4	3	2	1	0
各弦长比例及音分数	弦	1 0	79/80 21.77	39/40 43.83	77/80 66.16	19/20 88.80	15/16 111.73	37/40 134.96	73/80 158.52	9/10 182.40	71/80 206.61	7/8 231.17
	弦	9/10 204	711/800 204.18	351/400 226.23	693/800 278.57	171/200 271.20	27/32 294.13	333/400 317.37	657/800 340.92	81/100 364.80	639/800 389.02	63/80 413.57
		8/9 204	79/90 225.68	39/45 247.74	77/90 270.07	38/45 292.71	5/6 315.64	37/45 338.87	73/90 262.43	4/5 386.31	71/90 410.52	7/9 435.08
	弦	3/4 498	237/320 519.82	117/160 541.87	231/320 564.21	57/80 586.84	45/64 609.77	111/160 663.01	219/320 656.56	27/40 680.44	213/320 704.66	21/32 729.21
	弦	2/3 702	79/120 723.73	39/60 745.78	77/120 768.12	19/30 790.75	5/8 813.68	37/60 836.92	73/120 860.48	3/5 884.35	71/120 908.57	7/12 933.12
	弦	3/5 884	237/400 906.13	117/200 928.18	231/400 950.52	57/100 973.15	9/16 996.08	111/200 1019.32	219/400 1042.88	27/30 1066.76	213/400 1090.97	21/40 1115.53
		16/27 906	79/135 927.64	78/135 949.69	77/135 972.03	76/135 994.66	5/9 1017.59	74/135 1040.83	73/135 1064.38	8/15 1088.26	71/135 1112.48	14/27 1137.03

各徽分波长			12 徽 0—9 分：$\frac{1}{240}$（200—209）×各弦弦长比例									
徽分			9	8	7	6	5	4	3	2	1	0
各弦长比例及音分数	弦	1 0	209/240 239.43	13/15 247.74	207/240 256.08	103/120 264.46	41/48 272.89	51/60 281.35	203/240 289.86	101/120 298.41	201/240 307.00	5/6 315.64
	弦	9/10 182	627/800 421.84	39/50 430.14	621/800 438.48	309/400 446.87	123/160 455.29	153/200 463.76	609/800 472.26	303/400 480.81	603/800 489.41	3/4 498.04
		8/9 204	209/270 443.34	104/135 451.65	207/270 459.99	103/135 468.37	41/54 476.80	102/135 485.26	203/270 493.77	101/135 502.32	201/270 510.91	20/27 519.55
	弦	3/4 498	209/320 737.48	13/20 745.78	207/320 754.12	103/160 762.51	41/64 770.93	51/80 779.40	203/320 787.91	101/160 796.45	201/320 805.05	5/8 813.68
	弦	2/3 702	209/360 941.39	26/45 949.69	69/120 958.03	103/180 966.42	41/72 974.84	17/30 983.31	203/360 991.82	101/180 1000.36	67/120 1008.96	5/9 1017.59
	弦	3/5 884.	209/400 1123.79	13/25 1132.09	207/400 1140.44	103/200 1148.82	41/80 1157.25	51/100 1165.71	203/400 1174.22	101/200 1182.77	201/400 1191.36	1/2 1199.99
		40/81 21.50*	16/27 906	209/405 1145.30	208/405 1153.60	207/405 1161.94	206/405 1170.33	41/81 1178.75	68/135 1187.22	203/405 1195.73	202*/405 4.27	67/135 12.87*

（续表）

各徽分波长			11 徽 0—9 分：$\frac{1}{300}$（240—249）×各弦弦长比例									
徽分			9	8	7	6	5	4	3	2	1	0
各弦长比例及音分数	弦	1 0	83/100 322.58	62/75 329.54	247/300 336.54	123/150 343.56	49/60 350.61	61/75 357.69	81/100 364.80	121/150 371.94	241/300 379.11	4/5 386.31
	弦	9/10 182	747/1000 504.98	93/125 511.95	741/1000 518.94	369/500 525.96	147/200 533.02	183/250 540.10	729/1000 547.21	363/500 554.35	723/1000 561.51	18/25 568.71
		8/9 204	166/225 526.49	496/675 533.45	494/675 540.45	164/225 547.47	98/135 554.52	488/675 561.60	162/225 568.71	484/675 575.85	482/675 583.02	32/45 590.22
	弦	3/4 498	249/400 820.62	31/50 827.59	247/400 834.58	123/200 841.61	49/80 848.66	61/100 855.74	243/400 862.85	121/200 869.99	241/400 877.16	3/5 884.35
	弦	2/3 702	83/150 1024.53	124/225 1031.50	247/450 1038.49	123/225 1045.52	49/90 1052.57	122/225 1059.65	27/50 1066.76	121/225 1073.90	241/450 1081.07	8/15 1088.26
	弦	3/5 884	249/500 6.93*	62/125 13.90*	247/500 20.90*	123/250 27.92*	49/100 34.97*	61/125 42.05*	243/500 49.16*	121/250 56.30*	241/500 63.47*	12/25 70.67*
		16/27 906	332/675 28.44*	992/2025 35.41*	988/2025 42.40*	328/675 49.43*	196/405 56.48*	976/2025 63.56*	12/25 70.67*	968/2025 77.81*	964/2025 84.98*	64/135 92.17*

各徽分波长			10 徽 0—9 分：$\frac{1}{200}$（150—159）×各弦弦长比例									
徽分			9	8	7	6	5	4	3	2	1	0
各弦长比例及音分数	弦	1 0	159/200 397.16	79/100 408.09	157/200 419.08	39/50 430.14	31/40 441.27	77/100 452.48	153/200 463.76	19/25 475.11	151/200 486.54	3/4 498.04
	弦	9/10 182	1431/2000 579.57	711/1000 590.49	1413/2000 601.48	351/500 612.54	279/400 623.68	693/1000 634.88	1377/2000 646.16	171/250 657.51	1359/2000 668.94	27/40 680.44
		8/9 204	53/75 601.07	158/225 612.00	157/225 622.99	52/75 634.05	31/45 645.18	154/225 656.39	17/25 667.67	152/225 679.02	151/225 690.45	2/3 701.95
	弦	3/4 498	477/800 895.21	237/400 906.13	471/800 917.12	117/200 928.18	93/160 939.32	231/400 950.52	459/800 961.80	57/100 973.15	453/800 984.58	9/16 996.08
	弦	2/3 702	53/100 1099.12	79/150 1110.04	157/300 1121.03	13/25 1132.09	31/60 1143.23	77/150 1154.43	51/100 1165.71	38/75 1177.06	151/300 1188.49	1/2 1199.99
	弦	3/5 884	477/1000 81.52*	237/500 92.44*	471/1000 103.44*	117/250 114.50*	93/200 125.63*	231/500 136.84*	459/1000 148.12*	57/125 159.47*	453/1000 170.90*	9/20 182.40*
		16/27 906	318/675 103.03*	316/675 113.95*	314/675 124.94*	104/225 136.00*	62/135 147.14*	308/675 158.34*	102/225 169.62	304/375 180.97*	302/675 192.40*	4/9 203.90*

（续表）

各徽分波长			9徽0—9分波长：$\frac{1}{120}$（80—89）×各弦弦长比例									
徽分			9	8	7	6	5	4	3	2	1	0
各弦长比例及音分数	弦	1 0	89/120 517. 38	11/15 536. 95	29/40 556. 73	43/60 576. 75	17/24 596. 99	21/30 617. 48	83/120 638. 22	41/60 659. 20	27/40 680. 44	2/3 701. 95
	弦	9/10 182	267/400 699. 79	33/50 719. 35	261/400 739. 14	129/200 759. 15	51/80 779. 40	63/100 799. 89	249/400 820. 62	123/200 841. 61	243/400 862. 85	3/5 884. 35
		8/9 204	89/135 721. 29	88/135 740. 86	29/45 760. 64	86/135 780. 66	17/27 800. 90	28/45 821. 39	83/135 842. 13	82/135 863. 11	3/5 884. 35	16/27 905. 86
	弦	3/4 498	89/160 1015. 43	11/20 1034. 99	87/160 1054. 78	43/80 1074. 79	17/32 1095. 04	21/40 1115. 53	83/160 1136. 26	41/80 1157. 25	81/160 1178. 49	1/2 1199. 99
	弦	2/3 702	89/180 19. 34*	22/45 38. 90*	29/60 58. 69*	43/90 78. 70*	17/36 98. 95*	21/45 119. 44*	83/180 140. 17*	41/90 161. 16*	9/20 182. 40*	4/9 203. 90*
	弦	3/5 884	89/200 201. 74*	11/25 221. 30*	87/200 241. 09*	43/100 261. 10*	17/40 281. 35*	21/50 301. 84*	83/200 322. 58*	41/100 343. 56*	81/200 364. 80*	2/5 386. 31*
		16/27 906	178/405 223. 25*	176/405 242. 81*	58/135 262. 60*	172/405 282. 61*	34/81 302. 86*	56/135 323. 35*	166/405 344. 08*	164/405 365. 07*	2/5 386. 31*	32/81 407. 81*

各徽分波长			8徽0—9分波长：$\frac{1}{150}$（90—99）×各弦弦长比例									
徽分			9	8	7	6	5	4	3	2	1	0
各弦长比例及音分数	弦	1 0	33/50 719. 35	49/75 736. 93	97/150 754. 68	16/25 772. 62	19/30 790. 75	47/75 809. 07	31/50 827. 59	46/75 846. 30	91/150 865. 22	3/5 884. 35
	弦	9/10 182	297/500 901. 75	147/250 919. 33	291/500 937. 09	72/125 955. 03	57/100 973. 15	141/250 991. 47	279/500 1009. 99	138/250 1028. 71	273/500 1047. 63	27/50 1066. 76
		8/9 204	44/75 923. 26	392/675 940. 84	388/675 958. 59	128/225 976. 53	76/135 994. 66	376/675 1012. 98	127/225 1031. 50	368/675 1050. 21	364/675 1069. 13	8/15 1088. 26
	弦	3/4 498	99/200 17. 39*	49/100 34. 97*	97/200 52. 73*	12/25 70. 67*	19/40 88. 80*	47/100 107. 12*	93/200 125. 63*	23/50 144. 35*	91/200 163. 27*	9/20 182. 40*
	弦	2/3 702	11/25 221. 30*	98/225 238. 88*	97/225 256. 64*	32/75 274. 58*	19/45 292. 71*	94/225 311. 03*	31/75 329. 54*	95/225 348. 26*	91/225 367. 18*	2/5 386. 31*
	弦	3/5 884	99/250 403. 71*	49/125 421. 28*	97/250 439. 04*	48/125 456. 98*	19/50 475. 11*	47/125 493. 43*	93/250 511. 95*	46/125 530. 66*	91/250 549. 58*	9/25 568. 71*
		16/27 906	88/225 425. 21*	784/2025 442. 79*	776/2025 460. 55*	256/675 478. 49*	152/405 496. 62*	752/2025 514. 94*	248/675 533. 45*	736/2025 552. 17*	728/2025 571. 09*	16/25 590. 22*

（续表）

各徽分波长			7徽0—9分波长：$\frac{1}{100}$（50—59）×各弦弦长比例									
徽分			9	8	7	6	5	4	3	2	1	0
各弦长比例及音分数	弦	$\frac{1}{0}$	$\frac{59}{100}$ 913.45	$\frac{29}{50}$ 943.05	$\frac{57}{100}$ 973.15	$\frac{14}{25}$ 1003.80	$\frac{11}{20}$ 1034.99	$\frac{27}{50}$ 1066.76	$\frac{53}{100}$ 1099.12	$\frac{13}{25}$ 1132.09	$\frac{51}{100}$ 1165.71	$\frac{1}{2}$ 1199.99
	弦	$\frac{9}{10}$ 182	$\frac{531}{1000}$ 1095.85	$\frac{261}{500}$ 1125.45	$\frac{513}{1000}$ 1155.56	$\frac{63}{125}$ 1186.20	$\frac{99}{200}$ 17.39*	$\frac{243}{500}$ 49.16*	$\frac{477}{1000}$ 81.52*	$\frac{117}{250}$ 114.50*	$\frac{459}{1000}$ 148.12*	$\frac{9}{20}$ 181.40*
		$\frac{8}{9}$ 204	$\frac{118}{225}$ 117.36	$\frac{116}{225}$ 1146.96	$\frac{114}{225}$ 1177.06	$\frac{112}{225}$ 7.71*	$\frac{22}{45}$ 38.90*	$\frac{12}{25}$ 70.67*	$\frac{106}{225}$ 103.03*	$\frac{104}{225}$ 136.00*	$\frac{102}{225}$ 169.62*	$\frac{4}{9}$ 203.90*
	弦	$\frac{3}{4}$ 498	$\frac{177}{400}$ 211.50*	$\frac{87}{200}$ 241.09*	$\frac{171}{400}$ 271.20*	$\frac{21}{50}$ 301.84*	$\frac{33}{80}$ 333.04*	$\frac{81}{200}$ 364.80*	$\frac{159}{400}$ 397.16*	$\frac{39}{100}$ 430.14*	$\frac{153}{400}$ 463.76*	$\frac{3}{8}$ 498.04*
	弦	$\frac{2}{3}$ 702	$\frac{59}{150}$ 415.41*	$\frac{29}{75}$ 445.00*	$\frac{19}{50}$ 475.11*	$\frac{28}{75}$ 505.75*	$\frac{11}{30}$ 536.95*	$\frac{9}{25}$ 568.71*	$\frac{53}{150}$ 601.07*	$\frac{26}{75}$ 634.05*	$\frac{17}{50}$ 667.67*	$\frac{1}{3}$ 701.95*
	弦	$\frac{3}{5}$ 884	$\frac{177}{500}$ 597.81*	$\frac{87}{250}$ 627.40*	$\frac{171}{500}$ 657.51*	$\frac{42}{125}$ 688.16*	$\frac{33}{100}$ 719.35*	$\frac{81}{250}$ 751.12*	$\frac{159}{500}$ 783.48*	$\frac{39}{125}$ 816.45*	$\frac{153}{500}$ 850.07*	$\frac{3}{10}$ 884.35*
		$\frac{16}{27}$ 906	$\frac{236}{675}$ 619.32*	$\frac{232}{675}$ 648.91*	$\frac{228}{675}$ 679.02*	$\frac{224}{675}$ 709.66*	$\frac{44}{135}$ 740.86*	$\frac{8}{25}$ 772.62*	$\frac{212}{675}$ 804.98*	$\frac{208}{675}$ 837.96*	$\frac{68}{225}$ 871.58*	$\frac{8}{27}$ 905.86*

各徽分波长			6徽0—9分波长：$\frac{1}{100}$（40—49）×各弦弦长比例									
徽分			9	8	7	6	5	4	3	2	1	0
各弦长比例及音分数	弦	$\frac{1}{0}$	$\frac{49}{100}$ 34.97*	$\frac{12}{25}$ 70.67*	$\frac{47}{100}$ 107.12*	$\frac{23}{50}$ 144.35*	$\frac{9}{20}$ 182.40*	$\frac{11}{25}$ 221.30*	$\frac{43}{100}$ 261.10*	$\frac{21}{50}$ 301.84*	$\frac{41}{100}$ 343.56*	$\frac{2}{5}$ 386.31*
	弦	$\frac{9}{10}$ 182	$\frac{441}{1000}$ 217.37*	$\frac{108}{250}$ 253.07*	$\frac{423}{1000}$ 289.52*	$\frac{207}{500}$ 326.75*	$\frac{81}{200}$ 364.80*	$\frac{99}{250}$ 403.71*	$\frac{387}{1000}$ 443.51*	$\frac{189}{500}$ 484.25*	$\frac{369}{1000}$ 525.96*	$\frac{9}{25}$ 568.71*
		$\frac{8}{9}$ 204	$\frac{98}{225}$ 238.88*	$\frac{32}{75}$ 274.58*	$\frac{94}{225}$ 311.03*	$\frac{92}{225}$ 348.26*	$\frac{2}{5}$ 386.31*	$\frac{88}{225}$ 425.21*	$\frac{86}{28}$ 465.01*	$\frac{28}{75}$ 505.75*	$\frac{82}{225}$ 547.47*	$\frac{16}{45}$ 590.22*
	弦	$\frac{3}{4}$ 498.	$\frac{147}{400}$ 533.02*	$\frac{9}{25}$ 568.71*	$\frac{141}{400}$ 605.16*	$\frac{69}{200}$ 642.39*	$\frac{27}{80}$ 680.44*	$\frac{33}{100}$ 719.35*	$\frac{129}{400}$ 759.16*	$\frac{63}{200}$ 799.89*	$\frac{123}{400}$ 841.61*	$\frac{3}{10}$ 884.35*
	弦	$\frac{2}{3}$ 702	$\frac{49}{150}$ 736.93*	$\frac{8}{25}$ 772.62*	$\frac{47}{150}$ 809.07*	$\frac{23}{75}$ 846.30*	$\frac{3}{10}$ 884.35*	$\frac{22}{75}$ 923.26*	$\frac{43}{150}$ 963.06*	$\frac{7}{25}$ 1003.80*	$\frac{41}{150}$ 1045.52*	$\frac{4}{15}$ 1088.26*
	弦	$\frac{3}{5}$ 884	$\frac{147}{500}$ 919.33*	$\frac{36}{125}$ 955.03*	$\frac{141}{500}$ 991.47*	$\frac{69}{250}$ 1028.71*	$\frac{27}{100}$ 1066.76*	$\frac{33}{125}$ 1105.66*	$\frac{129}{500}$ 1145.46*	$\frac{63}{250}$ 1186.20*	$\frac{123}{500}$ 27.92*	$\frac{6}{25}$ 70.67**
		$\frac{16}{27}$ 906	$\frac{196}{675}$ 940.84*	$\frac{64}{225}$ 976.53*	$\frac{188}{675}$ 1012.98*	$\frac{184}{675}$ 1050.21*	$\frac{4}{15}$ 1088.26*	$\frac{176}{675}$ 1127.17*	$\frac{172}{675}$ 1166.97*	$\frac{56}{225}$ 7.71**	$\frac{164}{675}$ 49.43**	$\frac{32}{135}$ 92.17**

（续表）

各徽分波长			5徽0—9分波长：$\frac{1}{150}$（50—59）×各弦弦长比例									
徽分			9	8	7	6	5	4	3	2	1	0
各弦长比例及音分数	弦	1 0	$\frac{59}{150}$ 415.41*	$\frac{29}{75}$ 445.00*	$\frac{19}{50}$ 475.11*	$\frac{28}{75}$ 505.75*	$\frac{11}{30}$ 536.95*	$\frac{9}{25}$ 568.71*	$\frac{53}{150}$ 601.07*	$\frac{26}{75}$ 634.05*	$\frac{17}{50}$ 667.67*	$\frac{1}{3}$ 701.95*
	弦	$\frac{9}{10}$ 182	$\frac{177}{500}$ 597.81*	$\frac{87}{250}$ 627.40*	$\frac{171}{500}$ 657.51*	$\frac{42}{125}$ 688.16*	$\frac{33}{100}$ 719.35*	$\frac{81}{250}$ 751.12*	$\frac{159}{500}$ 783.48*	$\frac{39}{125}$ 816.45*	$\frac{153}{500}$ 850.07*	$\frac{3}{10}$ 884.35*
		$\frac{8}{9}$ 204	$\frac{236}{675}$ 619.31*	$\frac{232}{675}$ 648.91*	$\frac{76}{225}$ 679.02*	$\frac{224}{675}$ 709.66*	$\frac{44}{135}$ 740.86*	$\frac{8}{25}$ 772.62*	$\frac{212}{675}$ 804.98*	$\frac{208}{675}$ 837.96*	$\frac{68}{225}$ 871.58*	$\frac{8}{27}$ 905.86*
	弦	$\frac{3}{4}$ 498	$\frac{59}{200}$ 913.45*	$\frac{29}{100}$ 943.05*	$\frac{57}{200}$ 973.15*	$\frac{7}{25}$ 1003.80*	$\frac{11}{40}$ 1034.99*	$\frac{27}{100}$ 1066.76*	$\frac{53}{200}$ 1099.12*	$\frac{13}{50}$ 1132.09*	$\frac{51}{200}$ 1165.71*	$\frac{1}{4}$ 1199.99*
	弦	$\frac{2}{3}$ 702	$\frac{59}{225}$ 1117.36*	$\frac{58}{225}$ 1146.96*	$\frac{19}{75}$ 1177.06*	$\frac{56}{225}$ 7.71**	$\frac{11}{45}$ 38.90**	$\frac{6}{25}$ 70.67**	$\frac{53}{225}$ 103.03**	$\frac{52}{225}$ 136.00**	$\frac{17}{75}$ 169.62**	$\frac{8}{9}$ 203.90**
	弦	$\frac{3}{5}$ 884	$\frac{59}{250}$ 99.76**	$\frac{29}{125}$ 129.36**	$\frac{57}{250}$ 159.47**	$\frac{28}{125}$ 190.11**	$\frac{11}{50}$ 221.30**	$\frac{27}{125}$ 253.07**	$\frac{53}{250}$ 285.43**	$\frac{26}{125}$ 318.41**	$\frac{51}{250}$ 352.03**	$\frac{1}{5}$ 386.31**
		$\frac{16}{27}$ 906	$\frac{472}{2025}$ 121.27**	$\frac{464}{2025}$ 150.87**	$\frac{152}{675}$ 180.97**	$\frac{448}{2025}$ 211.62**	$\frac{88}{405}$ 642.81**	$\frac{16}{75}$ 274.58**	$\frac{424}{2025}$ 306.94**	$\frac{416}{2025}$ 339.91**	$\frac{136}{675}$ 373.53**	$\frac{16}{81}$ 407.81**
各徽分波长			4徽0—9分波长：$\frac{1}{120}$（30—39）×各弦弦长比例									
徽分			9	8	7	6	5	4	3	2	1	0
各弦长比例及音分数	弦	1 0	$\frac{13}{40}$ 745.78*	$\frac{19}{60}$ 790.75*	$\frac{37}{120}$ 836.92*	$\frac{3}{10}$ 884.35*	$\frac{7}{24}$ 933.12*	$\frac{17}{60}$ 983.31*	$\frac{11}{40}$ 1034.99*	$\frac{4}{15}$ 1088.26*	$\frac{31}{120}$ 1143.23*	$\frac{1}{4}$ 1199.99*
	弦	$\frac{9}{10}$ 182	$\frac{117}{400}$ 928.18*	$\frac{57}{200}$ 973.15*	$\frac{111}{400}$ 1019.32*	$\frac{27}{100}$ 1066.75*	$\frac{21}{80}$ 1115.53*	$\frac{51}{200}$ 1165.71*	$\frac{99}{400}$ 17.39**	$\frac{6}{25}$ 70.67**	$\frac{39}{400}$ 125.63**	$\frac{9}{40}$ 182.40**
		$\frac{8}{9}$ 204	$\frac{13}{45}$ 949.69*	$\frac{38}{135}$ 994.66*	$\frac{37}{135}$ 1040.83*	$\frac{4}{15}$ 1088.26*	$\frac{7}{27}$ 1137.03*	$\frac{34}{135}$ 1187.22*	$\frac{11}{45}$ 38.90*	$\frac{32}{135}$ 92.17*	$\frac{31}{135}$ 147.14*	$\frac{2}{9}$ 203.90*
	弦	$\frac{3}{4}$ 498	$\frac{39}{160}$ 43.83**	$\frac{19}{80}$ 88.80**	$\frac{37}{160}$ 134.96**	$\frac{9}{40}$ 182.40**	$\frac{7}{32}$ 231.17**	$\frac{17}{80}$ 281.35**	$\frac{33}{160}$ 333.04**	$\frac{1}{5}$ 386.31**	$\frac{31}{160}$ 441.27**	$\frac{3}{16}$ 498.04**
	弦	$\frac{2}{3}$ 702	$\frac{13}{60}$ 247.74**	$\frac{19}{90}$ 292.71**	$\frac{37}{180}$ 338.87**	$\frac{1}{5}$ 386.31**	$\frac{7}{36}$ 435.08**	$\frac{17}{90}$ 485.26**	$\frac{11}{60}$ 536.95**	$\frac{8}{45}$ 590.22**	$\frac{31}{180}$ 645.18**	$\frac{1}{6}$ 701.95**
	弦	$\frac{3}{5}$ 884	$\frac{39}{200}$ 430.74**	$\frac{19}{100}$ 475.11**	$\frac{37}{200}$ 521.28**	$\frac{9}{50}$ 568.71**	$\frac{7}{40}$ 617.48**	$\frac{17}{100}$ 667.67**	$\frac{33}{200}$ 719.35**	$\frac{4}{25}$ 772.62**	$\frac{31}{200}$ 827.59**	$\frac{3}{20}$ 884.35**
		$\frac{16}{27}$ 906	$\frac{26}{135}$ 451.65**	$\frac{76}{405}$ 496.62**	$\frac{74}{405}$ 542.78**	$\frac{8}{45}$ 590.22**	$\frac{14}{81}$ 638.99**	$\frac{68}{405}$ 689.17**	$\frac{22}{135}$ 740.86**	$\frac{64}{135}$ 794.13**	$\frac{64}{405}$ 849.09**	$\frac{4}{27}$ 905.86**

注：4—5徽间各徽分音分数为1—2徽间各徽分音分数的一半，4—5徽间各徽分弦长比例为1—2徽间各徽分弦长比例的一倍；5—6徽间各徽分音分数为2—3徽间各徽分音分数的一半，5—6徽间各徽分弦长比例为2—3徽间各徽分弦长比例的一倍；6—7徽间各徽分音分数为3—4徽间各徽分音分数的一半，6—7徽间各徽分弦长比例为3—4徽间各徽分弦长比例的一倍。

参考文献

（按时间顺序）

一、学术著述——专著与编著

1. 靳云鹏：《新郑出土古器物图志》，“周蟠虺钟”（天字1号—天字21号），1923年12月版。

2. 关百益：《新郑古器图录》——乐器类（第一）“钟属二十三器”之特钟（四器：1—4号、图一—图四）、甲类编钟（九器：5—13号、图五—图七）、乙类编钟（十器：14—23号、图八—图十），1929年5月第1版。

3. 容庚：《商周彝器通考》（上册），哈佛燕京学社1941年版，1941年中国社会科学院考古所重编入藏。

4. 杨荫浏：《中国音乐史纲》，1947年1月完成并刻写，油印。上海：万叶书店1952年版，1953年再版。

5. 中央音乐学院民族音乐研究所编：《中国音乐史参考图片》第1辑，新音乐出版社1954年版。

6. 郭沫若：《两周金文辞大系图录考释》，1932年影印本，科学出版社1957年出增订本。

7. 郭沫若：《两周金文辞大系图录》之四“图说——彝器形象学试探”（中国科学院考古研究所编辑），科学出版社1958年1月第1版。

8. 中国科学院考古研究所：《上村岭虢国墓地》，科学出版社1959年10月第1版。

9. 中央音乐学院中国音乐研究所编：《中国古代音乐史料辑要》第一辑，中华书局1962年11月第1版。

10. 陕西省博物馆等：《扶风齐家村青铜器群》，文物出版社1963年6月第1版。

11. 中国科学院考古研究所等：《西安半坡》，文物出版社1963年9月第1版。

12. 陕西省考古研究所、陕西省博物馆等编：《陕西出土商周青铜器》（二），文物出版社1980年6月第1版。

13. 中国社会科学院考古研究所：《殷墟妇好墓》，文物出版社 1980 年 12 月第 1 版。

14. 杨荫浏：《中国古代音乐史稿》，人民音乐出版社 1981 年 2 月第 1 版。

15. 郭宝钧：《商周铜器群综合研究》，文物出版社 1981 年 12 月第 1 版。

16. （汉）许慎撰，（清）段玉裁注：《说文解字注》，上海古籍出版社 1981 年版。

17. 马承源：《中国古代青铜器》，上海人民出版社 1982 年第 1 版。

18. 河南省文物研究所：《信阳楚墓》图版六（VI）—图版一二（XII），文物出版社 1986 年 3 月第 1 版。

19. 杨荫浏：《杨荫浏音乐论文选集》，上海文艺出版社 1986 年 6 月第 1 版。

20. （明）朱载堉撰，冯文慈点注：《律学新说》，人民音乐出版社 1986 年 9 月第 1 版。

21. 马承源：《商周青铜器铭文选》（四），文物出版社 1988 年 4 月第 1 版。

22. 中国社会科学院考古研究所：《殷周金文集成》二，图版 380—381、图版 405—407，中华书局 1988 年 4 月第 1 版。

23. 山东省兖石铁路文物考古工作队：《临沂凤凰岭东周墓》（罗鹭凌撰），齐鲁书社 1988 年 9 月第 1 版。

24. 半坡博物馆等：《姜寨——新石器时代遗址发掘报告》，文物出版社 1988 年 10 月第 1 版。

25. 卢连成等：《宝鸡㢘国墓地》上册：7 号墓；下册：图版四三（XLIII）、图版一五五（CLV），文物出版社 1988 年 12 月第 1 版。

26. 湖北省博物馆：《曾侯乙墓》（上），文物出版社 1989 年 7 月第 1 版。

27. 山东省文物考古研究所、青州市博物馆：《青州市苏埠屯商代墓地发掘报告》，张学海主编《海岱考古》第一辑，山东大学出版社 1989 年 9 月第 1 版。

28. 黄翔鹏：《传统是一条河流》，人民音乐出版社 1990 年 10 月第 1 版。

29. 《大戴礼记解诂》卷一，中华书局 1992 年版。

30. 黄翔鹏：《溯流探源——中国传统音乐研究》，人民音乐出版社 1993 年 2 月第 1 版。

31. 山西省考古研究所：《侯马铸铜遗址》（*Bronze Foundry Sites at Hou Ma*）（上），文物出版社 1993 年 11 月第 1 版。

32. 山西省考古研究所：《上马墓地》，文物出版社 1994 年 3 月第 1 版。

33. 《汉语大字典》（下），四川辞书出版社、湖北辞书出版社 1995 年 5 月第 1 版。

34. 缪天瑞：《律学》，人民音乐出版社 1996 年 1 月第 3 版。

35. 李纯一：《中国上古出土乐器综论》，文物出版社 1996 年 8 月第 1 版。

36. 王子初：《中国音乐文物大系 · 湖北卷》，大象出版社 1996 年 10 月第 1 版。

37. 方建军、黄崇文主编：《中国音乐文物大系・陕西、天津卷》，大象出版社 1996 年 11 月第 1 版。

38. 袁荃猷主编：《中国音乐文物大系・北京卷》，大象出版社 1996 年 11 月第 1 版。

39. 赵世纲主编：《中国音乐文物大系・河南卷》，大象出版社 1996 年 12 月第 1 版。

40. 马承源、王子初主编：《中国音乐文物大系・上海、江苏卷》，大象出版社 1996 年 12 月第 1 版。

41. 山西省考古研究所、太原市文管会编，陶正刚、侯毅、渠川福著：《太原晋国赵卿墓》，文物出版社 1996 年 12 月第 1 版。

42. 王子初：《太原晋国赵卿墓铜编镈和石编磬研究》，原载山西省考古研究所编《太原晋国赵卿墓》，文物出版社 1996 年 12 月第 1 版。

43. 严福昌、肖宗弟：《中国音乐文物大系・四川卷》，大象出版社 1996 年 12 月第 1 版。

44. 崔宪：《曾侯乙编钟钟铭校释及其律学研究》，人民音乐出版社 1997 年 9 月第 1 版。

45. 黄翔鹏：《中国人的音乐和音乐学》，山东文艺出版社 1997 年 3 月第 1 版。

46. 齐国故城遗址博物馆、淄博市博物馆：《临淄商王墓地》，齐鲁书社 1997 年 5 月第 1 版。

47. 郑汝中、玉祥：《中国音乐文物大系・甘肃卷》，大象出版社 1998 年 9 月第 1 版。

48. 高至喜：《商周青铜器与楚文化研究》，岳麓书社 1999 年 6 月第 1 版。

49. 河南省文物考古研究所、三门峡市文物工作队：《三门峡虢国墓》（第一卷・上）、图版二一—二三，附录五——王子初、李秀萍、姜涛：《虢季编钟的音乐学分析》，文物出版社 1999 年 6 月第 1 版。

50. 项阳、陶正刚：《中国音乐文物大系・山西卷》，大象出版社 2000 年 6 月第 1 版。

51. 黄翔鹏：《乐问》，中央音乐学院出版社 2000 年 7 月第 1 版。

52. 王子初、王芸：《文物与音乐》，东方出版社 2000 年 11 月第 1 版。

53. 丘光明、邱隆、杨平：《中国科学技术史・度量衡卷》，科学出版社 2001 年 6 月第 1 版。

54. 赵宋光：《赵宋光论文集》之“音乐理论领域”系列论文，花城出版社 2001 年 12 月第 1 版。

55. 周昌富、温增源主编：《中国音乐文物大系・山东卷》，大象出版社 2001 年 12 月第 1 版。

56. 陈双新：《两周青铜乐器铭辞研究》，河北大学出版社 2002 年 12 月第 1 版。

57. 王子初：《中国音乐考古学》，福建教育出版社 2003 年 8 月第 1 版。

58. 王子初：《残钟录》，上海音乐学院出版社 2004 年 7 月第 1 版。

59. 崔宪：《探律集》，上海音乐学院出版社 2004 年 7 月第 1 版。

60. 河南文物考古研究所：《固始侯古堆一号墓》，大象出版社 2004 年 11 月第 1 版。

二、学术论文

61. 许敬参：《编钟编磬说》，《河南省博物馆馆刊》第九集，1937 年 5 月第 1 版。

62. 马得志、周永珍、张云鹏：《一九五三年安阳大司空村发掘报告》，《考古学报》1955 年 9 月第 9 期。

63. 陈梦家：《西周铜器断代》（五），《考古学报》1956 年 9 月第 3 期。

64. 陕西省文物管理委员会：《长安普渡村西周墓的发掘》，《考古学报》1957 年 3 月第 1 期。

65. 赵青云、赵世纲：《1958 年春河南安阳大司空村殷代墓葬发掘简报》，《考古通讯》1958 年 10 月第 10 期。

66. 黄河水库考古工作队：《1957 年河南陕县发掘简报》，《考古通讯》1958 年 11 月第 11 期。

67. 杨荫浏：《信阳出土春秋编钟的音律》，《音乐研究》1959 年 3 月第 1 期。

68. 王世民：《陕县后川 2040 号墓的年代问题》，《考古》1959 年 5 月第 5 期。

69. 郭宝钧：《山彪镇与琉璃阁》、图版二—七，科学出版社《考古专刊》1959 年 9 月第 1 版。

70. 高至喜：《中国南方出土商周铜铙概论》，《湖南考古辑刊》1959 年第 2 辑。

71. 江苏省文物管理委员会、南京博物院：《江苏六合程桥东周墓》，《考古》1965 年 3 月第 3 期。

72. 齐文涛：《概述近年来山东出土的商周青铜器》，《文物》1972 年 5 月第 5 期。

73. 陈邦怀：《克镈简介》，《文物》1972 年 6 月第 6 期。

74. 四川省博物馆、重庆市博物馆、涪陵县文化馆：《四川涪陵小田溪战国土坑墓清理简报》，《文物》1974 年 5 月第 5 期。

75. 山西省文物工作委员会晋东南工作组、长治市博物馆：《长治分水岭 269、270 号东周墓》，《考古学报》1974 年 11 月第 2 期。

76. 邓少琴：《四川涪陵新出土的错金编钟》，《文物》1974 年 12 月第 12 期。

77. 杨宝顺：《温县出土的商代铜器》，《文物》1975 年 2 月第 2 期。

78. 韧松等：《“记陕西蓝田县新出土的应侯钟”一文补正》，《文物》1977 年 8 月第 8 期。

79. 黄翔鹏:《新石器和青铜时代的已知音响资料与我国音阶发展史问题》(上、下),《音乐论丛》(一)1978 年第 1 辑、第 3 辑。

80. 陕西周原考古队:《陕西扶风庄白一号西周青铜器窖藏发掘简报》,《文物》1978 年 3 月第 3 期。

81. 山东省博物馆、临沂地区文物组、莒南县文化馆:《莒南大店春秋时期莒国殉人墓》,《考古学报》1978 年 7 月第 3 期。

82. 吕骥:《从原始氏族社会到殷代的几种陶埙探索我国五声音阶的形成年代》,《文物》1978 年 10 月第 10 期。

83. 卢连成、杨满仓:《陕西宝鸡县太公庙村发现秦公钟、秦公镈》,《文物》1978 年 11 月第 11 期。

84. 中国社会科学院考古研究所安阳工作队:《1969—1977 年殷墟西区墓葬发掘报告》,《考古学报》1979 年 1 月第 1 期。

85. 黄翔鹏:《释“楚商”》,《文艺研究》1979 年 4 月第 2 期。

86. 唐兰:《中国青铜器的起源与发展》,《故宫博物院院刊》(文物出版社)1979 年 5 月第 1 期。

87. 黄翔鹏:《先秦音乐文化的光辉创造——曾侯乙墓的古乐器》,《文物》1979 年 7 月第 7 期。

88. 杨荫浏:《管律辨讹》,《文艺研究》1979 年 10 月第 4 期。

89. 蒋英炬:《三十年来山东省文物考古工作》,《文物考古工作三十年 1949—1979》,文物出版社 1979 年 11 月第 1 版。

90. 黄翔鹏:《用乐音系列记录下来的历史阶段——先秦编钟音阶结构的断代研究》,1980 年 4 月应文物局出国文展之邀而作。

91. 陈通、郑大瑞:《古编钟的声学特征》,《声学学报》1980 年 8 月第 3 期。

92. 夏野:《中国古代音阶、调式的发展和演变》,《音乐论丛》1980 年第 3 辑。

93. 马承源:《商周青铜双音钟》,《考古学报》1981 年 1 月第 1 期。

94. 固始侯古堆一号墓发掘组:《固始侯古堆一号墓的发掘》,《文物》1981 年 1 月第 1 期。

95. 曹发展、陈国英:《咸阳地区出土青铜器》,《考古与文物》1981 年 3 月第 1 期。

96. 杨荫浏:《三律考》,《音乐研究》1982 年 1 月第 1 期。

97. 陈应时:《论证中国古代的纯律理论》,《中央音乐学院学报》1983 年 3 月第 1 期。

98. 黄翔鹏:《“琴律”研究》,《中央音乐学院学报》1983 年 1 月第 1 期。

99. 李纯一:《曾侯乙墓编磬铭文初研》,《音乐艺术》1983 年 1 月第 1 期。

100. 李成渝：《曾侯乙编磬的初步研究》，《音乐研究》1983 年 3 月第 1 期。

101. 黄翔鹏：《中国古代律学——一种具有民族文化特点的科学遗产》，《音乐研究》1983 年 12 月第 4 期。

102. 黄翔鹏：《音乐考古学在民族音乐形态研究中的作用》，《人民音乐》1983 年 8 月第 8 期。

103. 高至喜：《论湖南出土的西周铜器》，《江汉考古》1984 年第 3 期。

104. 童忠良：《曾侯乙编钟的三度关系——兼论中西乐律若干问题的比较》，《人民音乐》1984 年 5 月第 5 期。

105. 李成渝：《磬簨编列辨证——曾侯乙编磬研究之二》，《中央音乐学院学报》1984 年 6 月第 3 期。

106. 赵宋光：《理论律学的基本方法》，《音乐艺术》1984 年 9 月第 3 期。

107. 黄翔鹏：《律学史上的伟大成就及其思想启示——纪念朱载堉〈律学新说〉成书四百周年》，为《中国大百科全书・音乐舞蹈卷》“中国古代乐律学”条释文，写于 1984 年 8 月。

108. 高至喜：《湖南出土的西周乐器》，《江汉考古》1984 年 8 月第 3 期。

109. 罗勋章：《刘家店子春秋墓琐考》，《文物》1984 年 9 月第 9 期。

110. 山东省文物考古研究所、沂水县文物管理站：《山东沂水刘家店子春秋墓发掘简报》，《文物》1984 年 9 月第 9 期。

111. 尹德生：《原始社会末期的旋律乐器——甘肃玉门火烧沟陶埙初探》，《西北师院学报》1984 年 9 月第 3 期。

112. 高西省、侯若斌：《扶风发现一铜器窖藏》，《文博》1985 年 1 月第 1 期。

113. 李纯一：《曾侯乙墓编钟的编次和乐悬》，《音乐研究》1985 年 6 月第 2 期。

114. E . G. 麦克伦著，黄翔鹏、孟宪福译：《曾侯乙青铜编钟——巴比伦的生物物理学在古中国》，原稿载 1985 年 8 月号《社会生物工程》杂志（*Journal of Social Biologic structure*），译文载《中国音乐学》1986 年 7 月第 3 期。

115. 黄翔鹏：《中国传统音调的数理逻辑关系问题》，《中国音乐学》1986 年 7 月第 3 期。

116. 郑祖襄：《“徽”字与徽位——兼考古琴徽位产生的历史年代》，《中央音乐学院学报》1986 年 12 月第 4 期。

117. 南京博物院、东海县图书馆：《江苏东海庙墩遗址和墓葬》，《考古》（科学出版社）1986 年 12 月第 12 期。

118. 蔡秀兰、郑敏华、陈通：《古钟形状和特性》，《声学学报》1987 年 3 月第 2 期（第 12 卷）。

119. 刘怀君：《眉县出土一批西周窖藏青铜乐器》，《文博》1987 年 4 月第 2 期。

120. 饶宗颐：《说琴徽——答马顺之教授书》，《中国音乐学》1987 年 7 月第 3 期。

121. 山东诸城县博物馆：《山东诸城臧家庄与葛布口村战国墓》，《文物》1987 年 12 月第 12 期。

122. 孙清远、廖佳行：《河南平顶山发现西周甬钟》，《考古》（科学出版社）1988 年 5 月第 5 期。

123. 郑祖襄：《再谈“徽”字与徽位》，《中国音乐学》1988 年 7 月第 3 期。

124. 冯洁轩：《说徽》，《中国音乐学》1988 年 10 月第 4 期。

125. 江苏省丹徒考古队：《江苏丹徒北山顶春秋墓发掘报告》，《东南文化》1988 年第 3、4 期合刊。

126. 崔宪：《曾侯乙编钟宫调关系浅析》，《黄钟》1988 年 10 月第 4 期。

127. 方建军：《先商和商代埙的类型与音列》，《中国音乐学》1988 年 10 月第 4 期。

128. 郑荣达：《试探先秦双音编钟的设计构想》，《黄钟》1988 年 10 月第 4 期。

129. 中国社会科学院考古研究所安阳工作队：《安阳大司空村东南的一座殷墓》，《考古》（科学出版社）1988 年 10 月第 10 期。

130. 杨匡民：《曾侯乙编钟音列及其它》，《黄钟》1988 年 10 月第 4 期。

131. 于书吉：《古编钟的音频特性》，《黄钟》1988 年 10 月第 4 期。

132. 王庆沅：《曾侯乙编钟与兴山体系民歌的定律结构》，《黄钟》1988 年 10 月第 4 期。

133. 童忠良、郑荣达：《荆州民歌的三度重叠与纯律因素——兼论湖北民间音乐与曾侯乙编钟乐律的比较》，《黄钟》1988 年 10 月第 4 期。

134. 童忠良：《百钟探寻——擂鼓墩一、二号墓出土编钟的比较》，《黄钟》1988 年 10 月第 4 期。

135. 冯光生：《曾侯乙编钟若干问题浅论》，“中国古代科学文化国际交流 · 曾侯乙编钟专题活动”论文，1988 年武汉。

136. 黄翔鹏：《舞阳贾湖骨笛的测音研究》，《文物》1989 年 1 月第 1 期。

137. 黄翔鹏：《均钟考——曾侯乙五弦器研究》，《黄钟》1989 年 1、4 月第 1、2 期。

138. 黄翔鹏：《中国乐律学史》《中国传统乐律学》《琴律》，均出自《中国大百科全书 · 音乐舞蹈卷》，中国大百科全书出版社 1989 年 4 月版。

139. 丁承运：《清商三调音阶调式考索》，《音乐研究》1989 年 6 月第 2 期。

140. 饶宗颐：《说弜兼论琴徽》，《中国音乐学》1989 年 7 月第 3 期。

141. 吴钊：《释“徽”》，《中国音乐学》1989 年 7 月第 3 期。

142. 应有勤、孙克仁：《曾侯乙编磬“间音”新解与编列研究》，《中国音乐学》

1989 年 10 月第 4 期。

143. 秦序：《先秦编钟“双音”规律的发现与研究》，《中国音乐学》1990 年 7 月第 3 期。

144. 方建军：《河南出土殷商编铙初论》，《中国音乐学》1990 年 7 月第 3 期。

145. 吴钊：《〈论先商埙与商埙的类型和音列〉商讨一则》，《中国音乐学》1990 年第 3 期。

146. 王子初：《山西太原金胜村 251 号大墓出土编镈的乐学研究》，《中国音乐学》1991 年 1 月第 1 期。

147. 中国社会科学院考古研究所安阳工作队：《安阳郭家庄 160 号墓》，《考古》1991 年 5 月第 5 期。

148. 陈佩芬：《繁卣、趞鼎及梁其钟铭文诠释》，《上海博物馆集刊》第 2 期，上海书画出版社 1991 年 6 月第 1 版。

149. 安阳市文物工作队：《安阳市戚家庄东 269 号墓》，《考古学报》1991 年 7 月第 3 期。

150. 河南省文物研究所等：《淅川下寺春秋楚墓》，文物出版社 1991 年 10 月第 1 版。

151. 温增源：《诸城公孙朝子编钟及其相关问题》，《齐鲁艺苑》1992 年 3 月第 1 期。

152. 童忠良：《舞阳贾湖骨笛的音孔设计与宫调特点》，《中国音乐学》1992 年 7 月第 3 期。

153. 黄翔鹏：《楚风苗歈和夏代“九歌”的音乐遗踪》，《文艺研究》1992 年 6 月第 2 期。

154. 河南省文物研究所：《三门峡上村岭虢国墓地 M2001 发掘简报》，《华夏考古》1992 年 9 月第 3 期。

155. 李曙明：《复频弹性十二律吕——国际通行的五度相生律、纯律、十二平均律等三种律制变通规范》，《音乐研究》1993 年 3 月第 1 期。

156. 黄翔鹏：《“曾龠”钟每钟两音音名与阶名的乐律学分析》，《溯流探源——中国传统音乐研究》，人民音乐出版社 1993 年 2 月第 1 版。

157. 戴念祖：《中国、希腊和巴比伦：古代东西方的乐律传播问题》，《中国音乐学》1993 年 7 月第 3 期。

158. 北京大学考古学系、山西省考古研究所：《天马—曲村遗址北赵晋侯墓地第二次发掘》，《文物》1994 年 1 月第 1 期。

159. 蔡全法、马俊才：《新郑郑韩故城金城路考古取得重大成果》，《中国文物报》1994 年 1 月 2 日第 1 版。

160. 原思训等：《碳十四年代测定报告》（九），《文物》1994 年 4 月第 4 期。

161. 北京大学考古系刘绪、罗新：《天马—曲村遗址晋侯墓地及相关问题》，《三晋考古》第一辑，山西人民出版社 1994 年 7 月第 1 版。

162. 刘一俊、冯沂：《山东郯城县二中战国墓的清理》，《考古》1996 年 3 月第 3 期。

163. 李学勤：《晋侯稣编钟的时、地、人》，《中国文物报》1996 年 12 月 1 日第 3 版。

164. 王子初：《珠海郭氏藏西汉宗庙编磬研究》，《文物》1997 年 5 月第 5 期。

165. 高至喜：《关于晋侯酥编钟的来源问题》，《文物》1997 年 3 月第 3 期。

166. 荣世生：《论我国传统的三种七声音阶形式——兼评〈传统七声音阶三分说伪证问题的提出〉》，《中国音乐学》1998 年 1 月第 1 期。

167. 谭维四、冯光生：《关于曾侯乙墓编钟钮钟音乐性能的浅见——兼与王湘同志商榷》，《音乐研究》1998 年 3 月第 1 期。

168. 王湘：《曾侯乙墓编钟音律的探讨》，《音乐研究》1998 年 3 月第 1 期。

169. 黄翔鹏：《曾侯乙钟磬铭文乐学体系初探》，《音乐研究》1998 年 3 月第 1 期。

170. 湖北省博物馆：《随县曾侯乙墓钟磬铭文释文》，《音乐研究》1998 年 3 月第 1 期。

171. 李纯一：《曾侯乙编钟铭文考索》，《音乐研究》1998 年 3 月第 1 期。

172. 裘锡圭、李家浩：《曾侯乙墓钟磬铭文释文说明》，《音乐研究》1998 年 3 月第 1 期。

173. 王子初：《晋侯稣钟的音乐学研究》，《文物》1998 年 5 月第 5 期。

174. 洛地：《对于曾侯乙编钟文化属性的疑议——“曾音乐文化”可能系“商—宋文化”说》，《中国音乐学》1998 年 7 月第 3 期。

175. 山东大学历史文化学院考古系：《长清仙人台五号墓发掘简报》，《文物》1998 年 9 月第 9 期。

176. 陈其翔、陆志华：《一种新的自然律制》，《中国音乐学》1998 年 10 月第 4 期。

177. 童忠良：《正声论》，《中国音乐学》1998 年 10 月第 4 期。

178. 萧兴华：《中国音乐文化文明九千年——试论河南舞阳贾湖骨笛的发掘及其意义》，《音乐研究》2000 年 1 月第 1 期。

179. 韩宝强、赵文娟、刘一青：《阿炳所奏〈二泉映月〉的音律研究》，《中国音乐学》2000 年 4 月第 2 期。

180. 李玫：《诸民族、地区、国家民间音乐的测音资料分析》，《音乐文化》，人民音乐出版社 2000 年 12 月第 1 版。

181. 王子初：《音乐考古学的研究对象和相关学科》，《中国音乐学》2001 年 1 月第 1 期。

182. 李玫：《中立音赖以生存的民间乐器机制》（上、下），《中国音乐学》2001 年 1、4 月第 1、2 期。

183. 童忠良：《论宁乡商铙一脉相承的乐学内涵》，《音乐研究》2001 年 3 月第 1 期。

184. 萧兴华、张居中、王昌燧：《七千年前的骨管定音器——河南省汝州市中山寨十孔骨笛测音研究》，《音乐研究》2001 年 6 月第 2 期。

185. 陈荃有：《繁盛期青铜乐钟的编列研究》（上、下），《音乐艺术》2001 年 6、9 月第 2、3 期。

186. 陈荃有：《西周乐钟的编列探讨》，《中国音乐学》2001 年 7 月第 3 期。

187. 冯光生：《周代编钟的双音技术及应用》，《中国音乐学》2002 年 1 月第 1 期。

188. 陈双新：《青铜钟镈起源研究》，《中国音乐学》2002 年 4 月第 2 期。

189. 曹玮：《西周前期南北方钟的比较与北传路线》，《长江流域青铜文化研究》，科学出版社 2002 年 9 月第 1 版。

190. 陈通、戴念祖：《贾湖骨笛的乐音估算》，《中国音乐学》2002 年 10 月第 4 期。

后 记

拙稿总算写完了！行文中我感觉不到任何洒脱，又不擅用华丽辞藻，只在厘清一种思路……从2004年4月15日开始动笔，这篇名为《两周编钟音列研究》的文章的写作至今已近一年，时间不算长，却是我花一年多时间做材料整理之后的竭力思考。

2002年入学时，我对音乐考古学感到陌生，我的导师王子初研究员对我也了解甚少。因此，三年的学习既是王老师对我悉心培养的过程，也是我们之间不断了解的过程。我记得，入学之初，王老师除了尽快让我了解“音乐考古学”的学科知识外，总在有意地给我暗示尽早选题的重要性，指出本学科尚未深入研究的多个领域，但又从不指定，以免超出了我的能力。当我选定这个题目并向他递交提纲时，他惊讶之后立即鼓励我说：“先写出来再说吧！”现在回想起来，其实，题前题后他都在为我担心，写作期间一直给我及时的引导和启发，他总能以他那了如指掌的考古材料和快速的材料整合分析能力帮我解决各个具体问题，老师的这种处理问题的能力与效率给了我莫大的影响。

王老师十分强调练笔的重要性，不放过任何训练我写作思维的机会。无论是调查后的考察心得，还是古乐器的测音报告；无论是学科的认识，还是古乐器的中外比较。三年来要求我完成了多篇习作，而且每完成之后他总要指导我进行多次修改，这些训练为我的论文写作打下了良好的基础。我由衷地感到，跟随王老师的学习才刚刚开始。

拙稿以出土编钟为对象，以测音数据为纽带，以乐律学知识为主要分析手段。拙稿能提前完成，还不能不提及另三位老师，那就是刘绪教授、崔宪研究员和赵宋光教授。我的副导师、北京大学历史与文博学院的刘绪老师在第一学年开出的“夏商周考古”让我受益颇深。提纲拿出后，他认真听取了我有关写作思路的汇报，提出了宝贵意见；写作期间远在山西进行田野工作的刘老师多次就拙稿所用材料进行厘定，初稿完成之后他又帮我做了细致的修改。他的学识以及对研究严肃认真的态度让我十分钦佩。中国艺术研究院的崔宪老师在第二学年特意为我的论文写作开出了“乐律理论分析”，这门课采取“提问—解答—展开—深入”的方式，就我在论文材料整理过程中发现的问题进行有针对性的讲解，解决了许多我在该领域全然未知的知识，也解决了我以往思考过但尚不透彻的问题，更让我领悟到一种基于材料又超脱材料的独特思维。初稿完成之后，崔老师又提出了许多宝贵的意见，他的这种严谨、细致的教学作风让我感动，而他那种善解人意、循循善诱的教学意识给我极大的启发。在三年学习过程中，我有缘多次向学识渊博、才智过人的赵宋光老师请教，他热心的指点与简练的提示两次让我有“顿悟”之感，他在我的拙稿写作前后均提出了宝贵的建议。

学术思维是长期训练与积累的结果，这不禁使我想起在武汉音乐学院攻读硕士学位时的两位导师：刘沛老师和周振锡老师，刘老师开放、创新的学术思维和周老师严谨、认真的教学风格曾给我长期的影响。还有彭志敏老师严密的逻辑训练也让我受益匪浅。

三年的学习和写作得益于老师的指导、关怀，同时也与爱人的付出分不开。2003 年 2 月母亲因脑溢血离我而去，2004 年 5 月岳父又因高血压去世了，以前常在耳边的牵挂变成了永远的回忆，我顿时感觉真正成熟了很多。一个三年失去两位亲人的人忽然觉得身上的责任重了。是爱人的聪慧和勤劳支撑着整个家庭的生活，是儿子孔哲的天真与活泼给了我无穷的欢乐和信心。爱人无微不至的关心和体贴使我能投入大量时间来学习，能潜心地思考并完成我的写作。拙稿渗透着她的心血，每念于此，我总感到万分愧疚，同时也感到无比欣慰和幸福！

成稿之日，感恩之时。我从许多学者身上深深地感悟到：一个出色的研究工作者不但有良好的专业素质和极强的思辨能力，还有博纳万川的胸怀与真挚的情感。情怀是动力，质能因情怀而展现。为此，我要感谢所有指导、关心过我学习的老师，感谢我的亲人、挚友和热心的工作者。其中有中国艺术研究院的乔建中老师、张振涛老师和李玫老师，他们那种发自内心的关切话语至今回荡在我的耳边！曾记得中国社会科学院图书管理中心的陆老师，她曾为我免费提供两周资料查找的时间，并就一些孤本做耐心的调拨，她的热心和对研究工作的极力支持让我深深地感动！本院音乐资料中心的李老师和史老师等也总是为我的资料查找提供方便！还有博特勒图、滕小松等许多三年来相互勉励、结伴而行的同窗好友，他们纯朴谦虚的作风、踏实上进的精神以及扎实的专业基础一直是我学习的榜样！

成稿之日，认识之初。虽然在写作前的材料分析过程中由于一些小小的发现曾不止一次地激动过，但毕竟只是一些粗浅的认识，还有待进一步深入。所以，我衷心希望拙稿能得到更多专家、学者的关注，并提出宝贵的意见，我将万分感激！

孔义龙

2005 年 4 月 4 日

北京东直门外新源里西一号楼

补记：本书第一版于 2008 年 9 月出版，此次为第二版。